天平村志

《天平村志》编纂委员会 编

苏州大学出版社

图书在版编目(CIP)数据

天平村志 /《天平村志》编纂委员会编. -- 苏州：苏州大学出版社, 2024. 12. -- ISBN 978-7-5672-5016-1

Ⅰ. K295.35

中国国家版本馆 CIP 数据核字第 2024RY6883 号

Tianping Cunzhi
天 平 村 志

编　　者：	《天平村志》编纂委员会
责任编辑：	倪浩文
出版发行：	苏州大学出版社
	（苏州市十梓街 1 号　215006）
印　　刷：	苏州市越洋印刷有限公司
开　　本：	787 mm×1 092 mm　1/16
印　　张：	30.75
字　　数：	674 千字
版　　次：	2024 年 12 月第 1 版
印　　次：	2024 年 12 月第 1 次印刷
书　　号：	ISBN 978-7-5672-5016-1
定　　价：	298.00 元

凡购本社图书发现印装错误，请与本社联系调换。
苏州大学出版社营销部　电话：0512-67481020
苏州大学出版社网址　http：//www.sudapress.com
苏州大学出版社邮箱　sdcbs@suda.edu.cn

《天平村志》编纂委员会

主　　任　钱建华

副 主 任　徐盘根　孙丹萍　黄丽华

委　　员　许福明　唐征明　时金兴　李海根　李华珍　顾玉芳　季乾一
　　　　　邬春燕　曹　炎　邬　静　许永中　沈晓萍　江　涛　周连珍

《天平村志》编纂委员会办公室

主　　任　孙丹萍

副 主 任　曹　炎　黄丽华

成　　员　邬　静　徐春燕　陆　涧　沈根水　周连珍

主　　编　周土龙

副 主 编　万鸣忠

特邀审稿　翁建明　陈　萍　吴晴艳

文字校对　顾桂南　肖林生

图片编辑　周土龙　殷红菊　周连珍

摄　　影　钱建宗　倪浩文

编　　务　殷红菊　王雅静　吴　勤　张丽静　张叶秋　徐安珍

审订单位

苏州市吴中区地方志编纂委员会办公室
中共苏州市吴中区木渎镇委员会
苏州市吴中区木渎镇人民政府
中共苏州市吴中区木渎镇天平村委员会
苏州市吴中区木渎镇天平村村民委员会

天平村地图

天平村在苏州市的位置图（2023年）

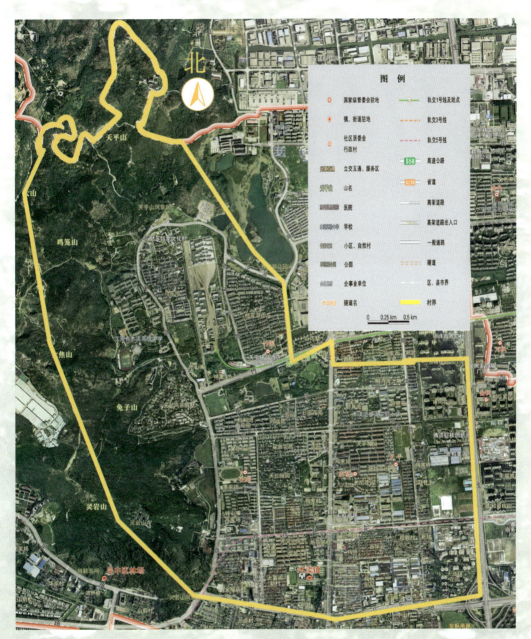

天平村行政区域平面图（2023年）

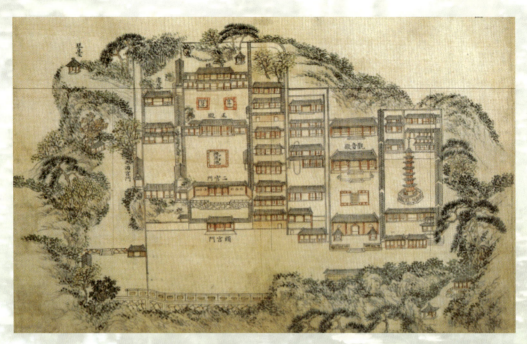

灵岩行宫图（清）

天平禁山图（清）

天平山忠烈庙图（清）

天平灵岩图（民国）

灵岩全图（民国）

古吴灵岩全图（1948年）

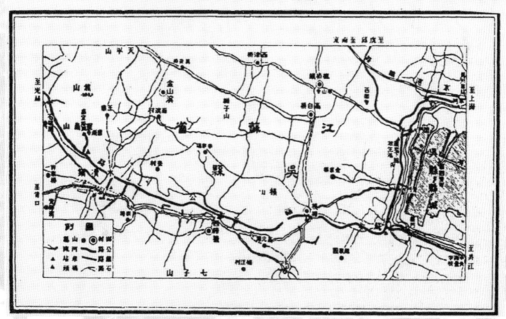

灵岩之路图（1947年）

天平山图（2018年）

【天平村古画】

沈周《天平听雨图》（明）

卞文瑜《天平耸翠图》（明）

陈帆《天平耸秀图》（清）

王炳《天平山景图》（清）

董邦达《灵岩积翠图》（清）

马咸《灵岩山图》（清）

马咸《天平山图》（清）

《万笏朝天图》（局部，清）

吴昌硕《天平山景图》（清）

《天平村域旧闻》

天平山上演摄影戏

上海共舞臺戲館主人黃金榮、前日偕同演員多人、並日人三名、攜帶照相器具、來蘇赴天平山靈巖山、由各藝員扮演二本蓮花公

1914年11月12日《申报》

蘇州

▲派隊駐紮范墳　天平山范文正公墳墓爲吳中名蹟歷代禁有案乃有人欲私行開採山石並有匪徒砍伐樹木毀損古蹟事特由文正書院主奉范端信資鈔成案擬具臨時善後等程具稟內務司法各部核飭江蘇巡按使申明禁令加意保存經殷道尹轉飭警察廳派隊前往駐紮護昨孫廳長已派令巡隊長潘複棠率帶騎兵一排前往駐巡定明日開拔

1926年10月12日《吴语》

各方注意之天平山探石問題

▲官紳之發人……昨日下鄉訪晤、天平山探石問題、已引起各方之注意、茲據市公安局長殷石笙、邑人陶小柳、陸嘉燮、范俱英等十餘人、昨日上午十時、陪同張滌泉陳佩忍二君、乘坐汽船、拖帶小桂林燈船、于正午時抵、于天平山路踑勘、共同登岸、勘得金山石宕、富足有餘、即便盡屁開採、借可供給一般貧苦之用、排須延及他處、至于天平山一帶、向例封禁、民三時、程都督與殷民政長、曾在封禁所、共置一碑、故碑可考證、王縣長經查地調查長、亦知此山仍須封禁、以資保存古蹟、勘畢後至各處游覽一週而返、非但起自陶雅伍等、總願當有關係殷商紳、亦於此事、亦有表示……

以據包工人新金記營造廠聲稱、吴縣十一都二圖有陸嘉生石坑、于事竟據公即函擬請准于開採、陵工之用、是否可打、函請省政府委員請公、敬致如下、總理陵墓籌備處、敬啓者、近見報章約函、（南京總理事陵備處）以據包工人新金記營造廠聲稱、事關國禁工程、擬請准于開探、茲為陵工之用、是否可打、函則被官題禁止開採、所、石料合用、權副陵墓委員關係、仰見當事諸公、與各山勝蹟業顯繁念、成佩英名、昻然大公、制先總理三民主義、涵濡濟化、浹髓洽肌、聽念先民、同此毅感、惟此事可否既曖風懷垂問、函釋慰復、古蹟棟多、向禁樵探、其封禁成堅、在禁界以內、豫料無有條告諭文可稽、有界址可考陵姓石山、既在禁界以內、豫料無工人宕戶、利用機會、勾結開探之嫌、潛竄既撤、防止雜閒、陵工之忽所用有限、當幸慶之私、宕戶坐牧漁人之利、金山毘連天平一帶、影射之流幣無窮、將使名山永留瑕之用、遠不如龍潭諸處及大湖元山三山所產之石、質類皆精美、關潭連輸較便、紙合議商礦總理、而擬有深慎諸處、傷令該營造廠、另就雒潭等處、或元山三山本不在封禁之列、是陵工石料、不思無取其他、三山本不在封禁之列、是陵工石料、不思無取其他、嚴羣鐸議備、傴蚩探購、毅然捨陸就陵、慎重、遙選佳材、俾蚩探購、毅然捨陸就陸生石碯、以杜借端私探、則佳話流傳、甯不於有千古、則佳話流傳、山、搖韙大美也、慷○厚居蘇吳郡、陶惟抵、張一慶、錢崇周、愚誠、汗國產、范慎、三月二十六日、張一慶、丁鵬、馮世德……

1928年4月4日《苏州明报》

市區直達靈巖山
蘇木路竣工後：車馬即可通行

本縣征工建築之蘇木路、規定二月念二日動工、該路應征工人、以農事較忙、請求展緩二日、迨至二十四日、出工者僅靈岩山附近三四十人、其他部分、並不動工、嗣據各段長報告、因此次建局修改路線、收用民田較多、以致十三都十圖五圈六圈農民、一致反對、不願出工、建局聞訊、當即派員下鄉

1930年3月4日《苏州明报》

遊靈巖山僧人詢東省事
（勞無長）

靈巖方外一僧人、猶且關懷國事詢、赫赫于城應魄煞、山河忍觀久沈淪、

靈巖山乘轎

夫導婦隨羨此鄉、共同生活御徙將、由來男女原平等、枉說歐風美雨倡、

1931年12月9日《苏州明报》

靈嚴山麓獲賭案

木瀆公安第五分局於前晚十時許、據悉佳居靈嚴山麓之居民朱阿大家、有聚賭抽頭情事、當即派警前往拘獲賭徒許雲林、譚杏生、胡阿泉、胡金榮、趙

根究、許金元、張子明、張金功、許金榮、賭頭朱阿大等六名、搜獲其竹牌一付、撲克牌一付、賭資二付、銅元卅六枚、一併帶局經訊一臟、於昨日移解公安局核辦

1936年12月6日《苏州明报》

天平村风光

天平村鸟瞰一

天平村鸟瞰二

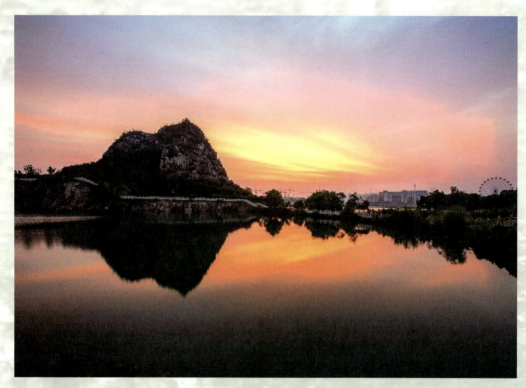

寿桃湖晨曦

鸡笼山

村庄雪景

天平村村委会门楼

天平村党群服务中心办公楼

村容村貌一

村容村貌二

灵天路

向阳河路

美丽村庄（范家场）

美丽村庄（高家场）

新怡花园

梅家桥花园

金山玉景花园

向阳河

范家场毛泽东主席花岗石雕像

王森街区一

王森街区二

澳门街夜景

王森街区步行街夜景

金山路街景

南金桥工业园区

木渎范仲淹实验小学

江苏省木渎高级中学

【天平村老照片】

天平山（1900年）

灵岩山（1936年）

天平山观音塔（民国）

范文正公祠（民国）

灵岩山寺（20世纪40年代）

绣谷公墓大礼堂（民国）

灵岩山（20世纪50年代）

灵岩山雪景

山顶花园

灵岩山风光

吴王井

香光厅

吴中胜迹摩崖石刻

智积殿

佛海泉

望月台

石刻造像

古松影壁

天平山风光

天平山水

天平山秋色

天平山景区鸟瞰

高义园石牌坊

先忧后乐坊

御碑亭

乐天楼　　　　　　　　　　范隋墓神道坊

三太师祠

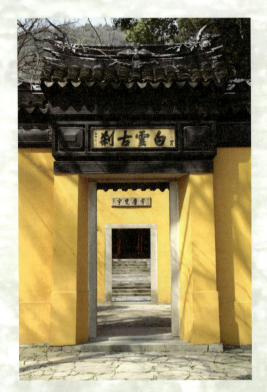
白云古刹

卓笔峰

一线天

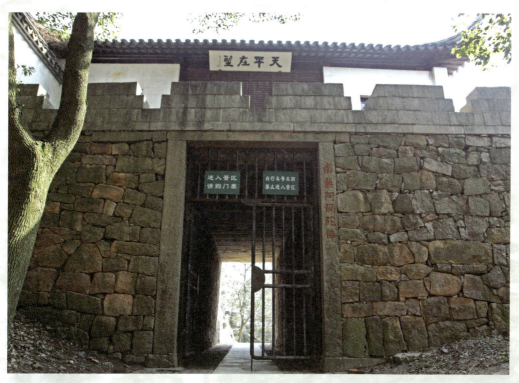

童梓门

高义园

天平村工艺美术

石雕制作一

石雕制作二

石雕作品

碑刻制作

碑刻作品

朱三男《学无经有联》

沈秋根《寻梦吴中山水》

许云娟《鸭知春暖桃开时》

《天平村新农村建设》

天平村村委会换届选举

天平村两委会召开会议

荣誉墙

天平村两委班子成员合影

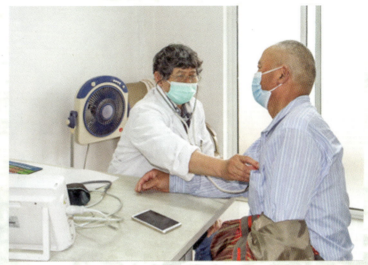
社区医疗

走访慰问老人

太极健身

2003年天平村文艺队在木渎镇旅游节上表演扇子舞

2005年天平村文艺队表演绣球舞

2007年度天平村中学生表彰大会

2007年天平村优秀少年座谈会

2015年天平村参加门球比赛

2015年天平村益民劳务合作社开展育婴师培训

2017年天平村开展垃圾分类科普

2017年天平村民参加木渎镇市民合唱比赛

2018年天平村党委组织沙家浜主题活动

2018年天平村开展安全生产大检查

2019年天平村文艺汇演

2019年木渎天虹与天平村联合开展亲子"趣"运动

2019年天平村党委组织蒋巷主题活动

2019年天平村联合木渎天虹举办青少年文艺晚会

2019年天平村开展消防演练

2019年天平村进行人居环境整治

2021年天平村志愿者开展网吧监督检查

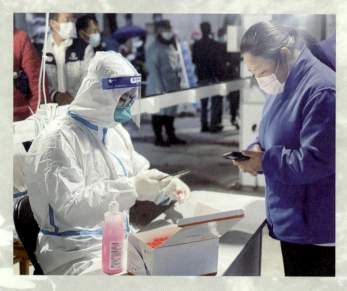

2022年天平村开展防疫工作

2022年天平村老年学校歌咏班组织演练

2022年天平村组织少年警营活动

2023年天平村开展庆元宵包汤圆活动

2023年天平村举办端午节包粽子活动

2023年天平舞蹈队参加木渎镇广场舞比赛

2023年天平村老年学校举办防诈知识讲座

【 村 志 编 纂 】

村志编写人员
碰头会

村志编写
相关人员座谈会

村志编写走访

2023年5月25日召开木渎镇《天平村志》终审会

《天平村志》终审会人员合影

《天平村志》编委会成员与编辑、编务人员合影

序

灵岩清籁出云端，万峰拥笏立斜阳。《天平村志》在几经去芜存菁、权衡增删之后，终于编撰完成，付梓面世。这是天平村有史以来的第一部史志，记述了天平村的昨天和今天，为人们了解天平村社会的构成、历史的演化、自然地理的状况、民俗风情以及文化底蕴等方面提供了翔实的资料，也对天平村的今后发展起到了深远影响和促进作用。

天平村位于千年古镇木渎的中心区域，前拥秀绝冠江南的灵岩风光，后临烟岚十里的天平胜景。早在7000多年前的马家浜文化时期，木渎的先民们已在这里劳动、生息、繁衍，嗣后历经数代变迁，逐渐形成了目前的村落分布。

2003年11月，天平村由原新华、天灵、天平三村合并而成后，始终坚持以经济建设和人民为中心，践行新发展理念，使集体经济稳步、持续、健康地向前发展，村容村貌不断提档升级，村民的精神生活和物质生活水平得到不断提高，走出了一条公平幸福、和谐太平的特色小康之路，先后获评江苏省文明村、江苏省生态村、江苏省社会主义新农村建设示范村、苏州市先锋村、苏州市文明村标兵、苏州市科学发展十佳村、苏州市村经济发展标兵村、苏州市新型集体经济十强村等荣誉称号。

在怀着对乡村城市化的憧憬奋勇向前时，一些村庄也因为城市建设面临着不可避免的动迁，然而不管村庄如何变迁，有一部村志在，村庄的根脉已经留住。从这一点上说，《天平村志》的问世更有一种特别深远的意义。《天平村志》从"凡例""概述""大事记"写起，到"志余"止，共13章55节67万余字，上溯春秋，中录各代，下记今史，钩沉记录了天平村自然地理、村政村务、农工商业、风土民情、人物传记、艺文著述及各项事业的兴衰，尤其记述了改革开放以来日新月异的变化，村民安居乐业，物质文化生活日益丰富，各项事业蓬勃发展，一派欣欣向荣的景象，以此来将乡土的历史人文留存在书页里，让全村人拥有一个共同的精神谱系。

天平村历史悠久、积淀深厚。《天平村志》从宏大处着眼，从细微处用功，以最新的理论、纪实的手法、宏观的视角采编成辑，是历史的真实写照和理性总结。然乡风种种未能尽言之处，只能留待后人续之。

感谢参与和帮助编修志书的各界人士，让《天平村志》详细展示了天平村历史的深厚底蕴，刻录了天平人弦歌不辍的奋斗历程。愿天平村能继续谱写高质量发展的新篇章，在前行的道路上不断求索，不断进步，攀登新的高峰。

中共木渎镇天平村委员会书记
木渎镇天平村村民委员会主任
2024年3月1日

凡例

一、本志以马克思列宁主义、毛泽东思想、邓小平理论、"三个代表"重要思想、科学发展观、习近平新时代中国特色社会主义思想为指导，坚持辩证唯物主义和历史唯物主义的立场、观点和方法，实事求是地系统记述木渎镇天平村自然、经济、政治、文化和社会的历史与现状。

二、本志为天平村首部村志，为全面反映入志事物发展脉络，本志上限追溯至事物发端，下限截至2019年12月31日，大事记和图片内容延伸至2023年12月31日。

三、本志记载的地域范围以2019年天平村行政辖区为准；历史上如涉及区划变迁，而所属区域内的主要事物例当记叙，则照录不误，以保持全志完整性。

四、本志采用章、节、目结构，横排纵述，述而不论。立足当代，详今明古。辅以图表等。部分图表不宜归入具体目中的，则根据内容就近插入，并统一设图序、表序。

五、本志纪年方法，中华民国之前，使用朝代年号纪年，括注公元年份；中华民国始以公元纪年。志中所称"解放前（后）"，以1949年4月27日天平村解放日为界；"新中国成立前（后）"，以1949年10月1日中华人民共和国成立日为界。未加世纪的年代，均指20世纪。

六、本志除引用文字和附录文献资料外，统一使用规范的现代语体文记述，做适当归纳；大事记以编年体为主，辅以纪事本末体。

七、本志记述的地名和机构均按当时名称表达。频繁使用的名称，首次出现用全称，其后用简称。不同章节在行文中出现同一内容时，采取"互为兼顾，各有侧重"的记述方法，以反映全貌。

八、本志所载人物，遵循"生不立传"原则，以本籍为主；非本籍人士，但曾定居本地并有一定影响者，也予以收录。其余均按"以事系人"的原则处理。

九、本志资料，录自档案、图书、报刊及采自口碑，数据以统计部门公布的为准，限于篇幅，资料不一一注明出处。

十、本志数字不加千分空。

十一、本志文字按《通用规范汉字表》的要求执行。

十二、本志计量单位，采用国务院颁布的法定计量单位。历史上使用的计量单位照实记载，酌情保留已淘汰的计量单位，并作说明。

目 录

概述	1
大事记	5
第一章　建置地理	29
第一节　建置区划	31
第二节　区位交通	34
第三节　地理环境	35
第四节　自然村	44
第二章　人　口	81
第一节　人口总量	83
第二节　人口变动	84
第三节　人口构成	87
第三章　农副业	97
第一节　生产关系和经济体制变革	99
第二节　种植业	111
第三节　农田基本建设	126
第四节　农机具	128
第五节　农业管理机构	132
第六节　蚕桑业	132
第七节　畜禽业	134
第八节　刺绣业	141

第九节　耕地征（使）用 …… 142

第四章　工商业 …… 145
  第一节　采石业 …… 147
  第二节　村（队）办企业 …… 150
  第三节　民营企业 …… 162
  第四节　商业 …… 170
  第五节　山陵产业 …… 175

第五章　基层组织 …… 177
  第一节　村党组织 …… 179
  第二节　村行政组织 …… 185
  第三节　村民兵组织 …… 191
  第四节　村群团组织 …… 199
  第五节　村集体荣誉 …… 204

第六章　新农村建设 …… 209
  第一节　基础设施建设 …… 211
  第二节　美丽村庄建设 …… 213
  第三节　环境保护 …… 216
  第四节　公共服务设施 …… 219
  第五节　文明建设与道德教育 …… 221

第七章　社会事业 …… 225
  第一节　教育 …… 227
  第二节　卫生健康 …… 236
  第三节　文化体育 …… 240
  第四节　社会保障 …… 244
  第五节　慈善事业 …… 248

第八章　传统技艺与"非遗" …… 251
  第一节　石雕工艺 …… 253
  第二节　碑刻技艺 …… 258
  第三节　刺绣 …… 260

第九章　人　物 ·· 263
第一节　人物传略 ·· 265
第二节　名人与天平 ·· 273
第三节　人物名录 ·· 279

第十章　风景名胜 ·· 287
第一节　灵岩山景区 ·· 289
第二节　天平山景区 ·· 300
第三节　古迹 ·· 315
第四节　冢墓 ·· 318

第十一章　风土民俗 ·· 327
第一节　风俗 ·· 329
第二节　方言 ·· 343
第三节　民谚　歌谣 ·· 346
第四节　轶闻传说 ·· 352

第十二章　艺文著述 ·· 369
第一节　诗歌 ·· 371
第二节　文章 ·· 378
第三节　著述　金石 ·· 390

第十三章　志　余 ·· 397
第一节　文章选录 ·· 399
第二节　春秋古城考古 ·· 421

编后记 ·· 423

概述

天平村，位于苏州市吴中区木渎镇中东部，因境内西北部有天平山而得名。其西靠灵岩山，西北紧倚天平山，北临寿桃湖与金山村相接，东北部与苏州高新区狮山街道交界，东至白塔河、金枫南路与西跨塘村毗邻，南到中山路与木渎古镇区相连。地理坐标为北纬31°16′—31°18′，东经120°28′—120°30′；东西最大距离3千米，南北最大距离4.6千米。村域总面积5平方千米，有24个自然村，分新华、天灵和天平3个片区，设38个村民小组。2019年末，户籍人口5751人，外来人口近3万人。

天平村境内道路、街巷如网，河道纵横，主干道形成"四纵四横"格局，自东向西纵向干道有金枫路（高架）、新华路、金山南路、灵天路4条；自南向北横向干道有中山路、花苑路、向阳河路和竹园路4条；境内还有苏州轨道交通一号线和五号线通过，交通便捷。

境域自秦设吴县后一直属吴县管辖，明清时分别属吴县的胥台乡（石城里）第十三都、十四都和至德乡（昌角里）第十一都、十二都。1931年村域自然村属吴县第二区（木渎区）金山镇；1934年2月分别属吴县第二区（木渎区）金山镇、白塔乡；1947年2月隶属吴县吴西区（原第二、第三区合并）金山镇、白狮乡（白塔、狮山两乡合并）；1948年属吴县吴西区金山镇。

1950年3月，境域分别隶属吴县木渎区金山乡、新华乡；1954年9月至1955年12月属苏州市郊区金山乡、新华乡；1956年1月，属苏州市郊区金山乡（新华乡与金山乡合并）；1958年9月，属吴县金山人民公社；1983年7月属吴县金山乡；1985年9月，属吴县木渎镇（金山乡与木渎镇合并）；1995年6月，属吴县市木渎镇；2001年2月，属苏州市吴中区木渎镇。2003年11月，新华、天灵、天平3个村合并为新的天平村，隶属不变。

木渎地区有丰富的历史文化沉积。20世纪80年代文物普查时，距木渎西南约10千米的乌龟墩遗址中发现的泥质红陶罐和夹砂红陶釜等新石器时代陶片表明，早在约7000年前的马家浜文化时期，木渎的先民们已在这里劳动、生息、繁衍。2009年，中国社会科学院考古研究所与苏州市考古研究所联合在木渎西部地区开展大规模考古调查发现的建于春秋晚期的苏州木渎古城遗址，入选2010年"全国十大考古新发现"之一。

天平村西部有吴中名山灵岩山、天平山。灵岩山以吴宫遗址、佛教圣地而著名；天平山以怪石、清泉、红枫"三绝"而闻名，两山风景秀丽，名胜众多。历史上不知多少文人骚客、名贤高士慕名而至，他们中有李白、白居易、皮日休、陆龟蒙、范仲淹、苏轼、杨基、高启、沈周、祝允明、唐寅、文徵明、顾炎武、徐枋、毕沅、冯桂芬等，或隐居于此著书立说，或雅集两山谈经论道，或访古探幽览胜抒情。他们激情满怀，文思涌动，有感而发，欣然命笔，写出了无数诗词文章，底蕴深厚，文脉绵长，给后世留下了宝贵的文化遗产。特别是北宋名臣范仲淹与天平山有缘，情有独钟，把先祖卜葬于此。其"先天下之忧而忧，后天下之乐而乐"，成为历代传诵的千古名句，激励着无数的后来人。

天平村还是有着光荣历史的革命区域。抗日战争时期，这里是新四军太湖游击队活动的地方，天平人范坚（范仲淹第廿九世孙），于1939年参加新四军，在苏南一带开展游击战争,并先后担任区县级等主要领导职务，成绩卓著；解放战争时期，这里是中共苏西区武工队开展游击斗争的地方；抗美援朝时期，天平人朱根福、张小男于1951年3月参加中国人民志愿军赴朝参战，保家卫国、英勇杀敌，献出了年轻而宝贵的生命。还有许长宝、庄阿二，先后于1951年、1953年参加中国人民解放军，都曾立功受奖；之后编入中国人民志愿军，为朝鲜战后重建（修桥、筑路等）贡献力量，1954年回国后分别于1954年、1956年光荣退伍回到家乡。

志愿军战士许长宝

天平村西南临近太湖，由于村域处于中亚热带北缘，受太湖水体调节，气候温和湿润，雨量充沛，日照充足，无霜期长，四季分明，具有明显的季风气候特征。西部诸山连绵，为丘陵冲积平原，地势平坦，土壤肥沃，传统种植以水稻、小麦、油菜为主，辅以植桑养蚕、饲养禽畜、刺绣、采石等传统副业项目。解放前，天平村农田水利失修，农业生产技术和工具落后，作物产量低而不稳；解放后，实行土地改革，走农业合作化道路，依靠集体力量兴修水利。20世纪70年代初，天平村大搞农田基本建设，"蓝图重新绘，山河重安排"，干群团结奋战

许长宝部分勋章

几个冬春，实现了"格田成方，路渠成网"的千亩良田。在此期间，村里还组织人力开挖了两条13米宽的人工河——向阳河、二号河，分别从徐山嘴和灵岩山脚起平行横贯全村，向东与横泾浜、长浜交汇，南通胥江运河，如"二龙取水"，滋润天平大地，与新开纵向的天平河和原有纵向的下沙塘、白塔河等纵横交汇形成平原水网。随着电力灌溉站和小机房配套排灌农田达到全覆盖，农作物旱涝保收得到保障。1976年全村原3个大队粮食总产达299.79万千克，比1963年增长91%，成绩可喜。

天平村工业相传起始于明清时金山一带的花岗石开采及其石料加工业，解放前和解放初仍为私人开采经营。1958年公社化后成立金山人民公社大石厂，始为集体统一经营管理。据统计，村域内天平、天灵、新华3个大队在20世纪70至80年代有530余人参与采石，采石所得收入是各生产队集体经济收入的主要来源。70年代中期，天灵、天平大队利用山区优势创办山陵产业，建办天灵公墓和天平公墓，积累资金为此后的队办工业创造条件。村（队）办工业发轫于1976年前后，境内各大队积极寻找县属企业的加工业务。特别是从中共十一届三中全会以后，改革开放的春风使乡镇企业蓬勃发展。新华大队先后办起电工厂、尼龙衫厂、针棉织厂等10多个企业，天灵大队办起羊毛衫厂、消防器材厂、铸件厂、骆驼电扇十三分厂、家电厂等七八个企业，天平大队办起水泥制品厂、溶剂厂、羊毛衫厂等六七个企业，从粗放型向高科技企业发展。如新华电工厂，办厂伊始起步高，采用"请进来，走出去"的办法，壮大技术队伍，并引进西欧先进设备，按国家标准和国际标准生产，"爱华牌"漆包线先后获得省、市优质产品称号，0.02毫米微细漆包线填补省内空白。企业跃居全国漆包线行业的"三强"之一，1987年获得江苏省明星企业称号。

1990年，白塔村工业年产值7538万元，固定资产890.19万元；天灵村工业年产值719万元，固定资产74.09万元；天平村工业年产值402万元，固定资产70.02万元。特别是白塔村1991年工业产值达11115万元，首次突破亿元关，进入吴县七个"亿元村（厂）"行列。

1996年前后，村域内原新华、天灵、天平3个村的村办企业进行转制，集体企业转制为民营企业，转制采取"动产拍卖，不动产租赁"的方式进行。1997年底，所有企业转制基本结束。为保障集体经济稳中求进，促进民营企业健康发展，各村先后共建设5个工业小区，即天平南金桥工业区、珠江路工业区、金枫南路天灵工业区、新华民营工业区和新华电工厂工业区，房产建筑总面积达16.0962万平方米，入驻民营企业329家。

2003年并村后，新华、天灵、天平3个片区组建3个资产股份合作社；2006年成立3个物业股份合作社，村民入股，共享改革开放成果红利。

3个片区的物业股份合作社，从2005至2009年，先后投资4.9亿余元，建设新华物业广场（后改名"奥玛尔国际时代广场"）、天灵香港街商业广场和芭提雅休闲娱乐广场（后改名"王森特色街区"）、天平范家场商业广场、新华商业广场等商业用房，建筑总面积25万平方米。筑巢引凤，先后引进"易买得""特易购"、天虹百货、华润超市、万悦酒店、王森集团等大公司进驻营业。至2019年底，天平村拥有工业厂房16余万平方米，商业用房30余万平方米，村级集体总资产达11.3亿元。村级经济年收入达1.15亿元，上缴税收790万元，股份合作社股利分配2755万元，各项福利发放1328万元。

天平村开发建设力度持续加强。"十一五"期间，村总计投入4000多万元用于新农村建设，硬化、平整道路15万平方米，增添绿化15万平方米，基本实现路面硬化、村庄绿化、道路亮化和污雨水管网全覆盖。

社会事业建设大步推进。嘉优励学重教育，村建立村奖学金制度，促进莘莘学子好学向上。医养保障全覆盖，2008年以来，对村民的养老医疗保险覆盖率达100%。老龄事业大提升，社区都建有老年活动中心、卫生服务站、健康锻炼中心等设施。扶贫济困解忧难，2006年11月村成立慈善基金会，进行扶贫帮困、助残扶弱。新农村建设全面推进，村投入近亿元，加快城乡一体化建设。

天平村的经济、文化、社会事业得到持续发展，宜居宜业，不断进步，行稳致远，屡获各级政府的荣誉嘉奖。

昔日清代康熙、乾隆二帝南巡多次驾临木渎并驻跸灵岩山行宫，题字作御诗多首。宫廷画家徐扬遵乾隆御意所绘的一幅《盛世滋生图》(又称《姑苏繁华图》)长卷，生动反映了乾隆时期苏州高度的文明繁华。而今地处灵岩山下的天平村域高楼林立，商店栉比，道路宽广，绿树成荫；入夜灯火辉煌，霓虹闪烁，车水马龙，人流如织，一派繁荣景象。天平人在党的领导下不忘初心使命，以矫健的步伐，砥砺前行，正在重绘一幅新时代绚丽多彩的《盛世繁华图》。

大事记

新石器时代

在村域之西南约 10 千米的乌龟墩遗址中发现的泥质红陶罐和夹砂红陶釜等新石器时代陶片表明,早在约 7000 年前,木渎天平地区的先民们已在这里劳动、生息、繁衍。

商

约公元前 12 世纪

泰伯、仲雍建立勾吴,为吴之始称,天平村境域始属勾吴国。

周

周敬王二十六年(前 494)

吴王夫差出兵伐越,大败越军,越王勾践乞和。勾践夫妇与范蠡入吴为人质,囚于灵岩山观音洞(又名石室,后名西施洞)内,三年放归。

周敬王二十九年(前 491)

吴王夫差在灵岩山上建馆娃宫,并"增筑姑苏台,高三百丈,广八十四丈,可望三百里。三年聚材,五年乃成"。

周元王三年(前 473)

越国伐吴,吴师大败,吴王夫差逃至秦馀杭山,伏剑自刎,越灭吴,越并吴地,境域属越。

周赧王九年(前 306)

楚国灭越,设郡江东,吴地属楚国。境域属楚。

秦

秦王政二十五年(前 222)

秦派王翦平定楚江南地,吴地属秦。境域属秦。

秦始皇二十六年(前 221)

秦以吴国故都设立吴县,属会稽郡。境域属吴县。

晋

隆安三年(399)

十一月,孙恩于浙东起兵,灵岩山石鼓鸣。

南北朝

梁天监二年(503)

建灵岩塔,并扩建寺院,称秀峰寺。

梁天监十五年（516）
西域梵僧智积度化至灵岩山寺。

唐

开元年间（713—741）
灵岩山寺建智积殿。

宝历二年（826）
僧永安建白云庵于远录公道场，亦名天平寺。

宋

庆历四年（1044）
范仲淹以先墓所在，奏请天平山白云庵改为范氏"功德香火院"，宋仁宗以山赐之并敕赐寺额，因名"赐山"，俗称范坟山。

绍兴十三年（1143）
韩世忠在灵岩山下修盖希夷道院，计屋50间。

绍兴二十七年（1157）
灵岩山寺赐韩世忠荐先福，名"显亲崇报禅院"。

明

洪武元年（1368）
灵岩山寺改名丛林寺，赐额"报国永祚禅寺"。

永乐十年（1412）
重修灵岩山报国永祚禅寺。

弘治九年（1496）
灵岩山庙宇毁于火灾。

弘治十四年（1501）
十月七日，地大震。

嘉靖四十年（1561）
采石灵岩，古迹划削过半，后经诗人黄习远等人极力反对，并请于户部马之骏采取捐俸赎山办法，禁止开采。山有摩崖石刻"户部马捐俸赎山永禁采石""禁采"等字样，古迹方得保存下来。

万历二十八年（1600）
五月十四日，雷雨大作，灵岩塔被雷电击中，火自塔中出，燃烧三日三夜，火光冲天，尽焚其九层原木，而塔犹存，后人称空心塔。

九月二十五日戌时，地大震，自西北至东南庐舍摇动，飒然有声。

万历三十二年（1604）

范仲淹第十七世孙范允临，从福建辞官归苏，带回枫香 380 株，植于天平山前，今存 170 余株，最大的高 27 米，三人合抱。这里是苏州地区最古老的枫树林。

万历四十三年（1615）

范允临在白云丛林东建天平山庄。

清

顺治六年（1649）

释弘储到灵岩山寺当方丈，重修灵岩山寺。

康熙元年（1662）

在天平山下建范参议祠。

康熙三年（1664）

僧明初于灵岩山前建宝藏庵。

康熙十一年（1672）

是年，灵岩山寺建钟楼。十四年（1675）建大殿。十五年（1676）建弥勒殿。

康熙二十八年（1689）

康熙帝第二次南巡，登灵岩山，游览琴台、响屐廊、玩花池诸胜，并御书"岚翠"两字。

康熙三十五年（1696）

康熙帝御书《金刚经》一卷、《心经》一卷敕赐灵岩山寺。

乾隆三年（1738）

范瑶在天平山临崖而筑"云泉精舍"。

乾隆十五年（1750）

重建灵岩塔。

乾隆十六年（1751）

乾隆帝第一次南巡，篁村画家张宗苍献画册《吴中十六景》，其中有"万笏朝天""灵岩积翠""苏台春景"等内容，乾隆于每幅画上题诗一首，并书《心经》敕赐灵岩山寺。

乾隆二十二年（1757）

乾隆帝第二次南巡，敕供释迦牟尼佛于灵岩行宫。

乾隆二十四年（1759）

宫廷画师苏州人徐扬遵乾隆授意所绘《盛世滋生图》问世。画卷重点描绘灵岩山、虎丘山之间一村（山前村）、一镇（木渎镇）、一城（苏州府城）、一街（山塘街）的景况，生动形象地反映了 18 世纪苏州的高度文明繁荣，后人又称《姑苏繁华图》。

乾隆四十九年（1784）

乾隆帝第六次南巡。二月初八登灵岩山，次日至天平山。

咸丰十年（1860）

五月十日至十七日，太平军先后扫荡木渎等地团练，镇压顽抗头目一批。

同治十一年（1872）

苏州府严惩在划船岭等处设宕开采石料的宕户范松延等人，并勒石永禁开采于鸡笼山、灵岩山、天平山等43处。

宣统三年（1911）

真达上人住持灵岩山寺。

中华民国

1913年

4月3日，晨6时许地震，门窗台凳均摇荡倾侧。历时3分钟。

1919年

灵岩山寺重建钟楼，翌年落成。

1921年

张郁文编纂的《木渎小志》问世，全书6卷，是木渎区域一部颇具特色的地方志书。志书涉及灵岩山、天平山等诸多内容。

1926年

1月上半月，白喉流行，继之霍乱大流行，持续4月之久。境域开始推行注射防疫针。

4月，李根源编写的《吴郡西山访古记》出版，书分5卷，书中涉及天平山、灵岩山的内容甚多。其中卷四为"天平山补记"。

是年，灵岩山寺始为十方专修净土道场。

1927年

2月23日，12时许地动约3分钟，室内器具亦震动，下午1时又动。

1928年

3月14日，《苏州明报》报道金山地区采石宕户为开采中山陵石料与范氏义庄发生的诉讼案。后官府裁定，中山陵所用石料在金山低宕（颜家山南仙人宕）凿取。

1931年

12月19日，11时许地震，室内悬物均摇晃。

是年，水灾，农业比正常年减产一成半。

1932年

7月中下旬，霍乱流行。

是年，200多名金山石匠在南京完成中山陵石料雕刻和安装，并巧接石牌坊断柱，被誉为"巧匠"。

是年，建灵岩山寺藏经楼。

1933年

8月，灵岩山寺高僧常明、丰廉用破舌之血书写经书，他们从农历七月二十四日起血抄经书，直到次年农历十二月八日，才抄完80卷大乘法宝经书，后珍藏在寺内藏经楼。

1934年

6月26日，最高气温达38.6℃，创60年来6月气温的最高纪录。

是年夏，大旱，60天滴雨未降，河道干涸，水田龟裂，灾情严重。

是年，重建灵岩山大雄宝殿。

1938年

1月7日，天平村域大雪积尺厚。

1943年

9月1日，苏州到木渎的公交汽车恢复通行，途经天平村域南端，村民出行方便。

1947年

2月16日，木渎地区划归吴西区管辖，天平村域属吴西区。

3月16日，蕲王韩世忠神道碑由灵岩山妙真法师邀集地方人士集资鸠工修复。

10月，村域大旱，虫害严重，村民所栽水稻减产，有些农田颗粒无收。

1949年

4月27日，木渎镇与金山、白塔等乡镇解放。属金山镇、白塔乡管辖的天平村域自然村随之解放。

5月，相继建立金山、新华、石城等乡。天平村域分别为金山镇、新华乡管辖。

8月15日，受台风暴雨袭击，造成30余年来未有大水灾。

中华人民共和国

1949年

10月1日，中华人民共和国成立，全村人民欢欣鼓舞，参加由乡镇组织的游行集会，庆祝新中国的诞生。

是月17日，镇上召开诉苦大会，斗争匪特恶霸，村民纷纷参加。

1950年

3月29日，天平山发生乱砍树木现象。木渎清明乡与东山新桥乡等地小股乡民为抢砍树木发生械斗，酿成命案。为此，县政府立即采取措施刹住乱砍滥伐歪风，从严追究责任，追回被砍树木，事态很快平息。

1951年

上半年，金山、新华两乡完成土地改革。

吴县人民政府分别给天平、云华、殷巷、沈店、塘江、范家6个行政村发放土地房产所有证。

1952 年

9 月 6 日，中共苏南区委批准木渎镇和灵岩、天平以及附近几个与风景区有关的村庄组成木渎镇，直属吴县领导。

10 月，吴县矿山工会选派第一批 6 名金山石匠赴京参加人民英雄纪念碑工程建造。翌年 3 月金山矿区选派第二批 12 名石匠，参加该项目工程建设。

1953 年

7 月 1 日，第一次全国人口普查中，新华乡其中的殷巷、沈店、塘江、范家行政村（后来的新华大队、白塔大队、白塔村、新华村）总户数有 489 户，总人数 1849 人，其中男 943 人、女 906 人。云华行政村（后来的天灵大队、天灵村）131 户，437 人，其中男 218 人、女 219 人。天平行政村 319 户，429 人，其中男 210 人、女 219 人。

是年夏，40 天无雨，沿山 74 亩（1 亩 ≈ 666.67 平方米）稻田颗粒无收，220 亩稻田减收。

1954 年

9 月 1 日，经省政府批准，木渎区下辖的金山、新华、木渎等 13 个乡镇划归苏州市郊区管辖，天平村域随属。

是年，金山乡云华行政村（河上村）吴仁才带头组建和平初级农业生产合作社（简称初级社），为金山乡第一个初级社。

是年，新华乡沈店行政村（叶家桥）管根水带头组建新华初级农业生产合作社，为新华乡最早成立的初级社。

1955 年

12 月，金山矿区选派第三批 40 名石匠，参加首都十大建筑工程建设。

1956 年

1 月，金山乡、新华乡及石城乡的大部分合并为金山乡。

8 月，以天平、云华 2 个行政村和南浜一带自然村合并成立和平高级农业生产合作社（简称高级社），以殷巷、沈店、塘江、范家 4 个行政村和沈巷等自然村合并成立新华高级农业生产合作社。

9 月，中共新华高级社支部委员会、中共和平高级社支部委员会建立，均属中共金山乡委员会领导。

1957 年

是年，建起了坐落在南浜村的金山电力灌溉站。全村大部分农田得益。

是年，天平村在河上村建灌溉站（机房），同时建成南北向灌溉水渠一条，从邓家场到祥里村，全长 680 米、宽 8 米，渠道内净 1.8 米，两面为人行道。水渠可灌溉农田 550 亩，占全村农田需水量的 60% 左右。

1958 年

7 月 25 日，苏州市郊区撤销，现天平村域随木渎、金山等 10 个乡镇复归吴县管辖。

9 月，金山人民公社成立，实行政社合一体制，所辖高级社改为大队。新华高级社改称新华大队,和平高级社改称和平大队。大队下面设若干生产队。大队、生产队曾一度改为营、连建制,实行"大兵团作战"。

10月,新华、和平大队分别以1至2个生产队为单位全面办起公共食堂(俗称大食堂),实行粮食供给制,吃饭不要钱。至1961年6月公共食堂解散,社员各自回家用餐。

1959年

10月,和平、新华大队400多人参观木渎镇与金山人民公社联合举办的工农业生产"大跃进"展览会。展馆设工业、农业、副业、财贸、文教卫生5个展览室,12个陈列组。

1960年

5月,遭受自然灾害,粮食歉收,群众以瓜菜糠代粮,缺乏营养而患浮肿病者较多,政府组织群众生产自救。

6月,文化部艺术局天马舞蹈演出团一行30人,抵金山公社慰问演出,村民纷纷前往观看演出。

是年,新华大队中的沈巷等5个自然村分出另建沈巷大队。

1961年

春,和平大队、新华大队根据上级精神,贯彻中共中央《关于农村人民公社当前政策问题的紧急指示信》(又称"十二条"),纠正公社化以来的"五风"(共产风、浮夸风、强迫命令风、干部特殊风、生产瞎指挥风)错误,退赔"一平二调"款。

6月,商店出售高价糖果、糕点、面饭等。秋季,山芋每500克售价6角左右。

12月3日,金山矿区派出10名细石匠参加建设徐州凤凰山淮海战役烈士纪念塔工程,境内新华大队有细匠参加。

1962年

9月5日,受14号台风袭击,连降暴雨,太湖水位高达4.25米,引发山洪,4小时内农田水位陡涨1.3米。

是月13日,台风再次袭击,波及面广,造成不少村民房屋倒塌,农田早稻倒伏,受灾严重。

是年,和平大队一分为三,分为天平大队、天灵大队、和平大队。其中和平大队(小和平)此后改名南浜大队(村),2003年并入金山村。

1963年

是年,引种双季稻,逐年增加种植面积,至1974年双季稻种植面积达100%,改两熟制为三熟制。从1983年起双季稻种植面积逐渐减少,至1986年全部恢复两熟制。

是年夏,天平、天灵与其他5个大队1100亩农田遭旱灾,公社动用抽水机6台、水车262部、拷水桶20只投入抗旱。

1964年

是年秋，金山人民公社石料厂在天平大队河上村建造石厂大会堂，会堂共有10间，建筑面积达880平方米，翌年春竣工，为全公社最大的大会堂。

7月1日，第二次全国人口普查中，新华大队有345户，1452人，其中男738人、女714人。天灵大队有194户，844人，其中男428人、女416人。天平大队有183户，888人，其中男429人、女459人。

1965年

2月，境内开展以清政治、清经济、清组织、清思想为内容的"四清"运动。

1967年

7月22日至10月11日，82天无透雨，仅降雨6.9毫米，东太湖干涸，江河水浅。天平、天灵、新华等大队农田遭严重干旱，粮食减产。

1968年

春，金山人民公社实行合作医疗制度，天平、天灵、新华大队都建立起保健站，各配备经培训的卫生员1—2名，俗称赤脚医生。

3月，天平大队组织何根金、殷水金、殷森林和资松林（新华大队）等6名细石匠雕刻毛主席花岗石站立像，翌年5月竣工，安装在河上村西边的大会堂门前。2010年村庄动迁时，把毛主席石雕像迁移至范家场。

是年春，天平大队组织各生产队开荒扩地，经过3年奋战，新开垦旱地200亩。1972—1979年，7年里先后植桑65亩，花木30亩（1979年成立天平苗圃）。

6月，金山人民公社成立群众专政（简称群专）指挥部，现天平村境内各大队成立群专中队，开展"清理阶级队伍"，部分干部被揪斗或隔离审查。

下半年，天平大队在河上村（公社大会堂附近）设立村级代销点，供应百货、生产资料、化肥农药；还开办肉店、旧货收购站等。1974年大队又在此建立缝纫组，有裁缝6名。形成天平集市，方便群众购物交易。

1971年

10月，天平大队组织学大寨战斗队，有队员20多人，其中妇女6人，队长王盘生、王全生。队里还组成有团员、青年参加的青年突击队，队长由大队团支书陆全根兼任。主要任务是垦荒、平坟造田。至1975年，小田平整成大田，并扩大农田40余亩，为适应机械化耕作创造了条件。

1972年

是年，在新华大队东建造沈巷电力灌溉站，全面推广采用石灰、黏土三七比例（三七灰土）所建的地下暗渠。

1973年

是年春，新华大队以兴修水利，平整土地，格田成方，路渠成网为内容，打造以稳产、高产、旱涝保收为目标的农田基本建设。历时五六个冬春，至1978年彻底改变了全大队的农田面貌。

是年，配合兴修水利，采用三七灰土建成一条南北直向的地下为水渠、地上为道路的水陆两用干线新华路，南起中山路，北至南浜村头旺桥，全长 2.55 千米，至秋冬竣工。

1975 年

是年冬，组织劳动力始开向阳河，至翌年春竣工。向阳河西起灵岩山徐山嘴，向东串连下沙塘、白塔河、长石河三条南北骨干定向河，直至马庄村，与横泾浜河交会。全长 3114 米，河面宽 13 米，河底宽 7.8 米，村域内长 2700 多米。

是年，天平大队成立副业队，同时在阿坞岭一带办天平公墓，首任墓长於根寿。在上海设立办事处，主任李云男。当年成交建墓 200 穴。

1976 年

10 月，新华大队创建第一个村办厂安瓿瓶厂，职工 20 多名，当年创利润 2 万元。随后办起了铅盖厂（盐水瓶用），职工仅 2 人，当年利润 1 万元。是年又创办冶炼厂，生产碱式氯化铝粉，职工 6—7 人，年收益 10 多万元。

冬，开挖新华二号河，翌年春竣工。新华二号河西起天平果园，东走串联下沙塘、白塔河、长石河，直到马庄村后南走接通胥江。全长 3900 米，河宽 13 米，河底宽 7.5 米。

1977 年

2 月，金山人民公社在石料厂召开"毛主席纪念堂石料工程献红心动员会"。会后，在金山的寿桃山宕、仙人宕开工采石，天平、天灵、新华等大队的大部分石匠都参加采石、加工制作，至 5 月 3 日完工。

是年，为农田基本建设平整土地，搬迁青草泾（30 户）、李浜村（14 户）2 个自然村。

是年，天平大队第 2 生产队、第 9 生产队获稻麦粮食高产，吴县人民政府奖励 2 台 100 英寸投影电视机，以资表彰鼓励。

1978 年

是年，新华大队创办服装厂和尼龙衫织造厂，安排劳动力 50 多人，一年收益 35 万元。

是年冬，疏浚拓宽白塔浜，此河纵贯新华村南北，面宽 11 米，底宽 6 米，深 2 米，可通行 20 吨船舶，为 8 级航道，南通胥江，北至南浜口。翌年春，工程竣工，长 3224 米。

1979 年

5 月，为创建新华漆包线厂选派吴宝男、朱建毅、管康男、孙建平、黄文龙、资金生、陶祥珍、惠杏媛、耿惠英等 12 人赴上海中国电工厂学习技术。

10 月，创建新华漆包线厂，1983 年 6 月改名吴县电工厂，生产爱华牌 GZ 系列漆包线。

12 月 30 日，新华漆包线厂进行试产，生产出第一根漆包线，经上海权威机构检验合格，并发给合格产品证书。

是年冬，降大雪14次，冻害严重。

1980年

春，天平大队成立运输队，由沈三男负责。拥有手扶拖拉机8辆，机帆船2只，还购置3吨货车1辆，并配备1个机修车间，人员有20人左右。至1984年分解为私人经营。

12月，新华大队更名为白塔大队。1992年10月，复名为新华村。

1981年

4月，木渎镇首次制订总体发展规划，1985年12月，苏州市政府批准发展规划。1990年同济大学修订镇总体规划并制订了白塔大队详细规划。

1982年

2月14日，县政府发布通告，严禁在风景区建立公墓，并撤销灵岩、天平、天灵等风景区的公墓。县政府规划灵岩山至天平山为旅游风景线，禁止在该区开山采石。

7月1日，第三次全国人口普查中，白塔大队有525户，1957人，其中男939人、女1018人。天灵大队有292户，1104人，其中男554人、女550人。天平大队有309户，1242人，其中男608人、女634人。

1983年

2月，实行农村家庭联产承包责任制，取消生产队经济核算，土地经营权归个人，并与各农户签订承包合同。

3月，美国哥伦比亚大学著名物理学家李政道抵木渎天灵公墓安葬母亲骨灰。

7月，恢复金山乡建制（保留人民公社经济实体），实行政社分设，生产大队改称行政村，设村民委员会。白塔大队改称白塔村，天灵大队改称天灵村，天平大队改称天平村。生产队改称村民小组（简称组）。

1984年

11月6日，苏福公路苏州到木渎段改建成的苏州市第一条高等级水泥公路竣工，有利于沿线现天平村域村民出行。

1985年

1月，金山乡农村实行养老金补贴制，规定男满60周岁，女满55周岁（无社保人员），可享受养老补助金每人每月10元。

2月11日，对"文化大革命"中现天平村境内56户村民被查抄的财物，落实政策进行清退。

9月2日，金山乡与木渎镇合并为木渎镇，实行镇管村体制。

1986年

3月21日，白塔村设立精神文明奖励基金2万元，鼓励村民争创"五好家庭"。

6月，吴县电工厂派出孙金火、倪永祥、朱建毅赴奥地利Mag公司和联邦德国公司考察。引进奥地利 Mag 公司 2 台漆包机和配套电机，引进联邦德国公司 M4 拉丝机、M5 拉丝机各 1 台和配套电机，至 11 月安装投产。

1987 年

5 月，全国人大常委会副委员长、著名社会学家费孝通一行考察吴县电工厂。

是年，吴县电工厂被批准列为国家机械工业部的定点生产单位，并在电工厂内建立漆包线技术工艺研究所，该所被省权威部门批准为"江苏省漆包线质量检测中心"。

是年，电工厂生产的爱华牌聚酯漆包圆铜线 QZ-1、QZ-2 两种型号的聚酯漆包线获江苏省优质产品称号；QA-1（0.02 毫米）聚酯漆包线，先后获得苏州市和江苏省优质产品称号，填补了省内漆包线产品空白。

是年，电工厂生产的 1740 漆包线用漆、高耐压聚氯乙烯包漆 2 项，获省级新产品奖；微电机 1 项，获市级新产品奖。

是年，吴县电工厂被苏州市人民政府授予"先进乡镇企业"称号。

是年，吴县电工厂被江苏省人民政府授予"明星企业"称号。

是年，白塔村孙金火被评为江苏省劳动模范、苏州市劳动模范；1989 年又被评为江苏省劳动模范、苏州市劳动模范。

1988 年

9 月 11 日下午，日本农协干部团一行 9 人到木渎镇考察，并参观了白塔村农民新居。

11 月 20 日，意大利 6 位专家参观白塔村农民新居。

是年，吴县电工厂爱华牌 QA 0.03 平方毫米微型漆包线获得吴县科技成果一等奖。

是年，白塔村孙金火获得"江苏省乡镇企业家"称号。

1989 年

是年，吴县电工厂爱华牌铜芯漆包线获吴县科技进步一等奖。

3 月 18—20 日，白塔村为庆祝吴县电工厂建厂十周年，特邀请上海沪剧团来厂演出。

9 月 20 日，国务院固定资产检查小组一行 8 人，到吴县电工厂检查工作。

10 月 29 日，欧洲共同体驻华大使考察乡镇企业，并参观白塔村农民住宅区。

12 月 4 日，共青团中央、国家农业部组织的全国青年乡镇企业家到白塔村参观考察。

是年，天平村利用东西向的原机耕路面，从下旺街灵天路至南轧浇筑水泥大道，全长 800 米，宽 4 米。

1990 年

5 月 11 日，镇政府颁布《关于严禁在灵岩山至天平山风景区内挖沙采石的通告》。

7 月 1 日，第四次全国人口普查中，白塔村有 547 户，2225 人，其中男 1097 人、女 1128 人。天灵村有 320 户，1345 人，其中男 680 人、女 665 人。天平村有 361 户，

2190 人，其中男 1108 人、女 1082 人。

8 月，孙金火任木渎镇党委副书记，兼任白塔村党支部书记。

9 月 11—12 日，吴县县委、县政府与上海电视台合拍的《苏南之光——奋进中的吴县巡礼》电视片在镇开拍，先后拍摄木渎市镇、木渎中学、电工厂等 7 处有关镜头。

10 月 27 日下午，中央国家机关党委书记研究生班参观团一行 70 人，参观吴县电工厂。

是年，白塔村工业产值 7538 万元，列吴县村级第二位。

1991 年

1 月 7 日，航天部贵州基地驻镇企业江南机电公司成立，落户白塔村。

4 月 13 日，中共中央政治局常委、书记处书记李瑞环到木渎镇视察吴县电工厂。

4 月 19 日，全国人大常委会副委员长孙起孟一行 6 人到白塔村视察。

4 月 24 日，全国人大常委会副委员长、民进中央主席雷洁琼和民进中央秘书长陈益群视察白塔村及电工厂。

4 月 28 日，南美洲玻利维亚众议院第一副议长莱奥尔多率领的访华团一行 10 人，到镇考察乡镇工业，参观了电工厂和白塔村农民住宅区。

5 月 5 日，中顾委常委李德生到白塔村视察。

9 月下旬，白塔村团总支被团中央命名为"全国十佳"红旗团支部之一。

10 月 21 日，美国华盛顿大学人类学副教授、吴中学术交流委员会、南京大学哲学系访问学者安德训博士到镇考察精神文明建设情况，并参观了儿童乐园和白塔村。

10 月 26 日下午，苏州吴县旅港同乡会考察团在顾问施耀先夫妇率领下，到木渎镇考察白塔村电工厂。

是年，白塔村工业产值突破 1 亿元，成为"亿元村"，并获得木渎镇工业总产值、产品销售收入、工业净产值、劳动生产率、固定资产原值、外贸收购额等 6 个单项第一。

1992 年

8 月，建金山路，路面为 6 车道，宽 50 米，全长 2 千米，1996 年 7 月竣工连通竹园路。

10 月，白塔村复名新华村。

是年，新华村工业产值达 10133 万元，位列全县村级第 9 位；工业技改投入当年完成 1240 万元，列全县村级第 5 位。

是年，新华村组建苏州爱华集团公司，为市级集团公司；下属有村办企业 10 家。

1993 年

1 月，成立吴县商品房公司新华分公司和新华商品房开发有限公司。1993—1996 年，共开发商品房 44703 平方米。

1 月 24 日，中央军委副主席、国防部部长迟浩田到新华村考察。

5 月 3 日，全国政协副主席胡绳一行走访新华村农民家庭。

5 月 10 日，乌拉圭客人一行 7 人，参观新华村电工厂及农民住宅。

5月13日，中共中央政治局委员、山东省委书记姜春云与省长赵志浩率山东省代表团一行7人，考察新华村。

是年，在中山东路北、金山路东侧新华村域筹建木渎商城，翌年6月建成。建筑面积8万多平方米，8月正式开业。

1994年

5月16日，新华、天灵、天平3个村从5月开始实行大病风险医疗制度。

9月10日，出自天平石雕厂、刻有国务院总理李鹏题词、重达38吨的太湖大桥功德碑，运抵大桥一号桥畔的渔洋山麓。

1995年

3月11日，全国人大常委会副委员长程思远视察新华村。

6月，撤吴县设吴县市，境域属吴县市木渎镇。

10月10日，中共中央政治局常委、国务院副总理李岚清视察新华村。

1997年

7月18日，省贸易厅批复同意木渎镇在新华村、天灵村地域内建立皮件市场，并列为省重点规划建设的区域性中心市场。

9月15日，"中国皮件市场"试营业，28日正式营业。10月26日举行开业剪彩仪式。

1998年

8月30日，成立苏州新华房地产有限公司，注册资本800万元，法人代表孙金火。

是年12月，新华村被江苏省人民政府评为"江苏省卫生村"。

是年，新华村村委会被中共江苏省委组织部、江苏民政厅评为"模范村民委员会"。

1999年

8月23日，苏州爱华集团组织民营企业主参观温州德力西集团、美特斯邦威制衣有限公司。

是年12月，新华村被苏州市人民政府评为"全国九亿农民健康教育行动苏州市先进村"。

2000年

11月1日，第五次全国人口普查中，新华村有573户，2029人，其中男980人、女1049人。天灵村有358户，1048人，其中男510人、女538人。天平村有358户，1099人，其中男548人、女551人。

是年12月，新华村被江苏省精神文明建设指导委员会评为1999—2000年度"江苏省文明村"。

2001年

3月，撤吴县市分设苏州市吴中区、相城区，境域属苏州市吴中区木渎镇。

新华村团总支被共青团苏州市吴中区委授予2001年度"红旗团支部"称号。

是年，黄丽华当选苏州市吴中区妇女联合会第一届执委。

2002年

9月23日，新华村范家村村民小陆，因患严重肾病花去数万元医疗费，使其家庭陷入困境，党支部书记孙金火发起倡议并带头捐款，石长根等10多位民营企业主纷纷响应，慷慨解囊，捐得款项61000元，一解病者家庭燃眉之急。

2003年

9月22日，天灵村天灵股份合作社成立暨首届社员代表大会召开，葛惠兴、沈土泉、吕水福、徐永泉、顾玉林、黄林根、许金男当选为董事会成员，葛惠兴任董事长；周惠明、许三男、马加根、严水寿、王水福当选为监事会成员，马加根任监事长。

11月22日，新华、天灵、天平三村合并为新的天平村。村成立党总支部，支部委员：王龙根、孙金火、葛惠兴、俞剑英、石根宝、吕水福、李海根、黄丽华、李华珍；王龙根任天平村党总支书记，孙金火、葛惠兴、俞剑英任副书记。

12月24日，天平村新华股份合作社成立大会暨首届社员代表大会召开，王龙根、孙金火、石永根、石根宝、黄丽华、范才龙、张炳根、吴德生、吴月芳当选为董事会成员，王龙根任董事长；沈根水、沈才水、朱海男、朱正芳、孙海根当选为监事会成员，沈根水任监事长。

12月25日，天平村召开村民委员会选举大会，葛惠兴任村民委员会主任，石永根、吕水福、徐盘根任副主任。

2004年

2月28日，天平村老年人协会、关心下一代工作委员会（简称关工委）和老年大学成立。马加根任老年人协会会长，房招福、沈毛根任副会长。

4月29日，天平村创建省级村民自治模范村，通过验收。

6月20日，天平村天平股份合作社成立大会暨首届社员代表大会召开，王龙根、俞剑英、李海根、徐盘根、夏全福当选为董事会成员，王龙根任董事长；季芳、张梅芳、陆才根当选为监事会成员，季芳任监事长。

11月12日，天平村工联会第一次职工代表大会召开。

12月29日，天平村创建江苏省卫生村，通过验收。

2005年

4月30日，天平村召开第二次职工代表大会暨"五一"先进表彰大会。

6月16日，天平村与西山东蔡村结对。

12月21日，葛惠兴任天平村党总支书记。

是月，俞剑英任天平村党总支副书记，村民委员会代主任。

是月，石根宝任天平村党总支副书记。

2006年

2月24日，吴中区新农村建设现场会在天平村范家场召开。

3月18日，天平村新华物业股份合作社成立暨第一次社员代表大会召开，孙金火、石根宝、黄丽华、孙海根、孙伟、石建清、倪永祥、邬建明、吴金明、谭金娣、吴玉芳当选为董事会成员，孙金火任董事长；沈根水、朱正芳、沈才水、管龙元、石永根、朱双寿、朱海男、范才龙、张炳根当选为监事会成员，沈根水任监事长。

5月10日，江苏省建设厅厅长周游率各市、区领导视察天平村范家场新农村建设情况。

6月10日，木渎镇召开党代会选举出吴中区第二次党代会代表，黄丽华当选。

8月27日，天平村天灵物业股份合作社成立大会暨首届社员代表大会召开，葛惠兴、吕水福、李华珍、许福明、黄林根、陈云根、徐寿根当选为董事会成员，葛惠兴任董事长；沈土泉、许金男、邵寿根、杭永鑫、顾玉林当选为监事会成员，沈土泉任监事长。

9月7日，黄丽华当选苏州市吴中区妇女联合会第二届执委。

9月23日，天平村成立中共天平村委员会（简称村党委），葛惠兴任天平村党委书记，孙金火、俞剑英、黄丽华为党委副书记。

9月30日，天平村同吴中区交通局进行新农村建设结对，镇党委书记周云祥参加会议。

10月23日，苏州太仓市级挂职干部及新农村示范村书记一行到天平村考察。

10月25日，天平村召开纪念第十九个老年节暨《中华人民共和国老年人权益保障法》颁布十周年庆祝大会及文艺汇演。

10月28日，天平村新华物业股份合作社一期项目奥玛尔国际时代广场开工奠基。

11月18日，天平村慈善基金会成立。

2007年

1月30日，天平村召开新农村建设汇报会，苏州市人大常委会副主任秦兴元，市、区、镇新农村建设挂钩单位及领导参加会议。

2月1日，天平村天平山物业股份合作社成立大会暨首届社员代表大会召开，俞剑英、徐盘根、夏全福、何建平、李海根、张梅芳、范耿舵当选为董事会成员，俞剑英任董事长；季芳、殷根林、吴火南、祝雪民、陈金坤当选为监事会成员，季芳任监事长。

5月20日，天平村党委率村干部赴昆山参观学习新农村建设工作经验。

6月6日，天平村天灵物业一期项目香港街商业广场开工奠基。

6月30日，天平寺开工奠基，至翌年年底竣工。

7月30日，天平村与驻苏部队某分队结为军民共建单位。

8月22日，天平村天平山物业一期项目范家场商业广场开工奠基。

8月23日，吴中区委副书记孙卓到天平村检查指导新农村建设工作。

8月28日，天平村创建江苏省生态村，通过验收。

9月17日，苏州市委书记王荣率市四套班子领导视察天平村。

11月8日，天平村关于苏州轨道交通一号线建设动迁工作全面启动。

11月10日，天平村举行第八届村民委员会选举，俞剑英当选为村民委员会主任。

11月22日，吴中区在天平村召开"学文化、学技术、比成绩、比贡献"双学双比、巾帼建功现场推进会，吴中区人民政府副区长张建祥、区委副书记孙卓到会并讲话。

2008年

1月8日，吴中区在天平村召开新农村建设考评座谈会，区委副书记孙卓同区委农办、交通局、环保局相关领导一起出席并讲话。

5月19日，天平村党委组织全村党员、干部和群众为四川汶川地震灾区捐款。

6月10日，天平村创建苏州市绿化庭院、美化家园项目，通过验收。

9月21日，天平村天灵股份合作社董事会、监事会换届。

10月12日，天平村天平股份合作社董事会、监事会换届。

12月28日，天平村天灵物业股份合作社项目特易购购物广场开业。

2009年

1月7日，天平村新华股份合作社召开换届选举大会。

2月18日，苏州市农村工作现场会与会领导检查天平村物业项目管理情况。

4月27日，天平村在木渎文体中心召开迎"五一"先进表彰大会。

5月8日，江苏省副省长黄莉新检查天平村新农村建设工作。

6月19日，吴中区委书记金海龙、区委副书记孙卓调研天平村经济社会发展情况。

8月9日，天平村天平山物业举行开业典礼。

8月19日起，深圳市宝安区有关干部分8批考察天平村新农村建设情况。

9月29日，苏州交通广播组织的第四届司机文化节活动在天平村新华易买得广场举行。

10月28日，天平村新华物业股份合作社项目新华广场举行奠基典礼，苏州市委副书记徐建明、市委农办主任顾杰、市委秘书长程华国、吴中区委副书记孙卓、区委农办主任顾建列、木渎镇四套班子主要领导等一起参加。

11月5日，苏州市常务副市长周伟强检查天平村新农村建设工作。

11月12日，吴中区委副书记、区长俞杏楠调研天平村科学发展观活动开展情况。

2010年

7月30日，苏州市人大常委会主任杜国玲走访慰问天平村贫困户。

8月，天平村党委换届选举，葛惠兴任党委书记，俞剑英、黄丽华、孙伟任党委副书记。

9月3日，苏州市委副书记、市长阎立视察天平村。

9月29日，吴中区"政社分离"现场推进会在天平村召开，区委农办主任顾建列出席会议。

11月1日，第六次全国人口普查中，天平村有1411户，5248人，其中男2568人、女2680人。

11月21日，天平村举行第九届村民委员会换届选举，俞剑英任村委会主任，孙伟、徐盘根、许福明任副主任。

12月24日，苏州市城乡一体化现场会参会领导考察天平村城乡一体化建设情况。苏州市委副书记徐建明、区委副书记周云祥、区委农办主任顾建列等参加。

2011年

3月5日，浙江省温州市副市长任玉明一行考察天平村新农村建设情况。

5月11日，天平村在天平山举行读书月活动，重温与弘扬范仲淹"忧乐天下"的精神和责任感。

5月12日，上海市委常委吴志明考察天平村新农村建设情况。

5月13日，天平村举行留旧式动迁启动会。

5月22日，天平村举行办公楼乔迁仪式，办公楼从新华路555号迁到新华路116号。

6月18日，天平村举行庆祝建党90周年暨2009—2010年度关于创业、公益、服务、道德、学习、岗位、夕阳、拥政、文明、拥军"十大标兵"表彰大会。

7月20日，苏州市委常委、组织部部长郭腊军一行调研考察天平村村级经济建设情况。

9月26日，经木渎镇党委决定，俞剑英任天平村党委书记。

2012年

1月13日，吴中区常务副区长许振华走访慰问天平村困难户。

2月28日，天平村举行吴中区第三届人大代表、木渎镇十七届人大代表选举大会。

3月22日，国务院参事室副主任方宁一行调研天平村城乡一体化发展情况。

5月9日，重庆市北碚区副区长赵祺一行参观考察天平村村级经济发展情况。

6月18日，广州市农委主任一行参观考察天平村经济发展情况。

6月22日，天平村姑苏印象文化村举行奠基仪式，镇党委书记戈福林、镇长顾玉琪出席并讲话。

7月3日，吴中区区长金洁走访慰问天平村贫困家庭。

7月20日，苏州市委副书记陈振一调研考察天平村村级经济发展情况。

7月30日，天平村开办吴中区首个新农村四德学堂。

8月9日，吴中区区长金洁调研天平村村级经济发展情况。

9月6日，吴中区区长金洁、常务副区长许振华等一行考察天平村三级便民服务中心建设情况。

9月18日，吴中区区长金洁、副区长周晓敏一行考察天平村居家养老院建设情况。

11月28日，天平村新华商业广场天虹商场举行开业仪式。

2013年

1月19日，天平村居家养老院举行奠基仪式。

1月21日，苏州市总工会主席温祥华到天平村调研指导，并走访慰问贫困户。

3月6日，贵州省副省长慕德贵到天平村调研城乡一体化发展情况。

3月17日，国务院发展研究中心副主任韩俊调研天平村经济发展情况。

4月9日，中央政法委副秘书长、综治办主任陈训秋一行调研天平村。

6月26日，市委常委、组织部部长郭腊军走访慰问天平村困难党员。

6月29日，天平村召开庆祝建党92周年暨"八大典型"表彰大会。

7月21日，天平村与盐城市东甓村举行结对共建签约仪式。

8月14日，省委常委、市委书记蒋宏坤，市委副书记陈振一，副市长徐惠民等一行检查"两山一镇"项目推进情况。

8月24日，天平村党委召开换届选举大会，俞剑英任党委书记，孙伟、钱建华任党委副书记。

11月10日，天平村召开第十届村民委员会选举大会，孙伟当选为村委会主任，朱正芳、许福明、徐盘根为副主任。

2014年

1月12日上午，天平村召开2014年度新春老干部座谈会。

1月14日上午，吴中区区长金洁走访慰问天平村贫困家庭。

1月16日上午，吴中区政协副主席赵建明走访慰问天平村贫困家庭，并送上新春祝福及礼品。

1月21日，木渎镇镇长顾玉琪走访慰问天平村贫困家庭。

1月22日上午，苏州市总工会主席温祥华一行走访慰问贫困家庭。

3月15日，天平村与华东电网举行劳模康复疗养中心签约仪式。

4月10日，市委常委、组织部部长郭腊军考察村级经济发展情况并走访慰问天平村贫困家庭。

4月12日，天平村益民劳务专业合作社成立。

4月25日，宿迁市委驻宿城区帮扶工作队队长、宿城区委常委、副区长张保平一行赴天平村考察示范村经济发展情况以及挂钩帮扶工作。

7月14日，省总工会副主席曹海一行考察天平村国家劳模馆建设情况。

7月18日，天平村益民劳务专业合作社举办培训技能班开班典礼。

10月18日，天平村新华股份合作社、新华物业股份合作社召开第二届股东代表大会，孙伟、石根宝、黄丽华、孙海根、石建清、倪永祥、吴金明、邬建明、吴玉芳、周连珍、吴法男当选为董事会成员，孙伟任两个股份合作社董事长；朱正芳、沈根水、石永根、管龙元、朱双寿、朱海男、范才龙、张炳根、谭金娣当选为监事会成员，朱正芳任两个股份合作社监事长。

是年，联合国教科文组织授牌"木渎镇农村社区学习中心建设试点"，联合国教科文组织有关领导亲临木渎镇天平村调研。

2015年

1月29日，天平村天灵股份合作社、天灵物业股份合作社召开第三届股东代表大会，葛惠兴、许福明、沈土泉、李华珍、黄林根、顾玉芳、钱建华、徐寿根、杭春当选为董事会成员，钱建华任两个股份合作社董事长；吕水福、许金男、徐永泉、陈云根、潘震、李平、许金发当选为监事会成员，吕水福任两个股份合作社监事长。

1月31日，天平村天平山物业股份合作社召开社员代表大会，徐盘根、俞剑英、夏全福、何建平、殷福根、范耿舵、季芳、张梅芳、许云珍当选为董事会董事，徐盘根任董事长；李海根、唐征明、李永新、殷根林、夏建民、祝雪民、汪海兵当选为监事会监事，李海根任监事长。

8月22日，天平村举办2014—2015学年中学生表彰暨爱心助学活动。

10月9日，经木渎镇党委决定，孙伟任天平村党委书记。

10月20日，吴中区委书记俞杏楠、区长金洁一行到天平居家养老院慰问。

是年，联合国教科文组织专家来木渎镇考察老年大学教育工作并参观天平村老年大学。

2016年

1月22日，经木渎镇党委决定，任命徐盘根为天平村党委副书记。

1月28日，苏州市总工会主席温祥华一行走访慰问天平村困难群众。

6月23日，吴中区委书记金洁一行走访慰问天平村困难家庭。

7月5日，天平村妇联第十四次代表大会召开，选举产生新一届妇联执委会委员及正副主席，李华珍、许云珍、邬春燕、顾玉芳、周连珍、张梅芳、徐春燕、夏蓉、孙丹萍为执委会委员，李华珍任主席，许云珍、邬春燕任副主席。

7月30日，天平村举行团总支换届选举大会。邬春燕、邬静、吴佳芸、周阳阳、宁辉当选团总支委员。邬春燕任团总支书记，邬静任副书记。

9月10日，天平村召开党委换届选举大会，选举产生新一届村党委会，孙伟任村党委书记，钱建华、徐盘根任副书记。

9月24日，全国总工会副主席许振超、省总工会主席曹海、市总工会主席温祥华一行考察天平村国家劳模馆建设情况。

11月20日，天平村召开第十一届村民委员会选举大会，选举产生新一届村民委员会，钱建华任主任，朱正芳、许福明、唐征明任副主任。

12月8日，天平村选举产生木渎镇第十八届人大代表及吴中区第四届人大代表，石建清、朱正芳、吴伟芳、杨茵、唐征明、顾玉芳、顾玉琪当选木渎镇第十八届人大代表；时金兴、钱建华、钱家荣当选吴中区第四届人大代表。

12月23日，吴中区"好勤嫂"家政实训基地在木渎镇天平村益民劳务专业合作社挂牌。苏州市妇联发展部部长徐苏华，吴中区委副书记、宣传部部长李朝阳，区人社局局长丁晓娟，妇联主席周钰坪出席揭牌仪式。

2017年

1月23日上午，苏州市副市长、吴中区委书记金洁一行走访慰问天平村困难群众。

2月13日，苏州市民政局副局长胡跃忠一行调研天平村社工活动开展情况，考察华夏飞扬公益组织。

7月7日,天平村举行2017年"七彩夏日、快乐天平"暑期校外辅导站开班仪式。

2018年

1月20日,天平村召开2018年党员冬训大会暨党的十九大精神专题大党课,村党组书记孙伟作题为"践行党的十九大精神,为实现村强、民富、景美、人和的新天平不懈奋斗"的专题党课。

2月11日,木渎镇党委副书记、政协工委主任王军到天平村走访慰问因公殉职的联防队队员家庭。

3月21日,苏州市副市长金洁一行到天平村范家场调研检查新农村建设情况。

4月26日,天平村举行"一村二楼宇"项目竹园路精品酒店奠基暨签约仪式。竹园路精品酒店总投资5000万元,占地6484平方米,建筑面积约16104平方米。

5月7日,吴中区关工委授予天平村孙国强优秀"五老"志愿者称号。

5月24日下午,吴中区委组织部副部长殷红、木渎镇党委委员许军一行到天平村就苏州乡村振兴学堂实践基地进行考察调研,走访了天平村村委会、天虹商场、日间照料中心、范家场。

6月22日,天平村党员志愿者团队联合木渎镇相关部门志愿者在新华片区活动中心开展党员关爱驿站志愿服务活动。

7月3日,吴中区区长陈嵘走访慰问天平村邹静、王木根家庭。

7月4日,苏州市委组织部有关领导慰问天平村沈紫琼家庭,向其发放党员关爱基金。

9月21日,天平村对"三合一"场所、出租房(群租房)、电动自行车三类突出隐患进行安全大检查。

10月17日上午,天平村敬老志愿者为木渎镇敬老院老人送爱心。志愿者开展与老人拉家常、为百岁老人过生日、文艺节目表演等活动。

2019年

2月1日,木渎镇党委书记刘叶明走访慰问天平村石兴根和唐勇家庭。

4月1日,天平村开展"纪念苏州解放70周年"主题党日活动,祭扫苏州烈士陵园,重温入党誓词。

4月29日,天平村联合木渎镇党群口支部共同举办庆祝苏州解放70周年文艺汇演。

5月29日,天平村举办"献爱心 送温情 亲情服务阳光照心房"活动,邀请8户特扶家庭参与。

6月28日,经木渎镇党委决定,钱建华任天平村党委书记。

6月30日,天平村召开庆祝中国共产党成立98周年大会暨"七一"专题大党课。吴中区委党校杨晓晨作《实施乡村振兴战略的基层实践与探索》专题党课。

7月8日,经木渎镇党委决定,孙丹萍任天平村党委副书记。

7月26日，天平村举行2018—2019学年中学生表彰大会暨暑期校外辅导站结业仪式。

11月23日，纪念范仲淹诞辰1030周年庆典活动在木渎范仲淹实验小学举行，苏州市范仲淹研究会与天平村签订共建文明乡村协议。

11月27日，天平村开展深入学习党的十九届四中全会精神"以担当诠释初心，以实干践行使命"开放式主题党日活动。

12月，苏州市吴中区后乐书院在天平村落成。

2020年

2月2日，天平村发动党员、群众、志愿者参加新冠肺炎疫情防控工作。

5月1日，天灵人才公寓正式交付使用。

5月11日，天平村党委下属党组织重新调整，下设16个党支部。

8月6日，江苏省关工委副主任钱协寅一行到天平村调研青少年的健康成长情况。

8月21日，天平村召开"七彩夏日、快乐天平"2020中学生表彰大会。

11月1日，第七次全国人口普查，天平村有1373户，5735人，其中男2788人、女2947人。

12月，天平村团总支被共青团苏州市吴中区委评为2020年度"吴中区先进团支部"。

是年，天平村被苏州市吴中区爱健办评为2020年度"爱国卫生集体"。

是年，邬静、倪力佳被评为苏州市万名"最美劳动者"。

是年，夏蓉被评为"吴中抗疫优秀协管员"，庄旭军被评为"吴中区优秀教育工作者"。

2021年

1月10日，天平村在党群服务中心举行天平村党委换届选举，钱建华任党委书记，徐盘根、孙丹萍任党委副书记。

1月30日，天平村举行第十二届村民委员会换届选举，钱建华任村委会主任，邬春燕、季乾一任副主任。

1月31日，天平村获评2020年度苏州市"农业农村现代化"先进集体。

3月9日，天平村举行第十三届村民小组长、村民代表换届选举。

4月29日，天平村召开党员大会，选举出席木渎镇第十四次党员代表大会代表。邬静、邬春燕、许福明、时金兴、周学斌、钱建华、徐盘根、唐征明当选为党代表。

5月29日，天平村举行第十五次妇女代表大会，选举产生天平村妇联第十五届执行委员会委员，孙丹萍任妇联主席，邬静、夏蓉、徐春燕任副主席。

7月31日，天平村举行第五届团总支换届选举，吕吴恺、邬静、沈晓明、陆涧、徐春燕任委员，邬静任团总支书记，徐春燕任副书记。

8月2日，天灵工业园完成场地移交。

8月9日，天平村举行第五届工会换届选举，孙丹萍任主席，邬静任副主席。

9月19日，天平山景区提升工程自4月6日启动闭园施工，经过5个多月的建设正式开门迎客。该项目以"尊重历史格局与自然风貌，彰显天平红枫和范氏文化"为根本目标。

11月5日，江苏省司法厅普法与依法治理处干部检查天平村关于省级民主法治示范村建设情况。

11月9日，天平村卫星消防站揭牌。

11月22日，天平村获评吴中区2018—2021年度群众体育先进集体。

11月25日，天平村获评2018—2020年度苏州市文明村。

12月8日，天平村召开区、镇人大代表选举大会，钱建华、张飞当选吴中区第五届人大代表；孙丹萍、范成贤、徐建锋、黄金宝、曹炎、季乾一、杨茵当选木渎镇第十九届人大代表。

12月10日，天平村与太湖村、双湾村、梅园社区、吴中太保产险签署党建共建协议。

12月16日，天平村获评苏州市关心下一代工作优秀集体。

是年，天平村获评2019—2021年度江苏省文明村。

是年，天平村被苏州市吴中区体育局评为2018—2021年度群众体育优秀集体。

是年，钱建华被评为苏州市优秀党务工作者。

是年，庄旭军被评为2018—2021年度吴中区群众体育优秀工作者。

是年，李卫明被江苏省公安厅授予三等功（民警的贴心人）。

是年，杨乐被吴中区教育局授予区艺术教育特殊贡献奖。

第一章 建置地理

天平村境域西靠灵岩山，西北紧倚天平山，北与金山村接壤，东北部与苏州高新区狮山街道交界，东至白塔河和西跨塘村毗邻，南到中山路与木渎古镇区相接。总面积5平方千米，境内有大小山丘10余座，大小内河16条，道路34条。村委会驻新华路116号，距镇政府所在地0.9千米。

　　1985年9月，金山乡与木渎镇合并为木渎镇，境内白塔、天灵、天平3个村属木渎镇。2003年11月，新华、天灵、天平3个村合并为新的天平村。2019年，天平村村民委员会下辖38个村民小组、24个自然村。

第一节　建置区划

商末，周太王长子泰伯、次子仲雍为避让王位，从陕西南奔"荆蛮"（今长江中下游地区）建立"勾吴"，为吴始称。现天平村境域（以下称"境域"）时属勾吴国。周元王三年、吴王夫差二十三年（前473），吴亡归越，境域为越地。周赧王九年（前306），楚伐越，越亡属楚，境域属楚。秦王政二十五年（前222），秦平定江南地，境域归秦。秦始皇二十六年（前221）设郡、县制，秦以吴国故都置吴县，境域隶属吴县。

乡以下基层建置：秦汉设亭、里。唐朝设里、保、邻，宋朝改为保甲。元朝设村、社。明初，设里、甲，后改为乡、都、图、村（镇），乡领都，都领图，图领镇，镇领村。清朝，沿袭明制，保留乡、都、图，增设保、甲、牌制。民国初，沿用清末都、图，继而改为区、乡（镇）、闾、邻制，后又改闾、邻、保、甲。中华人民共和国成立初，实行区、乡（镇）制，废除保、甲，改设行政村、组。

明清时，现天平村境域属吴县胥台乡（石城里）第十三都、十四都和至德乡（昌用里）第十一都、十二都。

1912年，吴县实行市、乡制，设木渎市，境域属吴县木渎市，沿袭都、图制，境域都、图与清末基本一致。1928年11月，吴县实行区、乡（镇）制，原木渎市同善人桥乡合并设吴县第二区（木渎区），境域属吴县第二区（木渎区）。1929年8月，吴县设置金山镇，境域属吴县第二区（木渎区）金山镇。1934年2月，境域属吴县第二区（木渎区）金山镇、白塔乡。1939年3月，伪吴县知事公署重新划分乡镇区域，建立木渎乡公所，境域属木渎乡公所。1940年3月，境域复属吴县木渎区金山镇、白塔乡。1941年7月，境域属伪吴县第七区（木渎区）金山镇、白塔乡。1945年9月，境域复属吴县第二区（木渎区）金山镇、白塔乡。1947年2月，吴县并编区、乡镇，吴县第二区（木渎区）与第三区（光福区）合并为吴西区，下设25个乡镇；同时，白塔乡与狮山乡合并为白狮乡，境域属吴西区金山镇、白狮乡。翌年2月，金山镇定为甲等乡镇。1948年，境域属吴县吴西区金山镇。

1949年4月27日，境域解放。5月1日，境域属吴县木渎区金山镇。1950年3月，金山镇改镇为乡，同时吴县设立新华、石城等乡，境域属吴县木渎区金山乡、新华乡。

1954年9月，金山乡、新华乡随木渎区划归苏州市郊区管辖，境域属苏州市郊区金山乡、新华乡。1956年1月，金山、新华两乡及石城乡的大部分合并为金山乡，境域属苏州市郊区金山乡。同年，境内开展农业合作化运动，在众多农业初级社的基础上，以金山乡原云华、天平行政村和南浜一带自然村范围组建和平高级社；以新华乡原殷巷、沈店、塘江、范家行政村和沈巷等自然村范围组建新华高级社。高级社下辖的自然村组均改称生产队。

1958年7月，撤销苏州市郊区建制，金山乡复归吴县，境域属吴县金山乡。同年9月，金山乡撤乡建社，成立金山人民公社，实行政社合一体制，和平、新华高级社均改称大队，生产队不变。

1960年，沈巷等5个自然村从新华大队中分离出去另建沈巷大队（1983年改为沈巷村，2003年并入西跨塘村）；1962年，和平大队进行重组一分为三：由原云华行政村的大部分组成天灵大队；由原天平行政村与原云华行政村的一小部分组成天平大队；南浜一带7个自然村仍称和平大队（1980年改为南浜大队，1983年改称南浜村，2003年并入金山村）。

1983年7月，政社分立，恢复金山乡建制，生产大队改为行政村，生产队改为村民小组，境内白塔、天灵、天平三个大队改为行政村，属吴县金山乡。

1985年9月，金山乡撤销，原所辖区域与木渎镇合并组成新的木渎镇。境内白塔、天灵、天平三个行政村属木渎镇管辖。

1995年6月，撤吴县设吴县市，境域属吴县市木渎镇。

2001年3月，撤吴县市分设苏州市吴中区、相城区，境域属苏州市吴中区木渎镇。

2003年11月，新华、天灵、天平三个村合并，组成新的天平村，隶属不变。

2019年，天平村村民委员会下辖38个村民小组、24个自然村，分为新华、天灵、天平三个片区。

天平村鸟瞰

表 1-1　　　　　新华（白塔）、天灵、天平村（大队）建制沿革情况表

时间	自然村、生产队（村民小组）		隶属
明清时期	第十一都	一图：下旺街、沈家弄、上山（部分属四图） 二图：范家场、邓家场	吴县至德乡（昌角里）
	第十二都	一图：上沙、梁巷、赤山坞、西路上、山里旺、照山嘴 二图：天平山、范墓、吴家弄	
	第十三都	十一图：青草泾 十二图：叶家桥 十四图：范家村 十六图：赵巷上、殷巷上	吴县胥台乡（石城里）
	第十四都	三图：高家场、庙前村 四图：下沙庙、塘岸上 五图：沈店村 六图：灵岩街、陆家村 十八图：徐山嘴、惠家场	
1929年8月	青草泾、李浜村、叶家桥、殷巷上、赵巷上、塘江上、沈店村、范家村、陶家村、彭家村、苏岗上、岗头上、高家场、陆家村、灵岩街、塘岸上、惠家场、徐山嘴、庙前村、祥里村、河上村、下旺街、照山嘴、沈家弄、吴家弄、西路上、山里旺、邓家场、范家场		吴县第二区（木渎区）金山镇
1934年2月	高家场、陆家村、灵岩街、塘岸上、惠家场、徐山嘴、庙前村、祥里村、河上村、下旺街、照山嘴、沈家弄、吴家弄、西路上、山里旺、邓家场、范家场		吴县第二区（木渎区）金山镇
	青草泾、李浜村、叶家桥、殷巷上、赵巷上、塘江上、沈店村、范家村、陶家村、彭家村、苏岗上、岗头上		吴县第二区（木渎区）白塔乡
1947年2月	高家场、陆家村、灵岩街、塘岸上、惠家场、徐山嘴、庙前村、祥里村、河上村、下旺街、照山嘴、沈家弄、吴家弄、西路上、山里旺、邓家场、范家场		吴县吴西区金山镇
	青草泾、李浜村、叶家桥、殷巷上、赵巷上、塘江上、沈店村、范家村、陶家村、彭家村、苏岗上、岗头上		吴县吴西区白狮乡
1950年3月	高家场、陆家村、灵岩街、塘岸上、惠家场、徐山嘴、庙前村、祥里村、河上村、下旺街、照山嘴、沈家弄、吴家弄、西路上、山里旺、邓家场、范家场		吴县木渎区金山乡
	青草泾、李浜村、叶家桥、殷巷上、赵巷上、塘江上、沈店村、范家村、陶家村、彭家村、苏岗上、岗头上		吴县木渎区新华乡
1956年1月	高家场、陆家村、灵岩街、塘岸上、惠家场、徐山嘴、庙前村、祥里村、河上村、下旺街、照山嘴、沈家弄、吴家弄、西路上、山里旺、邓家场、范家场、青草泾、李浜村、叶家桥、殷巷上、赵巷上、塘江上、沈店村、范家村、陶家村、彭家村、苏岗上、岗头上		苏州市郊区金山乡
	是年，境域开展农业合作化运动，以金山乡原云华、天平行政村和南浜一带自然村范围组建和平高级社；以新华乡原殷巷、沈店、塘江、范家行政村和沈巷等自然村范围组建新华高级社，高级社下辖的自然村组改称生产队		

续表

时间	自然村、生产队（村民小组）	隶属
1958年9月	金山乡撤乡建社，成立金山人民公社 新华高级社改称新华大队，下设36个生产队 和平高级社改称和平大队，下设35个生产队	吴县金山人民公社
1960年	沈巷村、垛上、吴巷上、西吴巷上、蔡家里5个自然村从新华大队中分出，另建沈巷大队（2003年并入西跨塘村）。新华大队自然村、生产队：青草泾1队、2队，殷巷上3队、17队，赵巷上4队、5队，叶家桥6队、7队、18队，塘江上8队、9队，沈店村（河西）10队、11队，沈店村（河东）12队、13队，范家村14队，陶家村15队，彭家村16队，共18个生产队	吴县金山人民公社
1962年	和平大队进行重组，一分为三：西部由原云华行政村的大部分组建天灵大队；由原天平行政村和原云华行政村的一小部分组建天平大队；东部由南浜一带7个自然村，南浜、三仙桥、旺家桥、西安村、北沿村、田塘岸、上岸组建大队，仍名和平（1980年改名南浜大队，2003年并入金山村）。天灵大队的自然村、生产队：陆家村1队、2队，灵岩街3队、4队，高家场5队，塘岸上6队，惠家场7队，徐山嘴8队、11队，庙前村9队、10队，共11个生产队 天平大队自然村、生产队：河上村1队，祥里村2队，下旺街3队，照山嘴4队，沈家弄5队，西路上6队，山里旺7队，邓家场8队，范家场9队，共9个生产队	吴县金山人民公社
1983年7月	恢复金山乡建制，白塔（新华）、天灵、天平3个大队改称白塔村、天灵村、天平村，各村的原生产队改称村民小组	吴县金山乡
1985年9月	金山乡与木渎镇合并为新的木渎镇 白塔（新华）村、天灵村、天平村属木渎镇	吴县木渎镇
2003年11月	新华村、天灵村、天平村合并为新的天平村	苏州市吴中区木渎镇
2019年	新华片村民小组包括新村1、2组，殷巷上3、17组，赵巷上4、5组，叶家桥西6、7（部分），叶家桥东6（部分）、7组，塘江上8、9、16组（部分），沈店村西10、11组，沈店村东12、13组，范家村14组，陶家村15组，彭家村16组；天灵片村民小组包括陆家村1、2组，灵岩街3、4组，高家场5组，塘岸上6组，惠家场7组，徐山嘴8、11组，庙前村9、10组；天平片村民小组包括河上村1组，祥里村2组，下旺街3组，照山嘴4组，沈家弄5组，西路上6组，山里旺7组，邓家场8组，范家场9组	苏州市吴中区木渎镇

第二节 区位交通

一、区位

天平村位于木渎古镇区北部，与木渎新区地理交融，四至界址为西靠灵岩山，西北紧邻天平山；北靠寿桃湖，与金山村相连；东北部与苏州高新区狮山街道相接；

东临白塔河、金枫南路，与西跨塘村相连；南靠中山路，与木渎古镇区相接。东距苏州古城区 12 千米，西南面临太湖，距 10 千米。

2003 年行政村合并后的新天平村，在木渎镇处于得天独厚的地理位置和社会环境。筹建木渎新区的大部分土地都是从新天平村（包括原新华村、天平村、天灵村）征用的。新天平村与木渎新区的白塔、花苑、竹园三个社区（居委会）相交，形成了独特的"村中有城、城中有村"的地理格局，为新天平村的经济建设、社会发展和村民生活带来了优越的客观条件，也为加快农村现代化、城乡一体化创造了十分有利的条件。

二、交通

天平村位于木渎镇的核心区，东距上海虹桥国际机场 80 千米、浦东国际机场 120 千米；西距苏南硕放国际机场 40 千米。优越的地理环境，为天平村带来了四通八达的交通优势。

天平村东部紧靠苏州市中环高架（金枫路高架），南部苏州市南环高架直达村区；沪宁高速、绕城高速、苏嘉杭高速以及 312 国道、京杭大运河都近在咫尺。

全国地级市首条轨道交通（苏州轨道交通一号线）的起始站木渎站、轨道交通车库、修理场都在天平村境内。苏州市轨道交通五号线在天平村境内设有 2 个站。

苏州古城区及木渎镇周边乡镇的市、区、镇三级公交线路，经过天平村辖区的有 2 路、4 路、游 4 路、38 路、315 路、43 路、505 路、506 路、507 路、512 路、63 路、64 路、611 路、615 路、621 路、691 路、692 路、662 路、664 路、665 路、666 路以及快 10 线、快 11 线等 23 条线路，村内都设有公交站点。

第三节 地理环境

天平村地处木渎古镇北部，西部及北部紧靠灵岩山、天平山、金山山脉，形成十分优越的自然环境。

一、山丘

天平村的西部，自南向北的大小山丘有灵岩山、兔子山、白马丁、羊肠岭、鸡笼山、鸭乌岭、咪弥岭、金顶山、天平山、寿桃山（金山）等十多个山丘。

灵岩山 在村西部，山多奇石，状如灵芝，尤以灵岩塔前石壁耸起的灵芝石而名。一说有仙佛显灵于山上故名。因山连砚村，产石可为砚，又名砚石山。山南峭壁如城，又称石城山。因山南有石射埄、石鼓，故亦称石鼓山。山势右旋似巨象回顾，故亦名象山。山体西北走向，跨度纵向 2.3 千米，横向 1.2 千米，主峰灵岩山高 182 米。

山村远眺

山体呈独立状,为花岗岩构成,地表均黄砂土,种有松、毛竹、桃等经济林,为著名的风景旅游区。

天平山 在灵岩山以北2千米处。一说山顶平正,可容聚数百人,一说形容山的高度与天相平,故名天平山。因顶峰常有白色云雾缭绕,旧又称白云山,人称白云岭。因范仲淹其高祖葬于此山下,故又名范坟山。山体南北走向,跨度南北4.4千米,东西1.4千米。主峰天平山,高201.6米。次峰观音山位于主峰以北1.2千米处,高130米;次峰高景山位于主峰东北2.9千米处,高107.7米;次峰茅山位于主峰以北1.2千米处,高57.7米;次峰肚皮山位于主峰东北1.6千米处,高44.8米;次峰鸡笼山位于主峰西南0.8千米处,高75.2米。西部有钟风岭、寒山岭、咪弥岭、鸭乌岭、权枪岭。

山体为组合形,为花岗岩构成,地表为黄沙土,种有松、桃、茶等林木,西麓有胜天水库,东麓为著名风景游览区。

鸡笼山 天平山次峰,因形似鸡笼故名。

金　山 位于木渎镇北,初名茶坞山,晋宋间凿石得金易名金山。金山跨木渎、枫桥、藏书三镇,为东南、西北走向,跨度纵向1.6千米,横向0.9千米。主峰金顶山,高126.7米;次峰家塘山,位于主峰西北0.8千米处,高115.1米;次峰寿桃山位于主峰东南0.3千米处,高75.3米。山体为组合状,岩石为花岗岩,地表层为红黄土,树木稀疏。金山自1927年起采石,至2014年禁采、实施复绿工程。

二、道路

天平村辖区的道路与木渎新区的道路形成了交融相处。干道是"四纵四横"的格局。

自东向西纵向的干道是金枫路（高架）、新华路、金山南路和灵天路；自南向北横向干道是中山路、花苑东路、向阳河路和竹园路。

辖区内大小道路统计有快速路3条、干道8条、支路6条、街巷17条。

灵天路

新华路

表1-2　　　　　　　　2018年天平村境内道路（公路）统计表

道路名称	走向	起止	级别	材质	长×宽/(米×米)
中山东路	东西	横山浜—金山南路	快速路	柏油	4700×40
中山西路	东西	金山南路—灵岩山	快速路	柏油	1000×50.5
金枫南路	南北	竹园路—木东路	快速路	柏油	6080×（49—62）
金山南路	南北	中山西路—金山东路	主干道	柏油	4400×（50—55）
竹园路	东西	灵天路—运河路	主干道	柏油	2300×50
灵天路	南北	灵岩山—天平山	次干道	柏油	3500×30
新华路	南北	竹园路—中山东路	次干道	柏油	2100×24
花苑东路	东西	金山南路—枫瑞路	次干道	柏油	2230×20
花苑西路	东西	金山南路—灵天路	次干道	柏油	1100×16
向阳河路	东西	灵天路—新华路	次干道	柏油	2100×26
寿桃湖路	南北	竹园路—天平山	次干道	柏油	2300×24
梅林路	南北	中山东路—花苑东路	支路	柏油	800×12
枫灵路	东西	灵天路—新华路	支路	柏油	2100×14
惠灵路	南北	中山西路—花苑西路	支路	柏油	740×10

续表

道路名称	走向	起止	级别	材质	长×宽/(米×米)
香港街	南北	中山西路—向阳河路	支路	柏油	1300×16
枫灵巷	南北	向阳河路—枫灵路	支路	柏油	230×8
高义园路	南北	竹园路—张泾浜路	支路	柏油	1000×18

表1-3　　2018年天平村境内道路（街、巷）统计表

道路名称（拟名）	走向	起止	级别	材质	长×宽/(米×米)
殷巷	东西	新华路—梅林路	支巷	柏油	500×8
良臣街	东西	梅林路—新华路	支街	柏油	500×16
文正街	东西	梅林路—纳言巷	支街	柏油	580×16
麦草街	东西	新华路—金枫南路	支街	柏油	500×16
梅林巷	东西	金山南路—梅林路	支巷	柏油	200×12
云华巷	东西	纳言巷—香港街	支巷	柏油	200×8
晨台巷	东西	灵天路—金光天巷	支巷	柏油	200×8
披云巷	东西	灵天路—惠灵路	支巷	柏油	250×8
碧山巷	东西	乾康街—香港街	支巷	柏油	400×10
高家场街（望月巷）	东西	灵天路—梳妆巷	支街	柏油	400×10
照山路	南北	竹园路—轨交停车场	支路	柏油	240×12
庆春坊巷	东西	乾康街—香港街	支巷	柏油	200×7
梳妆巷	东西	灵天路—香港街	支巷	柏油	310×6
落红亭巷	东西	灵天路—香港街	支巷	柏油	300×6
孟载街	南北	中山东路—梅林巷	支街	柏油	400×11
乾康街	南北	花苑西路—庆春坊巷	支街	柏油	200×10
纳言巷	南北	中山西路—云华巷	支巷	柏油	350×8

附：木渎景范路传奇

紧挨着灵岩、天平山麓，南北走向的灵天路，据史料记载，其"前身"，是1933年9月竣工通车，一头连着木渎御道桥、一头连着天平山高义园的景范路。景范路建成比苏福公路要早两年。

当年，承载着全镇各界希望的新路被定名"景范"，取"景仰范仲淹"之意。范仲淹是北宋时期从木渎走出的圣贤，而天平山是范氏家族千年根脉所在，通过这

个有着深刻文化内涵的路名，不论是当年发起修路的前辈，还是今天的我们，都仿佛穿越了时空的疆界，直接走进了约一千年前范仲淹的世界，零距离接受他那伟大精神的感召。

1933年9月10日上午，500多位中外嘉宾齐聚木渎，为一条新建成的道路庆生。通车仪式上，吴县县长的夫人亲临现场行剪彩礼。据说剪彩所用的剪刀，是事先花费重金打造的纯银剪刀，可见木渎士绅安排之精心。剪彩仪式后，范仲淹后裔在天平山摆开30桌筵席，宴请来宾。酒席由著名的老字号石家饭店承办，据说席上所用的菜肴都极为精致，还上了鲃肺汤等名菜。酒席上所用之酒水，是木渎老字号严和美酿制的美酒。木渎乾生元店主金瑞清还特制枣泥麻饼500只，分送来宾品尝……

通车典礼的盛况，被详细记载于1933年第41卷第3期《道路月刊》上一篇署名"荷芸"、题为"木渎景范路通车"的新闻上。文章一开头就提到，苏州木渎镇为天然风景区，群山接比，古迹甚多。春秋佳节，游侣踵接。该镇人士为繁荣农村、整理风景线，自木渎灵岩山至天平山，建筑景范公路，以利游踪……此路的修筑，也可视为木渎历史上人们第一次有意识地开发灵岩、天平两山旅游资源，发展旅游经济。众所周知，在距景范路竣工200多年前修成的古御道，才是连通灵岩、天平两山最古老的交通道，但当年苏州地方官府修建御道的目的，仅仅是迎接南巡的帝王，与发展当地旅游经济并无关联。

据《木渎景范路通车》所述，在道路通车仪式现场，到场的中外嘉宾还乘坐景范路筹备处事先预备的人力车，从木渎御道桥一路前往天平山高义园。"昔日荒野延蔓之狭径，今已成康庄大道，游者称快。"在景范路修通前，人们从灵岩山到天平山可不轻松。要么沿御道步行游览，要么选择乘坐乡民的滑竿（一种山轿）。当时有艺术家画了一幅速写，画面上，木渎乡民抬着载有游人的滑竿，沿着灵岩、天平山麓"荒野延蔓之狭径"行走，滑竿一顶接着一顶，从灵岩一直排到天平……这从一个侧面也反映出灵岩山、天平山对当时旅行者的吸引力之大。然而，当年雇用滑竿的价格并不低，民国文人俞友清在其编纂的《灵岩山志》中记载：20世纪30年代中叶，乘坐滑竿从木渎镇出发经灵岩山麓去往天平山，单程价格1元，双程价格2元。但在景范路修通前，旅行者别无更好的选择。

值得一提的是，1935年苏福公路（最早称"苏木路"）修到木渎，从苏州阊门到木渎的客车班线也在不久之后开通，客车可直抵灵岩山麓，极大地方便了人们从苏州古城到木渎的行程。受此影响，选择乘船来木渎游玩的人日渐减少。

随着时代的变迁，开始时风光无限的景范路也难以满足通行需要，中华人民共和国成立以后，地方政府又在原来景范路的基础上，修建了灵天公路。灵天公路于1957年正式建成通车，该路全长3.5千米，宽约9米。据"老木渎"回忆，灵天公路过去也不过是一条两边种植了杨柳树的两车道石子路，其通行条件只是略胜于田间土路罢了，与今天我们所熟知的灵天路比起来，那真可谓天壤之别。2013年木渎镇"两山一镇"工程重修灵天路。

三、河道

村域内河道纵横，密如蛛网，是典型的水乡。这些河道是千百年来自然演变和人工治理的综合产物。自20世纪60年代起，农田水利整治，河道渐减少。90年代后，随着大交通建设的形成，特别是城市化的推进，少数河道被填埋。2019年，主要河道有16条。

表1-4　　　　　　　　　　2019年天平村境内河道表

河名	起止	长度/米	备注
白塔浜	胥江运河口—金山浜	3500	
下沙塘	香溪河口—南浜	3000	
向阳河	徐山嘴—横泾浜	3114	
二号河	灵岩山—长浜河	3900	
花苑河	灵天路—长石路	4000	
五号河	白龙潭—新华路	700	
天平河	北园路—新村	850	
早山浜	下旺浜—北园路	850	
殷家浜	—	330	原新华村内河
唐江郎河	—	250	原新华村内河
沈店河	—	450	原新华村内河
下旺河	—	800	原天平村内河
祥里浜	—	604	原天平村内河
鸭脚浜	—	450	原天灵村内河
陆家场河	—	400	原天灵村内河
高家场河	—	512	原天灵村内河

四、桥梁

村域内河道纵横，桥梁众多，是江南水乡的特色。2019年天平村境内有大小桥梁29座。

新华桥

殷巷桥

渎川桥

表 1-5　　2019 年天平村境内桥梁表

桥梁名称	河名	连接	备注
白塔河桥	白塔河	竹园路	
阳塔北桥	白塔河	向阳北路	
阳塔南桥	白塔河	向阳南路	
叶塔桥	白塔河	金长路	
叶家桥	白塔河	西跨塘路	
大观桥	白塔河	中山东路	
领峰桥	白塔河	竹园路	
金兰桥	向阳河	金山南路	原名金山路三号桥
向阳北桥	向阳河	向阳北路	
向阳南桥	向阳河	向阳南路	
瑞景桥	向阳河	新华路	原名新华路二号桥
竹园路桥	下沙塘	竹园路	
枫灵桥	下沙塘	枫灵路	
庙前村桥	下沙塘	金阊尚院	
陶家村桥	下沙塘	金山南路	原名金山路二号桥
张泾浜桥	张泾浜	张泾浜路	
香港街桥	花苑河	香港路	
彭家村北桥	花苑河	花苑北路	
彭家村南桥	花苑河	花苑南路	
渎川桥	花苑河	金山南路	原名金山路桥
梅林路桥	花苑河	花苑东路	原名农科站桥
殷巷桥	花苑河	殷华巷	
赵巷桥	花苑河	花苑东路	
花苑桥	花苑河	金枫路	
新华桥	花苑河	新华路	
旱山浜桥	旱山浜	灵天路	
照山嘴桥	旱山浜	灵天路	
高义园桥	天平河	高义园路	
寿桃湖桥	天平河	寿桃湖路	

五、气候

木渎天平村地处中亚热带北缘，受太湖水体调节，雨水丰沛，日照充足，无霜期长，具有明显的季风气候特征，气候温和湿润，干湿冷暖四季分明。春季冷暖多变，夏季炎热多雨，秋季天高气爽，冬季寒冷干燥。夏季昼长夜短，盛行东南风；冬季日短夜长，常刮西北风。全年雨量以夏季为最多，冬季最少。

气　温　据苏州地区气象台的观测记录统计，木渎镇天平村域内历年平均气温为15.9℃。最冷月为1月，月平均气温为3.3℃；最热月为7月，月平均气温为28.6℃。年平均最高气温为17℃（1953年），年平均最低气温为15℃（1968年）。历史最高气温为40.4℃（2017年7月），历史最低气温为-8.7℃（1969年2月6日）。

雨　量　历年平均年降水量为1096.9毫米，最高年份年降水量为1467.2毫米（1960年），最低年份年降水量为772.6毫米（1978年），一日最大降水量为291.8毫米（1960年6月4日），年最多雨日有149天（1957年）。根据1951—1978年资料统计，日降水量大于150毫米的有2次，日降水量大于100毫米的有4次，日降水量大于50毫米的有52次。降水量以夏季最多，约占全年降水量的45%（6—9月）。全年有5个相对多雨期：桃花雨（清明—立夏）、黄梅雨（芒种—小暑）、处暑雨、台风雨、秋雨。冬季降水量最少，占全年降水量的15%左右。

无霜期　历年平均无霜日为243天，一般初霜日在11月上中旬，终霜日在3月，最早霜日为11月8日（1972年），最迟终霜日在4月5日（1970年）。

气　压　历年平均气压为1016.2百帕。

湿　度　据1956—1979年资料统计，历年平均相对湿度是79%。

风向、风速　全年主导风向为东南风（夏季），其次为西北风（冬季）。历年平均风速为3.9米/秒，极大风速为27.3米/秒；最大10分钟平均风速为24.7米/秒，风向为东北（1963年9月12日）。年平均最大风速为4.7米/秒（1970、1972年）。年平均最小风速为2.0米/秒（1952年）。

雪　日　历年平均下雪1—3次，最大积雪厚度为17厘米（1970年3月13日）。

六、资源

矿　藏　矿藏资源分布在山体及沿山区域，主要矿藏资源有花岗石、石英砂岩、砚台石、沉积型铝铁矿石。其中金山花岗石资源是主要矿产资源，分布在灵岩山、金山、天平山，石质硬度高，色泽清白（或透红），为花岗石精品，广泛用于建筑、建材与化工工业，以及工艺雕刻等。铌、锌矿石资源分布在灵岩山。2000年1月1日起，所有山头禁止开采。

药　产　地龙草，产于天平山池水中，能止血。

茅膏草，产于天平山，茎高一尺许，叶片小如绿豆，叶面及边缘均生茸毛，状如突起。《本草》称其药味甘、无毒，煮服治赤白久痢。

灵岩、天平等花岗岩山丘壑间，常见药材还有桔梗、沙参、茵陈、天平一枝香、射干、牡蒿。

第四节　自然村

自然村是村民生活、生产、活动、居住的聚居地。随着社会的发展、新农村建设和城乡一体化的推进，自然村也发生了变迁。由于天平村特殊的地理环境，木渎镇新区的商业街道、市镇三个居民社区跟天平村村民住宅交融在一起，形成城中村、村中城的格局。

自然村名，都深含着文化内涵。如因与桥有缘而命名的叶家桥；与山有缘而命名的照山嘴、徐山嘴、山里旺；因姓氏而命名的陆家村、高家场、范家村等；因与宗教寺庙有缘而命名的庙前村。

现存自然村概况如下。

新　村　新华片区第1、2村民小组，位于木渎镇中山西路北、新华路东。它的前身是位于中山西路、文昌路北的自然村青草泾。1977年后，因农田基本建设平整土地，青草泾全部动迁，后又因建设航天部高原机械厂、永利酒家等需要，搬迁到新华路一号桥南地块，并更名为"新村"（自然村）。2009年有村民64户，292人；2010年后又有40户村民住宅因国家建设而动迁移建。2019年尚有村民24户。

殷巷上　新华片区第3村民小组，位于花苑路南、新华路西，因最早有殷姓人家居此而得名。2009年12月有村民76户，户籍人口302人，男性160人、女性142人。1970年左右，曾创办殷巷小学一所，后并入金山中心小学。2010年起逐步动迁49户，至2019年尚有27户。

赵巷上　新华片区第4、5村民小组，位于花苑路北、新华路东、白塔河西，早先有赵姓人家居此而得名。2009年12月有村民81户，户籍人口398人，男性202人、女性196人。2010年起逐步动迁61户，至2019年尚有20户。

叶家桥西　原名苏岗上。新华片区第6、7（部分）村民小组，位于新华路东、金枫路西，因村中有跨越白塔浜的石桥叶家桥而得名，该桥相传为一位姓叶的善士独资建造。2009年12月有村民44户，户籍人口239人，男性122人、女性117人。1970年曾创办新华小学一所，后并入金山中心小学。2015年起逐步动迁。至2010年已有32户动迁，至2019年尚有12户。在此开发了苏州吴中博济科技园。20世纪60年代，村中有位女青年倪文英，高中毕业去北京高校深造后，分配在中华人民共和国外交部工作，一度去驻外使馆工作。

塘江上　新华片区第8、9、16村民小组，位于向阳河路、新华路西，因古时村旁有条泥冈称塘冈，后讹传为"塘江"。2009年12月有村民80户，户籍人口337人，男性171人、女性166人。2010年起逐步动迁55户，至2019年尚有25户。已开发拾锦香楼盘及博济科技园。

沈店村 新华片区第10、11、12、13村民小组，位于金枫路西、向阳河路北、新华路东，因有沈姓人家居住而得名。2007年12月有村民132户，户籍人口662人，男性320人、女性342人。2008年起逐步动迁122户，至2019年尚有10户。已开发雍尚花园、合景领峰楼盘。原地有一座观音堂，已迁移至白鹤山东麓的天平寺内。原有沈店小学一所，后并入金山中心小学。

范家村 新华片区第14村民小组，位于金山南路东，因有范姓人家居此而得名。2016年12月有村民31户，户籍人口131人，男性65人、女性66人。2017年起预动迁7户，至2019年尚有24户。

范家村

陶家村 新华片区第15村民小组，位于金山南路西、花苑路北，因有陶姓人家居此而得名。2018年12月有村民63户，户籍人口302人，男性144人、女性158人。村内原有一座观音堂，已于2009年10月迁移至天平寺内。

彭家村 新华片区第16村民小组，位于金山南路西、花苑路南，因最早有彭姓人家居住而名。2018年12月有村民12户，户籍人口63人，男性31人、女性32人。

陆家村 天灵片区第1、2村民小组，位于金山南路西、香港街东，相传东晋大臣陆玩（字士瑶，官至尚书令、司空等职）曾在此居住过，故名陆家村。2016年

陶家村

12月有村民80户，户籍人口289人，男性143人、女性146人。已预动迁5户，至2019年尚有75户。

灵岩街 天灵片区第3、4村民小组，位于灵岩山东麓、中山西路北。据传，吴越时期，这里是灵岩山下一条十分繁荣昌盛的商业街，故名为灵岩街。2016年12月有村民61户，户籍人口231人，男性113人、女性118人。已预动迁9户，至2019年尚有52户。

高家场 天灵片区第5村民小组，位于灵天路东侧、香港街西、徐山嘴东南，因最早有高姓人家居此而名。2017年12月有村民38户，户籍人口131人，男性64人、女性67人。已预动迁6户，至2019年尚有32户。

塘岸上 天灵片区第6村民小组，位于下沙塘河的西岸，故名。2016年12月有村民26户，户籍人口101人，男性48人、女性53人。已预动迁6户，至2019年尚有20户。

惠家场 天灵片区第7村民小组，位于灵天路东、香港街西、徐山嘴东北，因有惠姓人家聚居而名。2015年12月有村民40户，户籍人口154人，男性76人、女性78人。已预动迁4户，2019年有36户。

沈家弄 天平片区第5、6村民小组，位于灵天路东，现江苏省木渎高级中学对面，因村有沈姓人家居住而得名。2016年12月有村民37户，户籍人口148人，男性80

陆家村

灵岩街

高家场

人、女性68人。已预动迁2户,至2019年尚有35户。建有天平居家养老院及村民服务中心网点。

山里旺 天平片区第7村民小组,东为邓家场,西为鸡爪山,北为天平山,南为范家场,取村民期盼繁荣兴旺之意而名。2012年12月有村民42户,户籍人口168人,男性84人、女性84人,2013年起逐步动迁33户,至2019年尚有9户。建有灵天路环山绿化步行道。

范家场 天平片区第9村民小组,位于灵天路江苏省木渎高级中学东,因村内有范姓人家居此而得名。2016年12月有村民56户,户籍人口224人,男性108人、女性116人。建有范家场商业广场。是范仲淹义田、义庄所在地。有9户村民外迁,至2019年尚有村民47户。

基本全部动迁的自然村如下。

山里旺

范家场

青草泾 新华片区第1、2村民小组，原址在木渎中山西路、文昌路北，村庄在一条名为青草泾的河旁，故名。原有村民30多户。1977年后，因建设新华村属吴县电工厂、航天部高原机械厂、永利酒家而搬迁至新华路一号桥南地块，更名为"新村"。"青草泾"成为自然村名中的历史地名。

叶家桥东 新华片区第6（部分）、7村民小组，位于新华路东。2007年12月有村民45户，户籍人口203人，男性90人、女性113人。2008年后已全部动迁。开发了苏州吴中博济科技园。

徐山嘴 天灵片区第8、11村民小组。位于灵天路西、惠家场西南。是一个靠灵岩山的村庄，村北有一突出的山嘴，可谓"住山嘴"，后演变成徐山嘴的村名。2012年12月有村民58户，户籍人口252人，男性134人、女性118人。在2013年木渎镇"两山一镇"的工程中已全部动迁，村民另处安置。建有灵天路环山绿化步行道，建造了灵岩安养院。

庙前村 天灵片区第9、10村民小组。位于金山南路西、向阳河路南。村北原有一座下沙庙，因位于庙的南面故名。下沙庙已迁移至天平寺内。2011年12月有村民62户，户籍人口254人，男性134人、女性120人，至2019年已全部动迁，村民另处安置。建了金兰尚院楼盘。

河上村 天平片区第1村民小组，位于天平山南部。村南原有一条东西走向的河，故村名就称"河上村"。据传康熙年间，河上曾建有一座古式石拱桥，名为"环龙桥"。村民祖籍江阴，到此落户。2000年12月有村民42户，户籍人口168人，男性82人、女性86人。该村自2001年起到2019年逐步全部动迁。村民另处安置，建有苏州轨道交通一号线，以及桃花源楼盘。

  下旺街 天平片区第3村民小组，位于照山嘴东，因村西部原有一条"下旺街"，故名。村旁原有下旺庙，2008年迁到天平寺内。2006年12月有村民37户，户籍人口148人，男性72人、女性76人。2007年起逐步动迁36户，至2019年尚有1户。原址建木渎天平中学。

  祥里村 天平片区第2村民小组，位于天平河南端，取"吉祥如意"之意，故名。2006年12月有村民54户，户籍人口216人，男性107人、女性109人。2007年起逐步动迁，至2019年已全部动迁，村民另处安置。建有苏州轨道交通一号线。

  照山嘴 天平片区第4村民小组，位于灵天路西，东为下旺街，南为徐山嘴、天邻风景别墅区，西为兔子山，北为江苏省木渎高级中学。该村后河道可照出山嘴，故名照山嘴，又名上沙湾。2012年12月有村民39户，户籍人口156人，男性71人、女性85人。据传清乾隆年间的御道穿村而过。1955年左右建有天平小学，后并入金山中心小学。2013年起逐步动迁38户，至2019年尚有1户，在木渎镇"两山一镇"的工程中，建成灵天线环山绿化步行道。

  西路上 天平片区第6村民小组，位于灵天路西，故名。2002年12月有村民44户，户籍人口176人，男性98人、女性78人。2007年起全部动迁，建江苏省木渎高级中学。

  邓家场 天平片区第8村民小组，位于天平山东南隅，因最早有邓姓人家居此而得名。2006年12月有村民42户，户籍人口170人，男性85人、女性85人。2007年起逐步动迁，至2018年全部动迁，建设苏州轨道交通一号线及绿化带。

附：各自然村村民住宅示意图（2008年）

新华片区1、2组新村村民住宅示意图

花苑路（东西走向）／**新华路**（南北走向）／南端：**工业区**

图例：□ 建筑物　■ 道路　北↑

花苑路以北（路北侧，自西向东）：李文明、谢林元、张炳根、张建林、李根水、孙小男、姚长法

花苑路以南西侧（自北向南）：
- 资凤元、姚长根、孙建平

新华路东侧（自北向南）：
袁峰	谢文元	俞建平	李德明	刘建农	谢洪元	石寿根
	胡生元	李炳元	李英	朱汉青	李小男	袁建华
王荣福	徐岳宝	谢燕	袁根海	李龙元	李小华	谢桂福	谢景康
房招福	张海根	朱盘龙	张金海	李永华	柳金根	柳虎根
朱建新	张建根	倪永龙	徐文元	柳福根	管水龙	张连家
朱玉龙	石长根	吴法男	倪永康	朱卫明	石炳元
	朱红英	袁建明	倪永祥	石福金	石卫民	戈伟青
	李金火	李根木	张金良	张炳良	张国良	石红伟

本书中各住宅示意图不作为房产处置之依据。

新华片区3、17组殷巷村村民住宅示意图

花苑路

资福元	顾文元	顾雪元	黄双凤	黄双龙	黄双伟					
	资春男	蔡正荣	蔡金才	蔡伟生	蔡兴元	资金元	资伟元	许煜文	雍恒	
朱建义	朱建华	资培鸿	朱建明	许建方	资三元	资海元	资金生	吴根生	吴龙元	资振华	许煜良	雍兴全	朱伟红	朱福生	资鸿明	资玉明
资金海	资晓栋	资全元	资群芳	资悦忠	资宝元	资胜元	朱明华	朱全男	朱福生	资洪元	谭月楠	许建青	资春海	孙福根	钱洪亮
资龙根	顾连元	顾才元	资雅琼	资海岳	资海根	景小毛	徐菊芳	徐菊英	资金根	资兴根	朱俊伟	应伟明	沈敏丽	黄文龙	许振祥
			刘建伟	朱正芳	李夏明	李雪英	李金明		陆枫	谢建兴	李冬明	袁阿七	袁阿八

新华路

新华片区4、5组赵巷村村民住宅示意图

新华片区6组叶家桥（西）村民住宅示意图

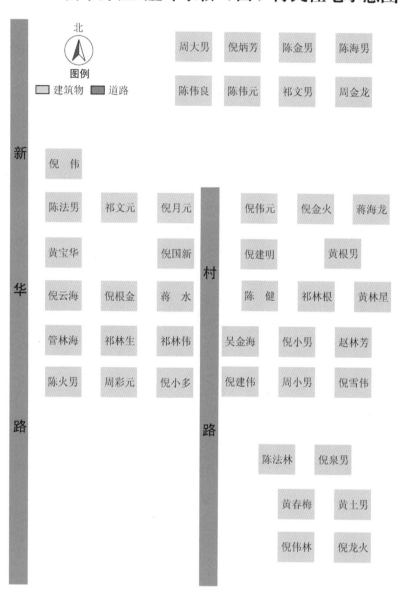

新华片区7、18组叶家桥（东）村民住宅示意图

图例：建筑物　道路　北

位置	住户
	倪家琦
倪解男	
黄根兴	倪 侃
黄根金	倪金芳
黄龙泉	倪伟明
	吴宝男　倪学芳
	吴寿男
	吴泉男
	吴福男　倪晓琴　黄龙兴
	吴金明
	吴全生
	管 妍　吴伟琳　吴 拥
	管康男
	管文龙
	管培元　管康元

村路 / 村路

吴海根	吴建林 吴建健 吴伟健
赵伟东	吴更生 吴伟芳 管康明
赵伟明	倪解云 管龙云 吴伟明
吴程希	
倪伟明	
黄云泉	
黄浩	
倪明海	
倪金明	
倪 俊	
倪红华	

第一章　建置地理

天平村志

新华片区8、9组塘江村村民住宅示意图

村路			村路			新华路
	沈金根	胡根元			沈建伟	
沈多元	沈和娣	沈兰珍	沈红伟			
朱盘根	朱寿根	朱寿兴			沈火根	
沈伟林	沈泉元	黄文娟	沈水龙	沈夷越	沈木根	
沈金才	沈秋根	沈建伟	徐华明	沈才弟	沈煜明	
沈金水	沈云妹	沈三男	朱雪伟	徐金海	沈水龙	
沈云根	朱玉林	袁云龙	沈根木	沈士男	沈土林	
胡司奇	胡喜珍	胡金元	沈丹华	邹二男	邹伟芳	
胡正伟	袁小龙	胡文明	徐云林	徐根海	沈利伟	
庄根海	庄晓伟	曹炳坤	沈伟良	沈火林	沈福根	
庄林生	庄福生	庄建荣				
庄建华	庄火男	胡 静				
孙金生	朱敏霞	孙火金				
孙 洪	孙利生	查明峰				
严春良	严林媛	严金学				
严文华	严二男	戴火英				
戴进根	查建国	严全根				
严水根	严 萍	严水才				

新华民营工业区

北

图例
□ 建筑物
■ 道路

花 苑 路

新华片区10、11组沈店村（西）村民住宅示意图

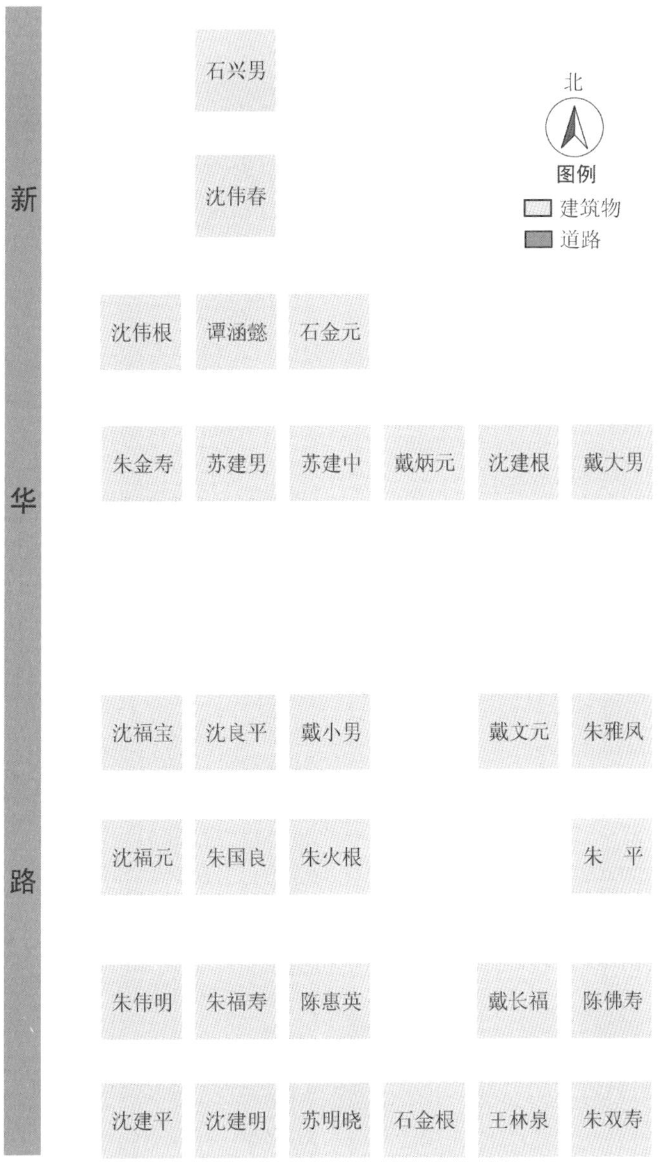

北

图例
建筑物
道路

新华路

	石兴男				
	沈伟春				
沈伟根	谭涵懿	石金元			
朱金寿	苏建男	苏建中	戴炳元	沈建根	戴大男
沈福宝	沈良平	戴小男		戴文元	朱雅凤
沈福元	朱国良	朱火根			朱　平
朱伟明	朱福寿	陈惠英		戴长福	陈佛寿
沈建平	沈建明	苏明晓	石金根	王林泉	朱双寿

新华片区12、13组沈店村（东）村民住宅示意图

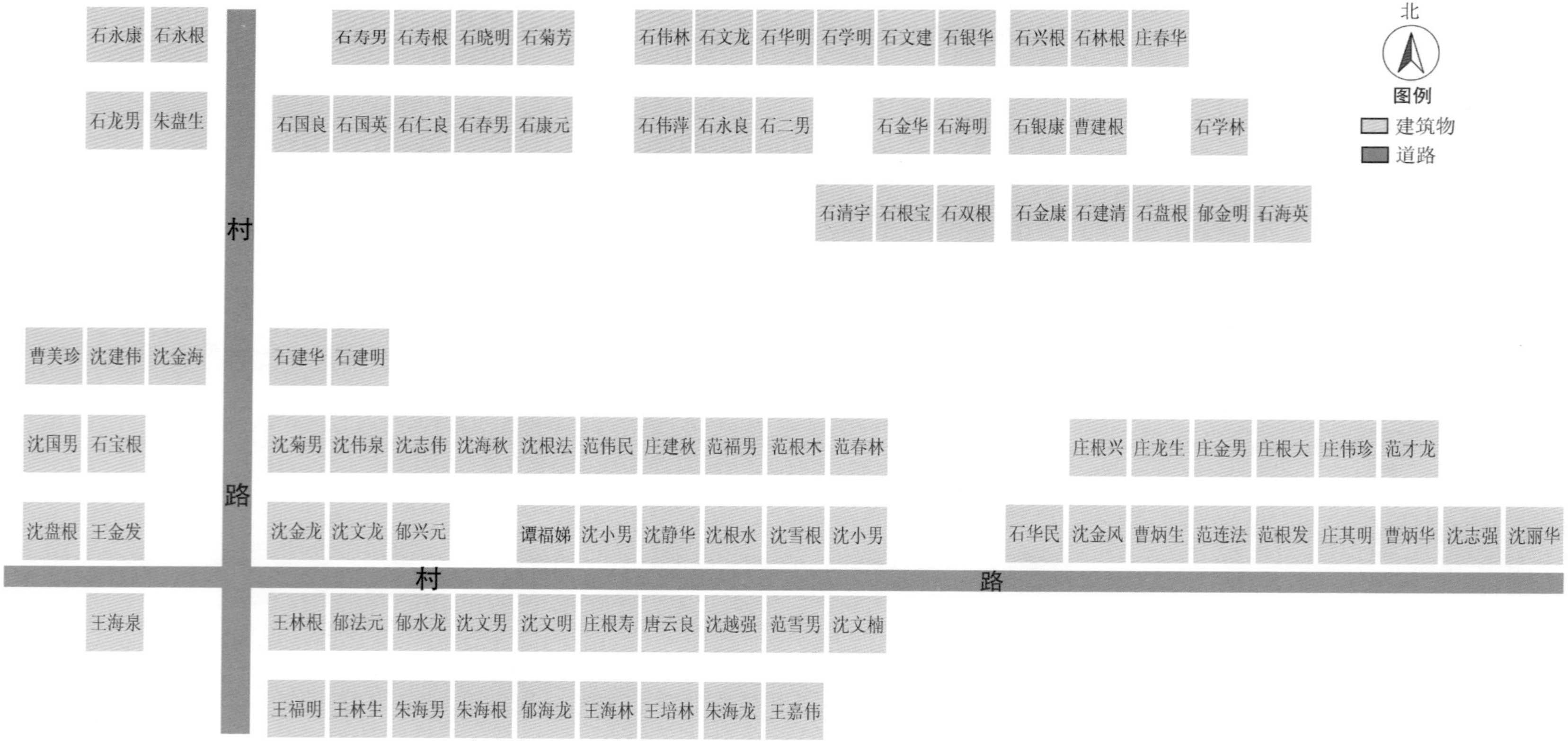

新华片区14组范家村村民住宅示意图

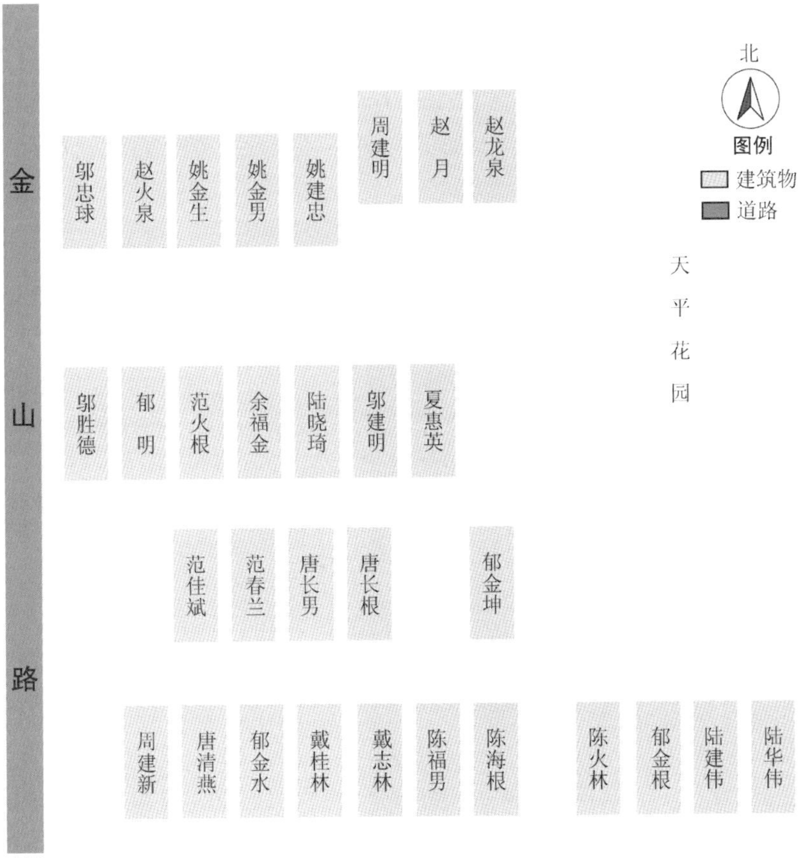

北

图例
- 建筑物
- 道路

金山路

天平花园

邬忠球　赵火泉　姚金生　姚金男　姚建忠　周建明　赵月　赵龙泉

邬胜德　郁明　范火根　余福金　陆晓琦　邬建明　夏惠英

范佳斌　范春兰　唐长男　唐长根　郁金坤

周建新　唐清燕　郁金水　戴桂林　戴志林　陈福男　陈海根　陈火林　郁金根　陆建伟　陆华伟

新华片区15、16组陶家村、彭家村组委会平面示意图

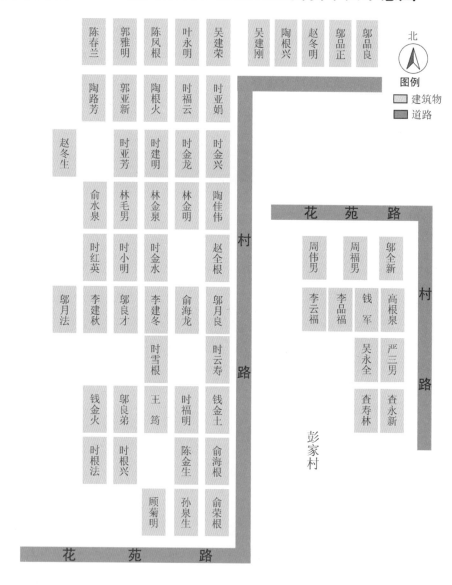

天灵片区第1、2村民小组陆家村村民住宅示意图

(图例：北、建筑物、道路)

天灵片区第3、4村民小组灵岩街村村民住宅示意图

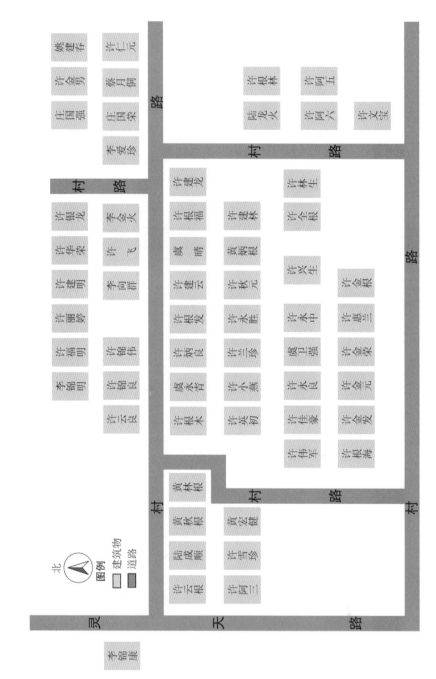

天灵片区第5村民小组高家场村民分住宅示意图

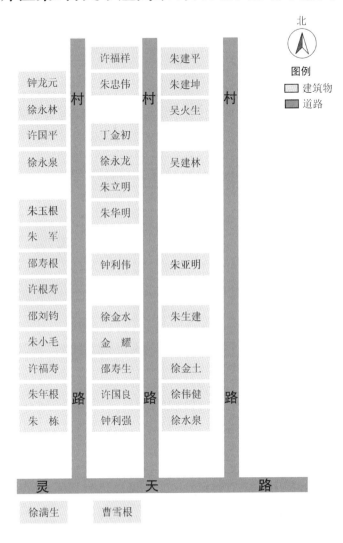

天灵片区第6村民小组塘岸上村民住宅示意图

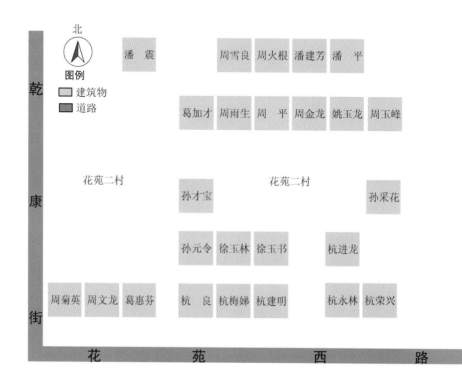

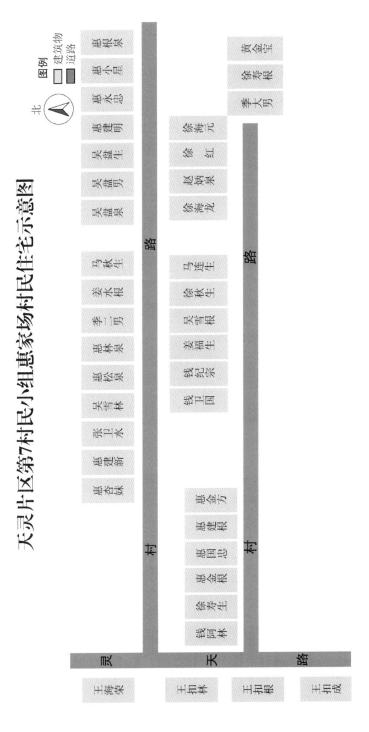

天灵片区第8、11村民小组徐山嘴村民住宅示意图

北

图例
☐ 建筑物
■ 道路

										葛春敏	
					周利平	周菊平				张金芳	灵
	周坤男	樊小牛	周雪明	曹九龙	曹云龙						
	周燕静	张东芳		周惠明	曹霞琴	金杏泉	攀水忠	马伟彪	葛惠兴	攀金火	天
	张雪根	马伟东	马永发	陆连根	曹金海		陆连元	葛惠忠	葛建平		
周峰	陈火根	陈云和	陈春兰	陈菊泉	陈玉平	吴雪坤	曹金荣	葛金坤	陈方明	陈华明	金红卫	吴坤元
			陈虎	周桂根			周毛毛	周杰	包建康		樊金龙	陈云根
							周平	周忠男	周文元	周文陆	陈海根	陈水根
								陈建明	曹金泉	周菊男	吴雪明	周金土

村　　　　路

天灵片区第9、10村民小组庙前村村民住宅示意图

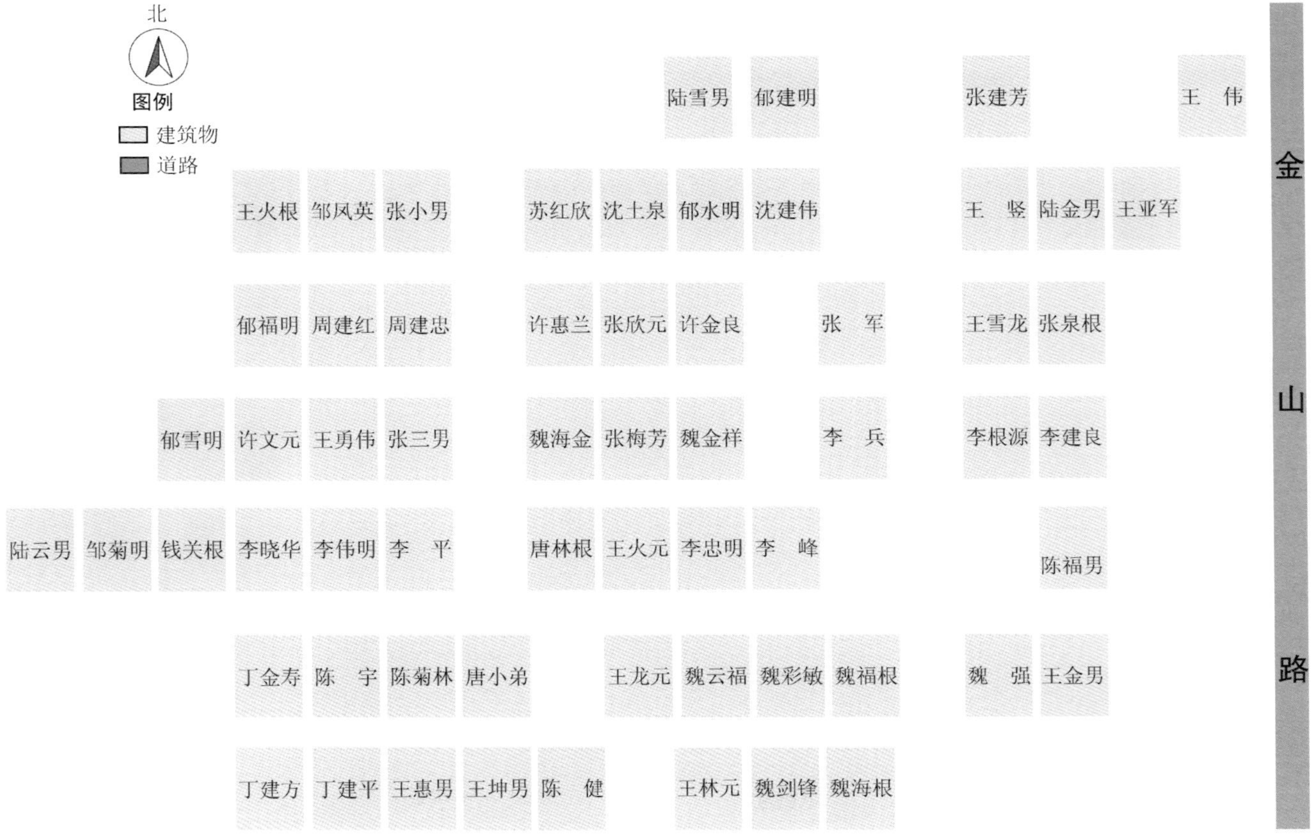

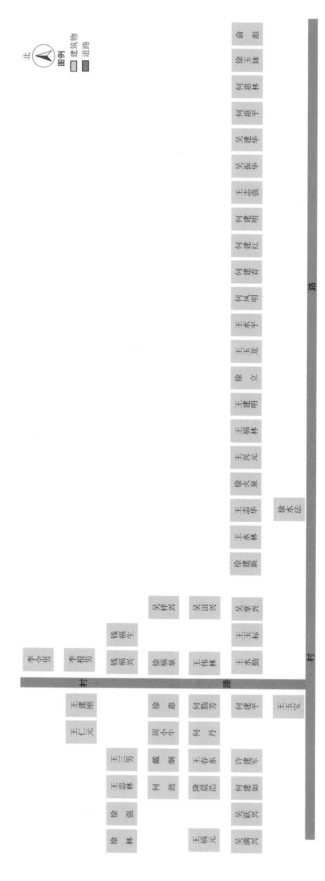

天平片区第1村民小组河上村村民住宅示意图

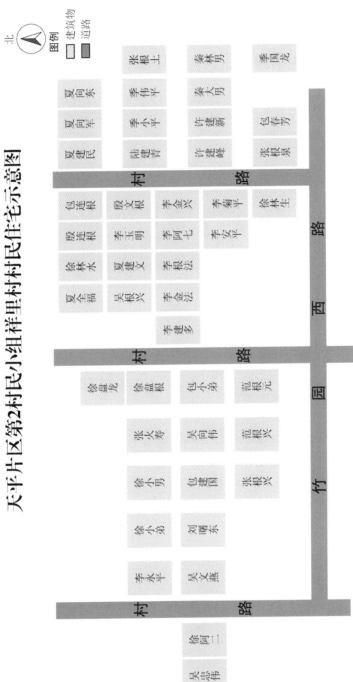

天平片区第3村民小组下旺街村民住宅示意图

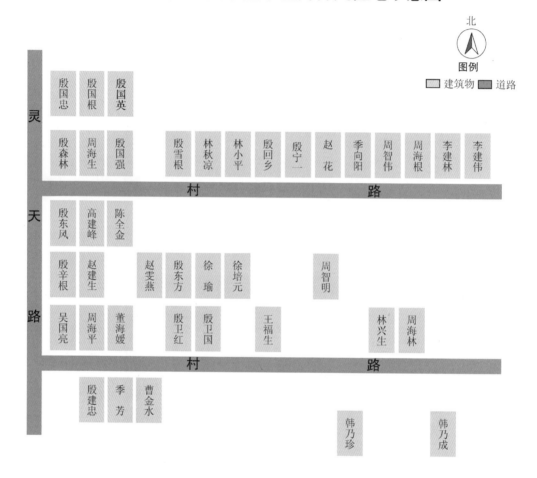

天平片区第4村民小组照山嘴村民住宅示意图

天平片区第5村民小组沈家弄村民住宅示意图

图例
- 建筑物
- 道路

北↑

道路名称：灵天路（西侧）、村路（中）、村路（东）、村路（南）

范家场（北侧）、范家场（东侧）

住户分布（自北向南、自西向东）：

靠灵天路一列（自北向南）：范水生、朱文生、徐福生、徐婉蓉；金龙、周祥生；周坤男、祝洪生、祝红明；沈雪清、石木男；周泉生

中间一列：周才兴、沈彩娥

村路东侧一列（自北向南）：周才元、沈雪男、陈金坤；周红卫；周云生；沈雪根、朱文元；周坤生、范秋生

最东一列：徐小二、周福男；周祥根、周祥芳、梁金华

村路南侧：季国云、季国惠

南侧：球场

天平片区第6村民小组西路上村民住宅示意图

(略)

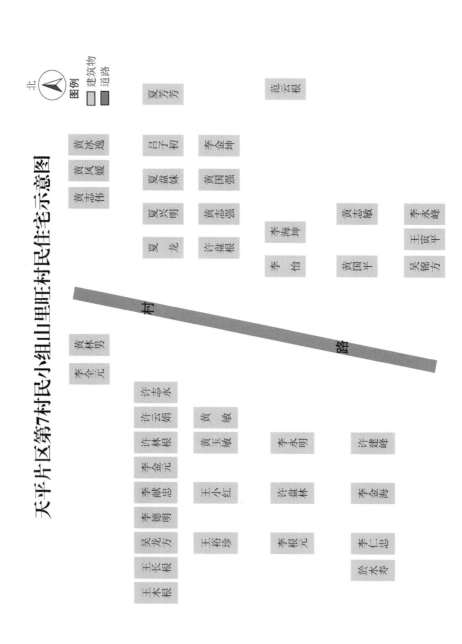

天平片区第7村民小组山里旺村民住宅示意图

天平片区第8村民小组邓家场村民住宅示意图

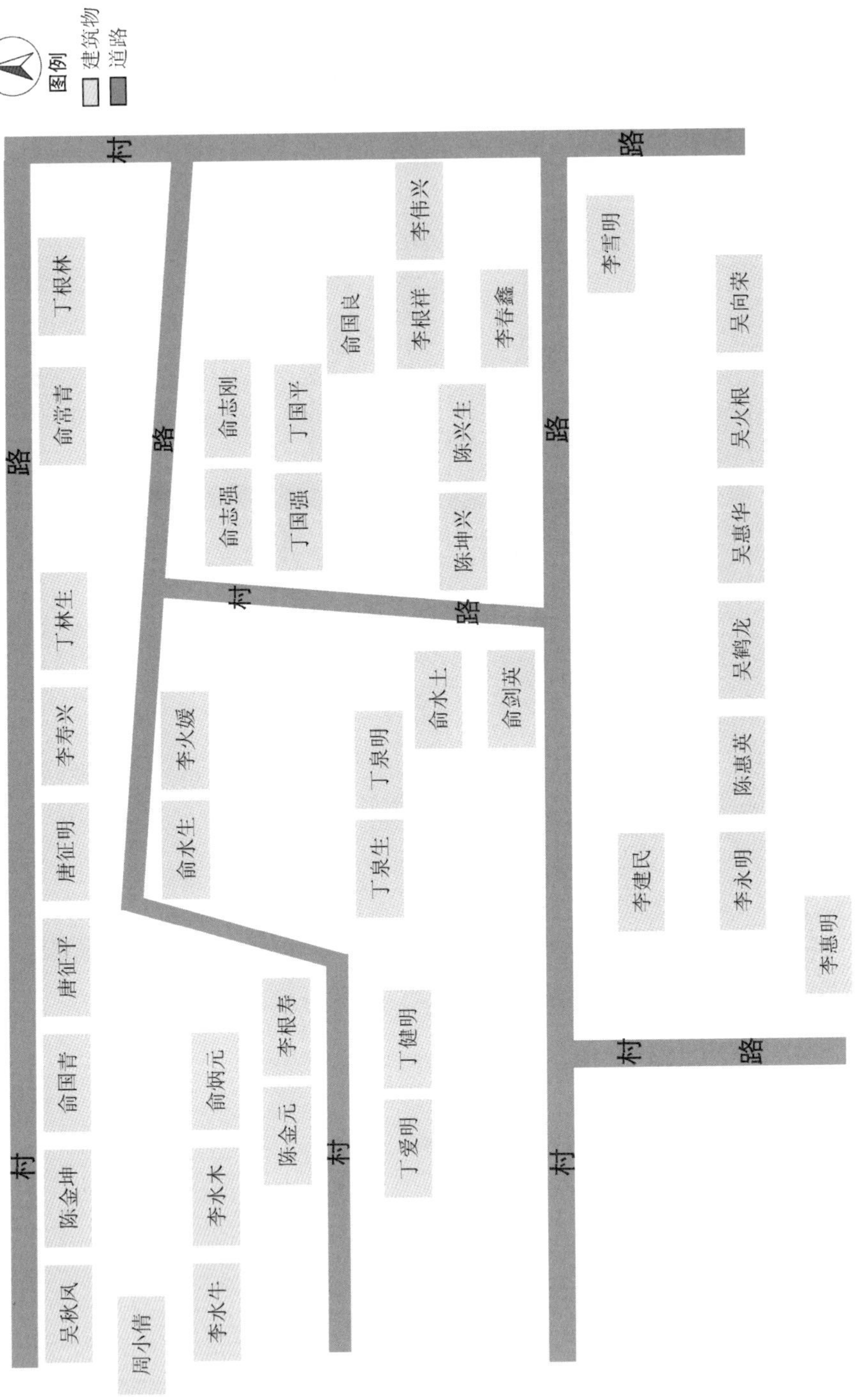

图例：□ 建筑物　■ 道路　北↑

住户（按图中分布）：
丁根林、俞常青、丁林生、李寿兴、唐征明、唐征平、俞国青、陈金坤、吴秋凤、周小倩、李水木、李水牛、俞炳元、陈金元、李根寿、丁爱明、丁健明、丁泉生、丁泉明、俞水生、李火媛、俞志刚、俞志强、丁国平、丁国强、李伟兴、李根祥、李春鑫、陈兴生、陈坤兴、俞国良、俞水土、俞创英、陈惠英、李建民、李永明、李惠明、李雪明、吴向荣、吴火根、吴惠华、吴鹤龙

（村路环绕）

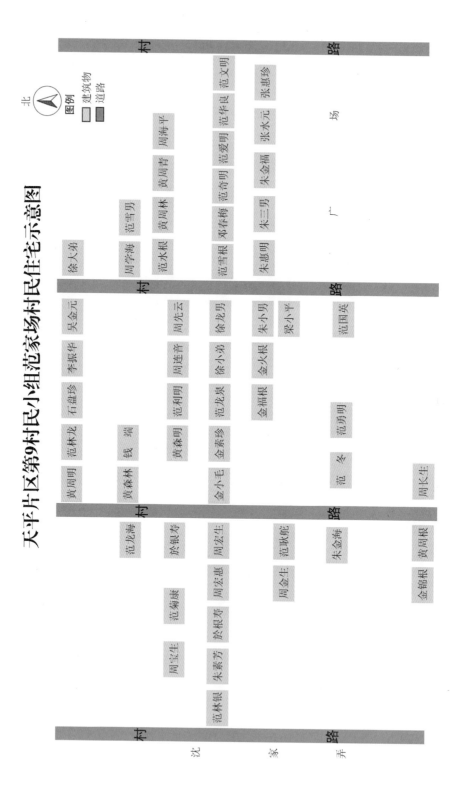

附：已撤销的行政村

2003年并村前原新华、天灵、天平3个行政村概况：

新华村　　位于木渎古镇区北部，北与金山村相接，西北与西部分别为天平村、天灵村，东至白塔河与西跨塘村毗邻，东北部与苏州高新区狮山街道分界。驻新华路116号，距镇政府所在地0.9千米。

新华村村域（以下称村域）明清时属吴县胥台乡（石城里）第十三都十一图、十二图、十四图、十六图。民国期间，先属吴县白塔乡，1947年2月，村域属吴西区白狮乡。

1950年3月属吴县木渎区新华乡，村域设殷巷、沈店、塘江、范家4个行政村。1954年，叶家桥管根水组建新华初级社，是新华乡第一个初级社。1956年1月，金山、新华两乡与石城乡的大部分合并为金山乡，村域属金山乡。同年以殷巷、沈店、塘江、范家4个行政村和沈巷等范围的自然村成立新华高级社（以新华乡名作社名），高级社下辖的村组改称生产队。1958年9月，金山乡撤乡建社，成立金山人民公社，新华高级社改称新华大队，下辖生产队不变。

1960年，沈巷等5个自然村从新华大队中分出另建沈巷大队。新华大队时有16个生产队，后调整为18个生产队，下辖青草泾、殷巷上、赵巷上、叶家桥、塘江上、沈店村、范家村、陶家村、彭家村等自然村。1980年12月至1992年，新华大队一

天平村村委会办公大楼

度改名白塔大队（村）、新华村。

1983年7月，政社分立，恢复金山乡建制，白塔大队改称白塔村，生产队改称村民小组。

1985年9月，金山乡与木渎镇合并为木渎镇，白塔村属木渎镇。

1996年，全村有618户，2060人，其中女1060人。总劳动力1521人，其中女807人。耕地1853亩，其中集体1720亩，自营133亩。村办企业11家，工业总产值12025万元，农业总产值246万元，人均收入4543元。

2002年，全村总人口2100人。耕地面积972亩，工业利税1015万元，人均收入7500元。

天灵村 西靠灵岩山，北望天平山，与天平村相接，东与新华村相邻，南至中山路与木渎古镇区相连。因介于天平、灵岩两山之间东麓，故名。

天灵村村域，明清时属吴县胥台乡（石城里）第十四都三图、四图、五图、六图、十八图。

1912年，村域属木渎市，都、图沿袭不变。

1929年8月，吴县设置金山镇，村域属吴县第二区（木渎区）金山镇。1947年2月，村域属吴西区金山镇。1950年3月，金山镇改镇为乡，村域属吴县木渎区金山乡云华行政村。1956年8月，以云华、天平两个行政村与南浜一带范围自然村成立和平高级社，村域属和平高级社，高级社所辖村组改称生产队。1958年9月，成立金山人民公社，和平高级社改称和平大队，生产队不变。

1962年，和平大队进行重组，以原云华行政村的大部分组建天灵大队，下辖陆家村、灵岩街、高家场、塘岸上、惠家场、徐山嘴、庙前7个自然村，11个生产队，驻高家场，距镇政府所在地1.3千米。

1983年7月，政社分立，恢复金山乡建制，天灵大队改称天灵村，生产队改称村民小组。

1985年9月，金山乡与木渎镇合并为木渎镇，天灵村属木渎镇。

1996年，全村有338户，1115人，其中女546人。总劳动力848人，其中女430人。耕地909亩，其中集体786亩，自营123亩。村办企业8家，工业总产值2529万元，农业总产值151万元，人均收入4859元。

2002年，全村总人口1117人。耕地面积301亩，工业利税405万元，人均收入8441元。

天平村 位于木渎古镇区西北天平山东南麓，北至寿桃湖与金山村相望，东南与新华村相邻，南与天灵村接壤。因境内有天平山而名。

天平村境域，明清时期属至德乡（昌甪里）第十一都一图、二图，第十二都一图、二图。

1912年，村域属木渎市，都、图沿袭不变。1929年8月，村域属吴县第二区（木渎区）金山镇。1947年2月，属吴西区金山镇。

1950年3月，金山镇改镇为乡，村域属木渎区金山乡，为天平行政村。1954年时属云华行政村的河上村，吴仁才组建和平初级社，为金山乡第一个初级社，之后天平行政村的沈家弄、吴家弄两自然村成立天新初级社。1956年8月，以天平、云华两个行政村和南浜一带范围的自然村成立和平高级社，村域属和平高级社，下辖村组改称生产队。1958年9月，成立金山人民公社，和平高级社改称和平大队，生产队不变。1962年和平大队进行重组，以原天平行政村和原云华行政村的一小部分组建天平大队，下辖河上村、祥里村、下旺街、照山嘴、沈家弄、西路上、山里旺、邓家场、范家场9个自然村，9个生产队。驻邓家场，距镇政府所在地3.6千米。

　　1983年7月，政社分立，恢复金山乡建制，天平大队改称天平村，生产队改称村民小组。

　　1985年9月，金山乡与木渎镇合并为木渎镇，天平村属木渎镇。

　　1996年，全村有330户，901人，其中女447人。总劳动力837人，其中女441人。耕地740亩，其中集体640亩，自营100亩。村办企业7家，工业总产值3104万元，农业总产值160万元，人均收入4916元。

　　2002年，全村总人口1020人。耕地面积639亩，工业利税196万元，人均收入6078元。

第二章 人口

在村域西南乌龟墩遗址出土的新石器时代器物表明，早在约7000年前现天平村境内已有人类在这里生息、繁衍。春秋战国时期，逐渐形成居民点。宋朝南渡时，中原人口南迁，境内人口渐增。北宋时，朝廷将天平山赐给范仲淹，他把迁吴始祖、曾祖、祖父、父亲之墓迁葬到天平山三让原，部分族人、佣人留在天平区域，形成范家场、范家村两个自然村。明清时期，曾有许多文人、高士如杨基、徐白、徐枋等迁入境内上沙等地隐居。民国时期，全境常住人口稳定增长。中华人民共和国成立后，随着经济的发展和人民生活水平的提高，以及医疗卫生事业的发展，人口增长较快，人均寿命不断延长，人口文化素质亦有较大提高。20世纪70年代起推行计划生育，1980年全面实现一对夫妇只生一个孩子的"国策"。2016年，放开二孩生育政策。2019年，天平村有村民1376户，人口总数为5751人，人口密度1150人/千米^2。

第一节 人口总量

旧时人口随意流动，而且统计手段、方式落后，历史上人口记载甚少，村一级人口记载更是空白。中华人民共和国成立后，村级人口统计逐步完善，被纳入国家人口普查之列。

1953年7月1日0时，第一次全国人口普查，新华乡其中的殷巷、沈店、塘江、范家4个行政村，即后来的新华（白塔）大队（村），共有489户，人口1849人，其中男性943人，女性906人；金山乡云华行政村，即后来的天灵大队（村）131户，人口437人，其中男性218人，女性219人；金山乡天平行政村有319户，人口429人，其中男性210人，女性219人。

1964年7月1日0时，第二次全国人口普查，新华大队有345户，人口1452人，其中男性738人，女性714人；天灵大队有194户，人口844人，其中男性428人，女性416人；天平大队有183户，人口888人，其中男性429人，女性459人。

1982年7月1日0时，第三次全国人口普查，白塔大队有525户，人口1957人，其中男性939人，女性1018人；天灵大队有292户，人口1104人，其中男性554人，女性550人；天平大队有309户，人口1242人，其中男性608人，女性634人。

1990年7月1日0时，第四次全国人口普查，白塔村有547户，人口2225人，其中男性1097人，女性1128人；天灵村有320户，人口1345人，其中男性680人，女性665人；天平村有361户，人口2190人，其中男性1108人，女性1082人。

2000年11月1日0时，第五次全国人口普查，新华村有573户，人口2029人，其中男性980人，女性1049人；天灵村有358户，人口1048人，其中男性510人，女性538人；天平村有358户，人口1099人，其中男性548人，女性551人。

2010年11月1日0时，第六次全国人口普查，天平村全村村民1411户，总人口5248人，其中男性2568人，女性2680人，平均每户3.72人。

2019年12月31日，天平村全村村民1376户，总人口5751人，其中男性2797人，女性2954人，平均每户4.18人。

表2-1　　　　　　　　2006至2019年天平村人口数据表

年度	户数/户	人数/人	男/人	女/人
2006	1400	4982	2458	2524
2007	1394	5006	2460	2546

续表

年度	户数/户	人数/人	男/人	女/人
2008	1393	5057	2485	2572
2009	1399	5123	2518	2605
2010	1411	5248	2568	2680
2011	1398	5296	2585	2711
2012	1389	5362	2612	2750
2013	1389	5403	2643	2760
2014	1387	5486	2685	2801
2015	1385	5489	2678	2811
2016	1381	5590	2715	2875
2017	1383	5757	2800	2957
2018	1378	5730	2787	2943
2019	1376	5751	2797	2954

第二节　人口变动

自然增长　明清及民国时期，村民受封建传统生育观念影响，有"早养儿子早得力""多子多福""重男轻女"的思想观念。早婚、早育、多孩现象十分普遍。青年结婚没有年龄规定，一般在十八九岁，早的十六七岁结婚，妇女平均生育5—7孩。境内的人口属于高出生率、高死亡率和低自然增长率类型。

1950年《中华人民共和国婚姻法》颁布，规定男20岁、女18岁方可结婚。20世纪50年代中期，国家提倡多生育，对多生育的育龄妇女给予奖励和产假，鼓励"光荣妈妈"。至1958年，境内人口增长呈现中华人民共和国成立后的第一次高峰。1959至1962年，由于"大跃进"运动及自然灾害等原因，人口渐减。1962年后，出现人口剧增减后的补偿性生育高峰。

20世纪70年代，新华、天灵、天平三个大队按照金山人民公社部署，推行计划生育工作，由大队妇女主任与各生产队妇女队长负责。其时，许多育龄妇女因连生数孩，受多子女拖累，主动采取节育措施。1960年"文化大革命"开始后，生育呈无监督状态，人口增长较快。1971年起开展计生工作后，人口增势得到控制，执行"晚、稀、少"的计划生育政策，即男性25周岁、女性23周岁后结婚，二孩间

2015年原驻新华知青新年座谈会

隔48个月以上,每对夫妻以生育2个孩子为宜。

1980年9月25日,中共中央发出《关于控制我国人口增长问题致全体共产党员、共青团员的公开信》后,实施一对夫妇只生一个孩子政策,对愿意终生只生一孩,并落实节育措施的夫妇,发给独生子女光荣证,每年给夫妻双方发放独生子女费(发至孩子14周岁),并在招工、医疗、福利、产假等方面给予照顾优待。1984年后,经乡镇审核、县(市、区)计生委批准,对14类照顾对象发给"二胎生育证",间隔4年后可生育二孩。1996年后,人口进入平稳增长期。2000年,各村育龄妇女全部落实计划生育措施,计划生育率100%。

2013年10月29日,党的十八届三中全会决定实行全面放开二孩政策。2016年天平村贯彻江苏省决定,正式实行二孩政策。

人口迁移 天平村地处苏州城西郊,山清水秀,为宜居福地。南北朝及宋朝南渡时,中原人口南迁,境内人口渐增。北宋时,名臣范仲淹把祖茔迁葬至天平山三让原,留下部分族人与佣人居此生息繁衍,至今还有范家场等村庄。明末及清代时,曾有许多文人学士、大德贤贵隐居境内上沙一带。明清以来,每年秋天赏天平红枫时节,境内就会出现大批游客,呈现季节性人口流动骤增现象。清末及民国时期,有少数浙江省、江苏省(江阴、常熟)等地人氏,因饥荒、匪患以及无地耕种,迫于生计,落户于此,繁衍生息,如河上村村民都是从江阴顾山落户于此,有王、何、吴、徐、李等姓氏,形成"河上"自然村落。

中华人民共和国成立后,人口迁移多数为因男婚女嫁,还有升学迁出及青年应征入伍或复员、转业、退伍迁移,少量为工矿企业招工而迁出。20世纪60年代,

表2-2　2010—2015年天平村人口与计划生育情况表

单位：人

年份	期初人口数	期末人口数	出生总数	死亡总数	女性初婚人数 总数	女性初婚人数 23周岁及以上	育龄妇女人数	已婚育龄妇女人数	现家庭只有一个孩子的妇女人数	有效领证人数	往年出生补报 总数	往年出生补报 女性数	计划外
2010	5074	5248	61	24	34	22	1506	1287	1035	171	2	1	0
2011	5248	5296	70	24	48	38	1532	1329	1041	151	0	0	0
2012	5296	5362	90	29	40	32	1504	1253	929	148	0	0	0
2013	5362	5403	75	32	43	34	1450	1224	882	146	2	2	0
2014	5403	5455	92	40	31	24	1402	1193	851	136	1	0	0
2015	5455	5489	48	43	33	29	1360	1163	792	125	1	1	0

表2-3　2010—2015年天平村人口与计划生育有关指标一览表

年份	出生率/‰	死亡率/‰	自增率/‰	计划生育率/%	一孩率/%	晚婚率/%	育龄妇女占总/%	已婚育龄妇女占总/%	独生子女率/%	领证率/%	计划外怀孕率/%	节育率/%	节育措施落实率/%
2010	11.82	4.65	7.17	100	63.93	64.71	29.18	24.94	80.42	13.29	0.23	81.35	99.90
2011	13.28	4.55	8.73	100	64.29	79.17	29.06	25.21	78.33	11.36	0.08	78.25	99.52
2012	16.89	5.44	11.45	100	55.56	80.00	28.22	23.51	74.14	11.81	0.08	81.40	99.90
2013	13.93	5.95	7.99	100	57.33	79.07	26.94	22.74	72.06	11.93	0	81.62	99.90
2014	16.95	7.37	9.58	100	57.61	77.42	25.82	21.97	71.33	11.40	0.08	83.74	99.80
2015	8.77	7.86	0.91	100	45.83	87.88	24.85	21.25	68.10	10.75	0	83.32	99.79

城镇知识青年插队天平、天灵、新华三个大队落户，共有 80 多人。1979 年，插队知青返回城镇。80 年代后，外地因婚迁入境内的女性较多；外地到境内企业工作或从事商业的人员较多，至 2019 年，外来人口近 3 万人。还有"农转非"人员、土地征用工等迁居城镇。由于多种原因，境内人口常有变动。

表 2-4　　　　　明清时外籍移民迁入灵岩、天平山一带部分情况表

姓名	迁出地	迁入地	备注	史料来源
杨基	四川嘉州（乐山）	天平山南、赤山下上沙	字孟载，官至山西按察使（元末明初著名诗人）	《木渎小志》卷二
徐白	吴江	灵岩山之上沙	字介白，诸生	《木渎小志》卷二
沈元抡	崇明	上沙村	字叙彝，号大樵山人，诸生	《木渎小志》卷二
徐枋	长洲	往来灵岩、支硎间，终乃定居涧上草堂（上沙）	字昭法，号俟斋，曾举崇祯壬午孝廉	《木渎小志》卷二
叶向日	—	灵岩山下	字子升，孝子，与妻蒋氏事父母，孝养终老	《吴门表隐》卷十五
吴迪	—	灵岩山	字康民，吴庠生，官归德府通判	《吴门表隐》卷十五
周尚义	常熟福山	木渎灵岩之麓，香水溪之上	周氏之先实为纪氏，籍隶常熟之福山，世为望族。明末避兵来渎川，居亲戚周家，改纪为周	《木渎周氏家谱》

第三节　人口构成

年　龄　1964 年 7 月第二次全国人口普查时，人口年龄表现为年轻型。1982 年 7 月第三次人口普查时，人口年龄表现为成年型。进入 2000 年后，老龄化人口增多。2019 年 12 月，天平村 0—6 周岁有 457 人，占 7.95%；7—17 周岁有 649 人，占 11.28%；18—34 周岁有 889 人，占 15.46%；35—59 周岁有 2141 人，占 37.23%；60 周岁及以上老年人有 1615 人，占 28.08%。在老年人中，60—69 周岁有 897 人，占老年人口总数的 55.54%；70—79 周岁有 504 人，占老年人口总数的 31.21%；80—89 周岁有 173 人，占老年人口总数的 10.71%；90—97 周岁有 41 人，占老年人口总数的 2.54%。最高年龄为 97 周岁，是两位女性，分别是新华 3 组许彩媛、新华 18 组倪月娥。

表 2-5　　2019 年天平村人口年龄结构表

年龄/岁	人数/人			年龄/岁	人数/人			年龄/岁	人数/人		
	男	女	小计		男	女	小计		男	女	小计
0	20	28	48	33	51	60	111	66	58	53	111
1	24	23	47	34	43	48	91	67	49	47	96
2	32	31	63	35	37	44	81	68	46	53	99
3	55	45	100	36	16	18	34	69	35	49	84
4	25	27	52	37	22	27	49	70	32	40	72
5	34	41	75	38	52	57	109	71	35	41	76
6	39	33	72	39	60	86	146	72	27	32	59
7	40	26	66	40	34	48	82	73	26	32	58
8	36	43	79	41	48	44	92	74	26	28	54
9	31	29	60	42	34	39	73	75	18	24	42
10	32	32	64	43	22	34	56	76	19	19	38
11	28	27	55	44	24	30	54	77	11	20	31
12	38	25	63	45	26	24	50	78	19	21	40
13	31	22	53	46	30	28	58	79	17	17	34
14	25	28	53	47	35	40	75	80	15	16	31
15	24	30	54	48	45	37	82	81	14	8	22
16	32	22	54	49	48	51	99	82	11	13	24
17	26	22	48	50	43	48	91	83	7	14	21
18	15	16	31	51	39	54	93	84	6	8	14
19	12	11	23	52	51	42	93	85	3	12	15
20	13	14	27	53	34	47	81	86	5	14	19
21	12	9	21	54	56	56	112	87	3	10	13
22	14	9	23	55	57	52	109	88	2	4	6
23	19	16	35	56	58	57	115	89	3	5	8
24	24	19	43	57	87	88	175	90	6	8	14
25	30	18	48	58	51	50	101	91	4	9	13
26	20	23	43	59	13	18	31	92	3	6	9
27	39	21	59	60	32	26	58	93	0	1	1
28	28	27	55	61	22	32	54	94	1	0	1
29	25	31	56	62	54	49	103	95	0	0	0
30	32	30	62	63	47	66	113	96	1	0	1
31	38	39	77	64	46	33	79	97	0	2	2
32	39	45	84	65	47	53	100	总计	2797	2954	5751

表 2-6　　　　　　　　　　2019 年 12 月天平村 90 周岁以上村民表

姓名	性别	出生年月	所在片区组	姓名	性别	出生年月	所在片区组
许彩媛	女	1922 年 1 月	新华 3 组	石银妹	女	1928 年 8 月	天平 5 组
倪月娥	女	1922 年 1 月	新华 18 组	俞云金	女	1928 年 9 月	天平 8 组
庄根泉	男	1923 年 12 月	新华 13 组	吴火金	女	1928 年 10 月	新华 7 组
李根兴	男	1925 年 10 月	天平 8 组	倪云金	女	1928 年 10 月	新华 6 组
李学芬	女	1926 年 10 月	新华 16 组	殷全寿	男	1928 年 10 月	天平 3 组
殷银仙	女	1927 年 4 月	天平 4 组	魏根金	女	1928 年 11 月	天灵 9 组
徐小妹	女	1927 年 5 月	天灵 5 组	黄根娣	女	1929 年 1 月	新华 5 组
李福泉	男	1927 年 8 月	天平 2 组	严元宝	男	1929 年 1 月	新华 16 组
姚世源	男	1927 年 10 月	新华 4 组	孙仲基	男	1929 年 2 月	新华 3 组
戴阿妹	女	1927 年 10 月	新华 10 组	许金水	男	1929 年 2 月	天灵 3 组
朱根娣	女	1927 年 10 月	新华 10 组	黄才宝	男	1929 年 2 月	天平 9 组
严全英	女	1927 年 10 月	新华 16 组	邬永娣	女	1929 年 3 月	新华 15 组
陈宝根	男	1927 年 11 月	新华 3 组	郭金玉	女	1929 年 3 月	天灵 9 组
殷三妹	女	1927 年 12 月	天平 2 组	沈云妹	女	1929 年 5 月	新华 8 组
范寿英	女	1928 年 1 月	新华 13 组	陈水林	女	1929 年 6 月	天灵 11 组
戴金娣	女	1928 年 3 月	新华 14 组	孙巧林	女	1929 年 6 月	天平 3 组
朱土根	男	1928 年 3 月	天平 9 组	何永福	男	1929 年 6 月	天平 9 组
周杏宝	女	1928 年 4 月	天灵 6 组	资根元	男	1929 年 10 月	新华 3 组
王祥生	男	1928 年 4 月	天平 1 组	沈雪妹	女	1929 年 10 月	天灵 11 组
王洪男	男	1928 年 5 月	新华 10 组	王天英	女	1929 年 12 月	新华 10 组
吴桂娣	女	1928 年 7 月	天平 1 组				

民　族　天平村人口素以汉族为主。20 世纪 80 年代之前，基本无少数民族人口。自 80 年代以来，随着婚姻观念的转变与人口自由流动增多，嫁入天平的少数民族女青年较多。2019 年 2 月底，全村户籍人口 5751 人，其中少数民族人口 15 人，其中满族 5 人、土家族 4 人、回族 2 人、苗族 1 人、蒙古族 1 人、布依族 2 人，少数民族占总人口的 2.6‰。

随着改革开放、乡村工业的发展，天平村吸引了外来务工人员 28500 余人，来自安徽、山东、贵州、江西、四川、河南、湖北、云南、福建、山西、重庆、黑龙江、河北、甘肃、湖南、浙江、江苏（苏北为主）等地。有不少为少数民族地区的务工者，涉及 28 个少数民族，人口有 408 人，其中土家族 90 人、彝族 54 人、苗族 52 人、回族 49 人、壮族 34 人、侗族 17 人、哈尼族 13 人、蒙古族 12 人、满族 12 人、布依族 11 人、白族 9 人、傣族 8 人、畲族 6 人、瑶族 5 人、东乡族 4 人、藏族 4 人、黎族 4 人、土族 3 人、水族 3 人、仡佬族 3 人、傈僳族 2 人及毛南族、佤族、鄂温克族、羌族、维吾尔族、锡伯族各1人,还有穿青人7人。

文　化　中华人民共和国成立初,成年人上夜校,学习文化,参加扫除文盲活动,文盲人数逐渐减少。同时,学龄儿童基本入学,具有小学以上文化程度的人数不断增加。1990年普及九年义务制教育后,初、高中学历人数大幅度增加。进入21世纪,高校逐年扩大招生,大学生的比例也逐年提高,至2019年底,天平村村民文化程度方面有670人,占总人口的11.65%;小学1695人,占总人口的29.47%;初中1704人,占总人口的29.63%;高中(含中专)820人,占总人口的14.26%;大专215人,占总人口的3.74%;本科292人,占总人口的5.08%。

附一:2019年天平村大专及以上学历人员名录

丁心叶	丁心宇	丁永虎	丁杰	丁建方	丁嘉雯	于利芳	于清泉
马建凤	马振	马晓雄	马钱杰	马喜芳	马颖	王一飞	王小红
王月醒	王伟健	王志强	王苏生	王坚	王忠	王佳琪	王治
王建明	王玲红	王星园	王语君	王振华	王晓东	王晓英	王钰婷
王海平	王海霞	王曹逸飞	王清	王程飞	王皓鹤	王筠	王嘉伟
王嘉军	王嘉明	王嘉莉	王璐瑶	王鑫	韦亮	戈云萍	仇心怡
方金毛	石子凡	石龙青	石东艳	石冬琴	石红燕	石志峰	石怡婷
石建珍	石建根	石俊杰	石晓磊	石晓燕	石家辉	石娴飞	石晨悦
石铭杰	石敏怡	石鸿志	石雅琴	石斌	石磊	石毅军	卢建
包雯雯	吕达奇	吕吴凯	吕灵娇	吕杰蓉	吕昊翔	吕岳	吕珅尧
吕茜	吕栋	吕胜峰	吕洁嬬	吕振华	吕晓华	吕玺	吕宸磊
吕晴	吕婷婷	吕静怡	朱卫东	朱云根	朱月红	朱凤	朱心雨
朱正	朱立明	朱立金	朱汉青	朱亚明	朱亚琴	朱安奇	朱红
朱寿根	朱丽萍	朱连根	朱英	朱国俊	朱明月	朱明磊	朱欣怡
朱建伟	朱建华	朱建锋	朱春雅	朱俊	朱奕华	朱祎铭	朱振贤
朱晓君	朱晓琳	朱海芳	朱骏超	朱晨艳	朱晨曦	朱晨露	朱倚杰
朱紫薇	朱斌	朱福明	朱静	朱樱婷	朱毅	华琎	伊艳双
邬杨晨	邬沁缘	邬建中	邬春燕	邬静	庄心怡	庄春华	庄夏芸
庄晓萍	庄晓燕	庄梦艳	庄敏敏	庄耀斌	刘金春	刘学仁	刘晓燕
刘晏婷	祁晓君	祁晓明	许月娇	许正	许龙根	许田兵	许芸
许李涛	许君兰	许昕	许昀	许佳伟	许佳俊	许佳雯	许炎斌
许建莱	许顺华	许烨	许婧雯	许惠芳	许雯婷	许景鸿	许锐
许傢栋	许聪	许燕华	许霖杰	阮怀云	孙丹萍	孙心超	孙叶欣
孙兰	孙光杰	孙旭安	孙军杰	孙志强	孙丽丹	孙杰	孙佩良
孙茜	孙星晨	孙晓兰	孙培洁	孙雪元	孙敏慧	孙鸿杰	孙雯
孙斐	孙淼	孙瑜玲	孙煜清	孙壁雯	严文龙	严永寿	严永青

严宇浩	严昕宇	严 俊	严铭洋	严智勇	苏冬妹	李夕燕	李永峰
李永清	李有成	李 刚	李 伟	李 华	李 芸	李作栋	李 英
李 杰	李国华	李佳霖	李欣悦	李 钟	李俊杰	李俊澜	李夏明
李晓华	李晓星	李晓颖	李 健	李润雷	李敏芳	李琳怡	李越澄
李 雅	李 舜	李 婷	李 燕	李 鑫	杨和珍	杨 颖	时红英
时 玥	时春花	时晓东	时偶然	时 雯	时腾飞	时 韵	时燕钰
时懿君	吴 卫	吴子越	吴子超	吴云涛	吴玉萍	吴向东	吴 芳
吴国栋	吴迪雅	吴忠琪	吴鸣月	吴 佳	吴佳芸	吴佳萍	吴 怡
吴思凡	吴 信	吴奕奔	吴莹珠	吴 晓	吴晓清	吴 悦	吴梓聪
吴晨亮	吴婧瑶	吴 越	吴 斌	吴斌杰	吴颖杰	邱陨捷	何 丹
何淑宁	何雅春	何嘉燕	邹辰凯	邹怡红	邹怡杰	邹诗涵	应夏栋
沈 一	沈一凡	沈子航	沈中涛	沈玉兰	沈成彬	沈 刚	沈 伟
沈 阳	沈志斌	沈秀英	沈灵彤	沈纯西	沈 贤	沈昕晨	沈鸣岚
沈金花	沈星晨	沈俊明	沈俊琪	沈炳芳	沈 珠	沈晓明	沈晓斌
沈 健	沈晨星	沈敏芳	沈鸿翔	沈寅彬	沈 瑛	沈 琳	沈琳倩
沈 琦	沈 雄	沈雅萍	沈雅婷	沈雅静	沈紫琼	沈 淼	沈煜明
沈嘉煜	沈 毅	沈 赟	沈 燏	宋锡文	张文娟	张 兰	张 弘
张 伟	张依明	张金芳	张 怡	张秋艳	张 艳	张琴芳	张 琦
张 超	张 晴	张 婷	张 瑜	张 颖	张慧琴	张 燕	陆云华
陆正邦	陆 枫	陆荣峰	陆顺利	陆海珍	陆 涧	陆惠珍	陈亚琼
陈伟俊	陈志伟	陈丽超	陈丽驄	陈 妍	陈 玮	陈思雯	陈 亮
陈 洁	陈 勇	陈晓华	陈晓军	陈晓红	陈晓燕	陈倪洁	陈菊芬
陈雪珍	陈婧怡	陈 磊	邵立群	范云婷	范尤丽	范成贤	范刘丽
范汤枫	范利红	范雨宸	范佳斌	范金婕	范泽琪	范 勇	范 夏
范雅倩	范嘉烽	林伟强	杭永林	杭克骄	杭 佟	杭雪莉	杭 晨
郁小川	郁丹萍	郁春伟	郁 虹	郁晨曦	郁 翔	季开华	季晓明
季家芸	季 铭	季超群	金玉明	金丽娟	金言琦	金 君	金明华
金欣超	金家豪	金 梦	金梦娇	周亚雄	周丽玲	周诗静	周 勇
周振南	周晓东	周雪良	周晨雪	周 琴	周 琼	周 喆	周颖莹
周赟婕	周灏洁	房玮琦	赵华英	赵佳瑜	赵 欣	赵 倩	赵敏刚
赵 斌	赵 曦	胡司奇	胡灿平	胡 晟	胡晓贞	胡晓军	胡 敏
胡逸飞	胡静云	查云英	柳志华	柳雨晨	钟莉莉	钟琴芳	俞心蓓
祝 青	祝昀呈	祝瑞臻	姚正妍	姚昕悦	姚欣怡	姚莹钰	姚晓东
姚 强	姚 瑶	袁园梦	袁明琪	袁 涛	耿建新	栗云杰	夏子园
夏玉兰	夏永伟	夏晨亮	夏 蓉	顾子豪	顾方晨	顾心蕾	顾志恒
顾丽丽	顾吴瑜	顾国萍	顾佳炜	顾耘耘	顾益彬	顾 彪	顾嘉明

钱心怡	钱冬雨	钱亚明	钱宇偲	钱利伟	钱 余	钱枭鸿	钱星悦
钱晓刚	钱梦园	钱 源	钱翰清	倪一舟	倪力佳	倪小芳	倪文英
倪永明	倪 华	倪宏飞	倪 昊	倪国平	倪国良	倪国琦	倪佩玲
倪承彦	倪秋谥	倪 俊	倪 洋	倪晓琴	倪家平	倪家琦	倪 臻
倪 翱	徐云婷	徐立君	徐伟青	徐旭倩	徐丽娇	徐吟燕	徐 迎
徐昕颖	徐 明	徐鸣晓	徐春玲	徐春燕	徐 虹	徐俊杰	徐晓红
徐晓蕾	徐鸿晓	徐婉蓉	徐 瑜	徐煜峰	徐鑫杰	殷云飞	殷会针
殷红菊	殷红燕	殷丽萍	殷卓成	殷国华	殷栋梁	殷振宇	殷晓春
殷高怡	殷琦峰	殷越婷	殷 黎	高 吕	唐 仁	唐月婷	唐希茗
唐国峰	唐晓磊	唐雅君	资义昊	资双祺	资圣源	资亚平	资含心
资其方	资昕宇	资昕熠	资佳佳	资建毅	资康俊	资瑜洁	资 慧
陶志明	陶佳燕	黄一枫	黄东方	黄芝倩	黄兆恺	黄志敏	黄 芳
黄 妍	黄佳俊	黄昱喆	黄 勇	黄 莉	黄晓芸	黄晓晨	黄静娴
黄 震	黄 黎	黄毅诚	黄 麒	黄 麟	黄子彧	曹玉韬	曹兴邈
曹 军	曹丽清	曹 炎	曹 亮	曹晓怡	曹 新	曹 静	龚 臣
盛雪林	崔 皓	梁 庆	梁 佳	葛一涛	葛春敏	葛 夏	葛晨艳
董晨灏	蒋 寅	蒋静仪	韩 俊	韩晨浩	惠沿彬	惠 洁	惠 骏
惠 菊	惠 斌	景熠枫	曾德恩	谢晓华	虞卫强	蔡一骁	蔡 敏
蔡 赟	管 宇	管钰芳	管梅琴	管晨悦	管 毅	谭月芳	谭月楠
樊云飞	潘军华	潘 俞	潘嘉语	薛亚萍	薛 诰	薛 惠	戴三男
戴 飞	戴 文	戴 怿	戴春元	戴晨凤	戴 赟	戴 曦	魏玉刚
魏春华	魏剑峰	魏 莉					

附二：2019年天平村海外留学人员名录

于清泉	王璐瑶	石子凡	石鸿志	石 磊	朱 正	朱骏超	邬扬晨
邬建中	刘晓燕	孙丹萍	孙光杰	孙军杰	严宇浩	李 刚	李 钟
李 鑫	吴云涛	邹怡红	沈美华	沈琳倩	张秋艳	范雅倩	郁春伟
姚莹钰	倪佩玲	倪 洋	倪 翱	殷晓春	资昕宇	资昕熠	黄 莉
潘 俞							

附三：2017年天平村海外留学生（含已在海外定居者）名录

石子凡	石鸿志	许景鸿	李 刚	吴云涛	范雅倩	郁春伟	资昕宇
戴 赟							

表2-7 新天平村并村前原新华（白塔）、天灵、天平三个村（大队）劳动力构成情况选年表

单位：人

年份	1964			1978			1984		
村（大队）名	新华	天灵	天平	新华	天灵	天平	新华（白塔）	天灵	天平
人口数	1452	844	886	1919	1096	1195	1974	1255	1122
其中农业人口数	1446	843	884	1919	1091	1192	1957	1114	1047
劳动力数	664	385	406	1164	669	594	643	601	494
其中从事农业人数	512	300	317	67	38	40	108	4	4
从事村办企业人数	—	—	—	416	222	246	493	407	438
从事镇办企业人数	—	—	—				3		
其他人（包括个体经营人数）	152	85	89	681	409	308	39	190	52

姓 氏 历史上曾出现范家场、惠家场、陆家村、邓家场、彭家村等以姓氏聚居或某姓率先居住而得名的村庄。有些村庄则以一两个姓氏为主，例如灵岩街的许氏，沈店村的石氏，赵巷上的孙氏，殷巷上的资氏，陶家村的时氏，陆家村的吕氏、钱氏等，均占比较大。

2019年，天平村户籍人口共有174个姓氏，其中200人以上的姓氏有7个；100人及以上、200人以下的姓氏13个；2人及以上，100人以下的姓氏100个，其中独人姓氏54个。朱姓人数居首位，有260人，依次为周姓、沈姓、王姓、许姓、李姓、吴姓等。前7名姓氏分布情况：朱姓比较分散，新村、沈店村、范家场较多；周姓在高家场、徐山嘴、沈家弄、塘岸上较多；沈姓在塘江上、沈店村居多；王姓主要在庙前、沈店村；李姓分布较分散，祥里村、邓家场较多；许姓在灵岩街、高家场较多；吴姓较分散，主要在叶家桥东、惠家场。

表2-8　　　　　　　　2019年天平村户籍人口姓氏表　　　　　　单位：人

姓氏	人数	姓氏	人数	姓氏	人数	姓氏	人数	姓氏	人数
朱	260	吴	203	吴	203	虞	9	程	8
周	257	徐	186	徐	186	薛	9	秦	8
沈	254	陈	179	陈	179	蒯	8	叶	8
王	235	张	175	张	175	江	8	邱	7
李	221	孙	150	孙	150	冯	8	肖	7
许	205	黄	146	黄	146	彭	8	邓	7

续表

姓氏	人数	姓氏	人数	姓氏	人数	姓氏	人数	姓氏	人数
于	7	瞿	5	诸	2	祁	24	钟	19
金	7	田	5	毛	2	丁	23	汤	17
董	7	龚	5	阙	2	刁	1	包	17
隆	7	姜	4	鲍	2	梅	1	宋	16
缪	1	崔	4	闻	2	沙	1	邵	16
浦	1	计	4	颜	2	吉	1	戈	15
严	113	伊	4	支	1	孟	1	於	11
倪	113	芮	3	盛	1	郎	1	林	10
陆	113	耿	3	巫	1	辜	1	付	1
石	108	孔	3	雍	1	童	1	笠	1
吕	106	付	1	嵇	1	庞	1	寿	1
范	100	窦	1	荣	1	乐	1	承	1
金	89	曹	62	供	1	花	1	关	1
钱	87	郁	58	戎	1	白	1	洪	1
赵	82	戴	51	郏	1	戚	1	纪	1
胡	80	潘	50	申	1	向	1	詹	1
俞	70	何	50	邬	37	邢	1	祖	1
资	70	时	50	杨	35	乔	1	骆	1
姚	65	夏	43	柳	34	成	1	翁	1
庄	65	蒋	42	季	32	萧	1	尹	1
任	6	马	41	谢	31	掌	1	华	1
谭	6	唐	40	高	31	亢	1	仇	1
卞	6	刘	39	葛	31	樊	22	莫	1
谈	6	邹	39	惠	28	查	21	曾	1
贾	6	袁	38	蔡	26	杭	21	卢	1
史	5	魏	37	方	26	韩	21	杜	1
费	5	濮	3	管	25	祝	21	屠	1
辛	5	傅	2	陶	24	汪	19	韦	1
毕	5	居	2						
侯	5	万	2						

注：因统计时间不一，故本表中人数与第七次全国人口普查中本境域人口总数存在出入。

族　谱　旧时大姓巨族都有家谱，亦称"族谱""宗谱""宗统""家乘""世

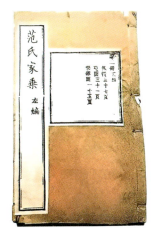

范氏家乘　　　　　　　　　　　　木渎周氏家谱

系录",境域内始起于宋,发展于明,清以后续修、增修或重修直至民国初期,此后便少有修家谱之举。当时刊印既不多,又藏于私家,外传极少,近年又多失散,现据资料整理如下。

《范氏家乘》　　　　　　现存吴中区档案局
《天平范氏家谱》　　　　范端信修,光绪中刻
《徐氏家谱》　　　　　　徐枋家族,未找到原本
《木渎钱氏家谱》　　　　钱照原纂,钱福年重修

第三章 农副业

天平村地处长江三角洲太湖之滨，西部、西北部山丘连绵，境内河浜纵横，气候温和，雨量充沛，无霜期长，土地肥沃。主要种植水稻、小麦、油菜等农作物，此外还以养蚕、刺绣、饲养禽畜、采石为传统副业。解放前，受封建生产关系束缚，生产方式落后，农田设施甚差，抵御自然灾害能力薄弱，生产水平低下。

　　解放后，天平村实行土地改革，走农业合作化道路，兴修水利，大搞农田基本建设，农业生产条件得到改善，农业发展较快。1958年公社化后，受"五风"和三年困难时期影响，农业生产一度停滞不前，造成经济困难。1962年纠正"左"的错误，实行以生产队为基本核算单位的所有制，农业生产、农村经济得以全面恢复和发展。20世纪70年代，全国掀起"农业学大寨"运动后，推广双三熟制，种植双季稻，导致高产量、高成本，增产不增收。1983年实行家庭联产承包责任制，村民有了土地经营自主权，粮食生产稳步上升，实现农副工三业协调发展。1990年全村（白塔、天灵、天平3村）粮食总产2730吨。1991年境内农村经济收入382.92万元，人均分配1545元，人均口粮301.5千克。1992年全村粮食总产1274吨。至20世纪80年代中期，改革开放后，境内工商业、服务业崛起，由于国家地方建设及村里自身发展之需，土地被大量征（使）用。1995年前后，境内3个村水稻、三麦等主要作物及村民养殖业先后停止种植、养殖。

第一节 生产关系和经济体制变革

一、封建土地所有制

解放前,土地归私人所有,村境内地主、富农占有土地较多,中农、贫农占有土地较少,无地或少地的农户只得向地主、富农租田耕种,其田租十分苛刻。农村地主每亩收租米1.1—1.2石(1石为75千克)糙粳。租米就占全年亩产收入的近一半。

在地租形式上有活租、定租、钱租、物租之分。活租每年核定田租定额,故地主可以收回租田为要挟,任意增加租额。定租则核定租额不变,不论收成好坏,租额必须交足。当粮价低贱时要以钱交租,反之则以物抵租。不管何种田租形式,均是从维护地主阶级利益出发的,其剥削花样繁多而残酷。

租 限　地主规定佃户缴租分3个期限,第一限为7天,第二限为5天,第三限为3天(三限共15天)。在三限前缴租称为"飞限"。"飞限"时,零头租米可减半(每亩1石2斗,按1石1斗收),并给一碗阳春面钱。到第一限交租时,没有面钱,不打折扣。到第二限交租时,按租米牌价每石增加2%的罚金。到第三限交租时,每石增加4%的罚金。如新华村贫农顾根生种地主2亩租田,因超过期限3天交租,被罚米2斗。

催 租　秋收后,地主家派出账房或催子,下乡催收田租,佃户都要用酒饭招待,还要按每亩3至4升米的钱付给催租费和(向地主说)好话钱(一般1元),否则会遇到各种刁难。

逼 租　如遇到年景不佳,作物歉收,佃户无法缴租,地主即动用警察,以"抗租"罪名任意抓捕关押欠租佃农("吃租米官司"),佃户如在1周内缴租则关在木渎警察局,长期缴不出的则关到苏州监狱里,限期逼缴。

押 金　佃户种租田每亩要预先交1石米以上的押金给地主。如佃户欠租米,以押金扣除,如欠租过多,次年就不得再种租田。

押 田　农户遇到困难时,将自田押给地主以借钱使用,押田期限一般3至5年。在押期内,田仍由押田户自己耕种,但须年年交租,每亩1石2斗糙粳。

以租变债　地主将佃户的当年欠租转为债款,由佃户请人作保,立下借款契约,约期满加利奉还。

做长工　佃户交不出租,就到地主家做长工,常年辛劳,收入微薄,雇工一般一辈子成不了家。

背斛子田　地主派人上门收租米,由于地主的斛子大(比一般的1石斛子要大3升),变相加重对佃户的剥削,农民称之为"背斛子田"。

放青苗　在青黄不接时,农民向地主借1石米,到秋熟后要还1石5斗,地主盘剥穷苦农民，亦称作借"粒半头"。

二、土地改革

1950年下半年，根据《中华人民共和国土地改革法》，在县土改工作组的指导下，金山乡、新华乡同时进行土地改革（简称土改），乡政府组织农民协会。农民协会是农民自愿结合的群众组织，凡雇农、贫农、中农、农村手工业工人及农村中贫苦的知识分子，自愿入会者，经乡农民协会委员会批准后即可成为会员。农民协会是农村中改革土地制度的合法执行机关。按照"放手发动群众，大胆开展运动"的方针，第一步，开展政策宣传，清查登记土地。第二步，划分阶级成分，根据农户实有人口占有的生产资料（包括土地、耕畜、船只、水车等）、生活来源及剥削程度（收租、雇工、放债等）评定成分。占有土地，自己不劳动，或只有附带的劳动，而靠剥削为生的，其剥削收入占总收入40%以上者为地主；占有土地，自己参加劳动，但经常依靠剥削为其生活来源，剥削收入占总收入25%以上者为富农；同时评出中农、贫农、雇农等。第三步，没收、分配土地和财产。第四步，复查，发给农民土地房产所有证。

土改中的总路线是依靠贫农、雇农，团结中农，中立富农，有步骤地、有分别地消灭封建剥削制度，发展农业生产。县土改工作组还发动贫苦农民召开诉苦大会和斗争地主大会，然后对地主分子实行管制，将少数不法地主绳之以法。通过土改，依法没收地主的土地、房屋、财产及祠堂，征收资本家、工商业者在农村占有的土地、多余房屋及富农、小土地出租者多余的土地，并将土地重新进行合理分配，广大贫雇农民分得了土地，实现了耕者有其田。地主亦留得一份土地、房屋，使其被改造成为自食其力的劳动者。

根据1951年土改中土地房产登记数据，村境内6个行政村共有户口939户，2715人，农民原有土地3752.7亩，土改中分得土地2804.7亩；原有房屋2477.5间，土改中分得144间，实现了"耕者有其田，居者有其屋"的目标，土改工作至1951年5月结束。

土改时发给农民的土地房产所有证存根

表 3-1　1951年吴县木渎区金山、新华乡（今天平村域）行政村土改中土地分配数据表

行班村名			户数/户	人口					房产/间						基地/亩		
2003年合并前	解放初			人口/人					原有	土改中分得	合计瓦房	房产分类			原有	土改中分得	合计
				总人数	男	女	农业人口	非农业人口				瓦房	楼房	草房			
天平	天平		319	429	210	219	416	13	396.0	16.0	412.0	409.0	—	3.0	22.48	1.10	23.58
天灵	云华		131	437	218	219	430	7	402.5	39.0	441.5	378.0	—	63.5	29.08	1.37	30.45
	殷巷		142	502	251	251	494	8	428.0	35.5	463.5	405.5	3.0	55.0	23.85	2.06	25.91
新华	沈店		149	566	304	262	553	13	519.0	14.0	533.0	527.0	—	6.0	22.81	0.61	23.42
	塘江		100	396	190	206	389	7	378.5	14.5	393.0	390.0	—	3.0	20.29	1.03	21.32
	范家		98	385	198	187	382	3	353.5	25.0	378.5	377.0	—	1.5	17.31	1.26	18.57
合计			939	2715	1371	1344	2664	51	2477.5	144.0	2621.5	2486.5	3.0	132.0	135.82	7.43	143.25

表 3-2　1951年吴县木渎区金山、新华乡（今天平村域）行政村土改中土地房产所有证登记数据表

2003年合并前	解放初行政村名	发放土地房产所有证/张	土地/亩 原有与分得 原有	土改中分得	耕地与非耕地 耕地	非耕地	自耕与出租 自耕	出租	土地分类/亩 水旱田	水田	旱田	桑田	竹园	草山	坟地	基地	荒地	荒山等	池塘等
天平	天平	407	920.7	386.5	738.0	569.2	1303.4	3.9	462.3	231.5	18.7	25.6	1.6	311.8	232.3	1.4	13.4	8.5	0.1
天灵	云华	173	780.6	403.4	906.5	277.5	1173.1	10.9	789.1	48.8	56.5	11.4	3.0	22.0	252.4	—	0.6	—	0.2
	殷巷	174	459.8	697.8	1139.0	18.6	1153.0	4.6	1045.0	—	54.6	30.7	3.2	2.9	10.3	1.1	1.2	0.5（菜园）	8.2（果园）
新华	沈店	215	657.0	592.2	1226.9	22.3	1245.1	4.0	1073.7	73.2	57.1	22.9	4.1	—	17.0	0.3	0.9	—	—
	塘江	145	478.1	392.6	850.8	20.0	866.2	4.6	761.8	12.3	57.5	19.1	2.8	—	15.1	0.7	1.3	—	0.2（沟渠）
	范家	132	456.6	332.1	774.7	14.0	778.6	10.1	642.5	61.1	68.2	2.9	1.1	—	12.4	—	0.5	—	—
合计		1246	3752.7	2804.6	5635.9	921.6	6519.4	38.0	4784.7	427.7	312.6	112.6	15.8	336.7	539.5	3.5	17.9	8.5（山地）0.5（菜园）	0.3（池塘）0.2（沟渠）8.2（果园）

三、农业合作化

互助组　土改后，农民分得了土地，广大农民生产积极性高涨，但部分农户缺少技术、劳力、耕畜、农具等，在生产、生活方面都有一定的困难，继而出现土地使用权转让、转租等现象。面对这一情况，为了稳定生产，1951年，根据中共中央《关于农业生产互助合作的决议（草案）》精神，号召农民组织起来，在劳动力和生产资料方面进行交换互助，克服生产上之困难。于是农民以亲邻好友为对象，根据自愿互利、自由结合的原则，一般采取以工换工、畜力折工的结算方法，组成临时性、专项性、季节性的伴工互助组、常年互助组。

初级农业生产合作社　1953年12月，中央颁发《关于发展农业生产合作社的决议》，境内在做好互助组发展工作的基础上，按照中央《关于农业生产互助合作的决议》精神，开始组建初级农业生产合作社（简称初级社）。1954年云华村（河上村）吴仁才率先成立和平初级社，也是金山乡第一个初级社。接着，沈店村（叶家桥）管根水组织成立新华初级社，是新华乡组建的第一个初级社。之后，初级社可谓遍地开花，1955年上半年，天平村的沈家弄和吴家弄2个自然村建立天新初级社，社长朱水福。初级社保留社员的生产资料所有权，实行土地入股、耕畜和主要农具作价归社、统一经营、土劳按比例分红的政策，一般采用"土四劳六"的比例分红。初级社内部制订生产计划，建立生产秩序，划分生产小组，推行定额包工，做好评工记分，管好集体财物，完善财务制度，接受社员监督。

高级农业生产合作社　1956年，农业合作化进入高潮，初级社相继合并建立高级农业生产合作社（简称高级社），境内相继建立和平高级社（范围包括天平、云华两个行政村和南浜一带自然村）和新华高级社（范围包括殷巷、沈店、塘江、范家行政村和沈巷等自然村），入社农户占总农户的99.5%，完成了农业社会主义改造。社内还组织社员代表大会，选举高级社社务管理委员会（简称管委会）和监察委员会（简称监委会）成员。管委会设农业生产、副业生产、财务管理、文化福利、治安保卫等5个委员会或小组。监委会设经济、生产、纪律3个监察小组或监察委员（社务人员不参加监委）。土地入社转为集体所有，大型农具、耕畜折价归社。收益分配执行"三定一奖制"（定工、定本、定产的奖赔制）。年终粮食分配按人口占70%，劳力占30%进行；现金按社员全年工分和投肥数分配，并从全年净收入中提取10%—12%作公积金和1%—2%作公益金，用于扩大再生产和社员集体福利。分配分两次：秋季预分和年终决算。

1957年，新华高级社（含沈巷）三麦种植面积1348亩，单产31.7千克，总产42731.6千克；水稻种植面积2328亩，单产261千克，总产607608千克。和平高级社（含南浜）三麦种植面积2203亩，单产27.375千克，总产60307.125千克；水稻种植面积3720亩，单产257.5千克，总产957900千克。

四、人民公社

1958年8月，中共中央发出《关于在农村建立人民公社问题的决议》的文件，是年9月，金山人民公社成立，撤销原乡政建制，实行政社合一体制，即党委一元化领导、工农商学兵"五位一体"、农林牧副渔五业结合的体制，来管理生产、生活。高级社改为生产大队，原初级社或村组改为生产队。新华高级社改为新华大队（含沈巷）；和平高级社改为和平大队（含南浜），1962年一分为三（天平、天灵、和平3个大队，其中和平大队即南浜）。新华大队从1980年一度改名白塔大队，直至1992年复名新华。公社成立后，社员私有牲畜（猪、羊等）归集体统一饲养，土地、工场仓库、水利设施等全部归公社所有。

公社建立初期，实行一级核算、取消按劳分配制度。是年秋收，为适应生产"大跃进"的需要，公社采取大兵团作战，实行"组织军事化、行动战斗化、生活集体化"，一度将全社划为15个营、80个连，基本上每生产大队1个营，2至3个生产队为1个连。粮食实行供给制。自留地收归集体，以自然村为单位开办大食堂，宣布吃饭不要钱，导致用粮难以控制，严重超计划。同时刮起了"五风"，对生产队土地、劳力、集体财产及社员私有财产进行平调，严重挫伤了社员的生产积极性。1959年开展整风整社，纠正公社化以来出现的"五风"错误，对平调物资进行退赔。1960至1961年，由于天灾人祸、粮食减产，一部分社员出现了浮肿病，农村经济面临极端困难局面。1961年4月停办公共食堂，确定三级（公社、大队、生产队）所有、队（生产队）为基础的经济管理制度，以生产队为经济核算单位，贯彻按劳分配原则，实行生产队劳力、土地、耕畜、大型农具"四固定"，恢复社员自留地、饲料地，鼓励社员发展副业生产以增加收入。生产队设"四本账"（日记账、分类账、粮食账、工分账）及各种登记簿；建立"三不见面"（会计员、保管员、采购员不见面）的现金财务管理制度；实行民主理财，定期公布账目。下半年农村经济出现转机，农业生产开始回升。1963年7月，全社开展财务"四清"（清钱、清粮、清物、清工）运动，制止、纠正了一些乱借、乱支、挪用、侵占现象，保护了社员的生产积极性，使农业生产稳步发展。

1966年"文化大革命"初期，推行突出政治、为革命种田的大寨式评工记分，出现了"出工一条龙，生产大呼隆，干活磨洋工"的现象，影响了生产积极性。

20世纪70年代，片面强调以粮为纲，不断扩大双、三熟制，1970年全村种植单季稻面积4234亩，双季稻面积315亩。1974年全部改种双季稻，出现了"高产量、高成本、低收入"的情况，农民实际收入增长缓慢。中共十一届三中全会后，纠正了极左思潮，农业生产得到健康发展。1978年起，双季稻种植面积逐渐减少，到1984年基本恢复两熟制（稻、麦或油菜）。

至1983年7月，恢复乡镇建制，金山人民公社改为金山乡。白塔、天灵、天平大队改为白塔村、天灵村、天平村，生产队改称组。人民公社体制不复存在。

表 3-3　　　　新华（白塔）村（大队）各生产队历任队长、妇女队长、会计表

生产队	职务	姓名
1队、2队 新华新村 （青草泾）	队长	李寿根、张荣兴、石长根、石炳根、谢洪元、李文明、袁水根、俞建平、李彩珍、王云福、柳火根
	妇女队长	李火英、姚招娣、谢水媛、张彩英、徐丽妹、李彩珍
	会计	叶彩媛、张荣根、房招福、王云福
3队、17队 殷巷上	队长	吴根生、谭阿林、资才英、资海根、顾才元、朱金男、谭金娣、庄菊妹、雍兴全、应伟明
	妇女队长	资云媛、资才英、许大妹、沈火媛、孟宪华、谭金娣
	会计	资小男、顾才元
4队、5队 赵巷上	队长	黄小弟、姚法元、孙金寿、孙根水、孙海寿、孙根寿、黄虎荣、姚炳生、孙文元
	妇女队长	管连英、胡二媛、黄兰英、黄云珍、许根媛、闻林珍、邹琼
	会计	孙根水、孙海寿、闻林珍
6队、7队、 18队 叶家桥	队长	管毛毛、吴水根、倪根生、吴林生、倪云海、管康元、倪云男、朱土英、陈法男、倪伟元、倪侃、倪建华
	妇女队长	管杏英、周火英、倪金英、吴金英、倪爱娣、黄林金、管水林、费水娥、倪小多
	会计	倪福明、倪林根、倪永祥、吴法男
8队、9队 塘江上	队长	沈根火、沈林金、沈金元、朱海金、朱大男、沈水土、徐根海、沈泉元、沈才水、朱玉林、沈建华
	妇女队长	柳桂英、沈林金、沈妙珍、沈多妹、沈三妹、沈金娥、顾连英、戈建娥
	会计	沈水土、朱法男、沈才水、李伟芬
10队、11队 沈店上 （河西）	队长	王毛男、谭阿文、石泉元、沈龙元、朱双寿、王金发、朱海男、沈建伟
	妇女队长	朱水娣、姚水凤、王三妹、王菊妹
	会计	陈佛寿、戴长福、曹雪明、石泉元、沈根水、王金发、朱海男、沈连法
12队、13队 沈店上 （河东）	队长	石金男、曹阿兴、庄火泉、石长根、石根宝、石呆男、石金才、石永根、石火根、范才龙、曹炳华、石文建、石学林、石寿男
	妇女队长	石仁妹、范海金、张素珍、沈招娣、姚水凤、庄彩珍、袁妹英、沈福珍
	会计	石福元、石金才、石福金、石金康
14队 范家村	队长	邬末郎、郁金寿、郁金水、邬建明、顾菊珍、陈伟明
	妇女队长	戴金娣、邬龙妹、资新妹、顾菊珍
	会计	夏才根、姚金男

续表

生产队	职务	姓名
15队 陶家村	队长	邬玉宝、林小男、王三男、吴才金、邬学良、时水弟、时金水、时金兴、钱金土
	妇女队长	顾盘金、俞春芳
	会计	惠杏媛
16队 彭家村	队长	严肇生、戴祥生、严元宝、严二男、任连生、严水才
	妇女队长	李学芬、严林媛、高素珍、俞钰凤
	会计	高大弟

表3-4　　　天灵村（大队）各生产队历任队长、妇女队长、会计表

生产队	职务	姓名
1队 陆家村	队长	吕福金、马杨青、严彩英、钱宗望、严水寿、严全寿、吕法元
	妇女队长	吕大妹、周乐花、邹三妹
	会计	林玉珍、吕泉元、吕炳元
2队 陆家村	队长	吕阿木、张秋根、吕水男
	妇女队长	马仁妹、朱菊英、邹三妹
	会计	顾瑞康
3队 灵岩街	队长	许寿泉、许全根、许根木、许金男
	妇女队长	许美金、朱三妹、许文英
	会计	许仁泉、许文英
4队 灵岩街	队长	许狗度、许金男、庄泉福、蔡聿侗、庄国荣
	妇女队长	许桂珍、许文英
	会计	李水度
5队 高家场	队长	邵如法、朱云生、朱木根、朱寿林、张欣元、朱建坤、邵寿根、徐金土
	妇女队长	葛品学、徐云珍、黄建芳
	会计	潘全根、邵培珍、邵寿生
6队 塘岸上	队长	杭满生、潘小男、杭荣兴、周雨生、徐忠华
	妇女队长	殷火英、王秋芳
	会计	潘小男、杭水根
7队 惠家场	队长	钱阿宝、季洪根、惠根泉
	妇女队长	惠春妹、许金凤、陈菊珍
	会计	姜云傲

续表

生产队	职务	姓名
8队 徐山嘴	队长	曹水泉、周根生、葛根林、马永兴、葛惠兴、樊关和、陈云根、周敏
	妇女队长	葛秋英、顾玉芳、周雪珍
	会计	周大男、葛惠兴、周惠明
9队 庙前村	队长	丁全根、钱永仁、丁全男、魏水根、王水福、李平、陈雪根
	妇女队长	唐阿林、陈彩娥、沈玲娣、魏彩敏
	会计	王龙元、李平、魏全根
10队 庙前村	队长	苏阿全、邹木根、李根源
	妇女队长	沈根媛、陆龙妹、韩玉英、沈玲娣、魏彩敏
	会计	王云水、祝新安、李根源、沈土泉
11队 徐山嘴	队长	陈云根（1980年分队后）、周敏
	妇女队长	葛秋英（兼）、顾玉芳、周雪珍
	会计	周大男

表3-5　　　　天平村（大队）各生产队历任队长、妇女队长、会计表

生产队	职务	姓名
1队 河上村	队长	何云福、何金荣、吴叙兴、徐火根、戴树安、王仁元、王志华
	妇女队长	何永芬、何雪珍、王水妹
	会计	徐水亭、吴掌兴
2队 祥里村	队长	殷毛二、徐阿六、秦全根、李福全、许建峰
	妇女队长	包水英、殷文妹、魏全英、范二妹、张雪琴
	会计	夏寿福
3队 下旺街	队长	赵天寿、殷森林、赵金水、周寿男
	妇女队长	李健瑛、陈全金、徐香妹、倪林珍
	会计	殷金兴、殷全寿、季芳、殷回乡
4队 照山嘴	队长	殷毛男、殷水金、殷明、沈大男、赵国兴
	妇女队长	吴杏媛、殷雪珍
	会计	殷水龙
5队 沈家弄	队长	周根全、沈三男、徐元根、祝阿三、沈雪根、朱龙元
	妇女队长	沈水英、许云珍、陈建英
	会计	陈毛毛

续表

生产队	职务	姓名
6队 西路上	队长	朱水福、夏正全、祝金生、金水根、顾小林、陆才根
	妇女队长	金寿媛、朱白妹、殷文贤、朱红英
	会计	祝金生、祝雪民
7队 山里旺	队长	王根生、夏根云、李金海、李水元、李根元、李金元、王金兴、许林根、黄玉明、李永明
	妇女队长	李巧英、黄文妹、周林芝、许玉芳
	会计	李云男、李九妹、许云芳
8队 邓家场	队长	林全狗、陈金狗、杨振兴、吴火南、李伟兴、俞仁元、吴火根、俞常青
	妇女队长	李小妹、陈根林、李文娟
	会计	丁文健、李水根
9队 范家场	队长	范根水、於根福、周文生、范林根、孙宝云、周青、於银寿、徐小弟、周宏生
	妇女队长	范素媛、张梅芳、张桂芳
	会计	金水男
战斗队	队长	黄盘生
	副队长	夏根云、范林根
	会计	丁文健

五、经营体制改革

家庭联产承包责任制 1978年，中共十一届三中全会以后，各大队取消大寨式评分，恢复小段包工、定额计酬形式。1981年，公社试行土地分户承包耕种。1983年，全面推行以农户为单位的家庭联产承包责任制，土地承包到户，按人口、劳动力将口粮田、责任田、饲料田划分到农户；实行定产量、定口粮、定任务政策，农户每年按规定向国家交售征购粮和议价粮，并按承包土地面积向村缴纳水电费、机耕费等。实行家庭联产承包制后，生产关系发生了历史性转变。农户有了自主经营权，生产积极性大大提高，农业产量迅速上升，解放了大批劳动力，将其转移到工业、副业、商业中去，农民收入和生活水平大幅提高。

表 3-6　　　　　　　　1963 年境内各大队社员自营土地面积表　　　　　　　　单位：亩

大队	自留地	饲料地	社员户开荒地	按耕地类别分			
				水旱田	旱田	零星十边	合计
新华	160.10	4.10	21.70	27.20	141.00	17.70	185.90
天灵	97.47	23.62	24.39	8.75	128.03	8.70	145.48
天平	165.70	8.40	—	—	159.39	14.71	174.10
合计	423.27	36.12	46.09	35.95	428.42	41.11	505.48

在农村家庭联产承包责任经营的基础上，为使村民资源性收入稳定增加，按照村民"自愿入股，持股分红；利益共享，风险共担；民主管理，民主监督；依法登记，依法经营"的原则，成立新型合作经济组织，构建新形势下农民增收的长效机制。

2003 年组建了以将村级集体经营性净资产量化折股到人、享受按股分红为主要特征的新华、天灵、天平片区独立运作、自负盈亏的三个片区股份合作社。2006 年组建了以村民现金入股为主、集体参股为主要特征的三个片区物业股份合作社，从而开辟了农民资产性收入之新领域。

（一）片区股份合作社

天平村天灵股份合作社　于 2003 年 9 月 22 日成立，合作社经营性净资产 3466.52 万元，总股份为 1125.49 股，每股为 3.08 万元。其中集体股为 54.22 股，计 166.9976 万元；个人股为 1071.27 股，计 3299.5116 万元。

天平村新华股份合作社　于 2003 年 12 月 24 日成立，村级集体净资产 11003.45 万元，社员（股东）总人数 1996 人，合作社总股份 1100345 股，其中集体股 126591 股，个人股 973754 股，每股净资产 100 元。

经清产核资，截至 2017 年 3 月 31 日，合作社经营性净资产为 7532.3 万元。股份固化时间节点为 2017 年 3 月 31 日。

天平村天平股份合作社　于 2004 年 6 月 20 日成立，合作社经营性净资产为 2733.96 万元，总股份为 1254.11 股，每股 2.18 万元。其中集体股为 54.86 股，计 119.60 万元；个人股为 1199.25 股，计 2614.36 万元。

经清产核资，截至 2017 年 3 月 31 日，合作社经营性净资产为 13099.79 万元。股权固化时间节点为 2017 年 3 月 31。

（二）片区物业股份合作社

2006 年 8 月至 2007 年 2 月，天平村新华、天灵、天平三个片区的物业股份合作社成立，并先后开业。按《物业股份合作社章程》规定，贯彻共富共享原则，凡本社区居民，包括户口已迁出的学生、土地工、顶替户口人员及新嫁入、新出生等人员，每人都可入股 10000 元，困难户可先交部分，不足的由村垫付，由股红还贷。其资金用于回购工业用地，开展商业项目开发，并对收益的净资产积累实行按股分红，拓宽了村民投资性收入的渠道，以共享改革成果，实现共同富裕。

新华物业股份合作社成立大会（2006年）

天灵、天平山物业股份合作社成立大会（2006年）

2015年底，天平村集体共有工业标准厂房16.4万平方米，商业服务载体27万平方米，年租金收入达亿元，实现了村级经济发展的新飞跃。

2015年，新华、天灵、天平三个片区经济合作社的总资产分别是48735万元、26735万元和21352万元，比2003年并村时分别增长8.8倍、5.02倍和5.28倍；净资产分别是34469万元、7224万元、9670万元，分别比2003年并村时增长11.94倍、2.2倍、4.09倍。

第二节 种植业

一、耕作制度

解放前,传统种植为麦稻两熟。秋熟(大熟)以水稻为主;夏熟(小熟)以三麦、油菜为主,兼种蚕豆、红花草等作物。旱地种植山芋、黄豆、蔬菜等作物。解放初期仍沿袭旧时耕作制度。

1963年,开始引种双季稻,1969年后逐渐扩大种植,双季稻已占水稻种植面积的30%至40%,1971年达60%左右。至1974年,双季稻种植面积已达100%。两熟制改为三熟制后,粮食产量有所提高,但农时季节与劳动力的矛盾渐趋凸显,虽选用生长期短的品种赖以缓解,但双季稻仍因种植稍脱季节,且后期受寒潮影响而粮食难保稳产。双季稻因生长期短、米质较差、出米率低而且用工多、成本高,增产不增收。民间有句口头禅"三三得九,不如二五得十"(指三熟制不及两熟制)。1983年,随着全面推行农户家庭联产承包责任制,双季稻种植面积渐减,1986年,全部改种单季稻,恢复一年两熟制的耕作制度。

二、作物栽培

(一)水稻

品　种　水稻历来是村境内主要种植的粮食作物,品种繁多,良莠并存,优胜劣汰。品种可分籼、粳、糯三大类,以粳稻为主。解放前,籼稻有芦籼、"六十日"、太湖籼等。早粳稻有"一时兴"、早黄稻等;中晚粳稻有"314"、一粒芒、早中秋、木榧球等;晚粳稻有芦花白、矮子粳、老晚稻等。糯稻有白壳糯、红壳糯、香粳糯等。至中华人民共和国成立初期继续沿用。

1953年引进单季稻品种——由水稻专家陈永康培育的"老来青",其他有桂花黄、"261""853"(米质软糯可口),1962年后引进农垦58(世界稻)、苏稻1号、金南凤等。1963年引种双季稻品种短脚南特号等。1969年,前季稻有矮南早1号、元丰早、广陆矮4号、吴广早、广四系统等品种,最高单产可达388千克;后季稻有加农33、农虎6号、农虎3-2、沪选19、双丰4号、农桂早、桐青晚等优良品种;糯稻有桂花糯、京引15等,最高单产可达350千克。1974年金山农科站建立种子田120亩,专门对引进品种进行试种示范和良种繁育,各村都有种子田,加强"自选、自留、自繁、自用"工作。1982年后,单季稻品种有秀水04、秀水122、武复粳9-92,单产稳定在500千克左右。1993年后主要品种有"91-17"晚粳、"9-92"早熟晚粳、寒优1027杂优粳稻等。

社员割稻（2017年）

育　秧　单季稻在解放前后一般采用育苗移栽，以冬闲田或绿肥田作秧田。田块灌水后经反复耕翻捣烂，用门板推平即成。不分沟畦，只留脚印行道。立夏时落谷（有的先浸种2—3天），面上撒铺草木灰（曰"秧灰"，砻糠灰最佳）。每亩大田用种7—10千克，秧田每亩播量200千克左右。秧田与大田比例为1∶8—1∶10。出苗三叶后至移栽前追施黄粪或化肥2—3次。夏至前后移栽。

1952年后，为培育壮秧及防止病虫害，用泥水或盐水选种，后用药剂西力生、赛力散浸种，推广做垄的"合式秧田"。秧田内每隔4—5尺开一道沟，深4—5寸（1尺≈0.33米，1寸≈0.03米），有利灌排与管理。秧田采用薄泥浆稀播育壮苗，做到块块落谷稀，亩亩是壮苗，有利水稻增产。种植双季稻期间，为抢季节，曾采用温水浸种催芽、塑料薄膜育秧、小苗条寄等育秧方法，对赶季节、保早熟有较好的作用。

移　栽　水稻秧龄较长，一般在28天后（夏至前后）移栽到大田。解放前和解放初，一般早熟品种在5月底6月初，中晚熟品种在6月下旬移栽结束。种植密度较稀，每亩1.3万穴左右。俗语说："随手一庹（3.6尺），尽脚一缩（8寸）。"习惯于大行头（6寸左右）、大段头（7—8寸）、大棵头（7—8支）。1953年推广陈永康经验，小株密植，每亩1.6万穴左右，产量有所提高。20世纪50年代后期，国家颁布"农业八字宪法"（土、肥、水、种、密、保、管、工），并提出"合理密植"，即应根据水稻品种分蘖率高低、肥料多寡、土质好坏，决定株行距尺寸。如天灵村山区水稻田为4.5寸×5寸，平原稻田为5寸×5寸，土质较好的田为5寸×6寸。

双季稻密度较大，1969年实行株行距为3寸×4.5寸的长方形种法，每亩4.4万穴。1990—1996年逐步推行宽行条栽"9-92"品种，株距3.7寸，行距6寸，每亩2.6万穴，每穴苗3—4支，每亩基本苗9—10万支。寒优1027品种，株距3.7寸，行距6寸，每亩2.6万穴，每穴苗1—2支，每亩基本苗4—5万支。并做到"五好七不种"，即施好起身肥、拔好秧、肥好田、做好岸、施好肥；不种隔夜秧、不种落坑秧、不种清水秧、不种扯篷秧、不种大水秧、不种灰墩秧、不种烟筒秧。这样使秧苗提早成活，加快返青。

病虫害及防治　水稻病害有水稻纹枯病（烂脚瘟）、水稻穗颈瘟（捏颈死）病毒病等。虫害有稻蝗、螟虫、蠓虫（稻飞虱）、稻蜻象、稻苞虫等。解放前，农民对病虫害防治无良策，产生"靠天吃饭"思想，以抬猛将等形式祈求保佑，或用拍、赶、捉、滴油等方法除虫灭害，但收效甚微。解放后，党和政府十分重视农业生产，树立"人定胜天"观念，提倡科学种田，加强植保工作，结合人工与药物防治，贯彻"以防为主，防治结合，综合防治"的方针。

对于虫害，一般用甲胺磷、虫杀手、乐果、敌百虫等药物加水喷洒，病害采用井冈霉素、多菌灵等药物加水喷洒。

中耕除草　20世纪50年代前后，中耕除草一般进行3次，莳秧后15天左右进行耥稻、竖稻，耘稻在搁田之前进行。一是除去杂草，二是碎土壅根。结合追肥，促进水稻发棵。大暑左右搁田，使稻根扎深，防倒伏，控制无效分蘖。上水后拔草一次，立秋后拔一次大草（稗草之类）。60年代水稻品种数次更新，耕作技术随之改进，密植后采用工具耥稻和人手耘稻相结合。70年代使用药剂除草，莳秧后3—4天使用除草醚（1亩1斤）拌土散撒田间，保持深水3天，杂草即能除净，节省了大量劳力。

科学管水　浅水移栽，栽后深水防败苗，活棵后浅水勤灌，分蘖末期脱水轻搁，控制无效分蘖。中期水浆以浅为主，穗分化前适当重搁，孕穗前后和灌浆期保持浅水层，后期干干湿湿，以湿为主，促使水稻根系发达。扬花期灌脚面水，后期再上一次"跑马水"，增加稻谷千粒重，收割前5—7天放水落干，保持其活熟到老，后劲不衰。

分期施肥　在施足基肥的基础上，栽后一周内施分蘖肥，轻搁后施长粗肥，抽穗后视苗色增施穗肥。90年代中期，栽培技术进一步改进，采用稀播（播量每亩25—30千克），培育带蘖壮秧，同时降苗，大田基本苗降至8万支左右，扩行，放宽行距7—8寸；控苗，采取"前足、中控、后重"的施肥法。

（二）三麦

三麦是小麦、大麦、元麦的总称，以小麦为主，是夏熟中的主要作物，历来产量较低，亩产难超30千克。解放后重视三麦生产，改进生产技术，使其产量不断上升。50年代亩产达50千克，60年代亩产达75千克，70年代至80年代中期亩产普遍达250千克左右，90年代最高亩产可达300千克。

品　种　解放前后，小麦有菜子黄、"和尚头"、红长棋等品种。1958年引进华东6号、方六柱等。1960年推广南大2419、矮粒多。70年代前期引进武麦1号、鄂麦6号、扬麦1号、扬麦2号等。80年代引进扬麦3号、扬麦4号、扬麦5号等。90年代又引进高产优质白皮小麦、苏麦6号。

解放前，大麦种植紫秆麦、有芒大麦。解放后引进尺八大麦。60年代推广无芒六棱。70年代引入早熟3号、2-14大麦、丹麦1号等品种。其中早熟3号产量稳，种植面积最广、时间最长，直至90年代仍有种植。

元麦品种在解放前有四柱头、六柱头等。60年代引种立夏黄、米麦757。70年代推广立新1号、立新2号、海麦1号、浙1-14等，其中浙1-14产量最高，被普遍推广。

栽培　解放前，村民对麦类生产不够重视，均为粗耕播种，狭垄宽沟，不施基肥，播种多在霜降至小雪间进行，一般每亩播种10千克左右。麦苗出齐后1个月左右进行清沟、壅土保墒、略施大粪。管理比较简单。

解放初期仍沿袭旧时方式，只是用肥有所改进，在冬前泼浇水河泥、人尿类等腊肥，在开春返青时增施粪肥。1956年起，选引良种，药剂浸种，催芽播种；实行精耕细作，改进栽培技术。60年代中期，学习常熟经验，推行阔垄深沟、薄片深翻、精捣细斩；采取施足腊肥，早施苗肥，增施拔节肥和穗肥，同时做到沟系配套，排水通畅，防止渍害。产量大幅提高到亩产75千克，最高亩产超100千克。70年代，三麦生产学塘桥经验，薄片深翻，全层碎土，精翻做垄，三沟配套。耕深4—5寸，垄宽1.5—2米，沟深1.2—2尺，要求"一方麦田，两头出水，三沟配套，四面脱空"。为提高土地利用率，曾一度推行暗沟（因不适宜而未推广）。同时施好基肥、腊肥、返青肥、拔节孕穗肥等4次关键性肥料。播种后，拍泥盖籽，消灭露籽麦。栽培实行园艺化，并全面实施药剂防治病虫害。到70年代末，三麦亩产250千克左右。1984年全面推广"免耕板田麦"方法，减少耕翻环节，提早播种季节，充分利用表面熟土层，提高营养利用率，促使麦苗早发高产。

病虫害及防治　三麦病虫害主要有赤霉病、秆锈病、纹枯病、黏虫、麦蚜虫等。防治方法一般是采用药物防治，病害用赛力散、西力生粉剂加水喷洒，或用粉霉净、多宁粉加水喷雾；虫害防治用乐胺磷、多宁粉霉净、一遍净等药物加水喷洒。

麦田除草　麦田杂草种类繁多，主要有看麦娘、牛繁缕、蓼草、雀麦、稻茬菜、大巢菜、毒麦、碎米荠、网草等，其中以看麦娘和网草危害最重。解放前，麦田一般不除草。解放后至70年代推广精耕细作，还采用轮作换茬、人工拔草、覆土等方法。80年代后用绿麦隆、丁草胺去除杂草。90年代后用麦草净、高渗异丙隆等农药去除杂草。

（三）油菜

品　种　解放前种植菜子黄、三月黄等白菜型油菜。1956年后，先后引进甘蓝型品种朝鲜菜、胜利52、川农长荚等。70年代引种"3063"油菜。80年代引种宁油6号新品种。1992年引进低芥酸油菜以及"226""821"品种。1996年引进汇油50等油菜作为当家品种，一般亩产可达100千克，最高亩产达150千克。

栽　培　解放前，秋分时播种，在桑地、十边地育苗，一般不间苗，苗质瘦弱。在霜降至小雪间移栽，多作畦，用石制圆锥形锤打穴栽种。无苗床的在寒露前后用早茬田打潭直播，每亩4000穴左右。因品种差、耕作粗糙，产量较低。

解放后重视菜秧培育，讲究育苗质量，选择土壤肥松和管理方便的桑地、旱地或十边隙地，耕翻捣碎，暴晒去草，作为育苗地块。用厩肥作底肥，黄粪作面肥，60年代用磷肥，70年代至80年代初用复合肥。9月下旬播种，每亩播量0.5—1千克，播时落子稀匀，施足基肥、追肥，齐苗后分次间苗，并喷药防病治虫。移栽前5天施起身肥，喷药后带药移栽。1970年起，大田耕作改为阔垄深沟耕作，劈行移栽，合理密植，亩栽9000株左右。菜苗成活后，施好追肥，使幼苗茁壮成长，严冬前抄沟、松土、壅根，防止冻害。立春前后施返青肥。见薹8—10厘米长时，施抽薹肥，酌情施临花肥，使其多分枝，多结荚。1983年起又推广免耕法，即稻板田直接开沟并作畦，宽行条栽，有利通风，减轻病害。移栽后在棵间穴施基肥，但以防伤根，或全田撒施基肥。5月底至6月初收获。1990—1996年出现高产稳产局面，平均亩产115千克，最高亩产150千克。

病虫害及防治　油菜主要病虫害有病毒病、菌核病、霜霉病及蚜虫。防治方法是采用推广新品种及"大田病害秧田法"等技术措施，药物防治用多菌灵加水喷洒。虫害防治采用乐果、甲胺磷、一遍净等药物兑水喷洒。

菜田除草　油菜田杂草种类较多，80年代前杂草以看麦娘为主，多采取人工防治。主要措施是开沟压泥，冬春松土除草及人工拔除，基本能控制草害。80年代后采用盖草能药剂除草，后用精稳杀得50毫升，高效盖草能30毫升加水40千克喷雾，都能收到较好效果。

（四）其他种植

山　芋　解放前，村民少量自育自种山芋。解放后。特别在三年困难时期，生产队大量种植山芋作为代食品，分给社员抵算口粮（6—8斤山芋折算原粮1斤），1964年全村种植面积达176.6亩，总产2405担（1担=100斤）。山芋种植以原天平、天灵沿山地区尤多。1980年，境内种植面积138亩，总产2606担，其中新华大队20亩，总产量120担；天灵大队58亩，总产1526担；天平大队60亩，总产960担。农村实行家庭联产承包责任制后，口粮基本满足，山芋地逐步改种其他经济作物，1984年白塔村种植面积仅19亩，产量38担；天平村64亩，产量112担。1986年以后，山芋仅有零星种植。

西　瓜　解放前与解放初，村境内仅少量种植土种草瓜，产量较低、品质差。农业合作化时期，种植西瓜作为一项副业，初级社、高级社时各自然村（组）差不多都有种植。人民公社化后，西瓜仍有种植，60年代引种华东26号，后又引种苏密1号等优良品种，产量高、品质优。1977年，新华大队种植36.3亩，天平大队种植28.5亩，天灵大队种植23亩。除部分分给社员外，其余西瓜被拿到市镇上出售，也能为生产队增加经济收入。

表 3-7　　　　　　　　　　　　　　　　　　　　　　　1963—1977 年新华大队、天灵

年份	村（大队）名	稻麦相加总产/万斤	三麦			水稻			单 面
			面积/亩	亩产/斤	总产/万斤	面积/亩	亩产/斤	总产/万斤	
1963	新华	154.73	1400.90	103.10	14.44	—	—	—	219
	天灵	82.87	649.60	134.00	8.70	—	—	—	11
	天平	76.23	662.00	130.70	8.65	—	—	—	102
1965	新华	21.85	1332.60	164.00	21.85	—	—	—	
	天灵	12.85	633.40	202.80	12.85	—	—	—	
	天平	12.75	644.83	197.80	12.76	—	—	—	
1968	新华	128.53	—	—	—	—	—	—	219
	天灵	62.78	35.20	265.00	0.93	—	—	—	10
	天平	62.43	25.00	151.50	0.38	—	—	—	102
1969	新华	25.34	1302.80	194.50	25.34	—	—	—	
	天灵	11.26	643.10	175.10	11.26	—	—	—	
	天平	13.62	613.00	222.20	13.62	—	—	—	
1971	新华	358.15	1243.20	329.30	40.94	2194.40	1018.20	223.43	
	天灵	178.95	650.50	316.20	20.57	1112.70	1035.20	115.19	
	天平	189.07	597.00	365.00	21.79	1023.20	1151.40	117.81	
1977	新华	544.82	1215.90	147.50	17.93	2707.80	1094.00	296.23	
	天灵	236.68	577.40	155.80	9.00	1028.30	1107.00	113.83	
	天平	251.91	595.50	188.60	11.23	1036.50	1161.00	120.34	

表 3-8　　　　　　　　　　　　　　　　　　　　1984—1992 年新华（白塔）村（大队）、天灵村（大

年份	村（大队）名	稻麦相加总产/万斤	三麦			水稻			单杂 面 亩
			面积/亩	亩产/斤	总产/万斤	面积/亩	亩产/斤	总产/万斤	
1984	白塔	228.51	—	—	66.35	—	—	230.30	107
	天灵	99.49	—	—	30.44	—	—	101.30	98
	天平	106.12	—	—	26.51	—	—	107.50	64
1989	白塔	229.54	1436.00	190.50	27.36	1972.50	512.50	101.09	1972
	天灵	119.83	842.00	169.30	14.26	1066.40	495.00	52.79	106
	天平	110.08	885.00	181.00	16.02	945.30	497.50	47.03	94
1990	白塔	274.13	1337.30	516.00	69.00	1972.40	1040.00	205.13	
	天灵	138.91	854.50	460.40	39.34	1005.70	990.00	99.56	
	天平	132.95	881.00	400.00	35.24	945.00	1034.00	97.71	
1992	新华	199.27	1307.90	292.50	38.26	1605.30	501.50	80.51	1605
	天灵	107.54	763.40	258.50	19.74	876.30	501.00	43.90	876
	天平	121.79	882.00	251.00	22.14	940.10	530.00	49.82	940

队粮食、油菜产量选年表

水稻							油菜		
单季稻		双季稻前作			双季稻后作				
	总产/万斤	面积/亩	亩产/斤	总产/万斤	面积/亩	亩产/斤	总产/万斤	面积/亩	亩产/斤	总产/斤
0	140.29	—	—	—	—	—	—	109.60	38.30	4197.68
0	74.16	—	—	—	—	—	—	62.60	47.50	2973.50
0	67.58	—	—	—	—	—	—	62.60	51.30	3211.38
	—	—	—	—	—	—	—	151.00	77.40	11687.40
	—	—	—	—	—	—	—	71.50	103.40	7393.10
	—	—	—	—	—	—	—	61.40	77.40	4752.36
0	119.89	148.50	582.10	8.64	—	—	—	181.20	128.40	23266.08
0	53.69	78.30	699.60	5.48	97.00	276.00	2.68	35.40	157.00	5557.80
0	55.72	88.20	718.27	6.34	—	—	—	79.00	302.00	23858.00
	—	—	—	—	—	—	—	150.20	144.70	21733.94
	—	—	—	—	—	—	—	90.50	164.70	14905.35
	—	—	—	—	—	—	—	80.00	182.40	14592.00
	—	1662.80	564.00	93.78	—	—	—	176.30	177.40	31275.62
	—	766.20	563.70	43.19	—	—	—	88.50	229.10	20275.35
		849.30	582.50	49.47	—	—	—	79.00	203.20	16052.80
	—	1489.50	675.00	100.54	2107.80	617.30	130.11	152.40	70.00	10668.00
		775.80	763.30	59.21	1028.30	531.30	54.63	91.50	76.20	6972.30
		827.20	769.20	63.63	1036.50	547.20	56.72	—	—	—

村（大队）粮食、油菜产量选年表

水稻							油菜		
单季稻		双季稻前作			双季稻后作				
	总产/万斤	面积/亩	亩产/斤	总产/万斤	面积/亩	亩产/斤	总产/万斤	面积/亩	亩产/斤	总产/斤
40	100.67	807.50	713.00	57.57	1006.70	698.00	70.27	—	—	—
00	91.87	56.80	665.00	3.78	68.40	561.00	3.84	—	—	—
40	65.48	270.50	634.00	17.15	330.80	710.00	23.49	—	—	—
50	101.09	—	—	—	—	—	—	150.00	100.50	15075.00
00	52.79	—	—	—	—	—	—	112.90	59.40	6706.26
50	47.03	—	—	—	—	—	—	97.00	133.50	12949.50
	—	—	—	—	—	—	—			
	—	—	—	—	—	—	—			
	—	—	—	—	—	—	—			
50	80.51	—	—	—	—	—	—			
00	43.90	—	—	—	—	—	—			
00	49.83	—	—	—	—	—	—			

表 3-9　　1976—1990 年天平村（大队）粮食、油菜产量与上交、分配基本情况表

年份	户数/户	人口/人	耕地面积/亩	粮食产量		油菜籽总产量/千克	国家粮食完成/千克	社员口粮水平/斤	社员分配水平/元
				总产量/千克	其中水稻总产量/千克				
1976	283	1176	1078	799704	666975	5508	219350	590	166.00
1977	268	1196	1138	664033	601779	3952	170000	583	159.20
1978	279	1195	1250	972114	641211	9810	253786	633	173.00
1979	287	1174	1132	859208	619391	7491	216468	660	221.50
1980	301	1194	1132	694611	477805	7495	138644	578	258.80
1981	327	1225	1223	543832	384970	9135	73352	552	260.00
1982	351	1256	1223	703310	531605	6946	167400	625	292.00
1983	349	1256	1223	623195	495960	7339	126278	619	494.58
1984	346	1255	1165	670260	537619	8275	128892	655	703.47
1985	346	1253	1165	510500	384280	6975	57500	580	777.31
1986	361	1273	1158	647036	454103	5200	75868	632	964.85
1987	336	1290	1137	629097	454211	9370	61154	650	1030.70
1988	382	1302	1138	674025	468974	9962	62300	700	1316.00
1989	371	1298	1138	634451	470256	12950	75120	650	1276.52
1990	375	1304	1138	651359	471090	16599	78000	690	1467.75

表 3-10　　1976—1990 年天灵村（大队）粮食、油菜产量与上交、分配基本情况表

年份	户数/户	人口/人	耕地面积/亩	粮食产量		油菜籽总产量/千克	国家粮食完成/千克	社员口粮水平/斤	社员分配水平/元
				总产量/千克	其中水稻总产量/千克				
1976	292	1071	1217	714486	604374	5476	216350	589	144.06
1977	277	1083	1134	621341	569261	3999	188823	584	133.33
1978	279	1091	1534	739348	608140	9201	242346	610	160.80
1979	292	1067	1184	796817	591995	5500	234131	666	213.00
1980	292	1082	1196	640276	467952	2656	141732	585	233.60
1981	318	1093	1192	486266	349811	5234	75651	544	228.00
1982	326	1119	1186	673561	485391	9894	197618	616	270.24
1983	341	1124	1186	633013	468229	6993	180620	656	488.31

续表

年份	户数/户	人口/人	耕地面积/亩	粮食产量		油菜籽总产量/千克	国家粮食完成/千克	社员口粮水平/斤	社员分配水平/元
				总产量/千克	其中水稻总产量/千克				
1984	347	1122	1183	658795	499589	6000	188319	600	705.14
1985	355	1135	1183	524943	403249	4463	97975	604	851.41
1986	352	1137	1183	635873	458385	3550	109674	600	1058.68
1987	379	1150	1170	619829	474792	4825	98933	600	1099.13
1988	389	1158	1170	643029	470910	3839	101067	600	1233.00
1989	390	1163	1170	641288	498098	6702	105715	600	1295.04
1990	362	1150	1170	543742	346989	11844	114252	610	1448.52

表 3-11　1976—1990 年新华（白塔）村（大队）粮食、油菜产量与上交、分配基本情况表

年份	户数/户	人口/人	耕地面积/亩	粮食产量		油菜籽总产量/千克	国家粮食完成/千克	社员口粮水平/斤	社员分配水平/元
				总产量/千克	其中水稻总产量/千克				
1976	504	1899	2297	1483801	1244813	9514	533929	596	156.50
1977	505	1918	2267	1257830	1153121	5252	471734	589	145.60
1978	505	1919	2259	1504677	1231249	16310	534948	636	155.20
1979	515	1908	2246	1521764	1175945	13226	509564	660	177.00
1980	523	1893	2224	1221188	880804	9465	361769	619	217.00
1981	538	1946	2225	991733	705640	12261	230836	561	248.00
1982	536	1975	2216	1379611	997303	21446	414172	669	315.16
1983	536	1985	2216	1374334	1069280	11732	378882	778	555.23
1984	536	1974	2216	1483373	1144307	12500	394802	840	895.99
1985	527	1983	2216	1081081	811404	9355	212675	750	989.03
1986	552	2007	2216	1336914	918414	8928	250376	808	1212.95
1987	557	2037	2212	1153875	860408	11906	189475	750	1359.94
1988	575	2044	2212	1173204	851141	12512.75	143218.5	600	1595.00
1989	575	2061	2212	1264708	991156	15074	185415	650	1608.62
1990	570	2071	2212	1200798	855767	16797	185707	719	1601.01

特种瓜菜　1995年4月，天灵村与北京蔬菜研究中心协作在该村第7组开办了甜瓜特产园艺场，总面积20亩，其中种甜瓜5亩，列入苏州市"95星火计划"，是年产甜瓜种子40千克。1996年有职工8人，扩种甜瓜达10亩，年产甜瓜种子100千克。大棚种植有伊丽莎白、新西兰、北胜6号（网纹瓜）、白胜等4种甜瓜品种，其瓜香甜鲜嫩。一般春秋两季种植，每季瓜期120天。春季亩产2000千克，秋季亩产1000千克。同时试种成功青花菜、羽衣甘蓝、紫甘蓝、球茎茴香、樱桃萝卜等新的特种蔬菜。

表3-12　　　　　　　　　　　　　　　　　　　　　　　　　　　　　　　　　　1966年新华、天灵、天

大队名	总收入/万元			费用/万元				分配及提留	
	金额合计	农业收入	林牧副渔及其他收入	金额合计	农业生产费用	林牧副渔及其他费用	管理费	金额合计/万元	国税金
新华	33.13	24.00	9.13	6.95	5.68	1.22	0.05	4.39	
天灵	18.70	12.71	5.99	5.57	4.31	1.01	0.25	1.70	
天平	21.01	12.38	8.63	6.36	5.46	0.79	0.11	1.76	
合计	72.83	49.09	23.75	18.88	15.45	3.02	0.41	7.85	

表3-13　　　　　　　　　　　　　　　　　　　　　　　　　　　　　　　　　　1971年新华、天灵、天

大队名	收入/万元				费用			
	总计	农业收入	林牧副渔收入		总计/万元	农业生产费用		家积出
			合计	其中队办工业收入		合计/万元	每亩平均/元	
新华	50.61	33.10	17.51	0.11	18.54	12.69	58	2.
天灵	24.98	16.85	8.13	0.14	9.4	6.08	54	1.
天平	28.19	16.77	11.42	0.20	10.16	6.48	63	1.
合计	103.79	66.72	37.07	0.45	38.1	25.25	—	4.

其他经济作物 境内种植品种较多,1971年,天灵大队种植棉花68亩;蔬菜类,境内种植面积132.2亩,其中新华40.4亩、天灵34.8亩、天平57亩。据1990年统计,常年种植菜类面积共180亩,其中白塔90亩、天灵80亩、天平10亩;境内各村还种植黄豆,白塔20亩,总产5000斤;天灵3亩,总产300斤;天平10亩,总产1000斤。1984年,常年种植菜类面积,白塔25亩,总产3750斤;天平15亩,总产3000斤。

1990年,白塔村种植水产茭白面积13.6亩,总产3800斤;天灵村种植茭白面积5亩,总产2500斤。

……分配情况表

	分配及提留						超分配	
	集体提留/万元				社员分配		金额/万元	生产队户数/户
	公积金	公益金	下年生产基金	社员家积肥	金额/万元	平均每人/元		
3	1.19	0.35	0.69	—	21.79	138.00	0.16	367
3	0.51	0.12	0.10	—	11.42	120.00	0.09	224
8	0.65	0.20	0.22	0.11	12.78	129.30	1.00	192
4	2.35	0.67	1.01	0.11	45.99	—	0.35	783

……分配情况表

	费用		分配						
	管理费/万元							社员分配	
副渔支元	合计	其中上交大队	总计/万元	国家税金/万元	公积金/万元	公益金/万元	下年生产基金/万元	合计/万元	每人平均/元
5	0.17	0.28	34.69	2.23	2.51	0.82	1.60	27.53	159
5	0.26	0.22	16.94	0.93	1.47	0.40	0.22	13.92	139
2	0.23	0.20	19.53	0.85	1.74	0.47	0.17	16.30	149
2	0.66	0.70	71.16	4.01	5.72	1.69	1.99	57.75	—

表 3-14　　　　　　　　　　　　　　　　　　　　　　　　　　　　　　　　1972 年新华、天灵

大队名	参加分配				劳动日单价/元	收入/万元		
	户数/户	人数/人	劳动力/个	劳动日/个		农业收入	牧业收入	副业收入
新华	421	1786	1004	313760	0.89	32.14	1.63	16.46
天灵	232	1007	565	177706	0.80	16.73	1.25	8.68
天平	243	1134	650	223189	0.77	17.40	0.80	12.45
合计	896	3927	2219	714655	—	66.27	3.68	37.59

表 3-15　　　　　　　　　　　　　　　　　　　　　　　　　　　　　　　　1980 年新华、天灵、天

大队名	收入												费用		
	总计	农业收入	林业收入	牧业收入	副业收入			渔业收入	大队核算工业收入	其他收入			总计	农业生产	
					小计	其中				小计	下拨利润及返回			合计	其
						转队工资	其他工资				小计	大队返利			种子
新华	80.89	25.25	—	3.84	26.66	14.84	0.56	0.03	21.30	3.81	1.82	1.82	28.04	20.71	2.77
天灵	45.16	13.78	—	0.96	24.40	19.74	2.33			6.02	6.00	6.00	13.19	10.06	0.99
天平	67.10	14.36	0.39	3.41	27.28	26.64	—	—	19.81	1.84	1.06	—	26.07	10.68	1.42
合计	193.15	53.39	0.39	8.21	78.34	61.22	2.89	0.03	41.11	11.67	8.88	7.82	67.30	41.45	5.18

表 3-16　　　　　　　　　　　　　　　　　　　　　　　　　　　　　　　　1980 年新华、天灵

大队名	分配										在社员分配中	
	总计/万元	国家税金/万元	集体提留					社员分配				
			小计/万元	占总收入/%	其中/万元			合计		包括家积肥每人平均/万元	务工社工资	
					公积金	公益金	生产费基金	总计/万元	每人平均/元		小计/万元	平每
新华	52.85	2.46	9.29	11.5	6.10	1.50	1.69	41.10	217	0.02	—	
天灵	31.97	1.02	5.39	11.9	4.29	0.97	0.13	25.56	234	0.03	0.07	
天平	41.04	0.99	9.28	13.8	7.93	1.34	—	30.77	259	0.03	—	
合计	125.86	4.47	23.96	—	18.32	3.81	1.82	97.43	233	0.07		

金分配情况表

费用/万元				分配/万元			
业生产费用	林牧副渔及其他支出	林牧副渔及其他支出	总计	国家税金	公积金	公益金	总计
其中家积肥支出							
2.04	6.06	0.33	17.61	2.22	1.08	0.55	3.85
1.25	2.81	0.30	10.00	0.93	0.96	0.40	2.29
2.00	2.52	0.38	9.77	0.84	1.72	0.56	3.12
5.29	11.39	1.01	37.38	3.99	3.76	1.51	9.26

益分配表（一）

单位：万元

费用												林牧副渔支出		大队核算单位工资支出	固定资产折旧	管理费	其他支出
农业生产费用												小计	其中奖金				
其中																	
家肥	农药	排灌费	机耕费	农机修理费	农船修理费	农具添修费	耕牛饲料费	塑料薄膜	奖金	其他农业开支							
3.04	1.69	0.70	0.89	0.28	0.05	—	—	0.40	0.05	1.01		3.64	—	—	1.74	0.11	1.83
2.13	0.92	0.21	0.34	0.53	—	0.04	—	0.37	—	0.76		2.02	—	—	0.89	0.02	0.18
2.36	0.65	—	0.12	0.28	—	0.35	0.01	0.89	—	0.05		5.43	0.20	8.37	1.46	0.10	0.04
7.53	3.26	0.91	1.35	1.09	0.05	0.39	0.01	1.66	0.05	1.82		11.09	0.20	8.37	4.09	0.23	2.05

算收益分配表（二）

分配		收益分配附报									
员分配		参加分配				劳动日单价/元	决分时超支户籍金额				决算时余额
分配总额/万元							超支户数		超支金额		
粮油折价	户数/户	人口/人	劳动力/个	劳动日/个			户数/户	当年超支户/户	总计/万元	当年超支金额/万元	当年户数/户	当年金额/万元
17.37	523	1894	1118	437200	0.94	93	18	2.37	0.40	430	15.60
9.11	312	1094	706	277844	0.92	30	12	0.66	0.29	282	13.12
10.17	301	1189	780	319026	0.95	10	8	0.14	0.06	291	15.99
36.65	1136	4177	2604	1034070	0.94	133	38	3.17	0.75	1003	44.71

表 3-17　　1989 年白塔、天灵、

村名	经济总收入	其中出售产品收入	农业收入							
			合计	其中农林牧副渔产品收入	种植业				林业	
					小计	粮食作物	油料作物	其他作物	小计	出售林业产品收入
白塔	211.55	75.13	165.32	75.13	71.64	65.00	1.52	5.12	2.41	2.41
天灵	97.61	17.75	64.10	17.75	36.40	35.70	0.70	—	4.00	4.00
天平	98.24	24.30	61.24	24.30	36.24	34.58	1.36	0.30	1.00	1.00
合计	407.49	117.18	290.66	117.18	144.28	135.28	3.58	5.42	7.41	7.41

表 3-18　　1989 年白塔、天灵、

村名	费用合计	生产费用										
		合计	种植业生产费用								林业生产费用	畜牧业生产费用
			小计/元	平均每亩/元	种子	肥料	农药	小农具	机耕费	水电费	其他		
白塔	97.43	97.43	25.03	126.90	1.91	11.83	2.90	—	1.36	2.18	4.85	0.49	60.50
天灵	41.24	34.24	11.07	110.00	1.20	6.47	1.20	1.00	0.60	0.60	—	2.00	9.32
天平	44.70	40.70	9.90	—	1.00	5.00	2.00	0.25	0.80	0.45	0.40	—	15.50
合计	183.87	172.87	46.50	—	4.11	23.30	6.10	1.25	2.76	3.73	5.25	2.49	85.32

表 3-19　　1991 年白塔、天灵、

村名	农村经济收入	其中出售产品收入	农业收入								
			合计	其中出售农林牧副产品收入	种植业						
					小计	种植业产品收入	粮食作物	出售粮食	粮食作物收入	油料作物	其他产物
白塔	172.66	65.74	140.51	65.74	70.53	9.18	61.91	183.5	9.18	2.48	6.14
天灵	103.56	30.38	72.36	30.38	42.06	6.08	39.01	112.6	6.08	3.05	—
天平	105.70	27.00	71.10	27.00	39.8	4.20	37.82	79.75	4.20	1.68	0.30
合计	381.92	123.12	283.97	123.12	152.39	19.46	138.74	375.85	19.46	7.21	6.44

益分配表（一）

单位：万元

农业收入					非农业收入							
牧业		渔业										
出售牧产品收入	副业	小计	其中养鱼	出售渔产品收入	小计	建筑业收入	运输业收入	商业收入	饮食业收入	服务业收入	工资收入	其他收入
63.62	7.28	0.20	0.20	0.10	46.23	7.44	10.00	5.70	2.2	2.40	3.49	15.00
9.30	8.60	0.20	0.20	0.20	33.51	5.50	20.40	1.80	1.0	1.80	2.01	1.00
19.50	1.50	—	—	—	37.00	4.50	21.00	2.00	—	5.00	4.50	—
92.42	17.38	0.40	0.40	0.30	116.74	17.44	51.40	9.50	3.2	9.20	10.09	16.00

益分配表（二）

单位：万元

生产费用			税金合计	国家税金	其中农业税	上交提留		农民所得税	乡村企业下拨收入	农民从乡村企业得到工资收入	农民所得总额	
折旧费	其他生产费	其他费用				小计	公积金				金额	每人平均/元
—	11.33	—	114.12	5.08	4.49	—	—	109.04	5.00	216.21	330.50	1608.62
2.00	8.80	7.00	56.46	3.89	1.81	—	—	52.57	2.81	93.56	148.93	1295.00
1.50	—	4.00	53.04	3.20	1.70	1.00	1.00	48.84	3.00	111.82	164.16	1276.52
3.50	20.13	11.00	223.62	12.17	8.00	1.00	1.00	210.45	10.81	421.59	643.59	—

益分配表（一）

单位：万元

农业收入					非农业收入						
畜牧业		副业									
畜牧业收入	其中出售牧业收入	副业收入	农民家庭工业收入	其他副产品收入	合计	建筑业收入	运输业收入	商业收入	饮食业收入	服务业收入	其他收入
61.98	55.16	6.60	—	—	32.15	5.12	14.45	6.50	0.84	1.00	4.24
22.00	16	8.30	—	8.30	31.20	6.50	11.30	2.00	1.00	2.40	8.00
25.5	20	5.00	2.00	2.00	34.60	6.00	11.90	1.00	1.20	6.50	8.00
109.48	91.16	19.9	2.00	10.30	97.95	17.62	37.65	9.5	3.04	9.90	20.24

表 3-20　　　　　　　　　　　　　　　　　　　　　　　　　　　　1991 年白塔、天灵、

村名	农村经济总费用	生产费用											林业生产费用	畜牧业生产费用
		合计	种植业生产费用											
			小计		种子	肥料	农药	小农具	机耕费	电费	其他			
			金额	每亩平均/元										
白塔	67.45	64.65	16.68	98.56	2.28	8.10	1.40	—	1.01	1.40	2.49		0.26	40.03
天灵	40.50	39.73	14.23	141.50	1.35	8.90	1.15	0.40	1.40	0.60	0.43		—	15.00
天平	45.68	41.68	11.28	120.00	1.00	5.50	2.30	0.30	1.00	0.94	0.24			18.00
合计	153.63	146.06	42.19	—	4.63	22.50	4.85	0.70	3.41	2.94	3.16		0.26	73.03

第三节　农田基本建设

在 1977 年之前，村境内原新华、天平、天灵 3 个大队的耕地面貌是沟渠不配套，排灌不通畅，土地零散坟墩多，弯弯曲曲田岸多，高低上下两尺多，小农经济痕迹多，生产条件较差，对发展农业生产很不利。

20 世纪 70 年代初，农业学大寨，树立"人定胜天"的思想观念，"蓝图重新绘，山河重安排"，大搞农田基本建设。同时结合水利工程，开挖生产河与排灌沟渠。经过五六年努力，终于呈现"农田一片平，路渠如网织"的大好景象，为发展农业生产创造了良好的条件。

一、平整土地

70 年代的新华大队是个田多劳少的大队，全大队 2200 亩田，约有 3000 块，平均一块田不到一亩，小的只有 2—3 分；田里的坟墩、土墩约有 350 个；田与田高低落差达 50 厘米，高田要兜个圈子才能灌上水。总体上农田高低不平，田块零碎；水系互不相通，满目坟头土墩。"土板结，稻不发"的"南大荒""北大荒"，约占水稻田总面积的一半。水稻亩产、人均口粮、人均收入都低于全公社平均水平。

从 1973 年起，新华大队领导经过实地调查研究，画出 3 张图，即现状图、近期规划图、远景图，并贴上墙供大家检查对照，在实施中碰到问题加以修正。从 1974 年春开始平整土地，当时是一无资金，二无机械工具，全凭劳力。经数年奋斗，一是前后共挑平土墩、坟墩 350 个，填掉废浜废潭 70 多条（个），同时置换好与周边大队的插花田，还搬走 2 条土城墙（疑为吴国古城墙）。土城墙一条在村北，东西走向，

益分配表（二）　　　　　　　　　　　　　　　　　　　　　　　　　　　　　　　单位：万元

费用			农村经济总收益	国家税金	其中农业税	乡村统筹			农民所得	乡镇企业利润直接用于农民分配	农民从乡村企业直接得到报酬	农民各项所得总额	每人平均/元
其他生产费用	管理费	其他费用				金额	其中						
							村提留	其中公积金					
7.68	—	2.80	105.71	4.50	4.13	—	—	—	100.91	5.60	239.71	346.22	0.1671
9.50	0.70	0.07	63.06	2.95	1.89				40.11	2.30	110.41	172.52	0.1493
2.00	—	4.00	61.02	3.50	1.70	1.00	1.00	1.00	56.52	3.44	129.53	189.49	0.1466
9.18	0.70	6.87	229.79	10.95	8.22	1.00	1.00	1.00	197.54	11.34	479.65	708.23	

长1500米；另一条在村东部，南北走向，长约1500米。二是在一方土地平整的基础上，按100米长、13.5米宽一块田的标准筑起新田埂，而且每间隔400米建造一条暗渠（下为水渠，上封为路）。三是在平整土地后期的1977年，搬迁2个坐落在田当中的小村庄：一个是地处村南近苏福路（今名中山路）的青草泾，30多户；另一个是地处村西的李浜村，14户，然后划地安置，解决了土地连片统一安排的难题，实现了"土地平整，格田成方"的目标。

原天平大队地处天平山麓，耕地地形高低不平，落差大，土壤多为山地黄土、白土或鳝血土。黄土干旱时较松，白土干旱时板结，且多旱涝灾害，旧时当地农民种田很辛苦，故民间有"小粉白老土，种田一世苦。一场大雨一冲过，辛辛苦苦全白做"的顺口溜。70年代，正值农业学大寨时期，为农田排灌方便，并扩大水稻种植面积，1975—1976年安排劳动力进行平整土地，当时大队还组织成立了由20多个青壮年参加的战斗队，何金云、先后当过队长；划出20多亩田地，有些"旱改水"（部分田改为水稻田），既在种试验样板田稻麦，又在旱地种山芋、南瓜、蔬菜等，为全大队做好样板。另外还成立一个"铁姑娘突击队"，有10多人，在平整土地、开挖河道等方面起先锋模范作用。通过两年冬春奋战，共平掉坟墩、土墩100多个，填没低潭30多个，基本做到水田平整成片，有利耕作与管理。

天灵大队也在1975—1976年进行平整土地，平整坟墩、土墩7—8个，填没小池潭5个，填没断头浜2条，使农田平整成片，又扩大水稻田面积，一举两得。

二、水利建设

新华（白塔）大队在农田基本建设中对水利建设花了大功夫，新开河道，理顺水系，前后共开了2条生产河，1条主干河。1975年冬到1976年春，开挖了横贯村北部东西的向阳河，西起灵岩山麓徐山嘴，穿过下沙塘、白塔河，东至横泾浜，全长3114米（新华大队境域内约有1500米），为"北大荒"粮食产量长期低产的"沉水田"彻底改变面貌。1977年冬到1978年春，新开了横贯村南部东西的新华二号河，西起灵岩山脚下，穿过下沙塘、白塔河，东至长浜村，共3900米（新华大队境域内约2000米），大大改善了"南大荒"农田的水利条件。接着是拓浚主干河，从1978年冬到1979年春，裁弯取直，疏浚拓宽了纵贯新华大队南北的白塔河，形成了一条面宽11米、底宽6米、深2米，可通行20吨船舶的8级航道。南通胥江运河，北至南浜口，长达3224米（新华范围内约2000米），改善了水利水质，沟通了水路航运。

新华大队农田基本建设的一项重要工程，就是将纵贯新华南北的骨干明渠改为"三七土"的暗渠。该渠原来不是全线南北直向，靠北的部分是东南到西北走向，渠道两边形成许多斜角田、三角田，不利于田块方正化。为此，趁全公社发动的明渠改暗渠之机，将此渠去斜裁直，建成一条南北直向的地下为水渠、地上为道路的水陆两用干线。该道路南从中山（苏福）路起，北到南浜村头旺桥，全长2.55千米，这一工程在1973年冬完成。暗渠优于明渠，灌水快，渗漏少，省电省水，且渠路一体，节省农田，有利机耕，方便交通。此路当时用金山方石铺面，每块方石长40厘米、宽20厘米、厚20厘米；路基宽9米，路面宽7米。这是一年修成的有史以来第一条"大马路"，命名为"新华路"，人称"新华人民路"（当时苏州人民路也是金山方石铺成，称这种方石"人民路方石"）。90年代改此路为柏油路，并列为木渎镇纵贯新华、沟通南浜、金山、谢巷村的镇级公路。

天平大队在平整土地的同时，为农田水系排灌之需，进行水利建设。1975年秋，大队决定新开一条纵向的河道，北起天平山新村（黄泥坝口），南接下旺浜。全大队出动劳动力600多人，白天加紧干，夜里挑灯战，连续奋战一个月告竣。河全长850米，面宽8米，底宽5米，深2.8米，共挖掘土方3.1万立方米，此河命名为"天平河"。河道既利灌溉，当时也可通行3吨水泥农船。为方便交通，在河上架造一桥，桥面宽3米，跨径4米，是沈家弄经范家场到南浜的必经之路。

天灵大队水利建设主要是与新华大队同时开挖的2条生产河，即向阳河和新华二号河，两河在天灵境内长度都在650米左右，对大队的农田灌溉与排涝起到关键作用。

第四节　农机具

解放前，村民种田长期使用古老的传统工具，耕作用铁搭、犁耙，灌溉用脚踏水车、人力牵车，作物靠人扛肩挑，运输靠木船橹摇，完全依靠体力劳动，工作效率低，劳动强度大。仅有少数农户以牛代劳，从事犁土耙田、拉车灌水等部分农活。解放初仍保持原有状态，后由少数私营戽水机船替代人力水车灌溉。1958年公社化后，大队集体购置流动机器抽水机（船），公社建造固定电力灌溉站，有效提升了农田灌排能力。至70年代，东风12型手扶拖拉机广泛使用，改变了千百年来人力翻耕和运输的原始落后状况，深受群众欢迎，被誉为"铁牛"。人民政府重视农机工业，脱粒机、碾米机、联合收割机等机械兴起。各类农机具的广泛使用，将广大农民从繁重的体力劳动中解放出来，同时也提高了劳动生产率。

耕作机具　传统农具较简陋，有人力使用的铁搭（分为大钉齿、鸭脚爿、櫓板齿、尖齿）、锄头和用牛力拉动的犁、耙等。

1956年试验推行双轮双铧犁，因本地土质黏重，阻力大，畜力难以拖动而告终。1958年又试行人力绞关犁，因费力低效而失败。1969年开始使用手扶拖拉机，一天可耕翻10多亩田。80年代初期全面使用以柴油为动力的小型拖拉机，农村实现了耕翻机械化。80年代末，发展新式农机，使用中型拖拉机，每天可耕30—40亩田，大大改善了耕作条件。

收获机具　解放前作物收割靠镰刀（俗称大鐾，分平口、锯齿）。脱粒旧时多用竹木结构稻床，中间用竹片侧嵌成栅，一般可供两人操作。用手捧稻捆频繁掼撞，谷粒脱落自竹栅间漏下，扬去乱柴便为净谷。亦有少数客籍农户用连枷敲打脱粒。还有人力轧稻机、木砻碾磨、手摇风车和匾筛等。稻谷收割后，用稻床脱粒，谷粒经木砻去壳，再风扬过筛始成糙米。50年代后用脚踏脱粒机。60年代后期，农村通电，

旧时村民使用的石磨

用电力半自动脱粒机。70年代中期，使用锥形滚筒脱粒机（俗称"小老虎"），较适应于三麦、双季稻脱粒，效率较高，但安全性较差。80年代逐步增加二人脱粒机。90年代初，部分农户添置改进型脱粒机，这种脱粒机不需要扬谷。

1972年，全村原各大队共有各式脱粒机65台。1987年镇引进日本洋马联合收割机1台，该机收、脱、扬一次性完成。1996年末，全镇有联合收割机17台，由镇统一安排为各村农户服务。

粮饲加工机具 解放前，稻谷加工，先用木砻碾磨，用风车扇去谷壳成糙米。木渎镇上有碾米厂14家，代农民将糙米加工成白米。农村沿用石臼舂米，把糙米放入石臼中舂白。舂米设备大多做成木架，中间用厚木板制成状如翘板的臼跳，其前端上方加石块作重锤，下方安装木柱，木柱头上包铁，居石臼正中。人立于木架两侧踏脚板上，手扶手架，一足踏臼板，使臼跳木柱上抬，随即又落下，双足交替踏动，周而复始，称为"踏米"，直踏至米白为止。一天约舂5—6斗米。小麦加工用牛拉石磨碾碎，经筛选成面粉（称"走磨"）。

1956年合作化后，农村粮饲加工网点发展较快，备有砻谷碾米机、磨粉机（俗称"小钢磨"）。饲料加工也随着养殖业的发展，备有粉碎机、混合饲料拌和机、打浆机等，逐步实现机械化。

1972年，全村原各大队共拥有碾米机3台、磨粉机3台、饲料粉碎机3台、饲料打浆机16台。

灌溉机具 解放前与解放初期，农田灌溉能力薄弱，在近河浜、池塘的田块靠人力水车、牛车、牵车甚至用拷水桶灌水，灌溉大片田块乃至吊梢田更为困难，只能"靠天吃饭""望田兴叹"。20世纪40年代，出现了私人经营的流动抽水机船，与农户以片"包水"，负责一熟的灌溉，倒也缓解了一些困难。

解放后，当地政府重视农业生产。1957年5月，在灵岩、天平山的东麓南浜建成金山电力灌溉站，内安装75匹马力（1马力≈735.5瓦）电动机和22吋（1吋≈0.03米）口径轴流泵共4台套，总流量为3立方米/秒，设计灌溉面积为1.8万亩，有渡槽17顶，支斗门98只，干支渠19条长26.22千米，斗渠61条长14千米，总土方15万立方米。同年6月1日正式放水，当年灌溉农田11103亩，次年扩大到15281亩。村域内新华、和平高级社的大部分农田受益。至1972年，在新华大队东首建成沈巷电力灌溉站，从此基本实现新华、天灵、天平三个大队农田灌溉全覆盖。

植保机具 中华人民共和国成立后，农作物防治病虫害由人工改进为药物防治。50年代末至60年代使用背负式手动喷雾器，此后又使用高压喷雾器。70年代使用迷雾型机动喷雾器。1972年境域三个大队拥有各种喷雾器93台。

运输机具 过去作物靠肩挑人扛和木船运输。解放后，逐步出现手推胶轮车。60年代使用机帆船，70年代使用手扶拖拉机，80年代使用汽车运输。至1972年，境域三个大队拥有东风12型手扶拖拉机3台，大型拖拉机挂车3辆，农用船47艘、专业运输船7艘。

表 3-21　1972 年境域农业机械化情况表（一）

大队名	手扶拖拉机				大型拖拉机挂车/辆	机电动脱粒机/台					喷雾(粉)器/台		手推胶轮车/部
	合计		其中			合计	其中				合计	机动喷雾器	
	台数/台	马力/匹	东风12型(无锡产)/台	东风12型(常州产)/台			400型脱粒机	600型脱粒机	全铁收麦脱粒机	铁木结构脱粒机		其中解放22型喷雾器	
新华	1	12	1	—	1	23	3	—	7	13	32	2	5
天灵	1	12	—	1	1	17	—	—	1	16	26	2	12
天平	1	12	—	1	1	25	—	2	6	17	35	1	27
合计	3	36	1	2	3	65	3	2	14	46	93	5	44

表 3-22　1972 年境域农业机械化情况表（二）

大队名	农用动力机械		粮、饲加工机械/台				农用、专业运输船只/条							
	电动机		碾米机	磨粉机	饲料粉碎机	饲料打浆机	农用船（包括内塘鱼池用船）							专业运输船
	数量/台	功率/千瓦					合计	木质船	水泥船	木质船中				
										2—3吨	3—4吨	4—5吨	5吨以上	
新华	20	72	1	1	—	2	24	8	16	8	—	—	—	—
天灵	15	71.8	1	1	1	6	14	4	10	—	1	2	1	4
天平	20	101.5	1	1	2	8	9	4	5	1	3	—	—	3
合计	55	245.3	3	3	3	16	47	16	31	9	4	2	1	7

表 3-23　1972 年境域农业机械化情况表（三）

大队名	农用水泵/台				潜水泵/台	生产队稻谷脱粒场						
	合计	其中				合计块数 平方米/片		其中				
		10吋	6吋	5吋以下				水泥场 平方米/片		砖场 平方米/片		泥场 平方米/片
新华	1	—	—	1	—	14700	16	7300	8	4700	5	2700	3
天灵	4	1	2	1	1	23180	14	7850	4	7600	4	7730	6
天平	11	1	3	7	—	7810	12	3600	5	4210	7	—	—
合计	16	2	5	9	1	45690	42	18750	17	16510	16	10430	9

第五节　农业管理机构

解放前，农户分散耕作，单独经营，处于无组织管理状态。中华人民共和国成立后，人民政府重视农业生产，乡镇领导亲自抓农业生产工作，各村（社）指定干部专职负责。特别是公社化后，农业生产全部实现集体经营，主要领导统一规划布局，落实耕作计划，保质量、抓进度，保证适时播种，不误农时。公社大队二级委派指定干部蹲点到村，帮助生产队制订生产计划，全面规划，统一部署。1965年金山人民公社成立农业技术推广站（站址在谢巷大队，1968年迁至新华大队），大队、生产队各设农技员1名，形成三级农村管理网络。公社所在机构各司其职，农机水电管理站负责排灌作业事宜，农业银行、信用社及时做好资金调度，供销合作社、国营商业承担组织供应化肥、农药、农机具等生产资料和生活资料，建立了一套农业服务体系。示范田原有10多亩，1974年增至120亩。公社还积极推广农业科学技术，分工指导各生产队的粮油作物栽培、推广良种、合理施肥、防治病虫害和预测气象等工作；印发科技简报，举办农业技术培训班，以提高各级农技员的农技水平。

20世纪80年代，各村由村经济合作社社长主管农业，形成一个农业生产管理网络。建立"一站三组"，即农业服务站和肥药组、水电组、农技服务组。如新华村，18个村民小组组长农忙时回各组指导农业，农闲时在村办企业里务工。年终按"三看"（一看水稻、三麦收成的好坏和增产幅度；二看科学种田，做到无病虫害、药害、草害；三看农机具的保养和利用），对各组长进行百分考核，给予补贴。并且普及良种，加强农机队伍领导，18辆拖拉机落实个人承包，定队、定面积到人，对优秀者给予奖励。

为鼓励村民种好责任田，1983年起，每亩给予补农金35元，后来补农金分解成积肥奖、农田管理奖、出售粮食奖。实行奖勤罚懒，制定了一系列的奖励制度，做好以工补农，稳定发展农业生产，提高了村民种好责任田的积极性，几年中村里拿出补农开支25万元。

第六节　蚕桑业

木渎周边农村栽桑养蚕历史悠久，始于春秋战国时期。村域内蚕桑事业几经兴衰。元明时渐盛，村境内农村可谓村村植桑，家家养蚕，蚕桑成为农民的一项主要传统副业。桑园多数在村前屋后与山坡旱地。桑有的成片种植，也有的在十边隙地栽种。清至民初，蚕桑业发达，蚕茧畅销国内外，市场广阔。日寇侵华期间，蚕桑业遭到严重破坏，桑地荒芜，蚕茧减少。抗日战争胜利后，物价飞涨，而蚕丝价格偏低，蚕桑生产处于衰退状态。

中华人民共和国成立后，党和人民政府重视发展蚕桑业，提高茧价，自繁自育桑苗，恢复并扩大桑地面积。县里设立蚕桑指导所，委派蚕桑指导员（女性居多）下乡间进行指导，并推广新品种，提倡科学植桑养蚕。1958年金山人民公社成立后，各生产队实行集体养蚕，以生产队或自然村为单位建立养蚕共育室，推行清洁蚕具与环境、正确掌握温湿度等措施，以提高出蚁率，保障蚕宝宝健康成长。1955年，村境内农户平均产茧量达22千克。1960年、1961年，各生产队为争取多收粮，毁掉了部分桑园，有的桑地内间种蔬菜、豆类、瓜类和其他副食品，降低了桑叶产量，影响了蚕茧产量。1963年国家实行蚕桑奖励政策，调动了生产队社员养蚕积极性，扩大桑地面积，推广种桑品种，蚕茧产量逐年增长。

1965年末，桑园面积：新华大队72.7亩，天灵大队49.7亩，天平大队60亩，合计182.4亩。是年实养张数：新华大队39张，天灵大队10张，天平大队27张。每张单产：新华大队67.4斤，天灵大队66.4斤，天平大队71.2斤。全年总产：新华大队25.35担，天灵大队6.64担，天平大队19.23担；三个大队合计总产为51.22担。

1969年末，全年实养张数97.5张，其中新华大队31.75张，天灵大队32.25张，天平大队33.5张。每张单产：新华大队80.3斤，天灵大队79.1斤，天平大队78.7斤，总单产79.4斤。全年总产77.42担，其中新华大队25.51担，天灵大队25.53担，天平大队26.38担。

表3-24　　1971—1984年新华（白塔）、天灵、天平大队选年蚕茧产量表

年份	大队名	全年总产量/担	春蚕			夏蚕			秋蚕（包括晚秋）			年末实有桑园面积/亩
			张数/张	单产/斤	总产/担	张数/张	单产/斤	总产/担	张数/张	单产/斤	总产/担	
1971	新华	32.34	28.5	81.6	23.27	13	38.00	4.94	18.25	22.63	4.13	74.50
	天灵	44.65	49	68.5	33.57	16.5	24.20	3.99	32.75	21.65	7.09	69.00
	天平	46.88	47.5	72	34.30	18.5	29.80	6.52	27.5	22.04	6.06	105.00
	合计	123.87	125	72.9	91.14	48	32.18	15.45	78.5	22.03	17.28	248.50
1980	新华	22.3	14	80.00	11.20	4	72.50	2.90	16	51.25	8.20	15.00
	天灵	12.1	9	82.22	7.40	3	73.33	2.20	5	50.00	2.50	12.00
	天平	72.3	40	85.25	34.10	8	77.50	6.20	46	69.57	32.00	75.00
	合计	106.7	63	82.86	52.70	15	75.33	11.30	67	63.88	42.70	102.00

续表

年份	大队名	全年总产量/担	春蚕			夏蚕			秋蚕（包括晚秋）			年末实有桑园面积/亩
			张数/张	单产/斤	总产/担	张数/张	单产/斤	总产/担	张数/张	单产/斤	总产/担	
1984	白塔	47.41	31	83.20	25.79	5	75.00	3.75	26	68.73	17.87	38.85
	天灵	13.84	10	82.10	8.21	2	66.50	1.33	9.75	44.10	4.30	10.23
	天平	27.31	18	77.90	14.03	3.25	71.69	2.33	21	52.14	10.95	72.16
	合计	88.56	59	120.09	48.03	10.75	68.93	7.41	56.75	58.36	33.12	121.24

1980年前，新华大队蚕桑生产一直处于全镇下游，从1980年开始，新华（白塔）大队因地制宜，利用本村荒田、漏田和开河的堆土基地，扩大桑地面积38亩，1986年蚕茧达90多担，单产和总产都名列第一。之后，随着农村形势的变化，出现了种桑养蚕不如种经济作物效益高的思潮，加上镇村工业迅猛发展，农村劳动力大部分进企业工作，导致桑园锐减，养蚕户极少，到1992年后蚕桑生产自行淘汰。

第七节 畜禽业

境内村民家庭饲养畜禽是千百年来的一项最普遍的传统副业。"猪羊圈里叫，鸡鸭满地跑。池中鱼儿跳，屋旁瓜菜娇"，这是农村传统家庭生活的意境写照。境内农户传统养殖有猪、羊、牛、兔、鸡、鸭、鹅等畜禽，由于各阶段的政策变动，时兴时衰。解放前至解放初，畜禽都由村民家庭饲养，合作化后，家庭饲养与集体养殖并存，有时以集体为主，是一项村民主要的副业收入来源。

猪 村境内农民历来就有养猪积肥和饲养母猪、繁殖苗猪的传统副业。解放前后至1958年时，猪都为农民私人饲养。人民公社成立后，发展集体养殖，1961年后差不多每个生产队都建立繁殖场。1962年给社员划分饲料地，提留饲料粮，并实行工业品换购和奖励政策，促进了生猪生产的发展。1965年末，境内新华、天灵、天平三个大队生猪圈存共2191头，其中能繁殖母猪118头，能配种公猪4头。"文革"中一度对社员养母猪加以限制，减少母猪饲养数，1967年末圈存数共2297头，其中母猪64头，肉猪472头。

1975年中共中央发出《关于大力发展养猪事业的通知》，使生猪生产得以稳定发展。1977年全年生猪饲养4619头，其中生猪出售1536头，社员自宰278头；年末集体圈存1679头，社员圈存1131头。1980年，境内大队集体与社员合计饲养5277头，出售2234头。其中集体饲养母猪205头，社员饲养母猪56头。年末圈存共2359头，其中集体圈存502头，社员圈存1857头。

1980年以后，农村土地实行家庭联产承包责任制，集体养猪场解散，母猪折价给社员私养，也有承包给社员饲养（如天灵村有私人承包），形成养猪专业户。1985年取消生猪派购，放开生猪收购和销售价格，养猪量又有了上升。1989年，全年饲养5580头，其中出售2485头，自宰646头，年末存栏数2449头。但随着镇、村办工业发展和居住条件的改善，养猪户逐渐减少。到20世纪末，农村向城镇化转变，村民家庭养殖渐不存在，仅存大农户经营。

羊 解放前，村民为增积肥料，多数农户饲养山羊、绵羊（也称"湖羊"），也是一项传统副业。解放后仍保持原有习惯。绵羊一般为圈养，山羊为圈养与放牧兼有。20世纪60年代中期，种植双季稻，有机肥明显不足，党和政府提倡发展养羊，并引进优良种羊配种繁殖，提供苗羊，大力收购羊皮、羊毛，提高了社员养羊的积极性。1971年境内饲养羊239只，其中山羊129只，绵羊110只。1980年末存栏数山羊298只，全部为社员饲养。1989年全年饲养数为518只，其中当年出售119只，自宰43只，年末存栏数356只，其中山羊306只，绵羊50只。1990年全年养羊498只，当年出售161只，自宰18只。年末存栏数269只，其中山羊219只、绵羊50只。此后逐渐减少，至20世纪末农村向城镇化转变，土地被大量征用，村民居住条件改善，养羊业不复存在。

牛 解放前至80年代初，村境内养牛主要赖其替代人力，解决耕地、灌溉等繁重劳动。解放前仅有地主、富农及富裕农家饲养耕牛，每个自然村多则10多头，少则2—3头。解放后农业合作化时，私养耕牛作价归社；公社化后，为集体所有，集体饲养。1964年，全村共有耕牛37头（水牛），其中新华大队18头，天灵大队12头，天平大队7头。1965年有41头，其中能繁殖的母牛18头，当年出生的小牛5头。1971年境内共有耕牛48头，其中能从事农耕的40头，当年出生的小牛4头。当年新华大队19头，天灵大队15头，天平大队14头。之后随着农业机械化程度的逐渐提高，耕牛饲养量逐年减少，至1977年，境内仅有水牛7头，每个大队只有2—3头，1980年仅剩6头，至1984年已无耕牛。

兔 解放前，只有少数农户养兔，以供观赏。中华人民共和国成立后，60年代，养兔成为一项新兴的家庭副业，起初饲养肉用兔，后渐发展增加了青紫蓝皮肉用兔、安哥拉毛兔等品种，成兔或兔皮、兔毛由国家收购。1980年，境内共饲养家兔1170只，年末数为900只。至1984年仅有200只，1989年只有114只。之后无农户养殖。

家禽 旧时，村民普遍养鸡，有的兼养鸭鹅，大多是自由放养。解放后，家禽饲养基本稳定。50年代供销社为支持家禽饲养，办起哺坊，并向外地组织苗禽，村民饲养量逐年增加。1965年境内年末圈存1289只（其中鸡1200只、鸭89只）；其中新华大队701只、天灵大队245只、天平大队343只。1967年末圈存数1462只（鸡1399只、鸭62只、鹅1只）。"文化大革命"中对农户限养禁养，1971年仅集体饲养鸡106只。但之后即放开恢复私养，70年代引进白洛克、来克亨、三黄、希塞斯等新品种鸡,个人养禽从少量饲养到成批饲养。1977年境内家禽饲养量4495只,年末数1809只;其中新华大队全年饲养2010只,天灵大队1460只,天平大队1025只。至1980年,境内共饲养4030只,年末数为2790只。1984年全年饲养数7600只(其中鸡5500只、鸭1500只、鹅600只),年末数4700只。1990年全年饲养量为8287只(其中鸡5861只、鸭1515只、鹅911只),当年出售3228只,年末实有数5059只。之后饲养量逐年减少,由养禽专业户饲养,如新华村庄爱林,全年

表3-25　　　　　　　　　　　　　　　　　　　　　　　　　　　　　　　　　　　　　1965

大队名	生猪/头								
	年末实有圈存头数	年末圈存头数							年内增加
		集体		社员私养	能配种公猪	能繁殖母猪	肉猪	苗猪	
		小计	其中母猪						头数
新华	924	160	23	764	2	55	757	110	870
天灵	562	47	6	515	1	27	485	49	385
天平	705	61	32	644	1	36	552	116	382
合计	2191	268	61	1923	4	118	1794	275	1637

表3-26　　　　　　　　　　　　　　　　　　　　　　　　　　　　　　　　　　　　　1967

大队名	生猪/头										
	年末实有圈存头数	其中集体饲养					年内增加		年内减少		
		小计	公猪	母猪	肉猪	苗猪	头数	其中繁殖	小计	其中	
										屠宰	
新华	817	136	—	28	108	—	184	116	750	620	
天灵	440	116	1	9	106	—	202	8	633	573	
天平	1040	345	1	27	258	59	2914	2605	3126	2520	
合计	2297	597	2	64	472	59	3300	2729	4509	3713	

个体养鸡 400 只。随着城镇化建设和农业种植业的消退，家家户户饲养家禽也成为历史。

镇畜牧兽医站　1964 年成立金山人民公社畜牧兽医站，1985 年 9 月改为木渎镇畜牧兽医站，1991 年站址迁至船闸桥堍。兽医站有医工人员 22 人，其中兽医 13 人，负责对全公社（镇）农户饲养的生猪及其他畜禽进行防疫治病、阉割和肉猪售前检疫等工作。80 年代后，生猪瘟病的流行基本得到控制。

养情况表

生猪/头			羊/只			家禽/只		
年内减少			年末圈存			年末圈存		
其中			小计	其中		小计	其中	
屠宰	死亡	其中仔猪		山羊	绵羊		鸡	鸭
196	64	13	12	12	—	701	664	37
199	27	—	14	7	7	245	243	2
148	101	51	203	77	126	343	293	50
543	192	64	229	96	133	1289	1200	89

养情况表

生猪/头				羊/只			家禽/只			
社员私养				年末圈存			年末圈存			
				小计	其中		小计	其中		
公猪	母猪	肉猪	苗猪		山羊	绵羊		鸡	鸭	鹅
—	21	660	—	—	—	—	790	750	40	—
1	8	298	17	13	5	8	414	391	22	1
1	59	527	108	84	33	51	258	258	—	—
2	88	1485	125	97	38	59	1462	1399	62	1

表 3-27　　1971 年境域畜禽饲养情况表

大队名	生猪/头								羊/只			集体饲养家禽/只	
	年末圈存数						全年生猪饲养数	小计	其中		小计	其中	
	小计	每户平均	其中集体	其中社员	母猪	其中集体	公猪			山羊	绵羊		鸡
新华	1524	3.4	834	690	124	118	6	1749	23	22	1	—	—
天灵	911	4.0	479	432	41	36	—	1071	5	1	4	—	—
天平	1218	5.4	696	522	86	74	2	1432	211	106	105	106	106
合计	3653	4.0	2009	1644	251	228	8	4252	239	129	110	106	106

表 3-28　　1977 年境域畜禽饲养情况表

大队名	生猪/头											羊/只				家禽/只	
	年末圈存数								全年生猪饲养	全年生猪出售	全年自宰自食	年末实有只数					
			在小计中										其中		小计中社员		
	小计	每户平均头数	集体	社员	肉猪	苗猪	公猪	母猪				小计	山羊	绵羊		年末数合计	全年饲养数
								小计	其中集体								
新华	1363	2.5	808	555	1054	160	—	149	121	2350	788	204	6	6	—	6	169	2010
天灵	664	2.2	406	258	528	78	—	58	58	1094	379	51	66	61	5	66	750	1460
天平	783	3.8	465	318	721	—	1	61	61	1175	369	23	153	116	37	153	890	1025
合计	2810	2.6	1679	1131	2303	238	1	268	240	4619	1536	278	225	183	42	225	1809	4495

表 3-29　　1980 年境域畜禽饲养情况表

大队名	生猪/头									当年集体和社员自宰	全年生猪饲养	全年生猪出售	羊/只			家禽/只	
	年末圈存数												年末实有只数				
		在合计中						母猪					小计	其中社员	小计中山羊	年末数合计	全年饲养数
	小计	集体	社员	肉猪	苗猪	公猪	小计	其中集体									
新华	1161	156	1005	783	226	—	152	96		108	2305	1036	40	40	40	1200	1900
天灵	476	74	402	384	50	—	42	42		16	1422	578	78	78	78	640	930
天平	722	272	450	593	60	2	67	67		80	1550	620	180	180	180	950	1200
合计	2359	502	1857	1760	336	2	261	205		204	5277	2234	298	298	298	2790	4030

表 3-30　1984 年境域畜禽饲养情况表

村名	生猪/头									羊/只					家禽/只									
	年末存栏数						全年生猪出售	当年集体和农户自食	全年生猪饲养量	年末实有数			当年出售	当年自宰	年末数						全年饲养数			
	小计	农户的	肉猪	仔猪	公猪	母猪				小计	农户的	山羊小计			鸡	鸭	鹅	鸡能繁殖的	鸭鹅绵羊小计	鹅能繁殖的	小计	鸡	鸭	鹅
白塔	1132	1132	490	509	1	132	1350	50	2532	60	60	60	15	12	2000	400	100	21	—	—	3800	3000	600	200
天灵	522	522	332	150	—	40	550	150	1222	—	—	—	—	—	900	300	0	—	—	—	2000	1500	500	—
天平	500	500	360	100	—	40	600	210	1310	200	200	160	30	—	750	200	50	50	40	10	1800	1000	400	400
合计	2154	2154	1182	759	1	212	2500	410	5064	260	260	220	45	12	3650	900	150	71	40	10	7600	5500	1500	600

表 3-31　1989 年境域畜禽饲养情况表

村名	生猪/头							羊/只					家禽/只							
	年末存栏数					出栏肥猪数		年末存栏数			当年出售	当年自宰	年末存有数				年内出售数			
	小计	肉猪	仔猪	公猪	母猪	出售数	自宰数	小计	山羊	绵羊			小计	鸡	鸭	鹅	小计	鸡	鸭	鹅
白塔	1457	581	789	1	86	1665	396	96	96	—	39	28	2901	2364	496	41	1823	1504	213	106
天灵	382	240	100	2	40	320	100	60	60	—	30	5	2000	1600	300	100	700	500	—	200
天平	610	400	180	—	30	500	150	200	150	50	50	10	1500	1000	400	100	400	100	100	200
合计	2449	1221	1069	3	156	2485	646	356	306	50	119	43	6401	4964	1196	241	2923	2104	313	506

表 3-32　　1990 年境域畜禽饲养情况表

村名	生猪/头							羊/只					家禽/只						
	年末存栏数				出栏肥猪数		年末存栏数			当年出售	当年自宰	年末存有数				年内出售数			
	小计	肉猪	仔猪	公猪	母猪	出售数	自宰数	小计	山羊	绵羊			小计	鸡	鸭	鹅	小计	鸡	鸭	鹅
白塔	1537	764	701	1	71	1260	346	19	19	—	31	8	2459	2146	246	67	1828	1465	219	144
天灵	531	300	200	1	30	160	200	50	50	—	80	—	1100	500	500	100	900	600	—	300
天平	605	430	150	—	25	520	150	200	150	50	50	10	1500	1000	450	50	500	150	100	250
合计	2673	1494	1051	2	126	1940	696	269	219	50	161	18	5059	3646	1196	217	3228	2215	319	694

第八节 刺绣业

刺绣在吴县有几千年的历史，至明代形成江南水乡的地方特色，称"苏绣"，吴县是"苏绣"的发源地。"飞针走线、描龙绣凤"是村境内女子千百年来的传统，解放前至中华人民共和国成立初，天平村内从事这一传统工艺的妇女有650余人。

刺绣，旧时称"女红"，其实是一种工艺活，也是社会分工。境内女子职业绣手极少，大多是趁农闲时节上绣绷，虽不足以养家糊口，但也能补贴家用，是村里的一种传统副业，所以刺绣曾是木渎地区妇女必须掌握的一门活计，母女、婆媳、姐妹、妯娌之间互为影响，代代相传。她们承接绣庄下发的绸缎与丝线，拿回家中刺绣，成品交绣庄计件领取工价，工价按人工巧拙而定，人工之巧拙又视绣品针、线、色结合的精密程度而定。所绣的品种有鞋花、花边、被面、袍褂、和服、童装等。居住在天平山南赤山下上沙村（今江苏省木渎高级中学附近）的元末明初诗人杨基，在其存世的340首诗中便有他为天平一带绣女所写的《美人刺绣》，诗云："风送杨花满绣床，飞来紫燕亦成双。闲情正在停针处，笑嚼残绒唾碧窗。"这是一幅描写天平绣女思绪情态的生活画卷。料想当时天平地区刺绣业已相当兴盛。木渎地区刺绣业在历史长河中一路走来，在绣艺上曾出过几位杰出代表。如清末民初时期苏绣艺术家沈寿所创仿真绣，开创一代新风；还有两位是20世纪五六十年代仿真绣

刺绣工艺（2020年）

传承发展杰出人物顾文霞、李娥瑛,她们所绣的"双面绣",无论动物、人物肖像等,都形象逼真、栩栩如生,驰名海内外。她们三位都是苏绣艺术发展史上具有里程碑意义的国家刺绣工艺大师。在50年代,天灵大队5队高家场人倪福英是一位刺绣好手,绣艺界的佼佼者。她12岁从母学绣,聪明伶俐,心灵手巧,绣艺益精,不久就能绣高档刺绣,16岁时已能左右两手上下拔针,针法娴熟,所绣龙袍两面一样,是无正反之分的"双面绣",且绣工细密,线色搭配精准,作品形神兼备,观者无不称奇。经政府有关部门推荐,1958年4月,18岁的她参加首都北京举行的全国群英会,受到周恩来总理的亲切会见。后受邀进入吴县绣品厂工作。由于倪福英绣技高超,晋升为技术员。在厂期间,她对职工像姐妹一样,把自己的绣技心得毫无保留地传授给她们,对提高企业绣品质量作出了一定的贡献。1997年绣品厂实行转制,她回到家乡继操其业,传承技艺,对地方刺绣业的发展起到模范促进作用。

根据1965年抽点调查,全村各大队刺绣业收入3.1万元左右,1976年境内有从事刺绣的妇女600余人,全年刺绣副业收入4.5万余元。1992年从事刺绣人数减少,总收入约4万元。2000年以后,随着境内农村向城镇化转变,中青年人大多进入企业工作或从事个体经营,假期参加旅游或健身、文艺活动,生活多样化,形成刺绣后继乏人的局面,加上绣品报酬不高,仅有少数中老年人操其旧业。

第九节 耕地征(使)用

1978年,中共十一届三中全会召开,进入了改革开放时期,乡镇基本建设加快。随着乡镇及村办工业的崛起,征(使)用土地的数量日益增加,耕地面积逐年减少。天平、天灵、新华(白塔)三个村1986—2000年土地被征(使)用情况如表3-33所示。

表3-33 1986—2000年天平村原天平、天灵、新华(白塔)村历年土地被征(使)用情况表

单位:亩

年份	天平	天灵	新华(白塔)
1986	6.80	0.23	0.00
1987	20.50	12.98	4.37
1988	0.00	0.00	0.00
1989	0.00	0.00	0.00
1990	0.24	0.51	0.44
1991	0.00	92.13	13.40
1992	0.00	0.20	0.29
1993	146.45	79.53	185.45

续表

年份	天平	天灵	新华（白塔）
1994	0.00	47.35	79.62
1995	0.00	102.98	82.77
1996	1.69	6.01	11.08
1997	14.80	36.53	97.00
1998	21.99	55.28	41.17
1999	5.33	59.35	19.27
2000	3.45	242.09	30.60

表3-34　　　　2000年原天灵村土地被征（使）用情况明细表　　　　单位：亩

单位	具体情况	数量
天灵机械厂	使用改征用耕地	9.45
村经济合作社	建村委办公楼补办使用3组耕地	8.8
木渎镇新区总公司	建花苑二村补办征用1组耕地	11.555
木渎镇新区总公司一期	动迁安置房补办征用6组耕地	14.9
木渎镇新区总公司	建皮件市场停车场补办征用1组耕地	14.07
木渎镇新区总公司	建二期动迁安置房补办征用6组耕地	14.8
木渎镇新区总公司	建皮件市场停车场补办征用1组耕地	13.605
木渎镇新区总公司	建花苑二村补办征用1组耕地	12.232
木渎镇房屋建设开发公司	建商品住宅补办征用6组耕地	14.413
木渎镇房屋建设开发公司	建商品住宅补办征用4组耕地	5.85
木渎镇新区总公司	建皮件市场工程征用6组耕地	12.84
村经济合作社	建工业厂房补办使用7组耕地	14.9
村经济合作社	建农副业用房补办使用7组耕地	14.8
木渎镇新区总公司	建三期动迁安置房补办征用6组耕地	14.7
木渎镇新区总公司	建住宅一区补办征用6组耕地	13.807
木渎镇新区总公司	建住宅二区补办征用6组耕地	5.658
木渎镇房地产开发公司	建富贵花苑住宅补办征用5组耕地	14.154
太湖度假区加油站	建住宅补办征用12组耕地	0.378
木渎福星房地产	已建别墅区补办征用5组耕地	11.0
木渎福星房地产	已建别墅区补办征用5组耕地	14.832
木渎镇房屋建设开发公司	建商品住宅补办征用9组耕地	1.778
木渎镇房屋建设开发公司	建商品住宅补办征用9组耕地	3.567
合　计		242.08

至20世纪80年代中期，乡镇企业发展步子加快，工业、商业、服务性行业崛起。农村城镇化建设不断推进。由于国家、地方建设及村里自身发展之需，大量耕地被征用、使用。1995年前后，境内新华、天灵、天平3个村的水稻、三麦等主要作物停止种植，村民养殖业等也停止。

第四章 工商业

天平村工业始于明清时金山一带花岗石开采及其石料加工业。解放初期，上述几项被村民视为主要副业来经营。1958年成立金山人民公社，掀起"全民办工业"高潮，同年成立金山人民公社大石厂。60年代初，强调"以粮为纲"，贯彻中央的调整方针。1963年春，公社大石厂下放给各有关7个大队经营，于是境内天平、天灵2个大队，分别在寿桃山、金鼎山、郁家山等多处宕口办起了大队石厂。与此同时，新华、天灵、天平3个大队各自办起了粮饲加工厂，方便群众。这些可称为大队办企业的起始。60年代后期，社队工业开始复苏。

从1976年起，境内新华、天灵、天平3个大队都创建队办企业，这是队办企业的真正发轫阶段。

此后，队办企业向科技含量较高、规模较大的企业推进、发展，村工商业进入发展阶段。至1996年，境内新华村有企业11家，天灵村有企业8家，天平村有企业7家，共26家。3个村企业年末职工数1262人，固定资产（原值）2936万元，总产值（现行价）17658万元，销售收入11471万元，实现利润总额1043万元，四项经济效益1592万元。20世纪末，企业转制后，村里先后建起5个民营工业区。

天平村离木渎市镇较近，早在解放前和解放初期，村民上街购物交易较方便。1969年金山供销社成立后，境内3个大队都设有下伸店，便利群众。2005—2012年，天平村3个片区先后投资建新华、香港街、范家场等商业广场，引进10多家商业大公司入驻营业，呈现一派繁荣景象。

第一节　采石业

天平村地处天平山、灵岩山东麓，北临金山。上述诸山皆为花岗岩山体。花岗石是优质的建筑材料，经开采加工后的产品用途广泛，涉及农业、水利交通、建筑、雕塑、现代工业、殡葬等诸方面。俗语说"靠山吃山"，所以，村境内的村民历来凭着靠山的有利条件，上山采石学艺，代代相传，形成了一支庞大的从事采石及加工、运输、后勤等各样工种的石业队伍。

据方志记载，金山原名茶坞山，因晋宋间凿石得金而更名金山。金山石，即金山及附近地区出产的花岗石，而从事开采加工金山石的石匠称为金山石匠。

金山石的特点与用途　金山花岗石，俗称细砂，抗压强度 1979 千克/平方厘米，磨耗度 17.77%；断面色调以灰为主，略呈青灰，质地细腻，黑色云母斑和白色石英闪光斑分布均匀，纹理纵向。天平山"万笏朝天"石林景观，即是该石料纹理走向的代表，故较难采到大料，适宜作为中小型料石和动物、花卉、人物等雕塑用材，尤其适宜作房屋建筑的外墙贴面，其色彩优于焦山石。

金山石的用途广泛。解放前常用来制作石臼、碾砣、磙、碓磨、猪食槽、车棚柱等农业和生活用具。用量最大的是作建筑材料，产品分料石、乱石、石片、石子四大类。其料石又分粗加工和精加工两类。粗加工的料石主要用于交通水利工程建筑，如马路、桥梁、河道驳岸、水库、海塘堤岸等；精加工的料石包括各种形状、

石雕工艺作品

规格的块石和建筑雕塑品，是旧时宫殿、寺庙、官府住宅，以及亭台楼阁、宝塔、牌坊等工程的建筑材料。金山石还是旧时陵墓的建筑材料。解放后，金山石之用途逐渐延扩至现代工业领域，金山石被加工成化工工业中的耐酸池、电解石槽等砌料，水泥工业中作球磨机内衬等。改革开放以来，以金山石为材料的龙、凤、狮、骏马、仕女、佛像、灯笼等建筑装饰雕刻、城市雕塑和其他石雕工艺产品畅销全国各地，并出口创汇，繁荣了地方经济，为集体增加资金积累。

开采历史与著名工程 金山石开采历史悠久，业绩辉煌，据史料记载，始于晋宋，盛于明清，20世纪30年代为其兴盛时期，80年代为其全盛时期。宋代以后，屡开屡禁，几经兴衰，产量甚微。元代出现了金山石料雕凿做细的加工工业雏形（其代表作有天池山寂鉴寺内的石屋）。明代开始大量开采，嘉靖间延至灵岩山，奇峰异石被采去大半，后经木渎黄习远奔走呼吁，方于万历年间请于户部马之骏捐金赎山，勒石永禁。清代中叶，苏州古城内外，凡桥梁、花园、府第、寺院、陵墓等各类建筑的石灰石部分，多被金山石所代替。

1840年鸦片战争后，上海和南京成为金山石两大销地。《木渎小志》载云，金焦二山采巨石料，遍售江浙，自沪上洋商采办，销路益广。在上海金山石主要用于洋房和公墓建筑，如较著名的江海关大楼、汇丰银行、国际饭店、新永安大楼、百老汇大厦、中国银行和沙逊大厦等几十座主要建筑工程的基石、地坪、石阶、外墙、窗台、栏杆、石狮雕刻等材料，都采用金山石制作。金山石匠的成名作要数1926—1933年建造的南京中山陵。1926年起，上海姚新记、新金记、陶馥记三家营造厂合作承包石料工程，由金山石匠负责石料加工和工程建筑安装。当时金山汤根宝、陈根土率领金山石匠200多人，将数十万块金山石运往南京中山陵工地，制作陵门、墓室、牌坊、侍卫室、休息室、碑亭、台阶、踏步、甬道、地坪等建筑项目，光墓道石阶就有392级，可见工程之浩大。金山石匠按图施工、精细加工、雕刻和安装，经受了严峻的考验，历时6年3个月，金山石匠凭借高超技艺、聪明才智按质量要求于1932年完成了工程的制作安装，为家乡人民赢得了荣誉，金山石匠也因此一举成名，名扬四海。

据《木渎镇志》记载，金山石匠所承接的著名建筑工程除南京中山陵外，从1918至1984年还有湖州陈英士墓、南京灵谷寺、廖仲恺墓、上海人民广场、中苏友好大厦、鲁迅纪念馆、北京人民英雄纪念碑、中国人民革命军事博物馆、毛主席纪念堂、江苏省委办公大楼、南京渡江胜利纪念碑、雨花台烈士陵园、徐州淮海战役烈士纪念塔等30多处，一般工程更是不计其数。天平村境内的石匠分别参加了这些重大工程建设，特别是1977年毛主席纪念堂甬道石的采石加工制作与安装。

毛主席纪念堂坐落在北京天安门广场南端，其中南北甬道以及地坪、部分台阶，采用了大量的金山石，做工精细，色泽古朴典雅，与整个建筑十分相称、协调。其中，北甬道长54米，宽30米；南甬道长59米，宽30米，另有30米宽踏步6级。南北甬道总长度为120米，建筑面积3870.4平方米，由不同规格的39种4344块金山石组成，成品石料总重量 3020.8 吨。甬道砌筑之花纹与故宫之甬道相似，故该甬道称"龙脊街"。甬道石料表面之细洁、接榫之细密、拼缝之匀称、石料加工精度之高，超过了民国时期的中山陵。

纪念堂甬道共需花岗料石 4693 块（含 14 块备料），其中：204.4 厘米 ×69.4 厘米的 1 号石 873 块，176.9 厘米 ×69.4 厘米的 2 号石 334 块，149.4 厘米 ×49.4 厘米的 3 号石 2023 块，155.9 厘米 ×49.4 厘米的 4 号石、5 号石各 352 块，6 号至 182 号的三角、尖角形石 759 块，厚度一律为 25 厘米。北甬道规定用菜籽砂石料，南甬道用细砂石料。

1977 年 2 月初，经吴县县委决定，毛主席纪念堂石料工程被列为吴县"1 号工程"，成立工程总指挥部。金山、枫桥、藏书三乡（当时称公社）承担纪念堂甬道石采制任务，藏书承担北甬道 2053 块石料开采加工任务，金山和枫桥分别承担南甬道之 1637 块和 670 块石料开采加工任务。各公社分别成立工程分指挥部。2 月 7 日，金山人民公社召开了有 710 人参加的"毛主席纪念堂石料工程献红心动员会"，成立 1 号工程领导小组，确定在金山寿桃山宕、仙人宕开采石料，建立采石细石加工、雕刻、下水、搬运等组。经过上下齐心协力，斗风雪，战严寒，昼夜奋战，到 4 月 26 日完成南甬道 1637 块石料的开采、加工、运送任务；从 4 月 1 日至 5 月 3 日，公社组织 176 人，分 4 批去藏书太阳山工地参加大会战，会同枫桥石匠协助藏书一起完成北甬道石料细石加工任务。在这次纪念堂甬道石料采加工任务奋战中，天平村域石匠发扬工匠精神，作出了重要贡献。

石业体制与分配方式　金山采石在明代之前为几人合伙开采，所得收入按人分配，产量甚微。明代后，合伙开采人数逐渐增多，渐进入大量开采时期。至清代，采石从合伙经营逐渐过渡到宕户经营。所谓"宕户"，即是经营石业的资方老板，以宕户为单位，雇工采石、私营开采、开设加工作坊，由石铺经营销售，所得收入除按规定标准数付于雇工外，所得利润全归宕户自己。特别到了 20 世纪 30 年代，宕户越来越多，有金洽来、严森泰、金山石厂、郁明泰、周全泰等 40 多家，最多时发展到七八十家宕户。当时的生产量非常之高，金山浜成了石料堆存、销运的集散地，由昔日小村庄形成了集镇。到解放初期，石矿仍由私人开采。1956 年社会主义改造时期，石矿的私营石号、石厂，有的组织联营，有的并入国有企业，如金山石厂、周全泰、严森泰、郁明泰等 8 家私营石号并入苏州石料公司。1958 年 5 月，成立金山人民公社大石厂，私营石宕全部归集体经营。1963 年春，金山人民公社大石厂由公社一级经营下放给各大队经营。村境内天平、天灵大队都成立了集体石厂。1968 年，7 个大队经营的石厂合并成立金山石料厂。以劳记分与计件工分制相结合，职工的工资报酬按劳动日工分发放给各生产队，收入可观，一般占到生产队全年总收入的 30% 至 40%，成为当时集体经济收入的主要来源。据 20 世纪 80 年代的初步统计，村境内共有从事金山石业的职工 530 人，其中采石匠（又称打山匠）308 人，细石匠（又称细匠）141 人，运输和后勤工 81 人，总人数仅次于金山村。

第二节 村（队）办企业

20世纪60年代，天平村境内各大队所组建的小石厂是大队集体办厂的雏形，真正意义上的村（队）办企业是在70年代中期出现的。

一、创业历程

工业起步 庄稼人办工业实为不易，真是筚路蓝缕，举步维艰。当时面对一无资金，二无技术，三无设备，四无经验和门路的"四无"局面，虽困难重重，但大家明白"无农不稳，无工不富"之理，并无退缩，而是积极寻找加工业务，先办些投资少、技术要求不太高的项目，创建小微企业。1975年，天平、天灵2个大队利用西部山坡之地域优势，分别办起了天平公墓和天灵公墓，积累资金，为办工业企业创造条件。

天灵大队从1976年起与县防爆电机厂配套，开展为小骆驼电扇立杆、座子加工喷漆、生产开关箱等业务，创办铸件厂、骆驼电扇十三分厂等企业，至1980年，工业企业年产值达41万元。

天平大队于1971年利用山区坞谷有利条件办起冲砂组（厂），年收益4万余元，2年后因资源枯竭而停产。1977年，大队利用金山人民公社大会堂作为厂房创办天平化工厂，职工从4人增至40人，至1980年生产铁氰化钾、乙酸乙酯等产品，大队工业年产值19万元。

新华大队于1976年10月投资2万元，建办第一家队办企业医用安瓿瓶厂，安排20多人，第一年就盈利2万元。翌年又办起与制药厂配套的生理盐水瓶铝盖厂，只有冲床1台，职工2人，一年净收入1万元。此后又利用镇上县属防爆电机厂的下脚料（铝渣、铝屑、边角料）办起冶炼厂，为苏州华盛造纸厂配套生产碱式氯化铝粉，职工6—7人。上述3个厂，共安排劳力30多人，一年收益10万余元。在这基础上，大队后又办起了与县属企业配套的金属加工厂、服装厂和尼龙衫厂、漆包线厂（电工厂），至1980年，工业企业年产值达70万元。

至1980年，村域3个大队企业职工达448人，全年总产值130万元，固定资产（原值）22.9万元。

稳固发展 在党的十一届三中全会以后，1980年时，乡镇工业蓬勃发展，天平村域内原新华、天灵、天平3个大队队办企业也得到稳固发展。从1976年起步办工业，经多年努力经营积累了一定的经验、资金，队办企业进入了发展新阶段，如原白塔（新华）村，利用电工厂等企业的资金积累，于1990年又陆续投资500万元，创办新华针棉织厂、新华漂染厂、中外合资宁华针织有限公司，形成"织布—漂染—成衣"一条龙生产流水线，占地面积2万平方米，成为村级的又一支柱产业，1992年产值达

吴县电工厂领导赴奥地利考察，引进漆包线生产设备（1986年）

奥地利引进的包漆机设备

2600万元,四项效益(工资、利润、税收、留成)118万元、固定资产250万元,产品出口澳大利亚、美国和东南亚等10多个国家和地区,出口创汇790万美元。原天灵、天平2个村也紧密与县属、镇办企业配套,并利用本村资源及传统工艺优势,先后办起了油烟脱排机厂、化学溶剂厂、石雕工艺厂等,实现了村办工业的同步发展。工业企业涉及机电、纺织、化工、建材、机械、食品、工艺、印刷等诸多工业门类,向企业规模、产品科技含量较高的方向发展,如新华电工厂、针棉织厂、尼龙衫厂、天灵家用电器厂、骆驼电器集团公司十三分厂、天平溶剂厂(化工厂)、石料装饰工艺厂等企业。

至1985年,白塔(新华)村企业职工684人,工业总产值1207万元,固定资产(原值)100.1万元;天灵村企业职工203人,工业总产值112万元,固定资产(原值)19.11万元;天平村企业职工138人,工业总产值81万元,固定资产(原值)32.41万元。至1991年,白塔(新华)村企业职工674人,工业总产值11115万元,实现利润总额344万元,固定资产(原值)1229万元;天灵村企业职工263人,工业总产值1061万元,实现利润总额113万元,固定资产(原值)81万元;天平村企业职工226人,工业总产值452万元,实现利润总额94万元,固定资产(原值)76万元。

1996年,新华村村办企业11家:吴县电工厂、吴县新华有色金属材料加工厂、吴县市新华染织厂、苏州市新华金粉厂、苏州市宁华针棉织有限公司、苏州市埃蒙兄弟有限公司、苏州市新力神食品有限公司、吴县市木渎新华微电机有限公司、吴县市木渎新华水泥制品厂、吴县市新华针棉织厂(一厂)、吴县市新华针棉织厂(二厂)。

天灵村村办企业8家:吴县市天灵家用电器厂、吴县市印刷制版厂、吴县市天灵特种消防器材厂、吴县市木渎天灵陶瓷机械厂、吴县市木渎天灵模具厂、吴县市木渎天灵铸件厂、吴县市骆驼电器集团公司十三分厂、吴县市木渎天灵农副业务经营部。

天平村村办企业7家:吴县市木渎天平溶剂厂、吴县市收录机机芯零件厂、吴县市花岗石预制件厂、吴县市木渎天平石料装饰工艺厂、吴县市木渎天平园林装饰石器厂、吴县市天平金属工艺厂、吴县市天平节能设备厂。

表4-1　　天平村原新华(白塔)、天灵、天平村(大队)办企业优质产品一览表

产品名称、型号	品牌	获奖年份	级别	企业名称(简称)
漆包线用漆1740	—	—	省级新产品	吴县电工厂
高耐压聚氯乙烯包漆1140	—	—	省级新产品	新华制漆厂
QZ-2-0.05—1.4毫米聚酯漆包线	爱华牌	1985	苏州市优良产品	吴县电工厂
QZ-1/155I/φ0.05—0.28毫米漆包圆铜线	爱华牌	1987	江苏省优质产品	吴县电工厂
QZ-2/155I/φ0.05—0.28毫米漆包圆铜线	爱华牌	1987	江苏省优质产品	吴县电工厂
QA 0.03平方毫米微型漆包线	爱华牌	1988	吴县科技成果一等奖并填补省内空白	吴县电工厂

续表

产品名称、型号	品牌	获奖年份	级别	企业名称（简称）
消防栓箱	—	—	苏州市优质产品	天灵特种消防器材厂
陶瓷机械	—	—	苏州市优质产品	天灵陶瓷机械厂
微电机	—	—	苏州市优质产品	新华微电机有限公司
模具加工	—	—	苏州市优质产品	天灵模具厂
铁氰化钾	—	—	通过市级鉴定	天平溶剂厂
抽油烟机 YP44	骆驼牌	1991	国际博览会金奖	天灵家用电器厂

二、企业选介

吴县电工厂 厂址在中山东路北，新华路东、西侧，为新华村村办企业，厂区占地面积30000平方米，建筑面积12000平方米，职工374人，固定资产（原值）1150多万元。

1979年10月创办，翌年3月投产。初名金山人民公社新华漆包线厂，1981年9月改名吴县新华漆包线厂，1983年6月改名吴县电工厂。主要生产电机、电器、仪表等行业所需的QZ-1、QZ-2、QA-1、QA-2、QA-3等5个品种共8个型号的聚酯漆包圆铜线系列产品，产品通过国标与国际标准验收，广泛应用于电器、电机、变压器、仪表等制造行业。其中QZ-1、QZ-2两个型号的聚酯漆包线具有耐磨损、耐电压击穿和软化击穿的优良性能，通用于中小电机绕组、干式变压器和仪器、仪表绕圈。1981年，产品由吴县机电工业公司经销，1987年电工厂被批准列为国家机械工业部定点生产单位。同时厂内建立漆包线技术工艺研究所，被省权威部门批准为江苏省漆包线质量测试中心。1983年，吴县人民政府发布吴政发〔1983〕158号文件，同意"吴县电工厂"改变企业性质，实行县、村联办，为县属大集体企业。

1988年企业通过国家机械电子工业部生产许可证验收，1989年通过国家计量局验收，达到二级计量企业标准，同年通过ISO-900全面质量管理体系认证验收并获得证书。

从1980至1988年，企业自己设计制造设备17台套，完成30多项技术革新，其中自动控温包漆机和自行配漆工艺2项为企业节资50多万元。1985年引进奥地利Mag公司生产的HZ/1-12/11P和HS1/1-1-24P包漆机全套设备

吴县电工厂生产的各种型号漆包线

吴县电工厂漆包线生产车间

2台,联邦德国公司生产的M4和M5拉丝机全套设备2台。主要生产0.02—0.07和0.03—0.12毫米微细漆包线。至此,企业拥有19条漆包线生产流水线和价值20多万元的全套测试设备,成为江苏省内同行业中具有先进水平的电磁线专业生产厂家。1992年,年产漆包线3500吨,完成产值6000万元。

1985年,爱华牌QZ-2-0.05—1.4毫米聚酯漆包线获评苏州市优良产品。1987年爱华牌QZ-1/155I/φ0.05—0.28毫米和QZ-2/155I/φ0.05—0.28毫米漆包圆铜线获评江苏省优质产品。1988年新产品QA 0.03平方毫米微型漆包线获县科技成果一等奖,填补省内漆包线产品空白。

1987年省政府发嘉奖令,授予吴县电工厂"江苏省明星企业"称号,厂长孙金火被评为江苏省明星企业家。1989年,吴县电工厂又获省政府嘉奖,被授予"江苏省明星企业"称号。1997年6月,吴县电工厂转制为民营企业。孙金火、倪永祥先后任厂长。

苏州爱华集团公司 属原新华村企业,为市级集团公司,1992年建。占地面积3.7万平方米,建筑面积18302平方米。1996年工业总产值24025万元,固定资产(原值)2500万元。

吴县骆驼电器集团公司十三分厂 为天灵村村办企业,于1983年3月建办,厂址在苏福路(现中山西路)卫校西侧。企业占地面积2000平方米,建筑面积1000平方米,职工100多人。

该厂为骆驼电扇厂加工企业,对电扇座子、立杆、风叶、开关箱和其他支架等

苏州爱华集团公司

苏州市爱华集团"五一"先进表彰大会

配件喷漆,工艺流程包括将部件放进烘箱烘干、喷环氧底漆、人工打磨(先后3遍)、氨基喷漆、质检合格后再喷漆、进烘箱烘干、出厂检验等六七道工序。设备有烘箱、电热管、打磨水槽、喷枪等。

企业固定资产12万元,一般年产值30多万元,利润15万元,职工每人年收入800—1000元。李根源、杭永兴、钱忠望先后任厂长。1997年8月转制为民营企业。

吴县木渎天平溶剂厂 为原天平村村办企业,于1977年5月建办(俗称天平化工厂），厂址在天平1队祥里浜。企业占地面积3350平方米，建筑面积1200平方米，职工40多人。

　　该企业最初利用原公社大会堂10间和原大队代销店4间平房作为厂房，新建18米高的2座塔（回收塔、生产塔），回收塔的主要作用是把化学原料从30%—35%的浓度提炼升高到80%—95%的浓度；生产塔主要生产乙酸乙酯、乙酸正丁酯、香蕉水、铁氰化钾等（主要用于汽车制造业喷漆）。产品销往沙洲等地10多家汽车制造厂。

　　企业固定资产85万元，一般年产值100多万元，利润50多万元。吴火男、夏全福先后担任厂长。企业于1996年转制为民营企业。

　　吴县新华针棉织厂　　为新华村村办企业，于1985年创办，厂址分两处：一处在原苏福路（现中山东路）北500米新华路东侧，为织布厂区；一处在原苏福路北电工厂附近（一栋三层建筑），为制衣厂区。企业占地面积2000平方米，其中建筑面积300多平方米，职工130人。企业在办厂伊始生产针织汗布，畅销至各地专业制衣厂家，从1987年始自制成衣汗衫，工序联套，包含进棉纱、织布、漂染（外加工）、制衣、检验等多道工艺流程。

　　企业拥有纺织圆机16台、槽筒车60锭、检验（照布）机1台、缝纫机120台、双针机4台及钉眼机、锁眼机各1台等设备。年生产汗衫160万件，由苏州市外贸公司下订单生产并统一经销，主要出口欧洲、美洲等诸多国家和地区。

　　企业固定资产200万元，至1991年年产值达2000万元，利润300余万元。厂

吴县新华针棉织厂成衣制作车间

吴县新华染织厂新华漂染设备

长石长根、蔡宝英。企业于1997年6月转制为民营企业。

吴县新华染织厂 俗称漂染厂，为新华村村办企业，于1992年筹建，翌年投产，厂址原在苏福路北200米、新华路东侧，企业占地面积9300平方米，其中建筑面积3300平方米，职工100多人。

企业拥有煮布锅3只（1吨2只、0.5吨1只）、113染色机6台、烘干机1台、轧布定型机2台和锅炉1台、1000吨污水处理设备1套等设备。年生产能力为漂染布料1200吨。除为本村针棉织厂等提供布料漂染服务外，还接单为外来企业提供加工业务。

企业固定资产320万元，一般年产值在400万元左右。厂长管龙元。企业于1997年7月转制为民营企业。

三、企业转制

20世纪90年代，强调计划经济要转化为市场经济，中央提出进行经济体制改革，打破吃"大锅饭"的体制。因此，乡村集体企业经济体制改革势在必行。随着村办企业数量增多，且企业管理粗放、经济效益不理想，1990年曾一度推行"个人承包、职工参股"，的厂长承包负责制，即实施风险抵押承包经营。但经营者负盈不负亏，导致村级集体负债较多，鉴于此，企业必须改革转换经营机制。

对企业转制的要求是资产评估、产权界定、证照变更、产权分离。转制过程一般分2—3个批次进行。最早实施转制的是新华村，在1992年启动，先制订了一整套较合理的转制方案，兼顾集体与中标者的双方利益。如首先对电工厂实施转制：

第一步，清理资产，组织4个专门小组，清理机器设备、仓库物资，清理核对应收应付款（包括个人欠款）、银行存贷款、村内厂与厂之间往来账；以车间为单位进行登记造册，当事人签字，并进行全厂汇总统计。第二步，实施方案分4个方面：一是划小核算单位实行转制，包括微细漆包线厂、漆包线老厂、新厂与制漆厂等5个单位。二是转制方式采用动产拍卖（包括机器设备、库存产品、原材料、应收应付款）、不动产租赁（包括土地、厂房和公用设施）的办法。三是拍卖政策方面，库存产品、原材料按市场价计算。拍卖资产不满100万元的先付60%，剩余的40%分3年归还；超过100万元、不满500万元的先付30%，其余逐年归还。应收款按收取难度分甲、乙、丙3个档次，难度不大的甲等按收回100%计算资产；难度一般的乙等，分别按60%—80%计算资产；难度较大的丙等按20%—50%计算资产，确属死账、呆账的剔除，收多收少与集体无关。四是竞标人资格包括必须是本村、本厂人，有经验能力或技术人员，有一定经济能力，个人或合股竞标皆可。电工厂一块分割成9个厂，由11人中标。而此方案对实行风险抵押承包责任制的企业效果不好，这些企业于1993年底进行彻底转制，转成17个独立核算、自负盈亏的企业。转制后的民营企业大多获得发展或大发展，同时保留了村级集体的土地、厂房等资源、资产和"商标"等无形资产，使村集体走上了持续发展的新路。

相邻的天灵、天平村也是这样，与新华村保持同样的转制方式。这一举措为许多原村办企业的管理人员、技术人员成为民营企业主创造了机遇，其中不少人成为民营企业家。村里保留的不动产，为后来富民强村奠定了良好的基础。

表4-2　　　　　　原新华、天平、天灵村村办企业转制情况表

村管理部门	企业名称（部分为简称）	转制方式	转制日期
新华村经济合作社	新华水泥制品厂	动产拍卖、不动产租赁	1997年4月7日
	吴县市木渎电工器材厂		1997年5月23日
	吴县电工厂（一、二、四、五、六、八、九、十一、十二分厂）		1997年6月23日
	新华针棉织厂（一、二、三、五、六、八分厂）		1997年6月23日
	苏州市新力神食品有限公司		1997年7月17日
	吴县市新华染织厂		1997年7月17日
	吴县新华金粉厂		1997年7月17日
	木渎塑料制品加工厂		1997年7月17日
	木渎水暖五金经营部		1997年7月17日
	苏州新华房地产有限公司		1997年5月9日

续表

村管理部门	企业名称（部分为简称）	转制方式	转制日期
天平村经济合作社	吴县市花岗石预制件厂	动产、不动产均作价全部转制	1997年8月11日
	天平金属工艺厂		1997年8月11日
	天平园林装饰石器厂		1997年8月11日
	吴县市录音机芯零件厂		1997年8月11日
天灵村经济合作社	骆驼集团十三分厂	动产拍卖、不动产租赁	1997年8月18日
	天灵制件厂		1997年8月18日
	苏州市花木盆景公司天灵分部		1997年8月18日
	吴县印刷制版厂		1997年8月18日
	天灵物资供销公司		1997年8月18日
	骆驼电器集团公司十三分厂农机配件服务部		1997年8月19日
	天灵家用电器厂		1997年9月30日
	吴县市天灵特种消防器材厂		1997年9月30日
	天灵特种消防器材厂经营部		1997年9月30日
	大富阁娱乐城		1997年9月30日

表4-3　1976—1990年新华（白塔）、天灵、天平村（大队）村办工业基本情况表

名称	新华（白塔）			天灵			天平		
年份	职工/人	工业总产值/万元	固定资产（原值）/万元	职工/人	工业总产值/万元	固定资产（原值）/万元	职工/人	工业总产值/万元	固定资产（原值）/万元
1976	27	4	0.70	24	2.50	1.35	34	5.00	2.18
1977	48	13	0.70	27	1.5.0	1.00	68	10.00	4.00
1978	50	19	1.10	59	11.00	2.50	92	11.00	3.10
1979	57	10	5.20	75	29.00	5.00	77	17.00	3.10
1980	164	70	10.70	175	41.00	6.80	109	19.00	5.40
1981	181	189	24.93	120	55.00	7.29	43	29.00	11.08
1982	235	179	41.86	98	35.00	7.60	20	23.00	6.10
1983	359	260	40.40	145	29.00	9.90	80	31.00	5.40
1984	594	574	78.20	80	46.00	6.90	80	54.00	6.50
1985	684	1207	100.10	203	112.00	19.11	138	81.00	32.41
1986	692	1703	268.50	168	83.00	23.87	150	134.00	45.10
1987	415	2315	297.90	304	256.00	172.68	145	135.00	53.53

续表

名称	新华（白塔）			天灵			天平		
年份	职工/人	工业总产值/万元	固定资产（原值）/万元	职工/人	工业总产值/万元	固定资产（原值）/万元	职工/人	工业总产值/万元	固定资产（原值）/万元
1988	455	3104	544.00	291	605.00	27.00	150	169.00	58.00
1989	480	3607	591.66	219	682.00	30.13	151	296.00	42.17
1990	557	7538	890.19	208	719.00	74.09	186	402.00	70.02

表 4-4　　　　　　　　　　1991—2000 年天平村工业企业基本情况表

年份	企业年末人数/人	固定资产原值/万元	工业总产值（现行价）/万元	销售收入/万元	销售税金/万元	实现工、利总额/万元	职工分配工资总额/万元	职工分配人均/元	工业企业上交数/万元	实现四项经济效益/万元	完成粮食定购任务/千克
1991	226	76	452	424	18	94	48	2129	38	122	74870
1992	237	89	658	604	16	133	83	2900	50	168	67089
1993	315	415	1250	1008	29	315	156	4154	119	354	46
1994	305	384	1680	1285	23	405	198	5216	156	450	64
1995	161	460	2280	1668	49	493	238	6352	106	549	—
1996	188	471	3104	2551	35	308	196	5158	112	350	—
1997	160	214	2862	2594	60	343	216	9992	47	403	—
1998	266	502	3004	2706	102	389	309	11300	59	490	—
1999	266	663	3402	3013	99	745	99	15078	70	900	—
2000	303	664	4549	3133	118	765	636	14039	40	1004	—

表 4-5　　　　　　　　　　1991—2000 年天灵村工业企业基本情况表

年份	企业年末人数/人	固定资产原值/万元	工业总产值（现行价）/万元	销售收入/万元	销售税金/万元	实现工、利总额/万元	职工分配工资总额/万元	职工分配人均/元	工业企业上交数/万元	实现四项经济效益/万元	完成粮食定购任务/千克
1991	263	81	1061	838	8	113	56	2259	53	130	107108
1992	263	459	1557	1230	13	159	70	2642	89	189	81513
1993	240	345	1250	993	23	153	76	3179	60	189	53
1994	176	340	1276	723	11	125	69	3773	56	164	64
1995	183	345	2064	1621	39	253	90	3574	102	325	—
1996	166	508	2529	1601	33	278	99	4407	96	319	—
1997	182	553	2616	2136	26	375	247	11000	126	402	—
1998	139	230	3029	2342	90	312	163	8370	89	407	—

续表

年份	企业年末人数/人	固定资产原值/万元	工业总产值(现行价)/万元	销售收入/万元	销售税金/万元	实现工、利总额/万元	职工分配工资总额/万元	职工分配人均/元	工业企业上交数/万元	实现四项经济效益/万元	完成粮食定购任务/千克
1999	142	698	3353	2975	75	391	75	8998	52	486	—
2000	121	738	4186	4326	91	383	246	9524	85	474	—

表 4-6　　1991—2000 年新华（白塔）村工业企业基本情况表

年份	企业年末人数/人	固定资产原值/万元	工业总产值(现行价)/万元	销售收入/万元	销售税金/万元	实现工、利总额/万元	职工分配工资总额/万元	职工分配人均/元	工业企业上交数/万元	实现四项经济效益/万元	完成粮食定购任务/千克
1991	674	1229	11115	6492	134	344	146	2248	74	605	173105
1992	772	1119	10671	6033	176	368	187	2800	48	739	156015
1993	797	1405	12508	6481	247	545	240	3150	39	948	148
1994	782	1627	14645	5455	32	924	261	4512	149	1029	136
1995	665	1738	20001	9864	118	752	300	4958	261	993	136
1996	908	1957	12025	7319	135	457	300	5358	244	923	136
1997	1113	1879	10796	7465	132	798	297	5413	298	1033	136
1998	962	1554	12000	8000	204	524	376	6617	107	751	105
1999	916	1608	13003	11591	214	841	214	7896	196	1071	137
2000	1029	1624	14433	14151	337	1216	998	9337	184	1563	104

表 4-7　　2003—2019 年天平村村级经济情况表

年份	经济总收入/万元	股份分红/万元	各项福利发放/万元
2003	969.26	—	—
2004	1288	300	—
2005	1500	291	196
2006	1857.82	285	—
2007	2176	348	—
2008	2740	982	—
2009	4041	1138.4	—
2010	4878.19	1358	—
2011	5081.2	1576.75	—
2012	6517.08	1636.14	521.17

续表

年份	经济总收入 / 万元	股份分红 / 万元	各项福利发放 / 万元
2013	8058.98	1959.73	646
2014	8914	2166.96	820
2015	9731.29	2249.76	932.34
2016	10203	2500	1100
2017	10880	2350	1090
2018	11200	2650	1314
2019	11500	2755	1328

第三节 民营企业

天平村域内原新华、天灵、天平3个村，1992—1998年分2—3批次对企业进行转换经营机制，大部分企业采取了"动产拍卖、不动产租赁"的形式，把村办集体企业转制给私人经营，有些规模大的企业转制后分成若干个企业。如新华村的电工厂，转制后分成9个私营企业（民营企业）。针棉织厂转制后分成8个私营企业。转制后，各民营企业直面激烈的市场竞争，村调动广大企业的生产、经营积极性，从而走出一条"生产靠私企，集体搞服务"的新路子。同时，村集体利用闲置土地及老厂房建造厂房出租给私人办厂，收取租金，保障集体经济的稳定增长。至2005年，原新华村村民办的企业就达87家，还有外来人员入驻办企业。原天灵、天平村集体也同样投资建厂房出租，服务民营企业，为壮大集体经济创造条件。

新华、天灵、天平三个片区建有5个民营工业小区。

天平南金桥工业区，地址为金枫南路1285号，房产面积16283平方米。

珠江路工业区，地址为珠江路159号，房产面积4650平方米。

金枫南路天灵工业区，地址为金枫南路1218号，房产面积19035.51平方米。

新华工业区，地址为花苑东路680号，房产面积87428.92平方米。

新华电工厂工业区，地址为中山东路28号，房产面积33564.57平方米。

2019年12月，天平村有民营企业329家，其中新华片区220家，天灵片区77家，天平片区32家。

表 4-8　天平村新华片区 2019 年部分民营企业统计表

序号	单位地址	企业名称	承租单位产业类别
1	中山东路 28 号	苏州市吴中区木渎益达冷风机厂	制造业
2	中山东路 28 号	苏州市慧杰服饰有限公司	制造业
3	中山东路 28 号	苏州市明创塑胶有限公司	制造业
4	中山东路 28 号	苏州壹源阁工艺品有限公司	制造业
5	中山东路 28 号	苏州圆顺水电安装有限公司	制造业
6	中山东路 28 号	苏州市力飞机电设备安装有限公司	制造业
7	中山东路 28 号	爱华汽配仓库	制造业
8	中山东路 28 号	苏州市吴中区金鑫冲压制品有限公司	制造业
9	中山东路 28 号	苏州市荣伟塑胶有限公司	制造业
10	中山东路 28 号	苏州琦盛金属制品厂	制造业
11	中山东路 28 号	苏州市鑫龙电工器材厂	制造业
12	中山东路 28 号	苏州市吴中区木渎益众精密模具厂	制造业
13	中山东路 28 号	苏州利特捷金属材料有限公司	制造业
14	中山东路 28 号	苏州市伟庆五金机械加工有限公司	制造业
15	中山东路 28 号	苏州市吴中区新华塑料制品厂	制造业
16	中山东路 28 号	苏州市鑫来德塑料制品有限公司	制造业
17	中山东路 28 号	苏州市逸美绣花厂	制造业
18	中山东路 28 号	苏州申华低温成套设备有限公司	制造业
19	中山东路 28 号	苏州蓝溪广告有限公司	其他行业
20	中山东路 28 号	苏州市吴中区电工厂九分厂	制造业
21	中山东路 28 号	苏州市吴中区木渎得益服装厂	制造业
22	中山东路 28 号	苏州市吴中区木渎新型保温材料经营部	制造业
23	中山东路 28 号	吴中区木渎建春门窗厂	制造业
24	中山东路 28 号	苏州市吴中区木渎文玲联合印刷厂	制造业
25	中山东路 28 号	苏州市常发贸易有限公司	其他行业
26	中山东路 28 号	苏州新区塑料用品厂	制造业
27	中山东路 28 号	苏州市兰运模具有限公司	制造业
28	中山东路 28 号	木渎商城盈盈百货店	批发和零售业
29	中山东路 28 号	苏州大四通建设工程有限公司	制造业
30	中山东路 28 号	苏州市福高物资有限公司	批发和零售业
31	中山东路 28 号	苏州市吴中区木渎银龙五金起重零配件经营部	批发和零售业
32	中山东路 28 号	苏州市吴中区木渎新华龙虾馆	制造业

续表

序号	单位地址	企业名称	承租单位产业类别
33	中山东路28号	苏州市吴中区木渎万荣电器五金商行	批发和零售业
34	中山东路28号	苏州市吴中区木渎于记烟杂店	批发和零售业
35	花苑东路79号	新大陆网吧	其他行业
36	花苑东路79号	广源不锈钢经营部	制造业
37	花苑东路79号	兰州卤面馆	其他行业
38	金山路37号	江苏华润万家超市有限公司	批发和零售业
39	梅林路东侧	木渎商城骥英食品店	仓库
40	梅林路东侧	双惠日杂商店	仓库
41	梅林路东侧	光明百货店	仓库
42	梅林路东侧	祥云食品批发部	仓库
43	梅林路东侧	陆记日用百货店	仓库
44	梅林路东侧	振杨食品店	仓库
45	梅林路东侧	傅雪珍副食品批发部	仓库
46	梅林路东侧	木渎商城闵华食品商行	仓库
47	梅林路东侧	宏达食品店	仓库
48	花苑东路680号	苏州升达服饰品有限公司	制造业
49	花苑东路680号	苏州市星晨鞋业有限公司	制造业
50	花苑东路680号	苏州市吴中区木渎兰兰绣花厂	制造业
51	花苑东路680号	苏州市双凤服饰有限公司	制造业
52	花苑东路680号	苏州滋多多食品加工场	制造业
53	花苑东路680号	木渎缘来缘食品加工场	制造业
54	花苑东路680号	苏州市菊兰针棉织服饰有限公司	制造业
55	花苑东路680号	苏州市吴中区永胜包装有限公司	制造业
56	花苑东路680号	苏州驰宇服饰有限公司	制造业
57	花苑东路680号	苏州市吴中区华兴模具厂	制造业
58	花苑东路680号	苏州爱思特纺织进出口有限公司	制造业
59	花苑东路680号	苏州市吴中区木渎惠华精密机械厂	制造业
60	花苑东路680号	苏州林之风家具有限公司	制造业
61	花苑东路680号	苏州正邦印刷有限公司	其他行业
62	花苑东路680号	苏州市吴中区木渎新华纸杯厂	制造业
63	花苑东路680号	苏州锦盛微电机厂	制造业
64	花苑东路680号	苏州市吴中区木渎格莱森纺织器材厂	制造业

续表

序号	单位地址	企业名称	承租单位产业类别
65	花苑东路680号	苏州市伟骏机械设备制造有限公司	制造业
66	花苑东路680号	苏州德源服饰辅料有限公司	制造业
67	花苑东路680号	苏州市宏源铝塑门窗有限公司	制造业
68	花苑东路680号	苏州市吴中区木渎多元机械加工场	制造业
69	花苑东路680号	中国铁塔股份有限公司苏州市分公司	其他行业
70	花苑东路680号	苏州力杰科教用品有限公司	制造业
71	花苑东路680号	苏州市木渎园林工程有限公司	其他行业
72	花苑东路680号	木渎中汇贸易商行	批发和零售业
73	花苑东路680号	苏州德华包装材料有限公司	制造业
74	花苑东路680号	苏州天航机械有限公司	制造业
75	花苑东路680号	苏州欧克精密机械有限公司	制造业
76	花苑东路680号	苏州金莱特电子科技有限公司	制造业
77	花苑东路680号	苏州恒鑫塑业有限公司	制造业
78	花苑东路680号	苏州时盛塑业有限公司	制造业
79	花苑东路680号	苏州市吴中区木渎厚德机械厂	制造业
80	花苑东路680号	苏州叁陆零广告有限公司	其他行业
81	花苑东路680号	苏州姚凌货运有限公司	制造业
82	花苑东路680号	苏州市吴中区金阳印刷有限公司	制造业
83	花苑东路680号	苏州市颖卓包装制品有限公司	制造业
84	花苑东路680号	苏州皋阳餐饮	住宿和餐饮业
85	花苑东路680号	苏州磊鑫服饰有限公司	制造业
86	花苑东路680号	苏州五禾电子科技有限公司	制造业
87	花苑东路680号	苏州麦第科生物科技有限公司	制造业
88	花苑东路680号	苏州市吴中区木渎织家针织服装厂	制造业
89	花苑东路680号	深圳市腾飞光电有限公司	制造业
90	花苑东路680号	苏州南苏菱电源设备有限公司	制造业
91	花苑东路680号	苏州飞鹰服饰有限公司	制造业
92	花苑东路680号	苏州沁依服饰有限公司	制造业
93	花苑东路680号	苏州骏隆酒业有限公司	其他行业
94	花苑东路680号	苏州晃发电子有限公司	制造业
95	花苑东路680号	苏州代盟德电器有限公司	制造业
96	花苑东路680号	苏州恒贸通电子有限公司（卓瑞）	制造业

续表

序号	单位地址	企业名称	承租单位产业类别
97	花苑东路680号	苏州市吴中区木渎俊美服装厂	制造业
98	花苑东路680号	苏州天瑞达电子科技有限公司	制造业
99	花苑东路680号	苏州富维尔电子科技有限公司	制造业
100	花苑东路680号	苏州市灵娜服装厂	制造业
101	花苑东路680号	苏州泳成体育用品有限公司	制造业
102	花苑东路680号	苏州市恒大塑料制品有限公司	制造业
103	花苑东路680号	苏州市梦皓服饰有限公司	制造业
104	花苑东路680号	苏州市东林彩印有限公司	制造业
105	花苑东路680号	苏州澎湃商贸有限公司	批发和零售业
106	花苑东路680号	苏州市好韵包装材料有限公司	制造业
107	花苑东路680号	苏州市张氏机械模具厂	制造业
108	花苑东路680号	苏州天华电子有限公司	制造业
109	花苑东路680号	驰铭无纺科技（苏州）有限公司	制造业
110	花苑东路680号	苏州光宜信电子有限公司	制造业
111	花苑东路680号	苏州市山成玉电子科技有限公司	制造业
112	花苑东路680号	苏州市吴中区木渎苏欣服装厂	制造业
113	花苑东路680号	苏州市吴中区木渎（瑞鑫）永顺服装厂	制造业
114	花苑东路680号	苏州博世格机械设备有限公司	制造业
115	花苑东路680号	苏州恒悦针纺有限公司	制造业
116	花苑东路680号	陆琴脚艺足浴店	其他行业
117	花苑东路680号	苏州车艺匠汽车用品有限公司	其他行业
118	花苑东路680号	韩香阁	住宿和餐饮业
119	花苑东路726-3号	苏州市吴中区木渎汇润超市	批发和零售业
120	花苑东路726-3号	苏州爱华房地产开发有限公司	其他行业
121	花苑东路726-3号	金佳安物业管理有限公司	其他行业
122	花苑东路726-3号	苏州市菊兰针棉织服饰有限公司	其他行业
123	花苑东路726-3号	苏州升达服饰品有限公司	其他行业
124	花苑东路726-2号	苏州天虹协合投资管理有限公司	租赁和商务服务业
125	花苑东路726-2号	苏州市吴中区木渎天虹商场	批发和零售业
126	花苑东路726-1号	苏州万凯酒店有限公司	住宿和餐饮业
127	花苑东路726-1号	极联资产管理（苏州）有限公司	批发零售业
128	中山东路28-2号	苏州市威达聚合物科技发展有限公司（威达）	制造业

续表

序号	单位地址	企业名称	承租单位产业类别
129	中山东路28-2号	苏州市吴中区金鑫冲压制品有限公司	制造业
130	新华路960号	苏州市吴中区盈成塑胶有限公司	制造业
131	新华路960号	苏州市明创塑胶有限公司	制造业
132	新华路960号	苏州华瑞塑胶电子有限公司	制造业
133	新华路92号	苏州市佳源华府房地产开发有限公司	房地产行业

表4-9　　　　　天平村天灵片区2019年部分民营企业统计表

序号	单位地址	企业名称	承租单位产业类别
1	惠灵路98号2号楼	苏州森派企业管理咨询服务有限公司	其他行业
2	惠灵路158号3号楼	金尚烧烤	其他行业
3	惠灵路158号3号楼	苏州王森企业管理咨询服务有限公司	住宿和餐饮业
4	惠灵路158号3号楼	茜施烟酒店	批发和零售业
5	惠灵路158号3号楼	纸包鱼	住宿和餐饮业
6	惠灵路158号3号楼	世界茶饮	住宿和餐饮业
7	灵天路55号1号楼	新岛咖啡	其他行业
8	灵天路55号2号楼	洋洋饭店	其他行业
9	灵天路55号3号楼	苏州铭寓商业管理有限公司	住宿和餐饮业
10	灵天路55号4号楼	宏易欣	住宿和餐饮业
11	灵天路55号4号楼	度巴仙	住宿和餐饮业
12	灵天路55号5号楼	老枫庭	住宿和餐饮业
13	灵天路55号6号楼	凯伦世纪酒店	住宿和餐饮业
14	灵天路55号9号楼	万和园	住宿和餐饮业
15	灵天路55号9号楼	朱记羊肉	住宿和餐饮业
16	灵天路55号9号楼	御金汤	住宿和餐饮业
17	灵天路55号9号楼	辣宴火锅	住宿和餐饮业
18	灵天路55号9号楼	深度酒吧	住宿和餐饮业
19	惠灵路220号10号楼	旺角烧烤	住宿和餐饮业
20	惠灵路220号10号楼	英豪KTV	住宿和餐饮业
21	惠灵路220号10号楼	凯越棋牌室	住宿和餐饮业
22	惠灵路220号11号楼	好的超市	住宿和餐饮业
23	惠灵路220号11号楼	尚客优	住宿和餐饮业
24	惠灵路220号11号楼	梦达养生汇	其他行业

续表

序号	单位地址	企业名称	承租单位产业类别
25	惠灵路185号12号楼	天地涧足浴	住宿和餐饮业
26	惠灵路185号12号楼	中越超市	住宿和餐饮业
27	惠灵路185号12号楼	润之泉	住宿和餐饮业
28	惠灵路185号12号楼	黄天源	住宿和餐饮业
29	惠灵路220-1号	川味面馆	住宿和餐饮业
30	惠灵路220号东侧	府记羊肉	住宿和餐饮业
31	金枫路1218号	苏州市华昱琪机械有限公司	制造业
32	金枫路1218号	苏太情生鲜配送有限公司	其他行业
33	金枫路1218号	苏州市华茂机械设备制造有限公司	制造业
34	金枫路1218号	苏州懿恒自动化设备有限公司	制造业
35	金枫路1218号	苏州市欣达机械设备有限公司	制造业
36	金枫路1218号	苏州东来气体设备安装有限公司	制造业
37	金枫路1218号	苏州市天平摩托车销售有限公司	批发和零售业
38	金枫路1218号	苏州瑞虹精密机械有限公司	制造业
39	金枫路1218号	苏州华茂机械设备制造有限公司	制造业
40	金枫路1218号	苏州宇赫机器人科技有限公司	制造业
41	金枫路1218号	苏州圆刚机电有限公司	制造业
42	金枫路1218号	苏州费盟德精密机械有限公司	制造业
43	金枫路1218号	苏州马兰特精密机械有限公司	制造业
44	金枫路1218号	苏州迈德豪精密机械有限公司	制造业
45	金枫路1218号	苏州新区花岗岩量具厂	制造业
46	老字号街97号	苏州市一亩地健康食品有限公司	其他行业

表4-10　　天平村天平片区2019年部分民营企业统计表

序号	单位地址	企业名称	承租单位产业类型
1	灵天路589号	宜斌饭店	住宿和餐馆业
2	灵天路589号	苏州市城西装饰工程有限公司	其他行业
3	灵天路589号	苏州市天平果园	其他行业
4	灵天路589号	金山浜大酒店	住宿和餐馆业
5	灵天路589号	后乐轩工作室	文化、体育和娱乐业
6	灵天路589号	山塘书画院	文化、体育和娱乐业
7	灵天路589号	山里人家酒楼	住宿和餐馆业
8	灵天路589号	名山一家商务酒店	住宿和餐馆业

续表

序号	单位地址	企业名称	承租单位产业类型
9	灵天路589号	苏州今古缘古建园林绿化工程有限公司	其他行业
12	灵天路699号姑苏印象文化村	苏州尚学资产管理有限公司	住宿和餐馆业
16	灵天路原照山嘴西	苏州市吴中区木渎山里人家酒楼	住宿和餐馆业
17	天灵路587号1幢	苏州欣康护理院	其他行业
18	金枫南路1285号	苏州创元电子电器有限公司	制造业
19	金枫南路1285号	苏州海克尔机电科技有限公司	制造业
20	金枫南路1285号	苏州德机自动化设备有限公司	制造业
21	金枫南路1285号	苏州品源气体设备有限公司	制造业
22	金枫南路1285号	苏州丰懋塑胶制品有限公司	制造业
23	金枫南路1285号	苏州市鹰之艺包装制品有限公司	制造业
24	金枫南路1285号	苏州金逸康自动化设备有限公司	制造业
25	金枫南路1285号	苏州爱维诺纸业有限公司	制造业
26	金枫南路1285号	苏州亚和保鲜科技有限公司	制造业
27	珠江路159号	苏州丰盈工程塑胶有限公司	制造业
28	珠江路159号	苏州群利达模具有限公司	制造业
29	珠江路159号	苏州彬工精密模具有限公司	制造业
30	珠江路159号	苏州拓源塑胶有限公司	制造业
31	珠江路159号	苏州福鼎塑料包装有限公司	制造业

附：航天工业部落户天平村企业情况

20世纪80年代初，内地有许多军工企业想转为民工企业，航天工业部贵州"061"基地管理局到广州、上海、桂林和杭州等地寻找"落脚处"，都没有定局。1985年，他们来到木渎，当时木渎正实施总体规划，"筑巢引凤"，对他们有一定的吸引力。经过磋商，他们终于与木渎镇经联会（农工商总公司）建立了"军工结合""军民联营"的8家联营企业。他们雄厚的技术力量、先进的机器设备、强大的发展能力等优势，为乡镇企业的发展锦上添花。

航天工业部贵州"061"基地在木渎镇建立的8家企业是航天工业部长新机械厂吴县分厂、航天工业部井冈山仪表厂吴县分厂、航天工业部国营梅岭化工厂吴县分厂、航天工业部天宁无线电厂吴县分厂、航天工业部新峰仪器厂吴县分厂、航天工业部南风车辆改装厂吴县分厂、航天工业部高源机械厂吴县分厂、航天工业部风光木器厂苏州吴县分厂。其中航天工业部国营梅岭化工厂吴县分厂、航天工业部高源机械厂吴县分厂和航天工业部风光木器厂苏州吴县分厂3家企业落户天平村境内。

航天工业部国营梅岭化工厂吴县分厂 1986年6月建,厂址在梅岭路。主要产品为铅酸蓄电池。固定资产1076.17万元,职工180人,总产值1349万元,利润72.31万元。

航天工业部高源机械厂吴县分厂 1987年3月建,厂址在中山东路16号。主要产品为五十铃暖风机、120暖风机、右置式暖风机。固定资产832.58万元,职工132人,总产值761万元,利润52.55万元。

航天工业部风光木器厂苏州吴县分厂 1988年4月建,厂址在中山东路18号。主要制造加工缝纫机合板、木制品家具。固定资产99.02万元,职工33人,总产值316万元,利润51.55万元。

上述8家企业于1993年12月31日至1995年1月先后转制。

第四节 商 业

天平村地处木渎古镇区北部,距镇较近,村民上街购物交易方便。解放前,有少数村民(或非农户)在镇上开店从事餐饮、副食品、修理等行业;大部分村民把自产的蔬菜、禽蛋等农产品带到镇上设摊出售,获得收入以补家用。

一、商业广场

1992至1997年,天平村的原新华、天灵、天平3个村在将村办集体企业转制为民营企业后,把握了上级政策的机遇,利用地理优势以及多年来的开发经验,迅速推进了村级工业小区从第二产业转向第三产业的规划调整工作,并及时进行了评审和报批;同时加快相关项目的招商引资步伐,吸引众多第三产业的大企业,启动村级经济的"腾笼换鸟"工程。合并后的新华、天灵、天平3个片区成立了物业股份合作社(以下简称"物业")作为实施主体,扩大村民的入股机会,并积极创新发展。物业利用原有的工业旧房、闲置房屋和场地等土地资源,建设商业用房,采取"筑巢引凤"的策略,积极招商引资。通过结合"村民投资和集体筹资"的方式,先后投资建成了五大商业广场,整个工程分为两个阶段进行。

第一期:2005年新华物业率先投资6600万元,对原金山路东、花苑路南北侧的工业小区全面实施"退二进三",拆掉老农贸市场、饮料厂和行政楼等,进行二次开发,建造新华物业广场,建筑面积3.8万平方米,并引进韩商易买得租赁项目,年租金1000万元,后改名为奥玛尔国际时代广场。天灵物业于2007年6月投资5800万元,拆除原工业小区,建设香港街商业广场,建筑面积3.8万平方米,其中一号楼和平商业楼主营餐饮、娱乐、宾馆项目;二号楼为特易购购物广场,是集食品、百货、家电等为一体的大型生活购物广场；三号楼8400平方米，为苏州城西小商品交易批发市场。香港街商业广场各主力进驻店于2008年12月28日相继开张营业，总年租金900万元。天灵物业在香港街、惠灵街筹建的原芭提雅休闲娱乐广场（建筑面积5.6万平方米，投资9500万元）提升更名为王森特色街区，先后引进王森集团、时尚先生、魔法森林等入驻商业广场，形成了水景商业步行街，并设立王森物管中心以加强商业街区的招商引资和日常管理。天平山物业投资2300万元，建成范家场商业广场，项目总面积1.96万平方米，引进休闲、餐饮、商贸等服务业，年租金500万元。

奥玛尔国际时代广场（2006年）

香港街商业广场二期工程奠基仪式（2009年）

范家场商业广场（2007年）

第二期：新华物业于2009年在花苑路北建设新华商业广场，占地60亩，为原新华针织服装厂工业小区一部分和沿街商业门面房，拆除后重新建商用大厦，总投资2.5亿元（其中村民投资1.5亿元，集体投资1亿元），建起天虹商城、5号到8号4幢商住楼、20层的宾馆楼；引进天虹百货、华润超市、万悦酒店等项目，形成集商贸、休闲娱乐、写字楼、餐饮于一体的综合性商业广场，年租金2500万元。天灵物业于2009年在香港街中段投资建设5.5万平方米的大富阁商业广场，引进高档餐饮、娱乐等项目，年租金1000万元。天平山物业于2012年在天平山麓创建天平

新华商业广场奠基典礼（2009年）

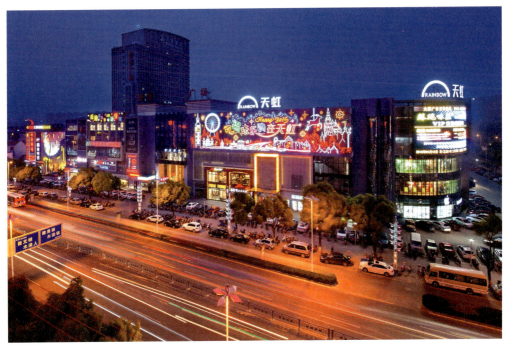

天虹商圈（2022 年）

山农业生态园，占地面积 80 亩，是集农产品培研、观光、休闲度假、娱乐、餐饮于一体的农业生态园，年租金 1000 万元。

天平村 3 个物业股份合作社二期工程全部建成后，全村村级经济年收入达 7000 万元，股民人均收入 1 万元，户均达 3 万元。

二、房地产业

新华村于 1992 年申请报批，于 1993 年 1 月正式挂牌成立吴县房地产公司新华分公司。该公司是吴县第一家村级房地产开发公司，主要从事商品房屋开发。1996 年 8 月，吴县市新华商品房开发有限公司成立，注册资本 100 万元，法人代表孙金火。1997 年 5 月，木渎镇组建房地产开发集团公司（省级），吴县市新华商品房开发有限公司被兼并。1998 年 8 月 30 日，苏州新华房地产有限公司成立，注册资本 800 万元，法人代表孙金火。2003 年 12 月，苏州市新华房地产有限公司进行转制。

表 4-11　　　吴县市新华商品房开发有限公司开发项目一览表

序号	开发单位	地址	面积/米^2
1	新华村经济合作社	中山路门面房 30—48 号	2320.5
2	新华房产	金山路门面房 14—52 号	4655.82
3	新华房产	施乐新村 1—14 幢	28805.7
4	新华村经济合作社	翠坊新村 131—132 幢	3474.07

续表

序号	开发单位	地址	面积/米²
5	新华村经济合作社	梅林路门面房35—63号	3019.08
6	新华房产	梅林新村4幢	3377.92
7	新华房产	梅林商住房门面房87—111号	1487.72
8	新华房产	梅林商住房住宅	2644.7
9	新华房产	梅林新村6幢	3028.85
10	新华房产	梅林新村8幢	3006.88
11	新华房产	金山路门面房61—83号	7648.83
12	新华房产	梅林新村9幢	4724.45
13	新华房产	梅林新村10幢	3854.46
14	新华房产	新华园	7321.6
15	新华房产	梅林新村1—3幢、5幢、7幢	11335
		合计	90705.58

表4-12　　　　　1994—1998年新华村房产公司历年产值表

年份	产值/万元	年份	产值/万元
1994	343.74	1999	936.2
1995	1402.97	2000	97.23
1996	1494.5	2001	301.65
1997	861.2	2002	282.86
1998	183.91	2003	2018.9
		合计	7923.16

苏州新华房地产有限公司开发有香港花园、天伦随园、明月湾、棕榈湾、天平花园、日高花园、香榭山庄、泉景花园、金阊尚院、瑞景苑、桃花源、天邻风景别墅、新怡花园、馨乐花园、大成珺、合家欢、天伦花园、大富阁新村、石油新村、花苑新村、山雨墅、天灵新村、雍尚花园等20多个商品房开发项目。

三、房东经济

20世纪90年代开始，很多外来务工人员涌入木渎镇，他们向当地村民租赁街面房，房东经济应运而生。村民出租房一般为改造的旧房和动迁回购的闲置房屋，房租收入可观。有房屋出租的天平村村民要占全村总户数的90%以上，每户有出租房5—10间，租金收入每户有5万—10万元，而有10万元以上收入的家庭约占总户数的一半。房租成为村民增收的一条途径。

村域住宅区

第五节 山陵产业

灵岩山、天平山之间次峰连绵，山陵产业由来已久，早在民国时期就办有国营绣谷公墓、国泰公墓和立新公墓，上述三处公墓在"文化大革命"中已毁。

天平村境内原天灵、天平两个大队西部紧倚灵岩山、天平山，依靠地域有利条件，利用二山之间的山坡平地，创办公墓，从事山陵文化产业，先后办起天灵公墓和天平公墓，开辟了一条提升村级经济收益的新途径。

天灵公墓 1973年由天灵大队农科队创办，地点在朱家山（属高家场5队山地）。墓区占地21公顷（1公顷=10000平方米），分为向阳区（北）、中区（分1至4区）、特区（最高处）、南区（灵岩街上面）等区位。职工15人，最多时30人。

客户来自苏州、上海等地，公墓管理处在上海设有办事处，专门联系沪上业务。至2000年，共卜葬15000多穴，每年接待客户人数达3.8万余人次。一般年产值130万元，利润85万元。因墓区地理环境优越，客户视其为风水宝地，遂纷至沓来为祖先选择佳域归葬，窀穸永安，有多位现当代名人亦长眠于此，其中有陈干青、施剑翘、韩兰根、沈玉山、刘凤麟、邹元燨、爱新觉罗·溥侗、钱振荣、蔡景高、范德霖等。

惠根寿、许仁泉、严水寿先后任公墓负责人（墓长），至2002年底公墓与村脱钩，由木渎镇山陵文化产业管委会统一管理。

天平公墓 1975年由天平大队创办,地点在赤山坞、阿坞岭一带。墓区占地20公顷,分1至4区。墓上用的石料都由公墓石匠加工做细,还设有轧砂组、建工组(筑条阶、建墓穴等)。职工30人,最多时近百人。公墓管理处在上海设立业务办事处(办事处主任为李云男)。

至2000年,共卜葬13000多穴,一般年产值80多万元,利润40多万元。每年接待客户3万余人次。因墓区环境幽静,深受客户青睐,纷纷前来为祖先选择佳域归葬。多位名人也卜葬于此,其中有宋代名臣范仲淹第十六世孙范惟一和第二十八世孙范敬宜等。

苏州绣谷公墓章程

吴县县政府立案

苏州绣谷公墓章程

第一条 本公墓遵照国民政府内政部公墓条例并经呈准吴县县政府设立定名曰绣谷公墓

第二条 本公墓地点在吴县胥门外木渎镇灵岩山麓占地一百四十余亩由苏福公路灵岩山站转北自闾汽车路直达墓地地势雄秀交通便利

第三条 本公墓坐西面东地质高燥前对上方塔后坐灵岩峰左拥天平右抱七子风景秀丽山水清幽且占苏地名胜区之中心

第四条 本公墓基地契据均经盖印编號列册安为保管无论何人不得处分并呈准地方行政司法官厅登记立案永久受法律上之保

一

苏州绣谷公墓章程

於根寿、夏根云、张水元先后担任公墓负责人(墓长)。至2002年末,公墓与村脱钩,由木渎镇山陵文化产业管委会统一管理。

第五章 基层组织

中华人民共和国成立后，木渎古镇周围农村设立金山、新华、石城、姑苏、七子5个小乡，属吴县木渎区管辖。其中金山乡近一半区域和新华乡六成区域即现天平行政村辖区，下有29个自然村。1954年，境内自然村开始成立初级社。1956年，在各初级社的基础上成立新华、和平2个高级社，开始建立党组织、行政组织。同时，金山、新华两乡与石城乡大部分合并为金山乡（中乡），姑苏乡与七子乡合并为姑苏乡（中乡）。1957年11月，金山乡与姑苏乡合并为新的金山乡（大乡）。境内区域属金山乡管辖。1958年9月，金山人民公社成立，下设大队。新华、和平2个高级社改称新华大队、和平大队，同时延续、调整党组织和行政组织。1962年初，和平大队重组，分为天灵、天平与和平3个大队（其中和平即南浜一带自然村，2003年并入金山村），境内时有天灵、天平、新华3个大队。1962年6月，天灵、天平大队分别建立党组织。1967年，因"文化大革命"，境内各大队党支部处于瘫痪状态，1970年恢复党组织生活。1983年7月，金山人民公社政社实行政社分设，恢复乡、村建制，分别设立白塔村、天灵村、天平村村民委员会和各村民小组。1985年9月，金山乡与木渎镇合并为木渎镇，村境域属木渎镇管辖。2003年11月，新华、天灵、天平3个村合并为新的天平村，建立中共天平村党总支委员会。2006年9月，成立中共天平村委员会。2019年，村党委下设3个片区党总支及22个党支部，共有党员310名。

第一节 村党组织

一、组织沿革

中共新华高级社支部委员会 1956年9月，中共新华高级社支部委员会成立，属中共金山乡委员会领导。曹福金任党支部书记，孙水金、沈毛毛任党支部委员。时有党员10名：曹福金（1954年6月入党）、孙水金（1954年6月入党）、沈毛毛（1954年9月入党）、严根泉（1954年3月入党）、钱阿金（1952年10月入党）、戴水才（1955年12月入党）、钟根宝（1955年12月入党）、顾毛男（1955年12月入党）、赵阿三（1949年10月入党）、蒋阿满（1955年4月入党）。

中共和平高级社支部委员会 1956年9月，中共和平高级社支部委员会成立，属中共金山乡委员会领导。周泉根、吴仁才、柳毛男先后担任党支部书记，马加根任党支部委员，时有党员10多名（具体姓名不详）。

中共新华大队（村）支部委员会 1958年9月，中共新华高级社支部委员会改称中共新华大队支部委员会。曹福金为首任大队党支部书记（至1959年6月），1959年6月起，先后由孙水金、沈福生、孙金火（至2003年11月）任大队（村）党支部书记。1980年12月至1992年10月，新华大队改名白塔大队（村），党支部先后改称中共白塔大队支部委员会、中共白塔村支部委员会。1992年10月起复名为中共新华村支部委员会，直至2003年11月。

党支部党员：1959年6月时有孙水金、蒋阿满、严根泉、管根水（1956年2月入党）、曹雪坤（1955年6月入党）、曹阿兴（1956年6月入党）、赵阿三7名党员。

1960年11月时有孙水金、蒋阿满、管根水、孙文法（1959年8月入党）、曹雪坤、曹阿兴、赵阿三、谭阿林（1959年9月入党）、吴水根（1959年9月入党）、范林教（入党年月不详）、黄小弟（1959年11月入党）、沈根火（1959年11月入党）、吴根生（1959年12月入党）、蔡长大（入党年月不详）、曹雪明（入党年月不详）、胡毛男（1960年入党）、林小男（1960年入党）、邬沫郎（入党年月不详）18名党员。

1971年时有吴根生、谭阿林、孙金火（1971年3月入党）、黄小弟、胡毛男、吴水根、沈福生（1971年5月入党）、曹阿兴、邬沫郎、赵阿三、钱阿金、严根泉12名党员。

中共和平大队支部委员会 1958年9月，中共和平高级社支部委员会改称中共和平大队支部委员会。吴仁才为首任大队党支部书记，柳毛男为党支部副书记，马加根为党支部委员。

1960年，吴仁才调出，由柳毛男任党支部书记，马加根任副书记。

1962年，和平大队一分为三，重新组建，其西部大部分区域组建天灵、天平两个大队，其东部小部分仍称和平大队，区域范围为南浜一带自然村，后改为南浜大队（村），2003年并入金山村。

中共天灵大队（村）支部委员会　1962年，原云华行政（小）村大部分区域从和平大队分出组建天灵大队，同年6月成立天灵大队党支部。马加根任党支部书记，徐阿正任党支部副书记，许根男等任党支部委员。从1966年7月起，先后由许根男、吴根虎（2任）、钟龙泉、邵寿生、葛惠兴（至2003年11月）任大队（村）党支部书记。

中共天平大队（村）支部委员会　1962年，原天平行政（小）村与云华行政村小部分区域从和平大队分出组建天平大队，同年6月成立天平大队党支部。沈毛狗任党支部书记，何永福任党支部副书记，於根福等任党支部委员。从1964年11月起，先后由吴仁才、沈毛狗、李根祥、於根福、徐水亭、李寿兴、何建平、俞剑英（至2003年11月）任大队（村）党支部书记。

中共天平村总支委员会　2003年11月，中共天平村总支委员会成立，由原新华村、天灵村和天平村3个党支部合并后组成，下设新华、天灵、天平3个党支部。王龙根任党总支书记，孙金火、葛惠兴、俞剑英任党总支副书记。

2005年12月，葛惠兴任党总支书记，孙金火、俞剑英、石根宝任党总支副书记。

中共天平村委员会　2006年9月，中共天平村委员会成立，隶属木渎镇党委。葛惠兴任党委书记，孙金火、俞剑英、黄丽华任党委副书记。

天平村党员群众前往全国劳模事迹馆参观（2018年）

村党委换届选举大会（2013年）

2010年8月，葛惠兴任党委书记，俞剑英、黄丽华、孙伟任党委副书记。
2011年9月，俞剑英任党委书记，黄丽华、孙伟、钱建华任党委副书记。
2016年9月，孙伟任党委书记，钱建华、徐盘根任党委副书记。
2019年7月，钱建华任党委书记，徐盘根、孙丹萍任党委副书记。
2019年，天平村党委下设新华、天灵、天平3个片区党总支及22个党支部。

二、党组织干部任职情况

表5-1　　　　1958–2003年原新华（白塔）大队（村）党支部正副书记任职表

职务	姓名	任期
党支部书记	曹福金	1958年6月—1959年6月
	孙水金	1959年6月—1971年9月
	沈福生	1972年5月—1973年4月
	孙金火	1973年4月—2003年11月
党支部副书记	蒋阿满	1959年6月—1969年6月
	管根水	1960年11月—1972年5月
	吴根生	1972年5月—1973年4月
	孙金火	1972年5月—1973年4月

续表

职务	姓名	任期
党支部副书记	沈小男	1975年6月—1976年5月
	资才英	1974年1月—1982年10月
	沈根水	1976年5月—2003年11月
	石根宝	1997年5月—2003年11月

天平村党委新华党总支组织党员到革命圣地西柏坡参观学习（2012年）

天平村党委新华村党总支组织党员参观周恩来纪念馆（2013年）

表 5-2　　　　　　1962—2003 年原天灵大队（村）党支部正副书记任职表

职务	姓名	任期
党支部书记	马加根	1962 年 6 月—1966 年 7 月
	许根男	1966 年 7 月—1972 年 5 月
	吴根虎	1972 年 5 月—1983 年 7 月
	钟龙泉	1983 年 7 月—1987 年 9 月
	吴根虎	1987 年 9 月—1993 年 5 月
	邵寿生	1993 年 5 月—1998 年 6 月
	葛惠兴	1998 年 6 月—2003 年 11 月
党支部副书记	徐阿正	1962 年 6 月—？
	许三男	1973 年 5 月—1994 年 6 月
	钟龙泉	1979 年 6 月—1983 年 7 月
	吕水福	1998 年 5 月—2003 年 11 月

表 5-3　　　　　　1962—2003 年原天平大队（村）党支部正副书记任职表

职务	姓名	任期
党支部书记	沈毛狗	1962 年 6 月—1964 年 11 月
	吴仁才	1964 年 11 月—1969 年 6 月
	沈毛狗	1969 年 7 月—1975 年 8 月
	李根祥	1976 年 9 月—1979 年 6 月
	於根福	1979 年 6 月—1983 年 8 月
	徐水亭	1983 年 8 月—1984 年 9 月
	李寿兴	1984 年 9 月—1997 年 2 月
	何建平	1997 年 2 月—1998 年 9 月
	俞剑英	1998 年 9 月—2003 年 11 月
党支部副书记	何永福	1962 年 6 月—？
	陈毛毛	1975 年 5 月—1980 年 7 月
	於根福	1978 年 2 月—1979 年 5 月

表 5-4　　　　2003—2019 年天平村党总支、党委正副书记、委员任职表

任期	书记	副书记	委员	备注
2003年11月—2005年12月	王龙根	孙金火、葛惠兴、俞剑英	石根宝、黄丽华、吕水福、李华珍、李海根	党总支
2005年12月—2006年9月	葛惠兴	孙金火、俞剑英、石根宝	吕水福、黄丽华、李海根、李华珍	党总支
2006年9月—2010年8月	葛惠兴	孙金火、俞剑英、黄丽华	石根宝、吕水福、李海根、李华珍、孙海根	党委换届
2010年8月—2011年9月	葛惠兴	俞剑英、黄丽华、孙伟	李海根、李华珍、孙海根、钱建华、朱正芳	党委换届
2011年9月—2016年9月	俞剑英	黄丽华、孙伟、钱建华	李海根、李华珍、孙海根、钱建华、朱正芳	党委
2016年9月—2019年7月	孙伟	钱建华、徐盘根	朱正芳、许福明、孙丹萍、李华珍、李海根、唐征明、时金兴	党委换届
2019年7月—	钱建华	徐盘根、孙丹萍	朱正芳、许福明、李华珍、李海根、唐征明、时金兴	党委

表 5-5　　　　2019 年天平村党委下属组织设置概况表

序号	支部名称	支部书记	党员数
1	行政党支部	钱建华	13
2	灵岩山党支部	许福明	25
3	朱家山党支部	曹炎	18
4	徐山嘴党支部	李华珍	25
5	白塔河党支部	时金兴	39
6	花苑河党支部	周连珍	27
7	下沙河党支部	邬静	26
8	向阳河党支部	范成贤	27
9	天平范家场党支部	唐征明	31
10	天平红枫党支部	季乾一	41

续表

序号	支部名称	支部书记	党员数
11	青年党支部	邬春燕	13
12	明创塑胶党支部	倪钰明	5
13	德机党支部	郑欢欢	3
14	金山石雕党支部	何超君	7
15	天虹党支部	李 煜	7
16	天灵联合党支部	许永中	8
	合计		315

第二节 村行政组织

一、组织沿革

1950年3月，现天平村境域东部设新华乡，成立基层行政组织（顾根泉、朱康金、庄根泉先后担任乡长），下辖殷巷、塘江、沈店、范家、沈巷、长浜、马市7个行政小村。其中殷巷、塘江、沈店（村支书孙水金）、范家4个行政村即后来的新华村区域。境域西部设立天平（村支书朱根福、殷毛男）、云华（村支书殷水金）2个行政小村，属金山乡管辖。

1954年，境域内开展农业合作化运动，先后组建和平、新华、天新等若干个初级社。1956年，农业合作化进入高潮，在初级社的基础上成立和平、新华2个高级社。和平高级社的范围包括天平、云华行政村和南浜一带自然村，共有22个自然村；新华高级社的范围包括殷巷、沈店、塘江、范家行政村和沈巷等自然村，有16个自然村，都属金山乡管辖，以高级社职能替代行政村职能。和平高级社社长马加根（副社长不详）；新华高级社社长曹福金，副社长孙水金、严根泉、钱阿金，管理委员会委员戴水才、钟根宝、顾毛男、顾寿根、潘阿权、曹阿兴、曹雪坤，监察委员柳根金、孙根金。

1958年9月，成立金山人民公社，和平高级社改称和平大队，新华高级社改称新华大队。公社化初期，一度实行军事化建制，和平、新华大队各称营部，生产队称连队。新华大队为第五营，教导员孙水金，副教导员张金林，营长沈毛毛，副营长蒋阿满、沈玉妹，会计余业，粮管员、信用会计管大男。和平大队为第六营，教导员吴仁才，副教导员柳毛男，营长马加根，副营长石仕凤、陈火云、严根泉，会计周来生，粮管员、信用会计纪福兴。

1959年6月，改为大队建制，和平大队大队长马加根（副大队长不详）；新华大队大队长蒋阿满，副大队长严根泉。从1959年6月起先后任大队长、革委会主任的有蒋阿满（2任）、孙文法、孙水金、沈福生、孙金火、沈根水，先后担任村委会主任的有石根宝、管龙元、孙海寿、石永根（至2003年11月）。

1960年，沈巷一带自然村从新华大队分离出去另建沈巷大队，新华大队调整为18个生产队。

1962年，和平大队重组，分为天灵、天平、和平3个大队（和平即南浜一带自然村，后并入金山村）。

天灵大队（村）从1962年起先后任大队长、革委会主任的有许根男（2任）、徐阿正、吴根虎、钟龙泉、许三男，先后任村委会主任的有惠根泉、许伟雷、许金发、沈土泉（至2003年11月）。

天平大队（村）从1962年起先后任大队长、革委会主任、村委会主任的有於根福、何永福、吴仁才、李根祥、徐水亭、殷水金、王木根、夏桂英、殷森林、李海根（至2003年11月）。

2003年11月，新华、天灵、天平3个行政村合并为新的天平村，成立天平村村委会。至2019年12月，先后任村委会主任的有葛惠兴、俞剑英（4任）、孙伟（2任）、钱建华（2任），先后任村委会副主任的有石永根、吕水福、徐盘根、孙海根、许福明、孙伟、朱正芳、唐征明。

木渎镇天平村第十届村民委员会选举大会（2013年）

2003年新华村组织退休队长、妇女骨干去北京参观学习

二、行政干部任职情况

表 5-6　　原新华（白塔）大队（村）正副大队长、村委会主任等任职表

职务	姓名	任期	职务	姓名	任期
大队管委会大队长（1959—1969）	蒋阿满	1959年6月—1960年11月	大队管委会副大队长	严根泉	1959年6月—？
	孙文法	1960年11月—1965年		孙文法	1959年6月—1960年11月
	蒋阿满	1965年1月—1969年2月		吴水根	1960年3月—？
				蔡长大	1960年3月—？
				吴根生	1965年—1969年3月
大队革委会主任（1969—1979）	孙水金	1969年2月—1971年9月	大队革委会副主任	蒋阿满	1969年2月—？
	沈福生	1972年5月—1973年4月		赵林男	1969年2月—？
	孙金火	1973年4月—1979年11月		孙金火	1972年5月—1973年4月
				吴根生	1971年4月—1972年5月 1973年4月—？
				沈根水	1976年5月—1979年11月
大队管委会大队长（1979—1983）	沈根水	1979年11月—1983年7月	大队管委会副大队长	倪永祥	—
				孙根水	—
村民委员会主任（1983—2003）	石根宝	1983年7月—1997年1月	村委会副主任	管龙元	1983年7月—1997年1月
	管龙元	1997年1月—1998年1月		石永根	1997年1月—2001年5月
	孙海寿	1998年1月—2001年5月		黄丽华	2001年5月—2003年11月
	石永根	2001年5月—2003年11月			

续表

职务	姓名	任期	职务	姓名	任期
村经济合作社社长（1983—2003）	沈根水	1983年7月—1999年	村经济合作社副社长	严二男	1983年7月—?
	孙金火	1999年—2003年		倪永祥	1983年7月—?

注：1958年9月—1959年6月，大队实行军事化编制，正副教导员由正副书记担任；正副营长相当于正副大队长。

表5-7　　　　原天灵大队（村）正副大队长、村委会主任等任职表

机构名称	职务	姓名	任期
大队管委会（1962—1969）	大队长	许根男	1962年6月—1966年7月
		徐阿正	1966年7月—1969年2月
大队革委会（1969—1979）	主任	许根男	1969年2月—1972年9月
		吴根虎	1972年9月—1979年11月
	副主任	吴根虎	1970年9月—1972年8月
		李根木	1972年9月—?
		许三男	1972年5月—?
大队管委会（1979—1983）	大队长	钟龙泉	1979年—1981年
		许三男	1981年—1983年
村委会（1983—2003）	主任	惠根泉	1983年8月—1993年
		许伟雷	1993年—1998年
		许金发	1998年—2001年
		沈土泉	2002年—2003年11月
村经济合作社（1983—2003）	社长	许三男	1983年7月—?
		王龙元	—
	副社长	严水寿	1983年7月—?
		王龙元	1983年7月—?

表5-8　　　　原天平大队（村）正副大队长、村委会主任等任职表

机构名称	职务	姓名	任期
大队管委会（1962—1969）	大队长	於根福	1962年5月—1966年3月
		何永福	1966年4月—1969年2月
大队革委会（1969—1979）	主任	吴仁才	1969年2月—1976年5月
		李根祥	1976年5月—1979年5月
大队管委会（1979—1983）	大队长	徐水亭	1979年6月—1983年8月

续表

机构名称	职务	姓名	任期
村民委员会 （1983—2003）	主任	殷水金	1983年8月—1988年3月
		王木根	1988年3月—1990年4月
		夏桂英	1990年4月—1996年1月
		殷森林	1996年2月—2002年6月
		李海根	2002年6月—2003年11月
村经济合作社 （1983—2003）	社长	李寿兴	1983年8月—1986年3月
		殷森林	1986年3月—1996年3月
		俞剑英	1996年3月—2003年11月
	副社长	赵天寿	1983年8月—？

表5-9　　　　　　　　　　　　境域大队（村）会计表

大队（村）	姓名
新华（白塔）	余业、倪生元、孙金火、倪林根、孙海寿、石根宝
天灵	周来生、吕金元、葛惠兴、沈土泉、徐永泉
天平	纪福兴、许龙根、陈毛毛、夏寿福、李水根、季芳

表5-10　　　　　　　　2003—2019年天平村村委会正副主任、委员任职表

时间	主任	副主任	委员
2003—2004	葛惠兴	石永根、吕水福、徐盘根	石根宝、黄丽华、李海根、许金发、赵秋菊
2005—2006	俞剑英	石永根、吕水福、徐盘根	石根宝、黄丽华、李海根、许金发、赵秋菊
2007—2008	俞剑英	孙海根、许福明、徐盘根	孙伟、李华珍、朱正芳、谭金娣、钱建华
2009	俞剑英	孙海根、许福明、徐盘根	孙伟、李华珍、朱正芳、谭金娣、钱建华
2010—2011	俞剑英	孙伟、徐盘根、许福明	朱正芳、李华珍、孙海根、王祖兴、钱建华
2011—2012	孙伟	朱正芳、许福明、徐盘根	李华珍、孙海根、钱建华
2013—2014	孙伟	朱正芳、许福明、徐盘根	李华珍、唐征明、时金兴、葛一涛、邬春燕
2015—2017	钱建华	朱正芳、许福明、唐征明	李华珍、时金兴、邬春燕
2018—2019	钱建华	许福明、唐征明	李华珍、时金兴、邬春燕

木渎镇天平村第九届村民委员会换届选举大会（2010年）

表5-11　　　　　2019年天平村各片区片长、村民小组长名单表

片区	片长	村民组长	自然村名	管辖村民小组
天平片区	唐征明	王志华	河上村	1组
		许建峰	祥里村	2组
		赵国兴	照山嘴、下旺街	3组、4组
		朱龙元	沈家弄、西路上	5组、6组
		李永明	山里旺	7组
		俞常青	邓家场	8组
		周宏生	范家场	9组
天灵片区	许福明	吕炳元	陆家村	1组、2组
		庄国荣	灵岩街	3组、4组
		徐金土	高家场	5组
		徐忠华	塘岸上	6组
		惠国忠	惠家场	7组
		周敏	徐山嘴	8组、11组
		陈雪根	庙前	9组、10组
新华片区	时金兴	柳福根	新村	1组、2组
		应伟明	殷巷村	3组、17组
		孙文元	赵巷村	4组、5组
		倪建华	叶家桥西	6组、7组（部分）
		倪侃	叶家桥东	6组（部分）、7组
		朱玉林	塘江村	8组、9组、16组（部分）

续表

片区	片长	村民组长	自然村名	管辖村民小组
新华片区	时金兴	沈建伟	沈店村西	10组、11组
		石寿男	沈店村东	12组、13组
		陈惠明	范家村	14组
		钱金土	陶家村、彭家场	15组、16组

第三节　村民兵组织

组织机构　1949年6月,乡镇成立治安保卫小组,系民兵组织前身。1952年6月,木渎区建立人民武装部,金山乡、新华乡各自成立民兵中队,现天平村境域内青壮年参加中队民兵组织。1957年,按年龄编制民兵,17—25岁青年和18—30岁复员军人被编为基干民兵,25—40岁青壮年被编为普通民兵。1958年9月,金山人民公社建民兵团,大队、生产队分别成立民兵营、连和排。境内各大队各配备1名脱产干部担任营长,各生产队配备几名骨干民兵担任连长、排长。1964年,金山人民公社民兵团设武装基干民兵营,境内新华、天灵、天平3个大队民兵营各建武装民兵排,并配备半自动步枪若干支。1978年起,境内民兵工作开展组织、政治、军事"三落实"工作,将武装、基干、普通3种民兵重新调整为基干民兵和普通民兵两种。民兵年龄为18—35周岁,其中基干民兵为18—28周岁,并把民兵制度与预备役制度、民兵工作和兵员动员工作结合起来。

1985年,天平村境内原3个村有基干民兵排5个,共有民兵500多名。

2019年,天平村民兵营经整组后有基干民兵10人,其中森林灭火连3人、防化救援连2人、油料保障2人、物资收发3人。普通民兵200人,设立1个营、3个连、9个排。

各大队(村)民兵营长:原新华(白塔)大队(村)历任民兵营长为沈多元、沈小男、沈根水、管龙元、朱正芳;原天灵大队(村)历任民兵营长为吴根虎、严水寿、马永兴、葛惠兴、吕水福、许福明;原天平大队(村)历任民兵营长为汪三男、殷火根、殷根林、俞剑英、徐盘根。

2003—2019年,天平村民兵营长为李海根。

军事训练　20世纪50年代初,境内民兵中队干部参加县人民武装部举办的短期集训,集训的主要内容为步兵基本知识。天平山环境条件独特,为公社民兵军事集训基地,实行劳武结合,集训的内容有政治教育、军事知识和技术科目,训练包括射击、投弹、匍匐向前、战术刺杀、挖掩体等项目。1977年9月,为纪念毛主席

抗击"利奇马"台风（2019年）

"大办民兵师"指示发表19周年，境内各大队民兵参加吴县人民武装部在七子山举办的射击、爆破等技术项目军事演习，合格率100%，并多次在由金山人民公社、吴县人民武装部组织的基干民兵军政考核和集训比赛中取得好成绩。其中天平大队民兵营成绩尤为突出，分别获公社、县人民武装部的表彰10余次。1991年后，每年的民兵军事训练，由县人民武装部统一安排时间、军训地点、军训内容。2000年初，天平基干民兵参加训练22人次，内容有轻武器射击等，合格率100%。

治安执勤 1970年末，境内各大队选派民兵加入金山人民公社组织的民兵小分队，轮流参加光福机场的施工任务，历时5年。1986年7月，7号台风袭击太湖，水位超过警戒线，境内各村民兵奉令至太湖乡，参加太湖危险地段抢险。1991年7月9日，太湖乡南湖堤岸出现险情，境内各村选派民兵加入镇人民武装部组织的应急小分队，于当日上午赶到南湖堤岸，经过5个多小时奋战，堵住了决口，保住了堤岸。

天平村地属山区，森林防火是民兵的一项重要工作。每年清明节期间，民兵严阵以待，轮流上岗检查。

征兵与优抚 现天平村域各大队（村）配合乡（镇）人民武装部做好征兵与退伍军人的优抚工作。在每次征兵工作期间，积极动员适龄青年报名参军，入军营学习、锻炼，报效国家。自实行义务兵役制以来，全村已为国家输送190多名优秀青年入伍，他们在部队各个兵种岗位上锻炼成长，其中担任连长的有谢建兴、石银华、杨忠伟、樊一明、朱土根、孙火根等，担任排长的有陈亮华等，担任技术兵工程师的有孙福根等多人，担任班长的有36人。

天平村民兵营认真组织民兵学习,提高民兵政治思想素质水平,协助落实好军人优抚工作;配合相关部门切实维护退伍军人和军烈属的切身利益。2003年村成立退伍军人服务站,为全村187名军人发放"光荣之家"荣誉牌,保证现、退役军人安心服役及征兵工作的顺利进行。

表 5-12　　　　　　　　　　天平村退役军人表

姓名	入伍时间	退役时间	立功
赵阿三	1943 年	1954 年	
姚世源	1949 年 5 月	1956 年 12 月	
许长宝	1951 年	1954 年 11 月	
庄阿二	1953 年	1956 年 6 月	
范小男	1955 年 3 月	1959 年 12 月	
俞仁远	1955 年 10 月	1960 年	
资风元	1956 年 1 月	1960 年 3 月	
葛阿才	1957 年 3 月	1961 年 9 月	
殷全火	1957 年 3 月	1973 年 8 月	
徐先林	1957 年 3 月	1969 年 5 月	
戴长福	1959 年 3 月	1964 年 2 月	
石金才	1960 年 1 月	1964 年 3 月	
黄土泉	1960 年 3 月	1964 年 2 月	
沈小男	1960 年 9 月	1968 年 3 月	
倪永康	1963 年 2 月	1968 年 2 月	
赵林男	1963 年 7 月	1968 年 3 月	
吕根水	1965 年 10 月	1971 年 2 月	
朱云根	1966 年 3 月	1978 年 12 月	
谢文元	1968 年 1 月	1972 年 12 月	
黄桂兴	1968 年 4 月	1970 年 8 月	
朱吾宝	1968 年 4 月	1971 年 3 月	
邵寿根	1969 年 3 月	1973 年 1 月	
谢桂福	1969 年 12 月	1975 年 2 月	
张雪根	1970 年 1 月	1973 年 2 月	
陈　宇	1970 年 5 月	1975 年 3 月	
朱土根	1970 年 12 月	1986 年 12 月	
张兴根	1971 年 1 月	1973 年 1 月	
黄林男	1973 年 1 月	1979 年 12 月	

续表

姓名	入伍时间	退役时间	立功
周金土	1973年1月	1976年3月	
何建平	1973年1月	1976年3月	
夏全福	1973年1月	1979年12月	
孙银土	1973年1月	1976年3月	
徐大弟	1973年1月	1976年3月	
沈文龙	1973年1月	1976年3月	
沈小男	1973年1月	1976年3月	
吕福元	1973年9月	1975年2月	
张水元	1973年12月	1976年3月	
谢建兴	1974年12月	1980年1月	
王洪武	1974年12月	1980年1月	
孙火根	1974年12月	1986年12月	
余龙泉	1974年12月	1977年3月	
李 震	1975年1月	1977年1月	
沈文男	1976年2月	1993年7月	
丁泉明	1976年2月	1980年12月	
赵根兴	1976年2月	1978年4月	
徐寿根	1976年3月	1980年1月	
姚长根	1976年3月	1983年3月	
周虎才	1976年12月	1979年2月	
周海根	1977年1月	1981年1月	
吕水福	1977年1月	1980年1月	三等功
葛惠忠	1978年3月	1984年1月	
许云良	1978年3月	1984年1月	
孙福根	1978年3月	2000年8月	
蔡伟生	1978年3月	1982年10月	
黄 敏	1978年12月	1984年1月	三等功
沈金龙	1979年1月	1983年1月	
陈海根	1978年12月	1985年1月	
沈云水	1979年11月	1982年1月	
许金发	1979年12月	1984年12月	
李锦明	1979年12月	1985年1月	

续表

姓名	入伍时间	退役时间	立功
王建林	1979年11月	1981年7月	
魏志刚	1979年12月	1980年12月	
徐培根	1978年11月	1985年1月	
黄龙兴	1980年1月	1981年1月	
姚金生	1980年11月	1985年1月	
蔡双元	1980年11月	1983年1月	
马秋生	1980年11月	1987年1月	三等功
唐小弟	1980年11月	1982年10月	
徐建新	1980年11月	1982年12月	
殷泉源	1980年11月	1994年8月	
李金明	1980年12月	1984年1月	
梁金根	1981年11月	1989年10月	
资胜元	1981年11月	1984年1月	
王玉宝	1981年12月	1985年1月	
徐海元	1981年12月	1985年1月	
张海根	1982年1月	1986年12月	
徐玉林	1982年10月	1986年10月	
陈惠明	1982年11月	1987年1月	
邢兴良	1982年11月	1986年1月	三等功
吴伟炳	1983年10月	1986年12月	
曹云龙	1983年10月	1986年1月	
闵文庆	1983年10月	1989年3月	
朱年根	1983年10月	1986年1月	
林秋凉	1983年11月	1989年3月	
陆云男	1984年10月	1988年1月	
陈金坤	1984年10月	1989年1月	
吴满兴	1984年10月	1988年1月	
朱建民	1984年10月	1988年1月	
刘建农	1984年10月	1988年1月	
倪钰明	1984年11月	1989年3月	
李海根	1984年11月	1989年3月	
徐 林	1985年11月	1990年3月	

续表

姓名	入伍时间	退役时间	立功
陈惠明	1985年11月	1989年3月	
周建新	1985年11月	1990年3月	
吴雪林	1986年10月	1990年12月	
杨伟民	1986年10月	1997年8月	
资伟元	1986年10月	1990年3月	
周伟男	1986年11月	1991年12月	三等功
陆雪伟	1987年10月	1991年12月	
沈华龙	1989年3月	1993年11月	三等功
朱建清	1989年3月	1991年12月	
李向群	1989年3月	1992年12月	
邵刘钧	1990年3月	1992年12月	
沈建伟	1990年3月	1993年12月	
李永明	1990年12月	1994年12月	
吴振华	1990年12月	1993年12月	
夏向军	1990年12月	1994年12月	
汤建新	1990年12月	1993年12月	
陈亮华	1990年12月	2008年3月	
徐 军	1990年12月	1994年12月	
朱明昌	1991年12月	1994年12月	
李 红	1991年12月	1994年12月	
沈凌如	1991年12月	1994年12月	
叶 龙	1991年12月	2006年3月	
杨忠伟	1992年12月	2005年4月	
范文明	1992年12月	1995年11月	
孙东伟	1992年12月	1995年12月	
周宏伟	1992年12月	1995年12月	
石军伟	1992年12月	1995年12月	
朱向华	1992年12月	1995年12月	
王伦春	1993年12月	2001年4月	
韩腾桥	1993年12月	2006年5月	三等功
周建惠	1993年12月	1996年12月	
朱 剑	1994年11月	1997年11月	
马学成	1994年12月	1997年12月	
陈福男	1994年12月	1997年11月	

续表

姓名	入伍时间	退役时间	立功
沈志强	1995年12月	1998年12月	
王春东	1995年12月	1998年12月	
顾志强	1995年12月	1998年12月	
朱建国	1996年11月	1999年12月	
查明峰	1996年12月	1999年12月	
刘金春	1996年12月	2001年12月	
严宗林	1996年12月	2001年12月	
张 宏	1997年1月	2000年12月	
李 华	1997年12月	1999年12月	三等功
周 敏	1997年12月	2000年12月	
汤国昌	1997年12月	2002年12月	三等功
袁志红	1997年12月	2005年12月	
李敏锐	1997年12月	2014年3月	
钱建华	1997年12月	2000年12月	
严永青	1997年12月	2000年12月	三等功
王 清	1997年12月	1999年12月	
卢 建	1998年12月	2014年12月	
周 发	1998年12月	2011年4月	
邹建国	1999年12月	2001年12月	
朱建伟	1999年12月	2002年12月	
胡勇彬	1999年12月	2007年12月	
孙建新	1999年12月	2001年12月	
张中秋	1999年12月	2007年12月	
朱永兵	2000年12月	2002年12月	
石银华	2001年1月	2003年12月	
樊一明	2001年12月	2013年12月	三等功
陈冬冬	2001年12月	2003年12月	
孙德奎	2001年12月	2003年12月	
俞卫星	2001年12月	2003年12月	
李国宏	2001年12月	2003年12月	
殷 魏	2002年12月	2004年12月	
倪 佳	2002年12月	2004年12月	
倪建方	2002年12月	2004年12月	
王 磊	2002年12月	2004年12月	

续表

姓名	入伍时间	退役时间	立功
周晓荣	2003年12月	2005年12月	
沈　洁	2003年12月	2016年4月	
吴晓春	2004年12月	2006年12月	
金　龙	2001年12月	2006年12月	
石　华	2004年12月	2006年12月	
王寅平	2006年11月	2008年12月	
钱　刚	2006年12月	2008年12月	
朱　琦	2006年12月	2008年11月	
汪冬华	2006年12月	2008年12月	
范龙海	2007年12月	2009年10月	
王玉龙	2007年12月	2012年12月	
沈晓华	2007年12月	2012年12月	
黄冬君	2007年12月	2009年12月	
范龙泉	2008年1月	2010年12月	
朱晨泽	2009年12月	2011年12月	
许晓华	2009年12月	2011年12月	
吴　江	2009年12月	2016年12月	
夏　炜	2010年10月	2012年12月	
许夏鑫	2010年12月	2012年12月	
顾　瑜	2010年12月	2012年12月	
徐　超	2010年12月	2012年12月	
沈盛杰	2011年11月	2013年12月	
丁伟杰	2011年12月	2013年12月	
朱　锦	2011年12月	2013年12月	
朱祎铭	2012年12月	2014年11月	
孙　禹	2012年12月	2014年12月	
倪子涵	2012年12月	2014年12月	
周　华	2012年12月	2014年12月	
郁晨曦	2013年9月	2015年9月	
时　林	2013年9月	2015年9月	
谭涵懿	2013年9月	2015年9月	
许泽春	2014年9月	2016年9月	
许炎斌	2014年9月	2016年9月	
许佳毫	2015年10月	2017年9月	

续表

姓名	入伍时间	退役时间	立功
吴 拥	2015年10月	2017年9月	
石晓荣	2016年9月	2018年9月	

注：缺事业编制、公务员及未到村里登记的退役军人名单

第四节 村群团组织

一、农民团体

农民协会 金山乡于1950年3月以贫下中农为主体建立农民协会，简称"农会"。境内天平、云华、殷巷、沈店、塘江、范家等行政小村都建立农会。农会在参与建立人民政权、反霸斗争、土地改革、抗美援朝、发展农业生产和农业合作化等活动中起过一定的作用。1954年10月后，农会随着农业合作化运动不断发展而自行消失。

贫下中农协会 贫下中农协会是农会的继续，简称"贫协"。1964年开展社会主义教育运动时，为树立贫下中农的绝对优势，在党的领导下，贫农、下中农组织起来，成立了贫协，新华大队贫协主任为李根宝，天灵大队贫协主任为姚阿三，天平大队贫协主任为赵全男。"文化大革命"初，贫协被各种"造反派"组织所替代。

老年协会 1989年10月，木渎镇老年协会成立，隶属镇老龄委。各村建有老年协会分会。

2019年，天平村老年协会有女性年满55周岁、男性年满60周岁的老年人共1880人，占总人口数的33%（其中男性750人，女性1130人），70岁以上718人（其中90岁以上41人）。

老年协会围绕6个"老有"（老有所养、老有所医、老有所教、老有所学、老有所乐、老有所为）的工作目标，抓好4件事：一是健全组织，二是抓好老年人学习，三是抓好老年人文体活动，四是抓好为全村老年人服务工作。

各村老年协会会长任职情况：原新华（白塔）村历任会长为庄根泉（1989—1992）、房招福（1992—2003）；原天灵村历任会长为许根土（1989—1995）、马加根（1995—2003）；原天平村历任会长为吴仁才（1981—1995）、沈毛狗（1995—2003）。

2003—2019年，天平村老年协会正副会长任职情况：历任会长为马加根（2003—2009）、沈根水（2009年至今）；历任副会长为沈毛狗（2003—2009）、李根祥（2009—2018）、资才英（2009—2011）、钱福高（2009年至今）、石永根（2011年至今）、

许云珍（2018年至今）。

二、青年组织

1953年11月，中国新民主主义青年团木渎区工作委员会成立，同时金山乡、新华乡相继成立团支部。1956年1月，小乡并中乡后，建立金山乡团总支部。1957年10月，中国新民主主义青年团改称中国共产主义青年团（简称"共青团"）。同时，金山乡团委改称中国共产主义青年团金山乡委员会。

1958年公社化后，现天平村境内各生产大队均设立团支部，属金山人民公社团委领导，协助党组织开展工作，团结、带领青年人参加社会主义建设事业。1985年，木渎镇与金山乡合并为木渎镇，境内各村团支部属共青团木渎镇委员会领导。

共青团是先进青年的先锋组织，境内各村团支部工作成绩显著。20世纪70年代初，天平、新华、天灵大队曾组建由团员青年参加的青年突击队，大队团支书任队长，在农田基本建设中，开荒、平坟造田、平整土地、开挖河道，发挥先锋骨干作用。新华（白塔）大队（村）1965年有团员48名，1985年有63名，1993年团员发展到83名，1988年建立了团总支部。在村团组织的领导下，团员青年在创建村办企业，发展村级经济事业中发挥主力军作用。1979年，村办电工厂初创时，派出12名团员青年赴上海中国电工厂学习技术，4个月结业回厂，主动要求自制设备。他们白天照常上班，利用午休和晚上研究琢磨，攻关克难，画出零件、整机图纸250张，20天后村第一台漆包线设备研制成功，经测试完全符合工艺要求。4个月时间共自制8台漆包机，为企业节省资金32万元。1985年，电工厂从奥地利、联邦德国引进2套具有国际先进水平的微细漆包线设备。如请外国专家安装需要半年时间，费用10万美元。从福建培训学习归来的9名团员青年主动请缨自己安装，仅用2个月时间，克服一道道难关，终于安装竣工，得到前来鉴定验收的外国专家的肯定和夸奖。

1990年，白塔村团支部被苏州市团委授予"组织建设先进集体"称号，被省团委授予"先进团支部"称号；1991年被授予"江苏省组织建设示范单位"称号。1991年9月，白塔村团总支书记许振华赴京出席共青团全国基层工作会议，并作大会发言，受到与会代表一致好评。共青团中央书记洛桑对白塔村的团工作给予高度评价。白塔村团支部被共青团中央授予"红旗团支部"称号，成为全国"十佳团支部"之一。

2003年11月，新华、天灵、天平3个村合并为新的天平村，原3个村团支部合并，成立共青团天平村总支委员会，下设4个团支部，有团员56名。团组织继续发扬优良传统，协助村党组织工作，团结全村团员青年为建设家乡、发展村级经济的诸方面工作发挥先锋模范作用；加强组织建设，组织各类志愿者服务队，有志愿者59名，积极服务社会、服务群众。团组织还建立"天平村青年联谊会"QQ群，发放青年联系卡，让更多团员青年为村团组织工作建言献策，增强团组织的凝聚力和向心力。

2006年,天平村团总支部被共青团中央组织部授予"全国'百乡千村'团建创新优秀项目(单位)"奖项,另获得"木渎镇团建示范点""木渎镇共青团系统先进团(总)支部"等荣誉称号。

各大队(村)团支部书记任职情况:原新华(白塔)大队(村)历任团支部书记为曹惠根(任期不详)、黄土泉(1964—1966)、孙金火(1966—1971)、倪永祥(1971—1973)、沈根水(1973—1976)、石长根(1976—1979)、石根宝(1979—1983)、石永根(1983—1990)、许振华(1990—1994)、石建清(1994—2003);原天灵大队(村)历任团支部书记为葛加瑞、李根元、朱年根、吴雪林、李华珍、钱建华;原天平大队(村)历任团支部书记为汪三男、陆全根、李寿兴、王木根、殷根林、俞剑英、徐盘根。

2003—2019年,天平村历任团总支书记为李华珍(2003—2007)、钱建华(2007—2013)、蒋昕恒(2013—2015)、邬春燕(2015—2019)、邬静(2019年至今)。

三、妇女组织

1950年,境内所属木渎区金山乡、新华乡分别建立妇女组织,各行政小村配备相应妇女干部。当时,妇女组织的主要任务是宣传妇女解放,争取在社会和家庭中实现男女平等;宣传婚姻法,争取婚姻自由;组织妇女参与土地改革和农业合作化运动等。

1956年,新华、和平高级社分别建立妇女代表大会分会,高级社管委会中配备1名妇女委员,担任妇女主任,分别属新华乡、金山乡妇女代表大会领导。1958年9月,新华大队、和平大队分别成立妇女代表委员会(简称"妇代会"),设妇代会主任1名,委员若干名;生产队建立妇女代表小组,组长由生产队妇女队长担任。1962年上半

天平村召开妇女代表大会(2006年)

年，和平大队重组，其西部大部分区域分出，另建天灵、天平2个大队，同年6月，天灵大队、天平大队分别建立妇代会，设专职干部担任妇女主任。1966年"文化大革命"开始后，各级妇女组织基本停止活动。1972年，经整顿后，公社、大队重建妇女组织。

2000年，新华村妇代会被全国妇联授予"全国基础妇女组织建设示范村"，被江苏省妇联评为"江苏省'三八'示范龙头项目（集体）"，被苏州市妇联评为吴中区"'四好'妇代会"。

2003年11月，新华、天灵、天平3个村合并为新的天平村，原三村妇代会合并成立天平村妇女联合会（简称"妇联"），设妇联主席1名，副主席、执行委员若干名。至2019年已召开过14次代表大会。2003年，天平村妇联分别被江苏省、苏州市、吴中区妇联授予"'双学双比'先进集体"，2006年被江苏省妇联授予"巾帼示范村"，2013年被苏州市妇联评为"苏州市示范妇女儿童之家"等称号。

各大队（村）妇代会主任：原新华（白塔）大队（村）历任妇代会主任为郁文金、朱水娣、胡月英、蔡宝英、谢水媛、资才英、惠杏媛、杨金娣、黄丽华；原天灵大队（村）

天平村新华社区组织妇女骨干参观茅山新四军纪念馆（2008年）

村妇代会换届选举大会（2011年）

历任妇代会主任为唐阿玲、朱菊英、徐云珍、李华珍；原天平大队（村）历任妇代会主任为方根水、俞云金、夏桂英、赵秋菊。

2003—2019年，天平村历任妇联主席、副主席：历任妇联主席为黄丽华（2003—2006）、李华珍（2006至今）；历任妇联副主席为李华珍（2003—2006）、赵秋菊（2003—2007）、谭金娣（2006—2013）、许云珍（2007—2019）、邬春燕（2013年至今）。

四、职工团体

工联会 1988年木渎镇工会成立，1999年镇工会召开第一次代表大会，选举产生首届工会委员会和经费审查委员会，成立工会女职工委员会。

1995—2000年，境内新华、天灵、天平3个村先后成立工会。2002年，新华村建立吴中区最早的村级职代会制度，至2003年，天灵、天平村也建立职代会制度，开展民主评议企业领导干部活动和报告企业招待费使用情况。工会后来又称职工联合会（简称"工联会"）。工联会的主要工作是贯彻实施《中华人民共和国劳动法》，维护职工合法权益；开展"职工之家"活动，设立"职工读书站"，让广大职工在聚会活动中受益。2019年，全村共有企业118家，职工1825人，已正式建会的企业21家，在筹建工联会中的企业97家，有工会会员1784人，职工入会率为97.75%。

2007年，天平村工联会被吴中区总工会、吴中区人事局授予"先进基层工会""先进职工之家"称号；同年，被苏州市总工会、苏州市人事局授予"模范职工之家"称号；2012年，被吴中区总工会授予"吴中区工会女职工工作先进集体"称号；2013年，被江苏省总工会授予"江苏省模范职工之家"称号；同年，被苏州市总工会授予"苏州市工会职工读书站示范点"等光荣称号。

天平村第二次职工代表大会暨"五一"先进表彰大会（2005年）

天平村工联会主席为钱建华，工联会副主席为孙丹萍。

第六节 村集体荣誉

历年来，天平村在各界努力下，获得了大量集体荣誉，特录县区级以上荣誉如下。

表5-13　　　　　　　　　　境域获得集体荣誉表

获奖单位	荣誉称号	获奖年份	批准单位
新华村吴县电工厂	江苏省明星企业	1987	江苏省人民政府
白塔村团支部	"全国十佳"红旗团支部	1991	共青团中央
新华村	"加强村级组织建设　加快集体经济发展"示范村	1992	中共苏州市委、苏州市人民政府
新华村	江苏省农村综合经济实力百强村	1993	江苏省统计局
新华村	明星村	1996	中共吴县市委、吴县市人民政府
新华村	江苏省文明村、苏州市文明村	1998	江苏省精神文明建设指导委员会、苏州市精神文明建设指导委员会
新华村	江苏省卫生村、苏州市卫生村、吴中区卫生村	1998	江苏省人民政府、苏州市人民政府、吴中区人民政府
新华村村委会	省模范村民委员会	1998	中共江苏省委组织部、江苏省民政厅

续表

获奖单位	荣誉称号	获奖年份	批准单位
新华村	吴县市文明单位	1998	中共吴县市委、吴县市人民政府
新华村	全国九亿农民健康教育行动苏州市先进村	1999	苏州市人民政府
新华村	1999—2000年度江苏省文明村	2000	江苏省文明建设指导委员会
新华村	1997—1999年度先进集体	2000	吴县市人民政府
新华村	江苏省电话小康村	2000	江苏省邮电局
新华村	农民健康教育先进村	2000	苏州市人民政府
新华村妇代会	全国基层妇女组织建设示范村	2000	全国妇联
新华村妇代会	江苏省"三八"示范龙头项目（集体）	2000	江苏省妇联
新华村妇代会	"四好"妇代会	2000	苏州市妇联
新华村妇代会	巾帼示范岗	2000	吴县市妇联
新华村	吴中区文明单位	2000	吴中区文明办
新华村	文明单位	2001	中共苏州市吴中区委、吴中区人民政府
新华村团支部	红旗团支部	2001	共青团苏州市吴中区委
新华村妇代会	"四好"妇代会	2003	吴中区人事局、吴中区妇联
天平村妇联	"双学双比"先进集体	2003	江苏省妇联、苏州市妇联、吴中区妇联
天平村	社会治安安全村	2003	吴中区人民政府
天平村	江苏省文明村、苏州市文明村	2006	江苏省文明办、苏州市文明办
天平村	集体稳定年收入超千万元村	2006	苏州市人民政府、吴中区人民政府
天平村	村级集体经济收入前十名	2006	吴中区人民政府
天平村	江苏省村庄建设示范村	2006	江苏省建设厅
天平村妇联	巾帼示范村	2006	江苏省妇联
天平村团总支部	全国"百乡千村"团建创新优秀项目	2006	共青团中央组织部
天平村党委	先进基层党组织	2006	中共苏州市吴中区委
天平村	全国基层组织建设示范村	2006	—
天平村	江苏省全民国防教育基地	2006	—
天平村工联会	先进基层工会	2007	吴中区总工会、吴中区人事局
天平村工联会	模范职工之家	2007	苏州市总工会、苏州市人事局
天平村工联会	先进职工之家	2007	吴中区总工会

续表

获奖单位	荣誉称号	获奖年份	批准单位
天平村	苏州市建设社会主义新农村示范村	2007	中共苏州市委、苏州市人民政府
天平村	吴中区文明单位	2007	中共苏州市吴中区委、吴中区人民政府
天平村	"十佳"基层党建工作示范点	2007	中共苏州市吴中区委组织部
天平村党委	先进基层党组织	2004—2007	中共苏州市吴中区委
天平村	江苏省生态村	2007	江苏省环境保护委员会
天平村	新农村建设先进单位	2008	中共苏州市吴中区委
天平村	苏州市新型集体经济十强村	2008	中共苏州市委、苏州市人民政府
天平村	苏州市农村环境综合整治示范村	2010	苏州市人民政府
天平村	苏州市村级经济发展标兵村	2010	中共苏州市委、苏州市人民政府
天平村	苏州市民主法治村	2010	中共苏州市委、苏州市人民政府
天平村	吴中区土地管理先进村	2010	吴中区国土分局
天平村	先进基层分党校	2010	苏州市吴中区委宣传部、组织部
天平村	吴中区集体稳定收入超千万元村	2010	苏州市吴中区委、吴中区人民政府
天平村妇联	吴中区先进农村股份合作社（新华股份合作社）	2011	苏州市吴中区委、吴中区人民政府
天平村工联会	吴中区工会女职工工作先进集体	2012	吴中区总工会
天平村计生协会	计划生育工作示范协会	2012	苏州市计生协会
天平村关工委	全区关心下一代工作先进集体	2012	吴中区关工委、吴中区精神文明办
天平村工联会	苏州市工会职工读书站示范点	2013	苏州市总工会
天平村妇联	苏州市示范妇女儿童之家	2013	苏州市妇联
天平村工联会	江苏省模范职工之家	2013	江苏省总工会
天平村	苏州市先锋村	2013	中共苏州市委
天平村	苏州市教育现代化村市民学校	2013	苏州市教育局
天平村	江苏省标准化居民学校	2013	江苏省教育厅
天平村	2010—2012年度江苏省文明村	2013	江苏省文明委
天平村	"一家一品"创新案例PPT大赛一等奖	2013	苏州市妇联
天平村	"四统筹一争创"活动示范片区	2013	江苏省委组织部、江苏省总工会
天平村	江苏省和谐社区建设示范村	2013	江苏省民政厅
天平村	苏州市群众文化活动十佳社区（村）	2013	苏州市文化局

续表

获奖单位	荣誉称号	获奖年份	批准单位
天平村	苏州市吴中区2013年度作风效能建设先进集体	2013	中共苏州市吴中区委、吴中区人民政府
天平村	2011—2013年度文明单位	2014	吴中区精神文明建设指导委员会
天平村	苏州市规范化村（社区）人民调解委员会	2015	苏州市司法局
天平村	苏州市吴中区2014年度作风效能建设先进集体	2015	中共苏州市吴中区委、吴中区人民政府
天平村	2015年度江苏省卫生村	2015	江苏省爱国卫生运动委员会
天平村	2015年度消防安全管理先进社区（村）	2016	苏州市消防安全委员会
天平村	2013—2015年度江苏省文明村	2016	—
天平村	2016年度苏州市"书香社区（村）"	2016	苏州市全民阅读活动领导小组办公室
天平村	2013—2015年度江苏省文明村	2016	江苏省精神文明建设指导委员会
天平村	2012—2014年度苏州市文明村标兵	2017	—
天平村	2016年度苏州市"乡风文明志愿岗"优秀单位	2017	—
天平村	天平村人民调解委员会被评为2016年度吴中人民调解工作先进集体	2017	苏州市吴中区司法局
天平村党委	基层党建示范点	2017	中共苏州市吴中区委组织部
天平村关工委	吴中区关心下一代工作先进集体	2017	苏州市吴中区关工委
天平村	吴中区2017年度爱国卫生工作先进集体	2017	吴中区爱国卫生运动与健康促进委员会
天平村	2017年苏州吴中"太湖新城杯"武术交流大赛团体二等奖	2017	吴中区经济技术开发区、吴中区文体局、吴中区总工会、吴中区武术协会
天平村	天平村书苑被评为2017年度苏州市达标书场	2017	苏州市文化广电新闻出版局
天平村	在全市创建"未成年人零犯罪"社区（村）工作中被评为先进集体	2019	苏州市公安局
天平村	2016—2018年度江苏省文明村	2019	江苏省精神文明建设委员会

注：批准单位写法以颁发的相关奖状、奖牌为准，不作详略等统一。

第六章 新农村建设

解放前，当地村民以自然村聚居，房屋皆为砖木结构的平房，低矮破旧。村里及附近道路多为泥土路，路面狭而不平，遇雨天泥泞难行，出行不便。

中华人民共和国成立至20世纪60年代，农村基础设施建设发展缓慢，变化不大。1978年改革开放后，村级经济实力逐渐增强，新农村建设才走上正轨，有些村民建造或翻建房屋，有的还建起楼房。特别是近20年来发展速度加快，资金投入加大，建设质量提升。有些自然村因农田基本建设或建办村集体企业之需进行动迁并安置入居民小区。

2006年，天平村根据镇政府的总体规划要求，启动编制新农村建设实施方案，美丽乡村建设得到有序推进，是年，被江苏省建设厅评为"江苏省村庄建设示范村"；2007年，被中共苏州市委、苏州市人民政府评为"苏州市建设社会主义新农村示范村"；2010年，天平村被评为"苏州市农村环境综合整治示范村"；2013年，遵照镇政府关于"两山一镇"工程的要求，历经三载实现了村庄环境有效改善。

第一节 基础设施建设

道　路　旧时，现天平村境内部分村庄的道路是高低不平的山路，大部分村庄的道路为又窄又不平的泥土路，村民出行很不方便，更不能通行车辆。

1933年9月，从木渎御道桥向北至天平山高义园的景范路正式竣工通车。昔日荒野狭径终于成为康庄道，既便利到灵岩山、天平山风景区观光的游客，也利于当地村民出行。1935年，苏州至木渎的苏木公路建成通车，1937年1月接通至善人桥，同年5月底通车至光福，至此，苏福公路全线通车，方便了木渎（包括现天平村境内）村民的出行。

1973年，新华大队在农田基本建设的过程中，利用暗渠筑起一条南接苏福路（今名中山路）、北至南浜的新华路。新华路全长2.55千米，路基宽9米，路面宽7米，全用金山方石铺成。当年冬竣工，人称"新华人民路"，从此告别了农村乡间不通公路的历史。改革开放后，道路建设尤为日新月异。1992年8月金山路开工，南起中山路，北连竹园路，宽50米，路面6车道，全长2千米，1996年7月竣工，成为木渎最宽广的公路；之后不久，两边高楼四起，商店林立，为推进经济发展、城

向阳河路

乡一体化进程创造了有利条件。境内原新华、天灵、天平3个村利用大好时机，办工业，进而建工业小区、商业广场（商业区）等，从而增建了花苑路、向阳河路、惠灵路、香港街、澳门街等一大批公路与街巷。至2019年，天平村境域形成主干道"四纵四横"格局和快速路、干道、支路、街巷30余条的交通网络，加上苏州轨道交通一号线、五号线在村境内穿越设站，交通便捷，四通八达，真是今非昔比。

供　电　解放前和中华人民共和国成立初，村民照明用油盏灯、煤油灯（包括美孚灯）或蜡烛，婚事、丧事点汽灯，出门用桅灯。新华大队在1963—1964年时通电，主要解决农田灌溉机房、粮饲加工厂等用电。1965年起为村民家庭安装照明用电，农民才"破天荒"用上了电灯。天灵大队和天平大队也在1965年通电，从此告别了祖祖辈辈用煤油灯、洋蜡烛照明的日子。

随着农业、工业和家庭用电之需加大，变压器容量从每台50千伏安逐步增容，最大的变压器的容量达800—1000千伏安。新华村的沈店机房安装1台变压器，容量50千伏安，后增至150千伏安。殷巷机房安装1台变压器，容量100千伏安，后增至200千伏安。电工厂内变压器分别为1600千伏安、1000千伏安、630千伏安、315千伏安。1998年，新华民营工业区安装3台变压器，其中2台的容量都为500千伏安，1台的容量为800千伏安。天灵村民营工业区安装2台变压器，每台的容量均为315千伏安。天平村河上村机房安装1台变压器，容量50千伏安，后增至150千伏安。

村民家庭用电方面，各自然村分点安装变压器，陶家村2台，范家村、叶家桥、赵巷、殷巷各1台，容量多在200千伏安；沈店变压器1台，容量从200千伏安增至400千伏安。天平村在20世纪80年代于范家场安装1台变压器，容量50千伏安，后增至150千伏安。天灵村惠家场东装有1台变压器，容量100千伏安。上述设施基本满足全村用电需求，能确保用电安全。

供　水　解放前至解放初期，村民饮水用河水、山溪泉水、井水。60年代起，提倡开挖水井，村民基本改饮井水。1977年木渎自来水厂建成后，为村民带来接通自来水的希望。1987年，天灵村趁灵岩山寺安装自来水管道经过村里的机会，同时为村民安装入户自来水。天平村与白塔（新华）村在80年代末至90年代初也先后接通自来水，至此，现天平村境内村民都用上了洁净的自来水。2019年，全村自来水入户率达100%。

供　气　在使用煤气（液化气）之前，村民家庭烧菜做饭都以传统习惯在土灶（俗称"大灶头"）上操作，燃料用柴草，一般需要2人，一人在下管灶膛烧火，一人在灶台掌勺；如果一人下厨，那就甚是麻烦。90年代初，村民开始用瓶装煤气在煤气灶上烧菜做饭（后来烧饭用电饭锅），一人下厨即可，既省力又方便。

随着城乡一体化与新农村建设的推进，一部分村民被安置入住在居民小区。村民厨房烹饪都用上了管道煤气，经济、安全、更方便。2017—2019年，有部分保留村（未动迁的自然村）也先后安装了管道煤气，如范家场、惠家场等村庄。至2019

年末，用上管道煤气的村民家庭约占总户数的70%。村里的目标是在今后2—3年内，管道煤气入户率达到100%。

通　信　境内原新华、天灵、天平3个大队先后在60至70年代开通电话。村民家庭安装电话要晚一点，大多在1987年后开通电话，早先为少数人家所有，普及则在90年代中期。90年代后期出现少数人手持"大哥大"，腰系寻呼机，这是从固定电话向移动通信的跨越。新华村在2000年被江苏省邮电局评为"江苏省电话小康村"。21世纪以来，3G、4G、5G网络逐步升级。至2019年，村内除儿童和少数老人外，人人都有手机，不少年轻人有2部手机。

路　灯　80年代初，白塔村率先在新华路安装路灯，满足电工厂和附近几家企业职工夜班后回家方便安全之需。进入21世纪后，作为美丽村庄创建标准之一，绝大多数的自然村庄先后装上了路灯，入夜路灯明亮，村民晚上出门再也不用摸黑或用手电筒照明。2019年，天平村所有自然村夜间都有路灯照明，全村路灯安装总数467盏（其中天灵片区147盏，新华片区220盏，天平片区100盏）。

第二节　美丽村庄建设

2006年起，天平村根据苏州市美丽村庄建设要求，遵照木渎镇政府对新农村建

美丽村庄（山里旺）

设的总体规划,结合村里的实际情况开展创建工作,并成立村党委书记为组长、村委会主任为副组长的创建工作领导小组,制订规划实施方案,从环境与交通整治、配套建设、精神文化等方面逐项落实,切实推进。

村庄建设自2007年始。随着环境整治力度加大,有13个项目实施,总计投入960万元,其中新华路改造为重点项目;对范家场、高家场、徐山嘴、祥里村、山里旺及白塔河两侧的自然村进行村庄环境整治、改造;对新华路800米路面改造,两边建人行道,浇筑沥青路面,增加绿化护栏,更新路灯,同时将高压、低压电移位,三线(电力、广电、电信线路)入地,总投入450万元;斥资60万元对白塔河西岸改造,建600米护栏,增植绿化带,并对附近范家村等村庄环境整治,美化自然村景观。

同年,天平村分别对天平、天灵片区的5个自然村进行改造,其中范家场为创建美丽村庄试点示范区,翻建路面600米,增添绿化100平方米,河道砌驳岸1500立方米,重排下水道入管网,安装路灯20盏,外墙涂料8500平方米,建垃圾亭2个,建停车场1处;天平山物业股份合作社在村西地块投资2300万元,建设2.1万平方米的范家场商业广场(翌年10月竣工),主要发展宾馆及商贸服务业,并投入70万元建一座范家场污水处理站,使范家场成为城乡一体化的示范村。

同年,天平村对祥里村进行改造,浇筑路面,排通下水道,斥资53万元;对高家场道路改造,添植绿化带150米,斥资40万元;徐山嘴筑池塘驳岸480立方米,绿化道路,村庄外墙涂料见新1万平方米,投入60万元;对山里旺村道路翻扩建、村庄绿化、外墙涂料等投入58万元。是年10月,工程全部完成。

2008年,天平村投入260万元,对新华片区沈店、殷巷上、叶家桥西、陶家村、范家村,天灵片区高家场、徐山嘴、灵岩街、庙前村,天平片区范家场、照山嘴等村庄实施安装路灯等基础设施建设。其中在范家村改造中,翻新道路1条200米,

翻建的道路

停车场

垃圾亭

翻新围墙435平方米，新建围墙75米，增添绿化40平方米。

2006—2010年的五年中，天平村年年有创建项目与任务，创建美丽村庄总投入4000万元，加快新农村建设步伐，硬化、平整道路15万平方米，增添绿化15万平方米；村村有路灯，污雨水排放全部接入管网。全村基本实现了路面硬化，村庄绿化，道路亮化。

动迁与安置 苏州轨道交通一号线建设项目于2007年12月26日奠基开工。根据要求，天平村需要动迁的农户有51户，企业店面26家。村委会把动迁工作列入行政工作首要任务，领导挂帅带队入户，做动迁户的思想工作。从2007年11月10日动迁正式启动，经短短2个多月时间，取得明显进展，主因是多数动迁户顾全大局，支持国家建设。至2008年1月上旬，共有49户完成评估，36户完成签约，进度相当之快。

2011年，村里完成沈店村东99户、叶家桥东45户的动迁任务，村干部坚持政策原则和实际情况相结合，采取"评估—签字—交钥匙—交房"一条龙服务的方式，和谐推进动迁工作，将动迁工作当作一项惠民实事工程来开展。

2013年，木渎镇开展"两山一镇"环境整治生态提升工程，涉及区域6.2平方千米，将灵岩山、天平山以及木渎古镇打造为一个整体的旅游休闲区。该工程大部分在天平村境内，工程涉及天平村20个自然村、10多个住宅小区、100多家大小企业和店面，需要对643户农户动迁安置。工程2013年5月启动，到2015年12月，花两年零八个月时间，基本完成规划任务。整个区域的绿化空间从原来的630亩扩展到3150亩；建成了宽5米、长4.6千米的灵岩山到天平山的环山绿化步行道；改造灵岩山至天平山主干道3千米，把原来的景范路扩建为4车道沥青路面，两侧设人行道，设公交车站，命名为"灵天路"。

上述各时段的动迁户全得到妥善安排，分别安置在新华新村、新怡花园、青山溪语、金域蓝湾、梅家桥花园、玉景花园、馨乐花园、金运花园、金玉名都等小区花园居住。小区环境幽雅，设施齐全，交通方便，人和景美，使入住村民过上舒适安居的生活。

第三节 环境保护

山地道路绿化 天平村境内林木繁茂，解放前，屡遭破坏。抗战时期，很多大树遭日军砍伐作军用物资。人民公社化后，公社多次组织人力植树绿化山林。1979至1980年，原天平、天灵、新华大队都办起花木队，平整旱地，培育各种花木，有龙柏、香樟、雪松、茶花、月季花，兼种桃树、橘树等果树。除出售外，留下部分苗木绿化村里道路等，共植树1万余株。2006年起，在新农村建设中，村庄、道路四周增植绿化面积达15万平方米，可谓绿树成荫，美化了环境。2007年，天平村被江苏省环境保护委员会授予"江苏省生态村"称号。

环境整治 天平村坚持对创建成果进行长效管理，重视环境保护。2007年，村对高家场、徐山嘴、祥里村、山里旺与白塔河附近的自然村进行村庄环境治理，拆除违章搭建8处，开挖填土1500立方米，清理垃圾60车，清理池塘淤泥100立方米，新增绿化1200平方米，铺设荷兰砖2700平方米，排下水道4000米，建窨井286只，修复路面4000米，筑池塘驳岸310立方米等。村每月组织行政办、综治办及村民小组对所辖区域出租户及企业的卫生、安全情况进行检查，每季度进行一次综合整治大检查，整治一些卫生死角，清理白色垃圾、建筑垃圾120余车，清除废品收购点14个、开水炉8只，清理露天粪坑5只，取缔非法食品加工厂20余家和非法炼油

范家村停车场整改前

范家村停车场整改后

范家村整改前

范家村整改后

灵岩街整改前一

灵岩街整改后一

灵岩街整改前二

灵岩街整改后二

灵岩街整改前三　　　　　　　　　　灵岩街整改后三

彭家村停车场整改前　　　　　　　　彭家村停车场整改后

陶家村道路整改前　　　　　　　　　陶家村道路整改后

陶家村垃圾房整改前　　　　　　　　陶家村垃圾房整改后

场 1 处。全村综合治理效果显著。2019 年前后，村分别对范家村、殷巷村 2 处公厕进行改造，均改建成水冲式厕所，改善了卫生条件、民居环境，美化了村容村貌。

2010 年，天平村对叶家桥西、塘江上、范家村、陆家村等 10 个自然村实施绿化补缺、卫生设施维护等工作，同时开展水环境整治及杂船清除工作，对全村范围内的 5 条主要河道进行清淤，打捞漂浮物，共投入资金 50 余万元。全村还新增、改建垃圾箱 5 只，增添垃圾桶 20 只，增建垃圾中转站 9 个，清除杂船 3 条，至 2019 年共有垃圾房 47 个。

村两委会重视对社会环境的整治，2010 年成立工作领导小组，以开展联合集中整治为抓手，日常巡查为基础，突出长效化、常态化管理，与镇各职能部门合作，联合城管、派出所、工商所、文化站、安全卫生监督等部门开展定期或不定期检查。是年对全村各类非法经营集中整治 10 余次，取缔黑诊所 6 家、黑中介 4 家。至 2019 年，110 报警和发案率保持较低水平，全村社会环境、治安秩序得到有效改善。天平村被江苏省爱国卫生运动委员会评为"2015 年度江苏省卫生村"，被江苏省精神文明指导委员会评为"2013—2015 年度江苏省文明村"。

第四节　公共服务设施

一、村社区服务中心

村社区服务中心位于新华路 116 号，建于 2010 年。大楼坐北朝南，占地总面积

天平村开展"百团进百万企业千万员工"安全生产专题宣讲培训活动（2019 年）

7400平方米，建筑面积3553平方米，大楼前场地用作停车场。2011年5月22日，举行办公大楼乔迁仪式，天平村党委、村委会正式迁入办公。

大楼一层为一站式服务大厅，为村民提供民政、社保、计生、建房、残疾人事务等基本公共服务，实行集中受理和咨询，分别提供直办、代办、协办和咨询类服务。

二、村老年活动中心

村老年活动中心由3个片区的老年活动室组成。

新华老年活动室 总面积808平方米。内设阅览室（40平方米）、舞蹈室（84平方米）、台球室（144平方米）、健身室（84平方米）、棋牌室（322平方米）、资料室（84平方米）及值班室（50平方米）。

天平老年活动室 总面积80平方米。内设阅览室（30平方米）、棋牌室（40平方米）和卫生室（10平方米）。

天灵老年活动室 总面积96平方米。内设阅览室（20平方米）、棋牌室（56

天平村老年学校书画班（2023年）

天平村老年学校舞蹈班（2023年）

平方米)、卫生室(10平方米)及值班室(10平方米)。

村老年学校教室与村部多功能大会堂共享场地,设有380个座位。

3个片区的老年活动室共安排6名专门管理员。3个老年活动室设施齐全,都装上了空调。老年人可在活动室议议事、聊聊天、谈谈心;可在阅览室看书报、看电视;可在棋牌室开展娱乐活动。

三、村社区卫生服务站

村社区卫生服务站位于新华路559号,面积661平方米,服务辖区范围5平方千米,承担辖区内天平村新华、天灵、天平3个片区和1个居委会居民的全科医疗服务,全站共有6名医务人员,其中主治医师2名,护师1名,全科乡村医生2名和医技人员1名,开展常见病、多发病的诊治。

站内配备快速血糖仪、心电图机、氧气瓶与康复设施。服务站2005年被吴中区社保局定为医保定点单位;2009年通过苏州市社区服务示范站验收。

2019年服务站全年门诊患者有13710人次,规范管理高血压病患者1254人、糖尿病患者301人、肿瘤病患者96人、冠心病患者73人、脑卒中患者161人、精神病患者76人、残疾人72人;开展健康知识讲座6次,健康知识咨询360人次,计生指导咨询389人次,结核病督导8人次,发放健康知识宣传材料1100套。

服务站本着"病人第一,患者至上"的服务理念,将服务一次做好,将服务一次到位;开展上门服务、双向转诊、健康教育、卫生防病知识指导等工作。

服务站兼作计划生育指导站,配备避孕药具及宣传手册,开展妇女生殖健康知识讲座与咨询。

第五节 文明建设与道德教育

随着经济社会不断发展,在物质文明建设取得一定成就的同时,精神文明建设也不可滞后。天平村党委决定,进一步加强精神文明建设,在组织党员干部和全体村民宣传、学习和树立社会主义核心价值观的同时,积极开展"四德"(社会公德、职业道德、家庭美德、个人品德)教育。2012年5月,村投入经费近百万元,在范家场试点建设吴中区首个新农村"四德"学堂,并组建以村党委书记任组长、村干部为成员的新农村"四德"学堂领导小组。经近几年来的运行,"四德"学堂深入推进以"社会公德、职业道德、家庭美德、个人品德"为主要内容的"四德工程",建设以"爱心""诚心""孝心""责任心"为主题的文化活动,在村精神文明建设中发挥了重要作用,取得显著成效。

新农村"四德"学堂校址所在地范家场,因北宋名相范仲淹的后人聚居而得名,

联合国教科文组织曼苏一行视察天平村社区教育（2015年）

紧邻天平山，与范公深有渊源，对学习和弘扬范仲淹"先忧后乐"的思想文化内涵意义重大。学堂于2012年7月30日正式启动，受众是天平村广大村民，其中以中老年和青少年为主要对象。课程与活动以生动有趣、通俗易懂、融于生活、贴近村民为宗旨。通过"身边人讲自己事，身边人讲身边事，身边事教身边人"的方式，逐步提高村民的个人素质和道德水平，营造"积小德为大德，积小善为大善"的良好村风，构建乡风文明、邻里和谐、家庭幸福的新农村。具体开展了以下几项活动。

开展"读书月"活动　组织党员、干部、群众集中学习党的十八大以来的会议精神和《新时代公民道德建设实施纲要》，充分利用"四德"工程读书栏和远程教育系统，开展自主学习，共借阅图书1800余册次，撰写学习笔记40余本。

开展"道德规范家

天平村开展爱心敬老活动（2018年）

庭""道德模范"评选表彰活动　向每户家庭发放天平村"四德"工程建设倡议书、道德规范宣传卡片。集体推选唐勇、吴法男、周静、沈金明、高二媛、李平、陈小玉等8名道德模范,利用讲堂阵地广泛宣传他们的先进事迹。

开展"八大典型"评选活动　2013年共评选出100个先进个人和先进家庭,分为"八大典型",进行表彰,营造建设家庭和谐、邻里乡亲友善的良好氛围,引导群众树立尊老爱幼、讲文明、懂礼貌、爱环境的农村新风尚。

开展"道德评谈""道德与健康"讲座活动　除"四德"学堂外,还在新华、天灵、天平3个片区建立百姓评弹书苑,以苏州评弹喜闻乐见的艺术表演,述说发生在身边的真人真事,宣扬道德风尚;开展"道德与健康"讲座,使听众了解道德与健康的关系;等等。

通过各种活动,天平村密切了党群干群关系,提高了村民的道德素质,全村孝亲敬老蔚然成风,讲究诚信、关爱他人、扶弱济困、奉献社会成为新风尚。村中还开展了丰富多彩的文化活动。所有服务窗口、公共场所全部开设有"文明服务岗""敬老服务岗",村民参加志愿者工作人数达400余人。通过文明建设道德教育,全村形成了健康向上、团结互助的社会风尚,凝聚起道德的力量,激发干群干事创业的热情,取得了物质文明、精神文明双丰收。天平村多次被江苏省、苏州市、吴中区文明委评为文明村。

天平村评弹书苑启动仪式(2012年)

第七章 社会事业

天平村历史文化悠久，素有崇文重教的优良传统，范仲淹的义塾教育便是一例。中华人民共和国成立后，党和政府十分重视教育事业，天平村辖区内幼儿园、小学、中学齐全，九年制义务教育普及。村党委重视教育，实行奖学金制度，关心下一代，尊重老一辈，维护老年人的合法权益。随着村级经济持续发展，村民生活水平不断提高，享有社保、医保，衣、食、住、行各方面享受着市镇居民的生活条件。村委会按月为村民发放粮油气的补贴。村民医疗卫生条件优越、方便，附近有木渎人民医院，村内有卫生医疗室。2015年，天平村被评为省级卫生村。村两委为加强村民思想教育，文化兴村，发扬范仲淹"先忧后乐"精神，筹建苏州后乐书院，普遍提高干部、群众的思想文化素养，村社会事业得到全面发展。

第一节 教育

一、学校教育

（一）义塾

宋代，范仲淹在天平山建义宅，置义田，以赡族人，又设义学教族人子弟，后宅毁，学亦废。元代至元年间，范仲淹裔孙邦瑞、士贵，在今三太师墓二里许处，将此改建为范氏义塾。义塾的入学年龄不限，一般为5岁至13岁，每所人数多寡也无定额，少则四五人，多则20人以上。教育内容从识字起，然后选授《三字经》《百家姓》《千字文》等，最后读四书五经。教育方式完全采用个别教授，背诵为主，最后进行逐句讲解。民国初，学塾、义塾均改为小学堂，不久因抗战而停办。

（二）幼儿园

解放前，村民受经济条件和观念等因素限制，对学龄前的幼儿教育不太重视，学龄前的幼儿一般在家由老人照看。

1958年9月，金山人民公社成立后，为适应农业生产"大跃进"，各大队办起托儿所、幼儿园，但办了些时间就停办。20世纪60年代末，由于开展农业学大寨，种双季稻，大人上工早、收工晚，小孩溺水事故时有发生。为解决村民后顾之忧，新华大队在1973年办起7个托儿所、4个幼儿班，入托小孩从30多名增加到100

新华村幼儿园（20世纪90年代）

多名。幼儿园聘请高素珍为园长兼教师。1978年成立大班，有2个课堂，78名小孩，仍由1人负责。1979年，小孩增加至80多名，教师2名。80年代分大、中、小班，有90多名小孩，5名教师，并开始供应伙食。1981至1984年，有100多名小孩，6名教师。1985年，金山中心小学迁至木渎市镇，原来由金山中心小学派出的公办教师回校。至此幼儿园教师有3名。至1999年，幼儿园转为私人经营，2001年8月并入木渎五小幼儿园。任教教师先后有高素珍（园长）、姚惠敏、蔡宝英、王菊妹、俞雪珍、陈和香、沈丽华、朱惠珍、顾春兰、邹琼、邬丽芳。

新华村幼儿园的教育、管理很有特色，吴县妇联曾组团在新华村幼儿园开现场会，将其作为样板幼儿园，向全县推广。1978年，高素珍获评"苏州地区优秀教师"，1983年被评为"江苏省优秀先进教师"，从1978至1998年连续获得"吴县'三八'红旗手"光荣称号。

1978年，天平大队也办起幼儿园，地点在天平小学内，受小学管理、领导。幼儿园有30多名小孩，分2个班，后增加到50多名小孩，2名教师。2001年8月，该幼儿园并入木渎五小幼儿园。先后任教教师有张惠珍、吴惠芳、张雪琴、李文娟、周美金。

1979年，天灵大队创办幼儿园，园址在天灵小学（高家场）旁边，有40多名小孩，配备2名教师。幼儿园先后任教教师有孙培华、肖桂玲、魏彩敏、虞永青。2001年8月，该幼儿园并入木渎五小幼儿园。

至此，境内3个大队（村）都有幼儿园，教育课程有音乐、美术、语常、艺工、语言、游戏、体育等。其办园经验被县妇联推广至全县多个乡镇。

（三）耕读小学

解放初期，成人文盲率很高，很多家长育儿观念淡薄，有重男轻女思想，故女孩子入学率尤为低下。中华人民共和国成立后，各行政村组织开展扫除文盲运动，利用各行政村会堂，聘请有文化的村民当教师，大家称他们为"群众教师"；使用县文教局编写的教材，晚上点汽灯照明，参加学员有30—50人，时间1个半至2个小时之内，都取得一定效果，扫盲率至60%左右。

1964年开始，在吴县文教局的领导布置下，为解决农村女孩子的读书问题，全国大办农村耕读小学。境内3个大队都行动起来，特别是新华大队，组织了10个学习点，利用中午的一段时间上课，有专门课本，并得到生产队长的支持，有的队长还腾出自己的房屋作为课堂。当时教师有孙国强、石福金（沈店村）、许煜文（殷巷村）、谢文元（青草泾）等。每个学习点有学员15—20名，对增加识字人数、扫除文盲起到一定作用。大队另外还办起夜校，其中殷巷夜校有25人。

（四）小学

解放前，木渎镇上虽有木渎、灵岩、香溪初等小学堂和木渎女子小学等公立小学，但多是富家子弟才能上得起学，一般农村小孩无机会得到教育。

中华人民共和国成立后，党和政府非常重视教育事业。50至60年代，现天平村境内先后办起殷巷小学、沈店小学（后合并为新华小学），天平小学、天灵小学等小学，便于村民子女就近上学，使学龄儿童上学率大为提高。

殷巷小学　1952年创办，为公办初级小学，校址在殷巷朱姓房屋，早期为单班，后来为2个班级，1—4年级有25名学生，1名教师，实行复式教育。至60年代，学校扩大到4个班，有75名学生，4名教师。1967年，学校迁至村后原加工厂处，有房4大间，各为4个班的教室，有学生128名，教师4名。学校先后任教的教师有资旭瑜、石联中、鲍瑞英、孙国强、李爱珍、马理明、陆耘、潘如玉、薛荷英等。历任校长为孙国强、李爱珍。

沈店小学　1952年创办，为公办初级小学，校址在沈店村东首尼姑庵内，单班，为1—4年级，有学生40多名，老师1名，实行复式教育。1969年学校移至叶家桥白塔浜东岸，有校舍4大间，4个班级，学生80多名，教师3名。学校先后任教的教师有朱世斌、薄振明、孙国强等，后来孙国强兼任校长。上述南北2所小学从1969年起合并为新华小学。1979年9月，由金山中心小学接管。

新华小学　1969年12月，殷巷小学、沈店小学两所初小合并为"新华小学"，当时学校校舍在叶家桥西（现新华路555号）。1979年9月，原在南浜的金山中心小学搬到新华小学，至此新华小学即成为金山中心小学。学校亦提升为完小。

1980年有1—5年级，班级共6个（其中5年级2个班），学生260多名。1985年9月，金山中心小学迁至木渎市镇上，学校又正式复名"新华小学"。1989年9月，学校有班级6个，学生282名，其中男生144名，女生138名；1996年有班级7个，学生294名，教师11名。

1998年8月，学校并入木渎第五小学，2014年更名木渎范仲淹实验小学。

新华小学任教的教师有马理明、朱曼珍、薛荷英、李爱珍、顾京学、徐家翱、蒋林根、周健、许永和、沈根木等。历任校长为须企民、陈师观。

天平小学　1964年创办的公办学校，校址在天平大队灵天路旁华阳庙内，学校早期为2个班级，有1—4年级学生50多名，教师2名，实行复式教育。1968年，班级增加到5个，学生约有200名，教师6名。1970年，加设初中班2个，小学班5个，全校有7个班级，学生285名，教师16名。校内有操场2片，开展课间操等体育活动。学校重视劳动课，开展养猪、养兔和种菜等项目，以增强学生劳动观念。因此，吴县教育局组织有关人员在天平小学召开现场会，并授予天平小学"吴县五七模范学校"称号。

1989年，天平村村委会因学校校舍出现白蚁蛀害的情况，向镇政府申请重建校舍，获批复后立即组织施工，重建校舍10间（平房），建筑面积250平方米左右，投资5万余元（经费用教育附加费支付），于当年8月竣工。1989年，学校为1—4年级，共有学生79名，教师5名。至1996年，学校有班级2个，学生50名，教师4名。1998年8月，学校并入木渎第五小学，2014年更名为木渎范仲淹实验小学。

天平小学任教的教师有王奎荣、徐赛华、陆金林、杨树山、戈春男、孙国强、

新华村（对中小学生）举行报告会（2001 年）

范金花、马理明、张荣珍、袁利中、范耕舵、顾华珍、许美宝、李志佩、张惠珍、顾敬华、陆伟珍、陆彩英、顾培智等。历任校长或负责人为王奎荣、孙国强、许美宝、陆彩英。

天灵小学　1965 年创办，原为木渎小学陆家村下伸班和庙前村下伸班合并而成，校址在天灵大队高家场（灵天路西侧），为 1—4 年级，共有 4 个班，学生约 75 名，教师 5 名。20 世纪 70 年代，1—3 年级和 4—5 年级分开上课，学校有学生 70 多名，教师 5 名；1989 年，共有 2 个班，学生 30 名；1996 年，共有 1 个班，学生 29 名，教师 3 名。1998 年 8 月，天灵小学并入木渎第五小学，后更名为木渎范仲淹实验小学。

天灵小学任教的教师有严连芳、许永和、许美宝、李志佩、朱小毛、周兴珍、魏彩敏、陆盘仙、许爱娟、杨树青等。历任校长或负责人为严连芳、许永和、许美宝、周兴珍。

木渎范仲淹实验小学　位于木渎镇天平村向阳河路北侧，前身为木渎第五小学。

天平山是范仲淹及其后代置义田、义庄，设义学以教的地方。为传承范仲淹培养经世致用之才的教育理念和"先天下之忧而忧"的人文思想，学校以"范仲淹"命名，以彰其志。学校占地面积 5.3 万平方米，建筑面积 2 万多平方米。各类专用教室齐全，功能设施配套齐全。2019 年，学校有教学班 64 个（含幼儿园），学生 2800 余名，专任教师 160 名。

学校以"向善育才以立范"的校风，"传薪劝学以示范"的教风，"好学敏求以成范"的学风，努力打造"学范""师范"的校园文化氛围，建成了分别以"观胜""春和""景明""衔远"命名的教学楼，以"多会""神怡""此乐"等命名的校园空间，构建以"范"为魂的校园氛围,还围绕"学范""研范"推出了一系列举措。

学校坚持以"人文情怀、儿童立场"为办学理念,以"特色创新、内涵发展"为工作策略,不断深化教育教学改革;重视师资队伍建设,支撑与引领并行,全面塑造教师群体形象。至2019年底,学校有市、区级学科(学术)带头人15名,区学科骨干教师15名,覆盖了语文、数学、英语、音乐、劳技、信息技术、幼教等学科。学校先后获得了"江苏省平安学校""江苏省绿色学校""江苏省健康促进学校""苏州市教育现代化小学""苏州市常规管理示范小学""苏州市信息化示范学校""苏州市德育示范学校""苏州市少先队工作达标学校"等荣誉称号。教育质量不断提高,办学品位不断提升。在首届(2018年)和第二届(2019年)吴中区小学六年级阳光调测中,成绩都名列前茅。坚实的脚步,成就了木渎范仲淹实验小学的今天,由中宣部主办的《思想政治工作研究》杂志、新华网等媒体相继报道了学校办学成果。

(五)中学

江苏省木渎高级中学 位于天平山南麓灵天路西侧,学校占地面积33万平方米,建筑面积9万平方米,规划有30轨90班,3600名学生。1996年,学校有班级26个,学生1291人,教职工160人,其中专任教师117名;2015年9月,有48个班级,1897名学生,教职工282人;2019年,有班级50个,学生1965名,教职工300多人,264名专任教师中有教授级高级教师2人、特级教师4人。

江苏省木渎高级中学的前身是私立吴西中学,由里人严子询(良灿)、金蓉初等于1937年7月向社会各界募捐集资创办,校址在山塘街保节局内。抗日战争爆发,苏州沦陷,学校停办。1945年8月,叶玉如、冯新支等联合各阶层组成建校基金募捐会,从镇公款、公产处提出一笔钱,再承商界捐助,于9月利用原私立吴西中学的课桌椅,借用木渎小学一角校舍,在道堂浜办起了私立灵岩初级中学,招收初一新生2个班。彼时,社会动荡,物价飞涨,小学又收回所借校舍,学校搬到了东街"小开当"几间旧房内。1947年7月,学校终因经济困难而停办。这时回乡办学的原中国蚕丝公司镇江蚕丝研究所副主任郑家瑞经过多次努力,接受了灵岩中学全部校产,利用道堂浜城隍庙基地和省立稻作实验场全部空地的旧房,于同年9月创办了吴县县立初级实用职业学校,当年招收农艺、商业二科新生各1个班,次年又增设蚕科班,有学生246人,教职员工19人。1950年9月,吴县光福私立女子蚕校学生42人,并入职校,职校改名为吴县县立初级农蚕技术学校(简称"农蚕学校")。1951年,学校转为普通中学,定名吴县县立初级中学,改招普通初中生4个班。1952年秋,原农蚕学校各科学生130人分别转到苏州农校、浒墅关蚕校和镇江财经学校。学校改名为吴县初级中学。1954年9月,学校划归苏州市郊区,改名为苏州市木渎中学,1958年7月,木渎镇划归吴县,名吴县木渎中学,并改为完中,招收高一新生2个班。1962年8月,学校迁到东街原吴县师范学校校址内。1968年4月,学校迁回道堂浜原址,校名改为吴县动力机械厂五七中学。1969年1月18日,中小学合并,由动力机械厂统一管理。同年9月,中小学分开,改名为吴县动力机械厂木渎五七中学，1973年9月恢复原名。1978年2月，学校被定为县重点中学，高中面向全县招生；1980年底，被定为江苏省首批办好的95所重点中学之一，并被评为省先进集体1982年被评为苏州地区群众体育先进集体。自1984年以来，该校年年被评为县、市文明单位。1987年、1988年被评为市社会治安综合治理先进集体和省先进集体，并获省政府嘉奖。1988年9月3日，学校与苏州铁道师范学院联合办学，命名为苏州铁道师范学院附属木渎中学，分设初中部、高中部。1990年，初中部停办。同年，省政府批准该校为接待日本青少年修学旅行交流学校。1990—1991年，校学生会被省教育厅评为先进集体。1993年6月，学校获"江苏省德育先进学校"称号，高中全省会考取得合格率、良好率、优秀率3个100%。全校本科入线率达60.63%，100%的学生被高一级学校录取。

进入21世纪，学校先后荣膺"国家级示范高中""江苏省模范学校""省五星级高中""省文明学校"，连续8届（16年）荣获江苏省文明单位称号。80年代毕业生杨培东在纳米技术行业走在世界前列，与杨振宁、李政道等名列十大美籍华人科学家之一。

天平中学 2019年经吴中区人民政府批准，为适应未来木渎镇经济社会发展的需要，根据《国家中长期教育改革和发展规划纲要》和木渎镇教育发展规划及教育资源布局状况，加快教育现代化均衡发展，在镇区北部灵天路西、天平村原庙前自然村旧址新建天平中学。学校规划占地面积约40万平方米，建筑面积约1.7万平方米，投资约1亿元人民币，建成后有10轨30个班的办学规模，分二期建设：一期工程建教学楼、实验楼、行政楼、食堂、报告厅、体育馆、操场、活动场地等教育设施，建筑面积为12200平方米，建成后有8轨24个班的办学规模，投资金额约为8000万元人民币；二期工程建教学楼、宿舍楼等教育设施，建筑面积为4860平方米，

天平中学

建成后增加 2 轨 6 个班的办学规模，投资金额约为 2000 万元人民币。建设资金由镇财政负责筹措，一期工程于 2021 年 9 月竣工，投入使用。

> 附：村域内停办、迁离的学校

20 世纪 80 年代至 2006 年，村域内原有学校，有停办的，有迁离的，记述如下，以备查考。

苏州市第二卫生学校　该校是苏州市卫生局主管的全日制中等卫生专业学校。其前身为苏州地区卫生学校，1979 年创办。校址为中山西路 12 号。1980 年 10 月，该校与吴县卫生职工中专联合办学，两块牌子，一套班子。1989 年 2 月，该校成为苏州市各县（市）卫生学校的"戴帽学校"，形成了校本部及吴江、太仓、昆山、常熟、张家港 5 个办学点联合办学的规模。该校为全省 13 所卫生学校之一。

全校占地面积 2.5 万平方米，建筑面积 1.2 万平方米，分设教学、运动、生活 3 个功能区。教学区有教学综合楼 1 座，内有 16 间教室、12 个实验室、56 间语音室、25 台电脑的微机房、188 座的阶梯教室、17000 册藏书的图书室和相应的办公室。运动区有 250 米跑道的田径运动场和篮球场。生活区有住宿楼 2 幢及餐厅、浴室、锅炉房等配套设施。学校有教职工 80 人，其中专任教师 33 人、高级讲师 9 人、讲师 8 人，具有本科学历者占教师总人数的 78.5%。

该校先后开设了护理、寄生虫病防治医士、助产士、麻醉医士、检验士、中医士等多种专业。其主要专业为护理，成为苏州市培养护士的摇篮。至 1996 年末，学校共培养学生 2000 余人，后并入苏州市卫生职业技术学院石湖校区。

苏州市税务培训中心　原名苏州地区财政干部培训班，1981 年 12 月筹建。校址在中山西路北侧，与苏州地区卫生学校相邻。1983 年，地、市合并后，中心隶属苏州市财政局；1984 年财税分设后，划归苏州市税务局领导。

该中心有 7000 平方米培训基地，有教育办公楼、学员宿舍楼、资料室、图书室、医务室、配电间、电视室、闭路电视以及球场、食堂、浴室等教学生活设施，有干部 10 人、正式职工 25 人、专职教师 3 人、兼职教师 6 人、外聘教师 44 人。自 1983 年 11 月起，中心先后举办各类培训班 31 期，为苏州市区及吴县（市）培训税务干部 2616 人次。

二、特色教育

天平山下天平村，正是北宋名臣范仲淹义田、义学与祖茔所在地。在全面建成小康社会的过程中，天平村学习范仲淹"忧乐天下"的精神，忧群众所忧，乐群众所乐，坚持以人民为中心，践行新发展理念，立足自身文化、资源禀赋，牵手"苏州市范仲淹研究会"共建文明乡村，充分发掘范仲淹"忧乐天下"的责任观、"清介自立"的廉政观、"义田义学"的慈善观、"崇德向善"的教育观；学习先贤精神，在学校教育的基础上，打造天平村特色教育之路。

后乐书院门头

天平村传承范氏家训（孝道当竭力，忠勇表丹诚；兄弟互相助，慈悲无过境。勤读圣贤书，尊师如重亲；礼义勿疏狂，逊让敦睦邻。敬长与怀幼，怜恤孤寡贫；谦恭尚廉洁，绝戒骄傲情。字纸莫乱废，须报五谷恩；作事循天理，博爱惜生灵。处世行八德，修身率祖神；儿孙坚心守，成家种善根），严格要求子孙坚守"孝悌忠信、崇尚礼义、尊师好学、立德处世、廉洁奉公、谦恭节俭、博爱及群"等内容的优良家风。

苏州后乐书院　于2019年创办。天平村党委为整合历史名人范仲淹的精神遗产、文化遗产、历史史实等红色文化资源，打造集中展示范仲淹文化研究成就的平台、党员干部党性教育与党建引领人才培育基地，决定筹建苏州后乐书院，由村党委书记钱建华兼任校长，黄丽华、屠建钢任副校长。书院位于木渎镇天平山麓灵天路699号3幢，面积达1105平方米，坐落在范仲淹纪念馆旁。创办后乐书院的宗旨是深入学习贯彻党的十九大精神，"举旗帜、聚民心、育新人、兴文化、展形象"，深度挖掘吴中木渎文化内涵，打造具有地域特色的文化品牌。

书院激活中华优秀传统文化，将范仲淹思想基因在新时代加以提炼、表达、转化，并不断为产业赋能；依托学院载体，宣传继承好"先忧后乐"思想；结合"不忘初心、牢记使命"主题教育，开发涵盖党性教育、乡村振兴、城市规划、产业兴旺等方面的系列课程，通过现场教学、专题教学、情景教学、红色拓展教学、实践体验式教学等形式，打造集讲课、体验、实践于一体的培训模式。

书院师资力量雄厚，特聘苏州市委党校、吴中区委党校、苏州市范仲淹研究会、苏州大学、苏州科技大学、苏州职业大学、苏州中学、立达中学等有关专家、教授、研究员等30多人任书院教师。规划年接待学员可达2000余人次。

天平村举行暑期中小学生思想教育表彰大会（2011年）

评优励后 从2002年起，新华村实施大学生奖学金制度，规定分一本、二本、三本和大专4个等级分别给予一次性奖励5000元、3000元、2000元、1000元，于每年年终发放。2002—2006年这5年中，获此奖励的学生共87人，共发放奖学金19.3万元，人均约2200元。

2003年，新华村对部分中学生迷恋网吧、电子游戏机的现象进行跟踪调查，发现有少数学生因迷恋网吧出现厌学逃学等不良现象，村党总支部在是年5月2日召开专题会议，一致认为下一代的健康成长不单是家庭、学校的责任，村里也责无旁贷。会议决定建立家庭、社会、学校三方结合的管理体系。村建立学生成绩和个人表现台账，实行"三结合"跟踪教育管理和评优奖励制度，除了对优秀生奖励外，还对经过努力后来居上的进步生进行奖励。是年8月18日，村里隆重举行表彰会，对11名优秀生、15名进步生分一、二、三等发放奖学金共10500元。之后很多学生告别网吧、游戏机，成绩普遍上升，受到家长称赞。

2003年11月并村后，天平村两委会决定按原新华村的做法，在全村组织实施"三结合"跟踪教育管理和评优奖励制度，发扬崇文重教优良传统，在教育上进行一定的创新。2004年底，天平村召开由208名学生参加的中学生思想教育工作会议暨表彰大会，对新华、天灵、天平3个片区内成绩优秀和进步显著的35名学生进行表彰。2005年起，天平村给小学高年级学生和初中生人手赠送一份《关心下一代周报》。2007年开始，全村实施对考取大专以上学生发放一次性奖学金的制度。至2019年，村内共发放中学生跟踪管理评优奖学金16.91万元，大专以上学生一次性奖励金119.25万元，两项合计136.16万元。从2010年起，奖金按增长30%的比例分别提高到6500元、3900元、2600元、1300元；新增出国留学生奖励10000元；

2014年又新增考取硕士研究生奖励10000元,出国留学生奖励增至16000元。在2007—2016年这10年中,全村共奖励大专以上学生336人,发放奖学金99.95万元,年均近10万元。全村考取大学的学生有423人,其中硕士研究生15人,占3.55%;一本39人,占9.22%;二本59人,占13.95%;三本102人,占24.11%;大专194人,占45.86%;14人出国留学,占3.31%。至2019年,两项奖学金的获奖者有700余人。两项奖励制度成果显著,令人满意。

第二节 卫生健康

一、医疗机构

民国期间,木渎医疗以中医私人诊所为主,开业行医者计有60余人。1926年7月,因时疫流行,木渎设立时疫医院。1946年,江苏省苏南地方病防治所在木渎建立。解放前,木渎与金山地区医疗条件仍较落后,虽有几家私人诊所,但规模性的综合医院尚未建立。境内时有疫病,血吸虫病尤为严重,死于此病者数以千计,人民群众缺医少药,贫病交加,人民群众的卫生健康难以保障。

中华人民共和国成立后,党和政府十分关心人民健康,重视医药卫生工作,组织医务人员,建立联合诊所。1958年,金山人民公社医院建立,实行公办民助,有医务人员10余人,开设中西医内外科、伤科、妇科、针灸科等。公社为解决群众看病难的问题,普及医疗点;1965年,培训大队保健员。1969年,境内新华、天灵、天平3个大队都建立合作医疗制度,建立卫生室(保健站),各配备2—3名保健医生(俗称"赤脚医生")负责村民的医疗服务。保健医生通过培训考核,合格者发给乡村保健医师证书。

新华(白塔)大队(村)保健站 早期开在赵巷上村民家里,1974年迁移至叶家桥村里一处集体房屋,有40多平方米,先后有保健医生吴土英、沈文男、庄文秋、孙坤元等。2005年,天平村在原医疗站的基础上实施扩建,扩大到661平方米,成立社区卫生服务站,改善了医疗服务条件。

天平大队(村)保健站 地点在河上村大会堂东面,面积70多平方米,设中医、西医。保健医生有殷文贤、许小白、吕双妹等。2007年撤销,并入新华路559号天平村社区卫生服务站。

天灵大队(村)保健站 地点在高家场,面积40平方米。保健医生有徐云珍、许仁元等。2007年撤销,并入新华路559号天平村社区卫生服务站。

1990年,境内3个村卫生室通过吴县卫生局验收达标,为合格卫生室。

2015年天平村通过省级卫生村验收。

社区卫生服务站

妇女保健

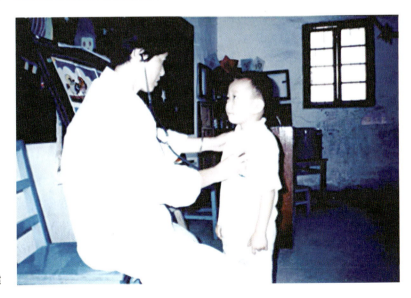
儿童保健

二、医疗制度

合作医疗 1965年，公社培训大队保健员。大队都实行了合作医疗。凡参加合作医疗的社员每人交1.5元医疗费，年终分配时统一扣除。合作医疗的享受范围和标准，由公社统一制定。1985年9月，乡镇合并，1986年镇政府成立合作医疗（劳保医疗）管理委员会，村成立管理小组，规定村合作医疗经费由村统一筹集，专款专用。经费来源分级承担，镇政府按各村参加合作医疗人数每人全年补贴2元到村，村里再补贴2元，社员自交2元。享受合作医疗的村民在报销医药费时须附本人病历和收费凭证，经村、企业卫生室负责人审核，村委会主任批准，方可报销。报销标准为在本村就诊的全报，在镇卫生院或县医院就诊的报销80%；在苏州中医院、儿童医院、传染病医院、精神病医院就诊的报销60%—80%；去其他医院就诊的，必须事先办好手续，经同意可报销50%—70%。村民基本参照公费医疗药品享受医药费报销范围。独生子女报销医药费，参照享受独生子女待遇金的办法，由父母双方所在单位共同负担，男方单位逢双年报销，女方单位逢单年报销，均按原规定金额报销。1996年，村民参加村合作医疗，每年自交30元，如在村卫生室看病，在村报销70%的医药费。

三、血吸虫病防治

木渎地处长江三角洲，濒临太湖，气候温和湿润，适宜钉螺滋生繁殖，是血吸虫病重点流行地区之一。解放前，血吸虫病猖獗，劳动人民深受其害，数以千计生命被病魔夺去，家破人亡，田园荒芜，有些村庄因此毁灭。1933年，原金山乡青草泾有25户人家94人，至1949年，因血吸虫病死绝5户，死剩1人的有2户，先后死去41人，只剩下53人。

中华人民共和国成立后，中国共产党和中央人民政府发出"一定要消灭血吸虫病"的号召，1950年将苏南地方病防治所改为苏南血吸虫病防治所，1951年改为苏州市寄生虫病防治站；1952年广泛向群众宣传血吸虫病的危害性和防治血吸虫病的科学知识，同时开展查灭钉螺、查治血吸虫病人、加强粪便管理等综合性防治工作；1953—1956年，结合兴修水利，开展查螺灭螺工作，在专业人员的指导下，对大小河浜及周围沟渠、农田、山区等有螺地区，按规定剂量投放五氯酚酸钠药粉灭螺，反复投药5次；1995年行政村开展春季灭螺复查工作，均未查到钉螺。

四、传染病防治

流行性传染病在清末以前泛称为疫，民国时期，逐步按疾病分类命名。历来每逢大旱大涝之年，必伴大疫。木渎与金山境内散发或暴发的流行性传染病有霍乱、天花、麻疹、白喉、百日咳、流行性脑膜炎、猩红热、痢疾、伤寒、副伤寒、斑疹伤寒、疟疾等，尤以霍乱为烈，天花危害亦甚大。

霍乱 1926年，霍乱（旧时称瘪螺痧、虎列拉、虎疫等）大流行，镇上曾设临时时疫医院，注射霍乱预防针，但价格昂贵，注射者很少。中华人民共和国成立后，开展爱国卫生运动，加强了食品生产和经营管理。1952年以后，每年全面开展霍乱预防接种。1954年有疫情资料以来，境内未发现古典型霍乱。吴县人民医院设传染科病区。1978年，吴县人民医院和金山人民公社医院均开设肠道门诊和隔离病房，严格进行疫情管理、疫点消毒、疫情监测。1980年，金山人民公社建立隔离消毒档案。之后，境内再未发生该病疫情。

天　花　民国时，天花常有散发或流行。1913年推行普种牛痘，允许社会个体医生收费种痘。2015年实行免费种牛痘。中华人民共和国成立后，1950年推行普种牛痘。1953—1954年，周岁儿童初种，对3岁、6岁、9岁儿童加强接种。1982年起，停止接种牛痘。1954年至今，境内未见疫情。

百日咳　百日咳是儿童常见的传染病之一。1953年起，开展接种百日咳疫苗。1960年起，预防接种百日咳、白喉混合苗。

流行性乙型脑炎　1955年开始推广注射预防乙型脑炎疫苗，疫情仍有发生。1981年起，开展注射浓制乙型脑炎疫苗后，基本控制疫情。之后，境内未见疫情。

疟　疾　旧时木渎是疟疾流行区。解放后，1961年疟疾流行。自1962年起，逐步控制疟疾的流行。70年代末，境内已消除了疟疾病。

五、爱国卫生运动

1953年2月，中共中央开展以反对细菌战为中心的爱国卫生运动。是年9月，朝鲜战争停战后，爱国卫生运动转为经常性的群众运动，除"四害"（老鼠、苍蝇、

木渎镇新华村创省级卫生村汇报会（1998年）

蚊子、麻雀，1960年4月，后改麻雀为臭虫）。运动提倡讲卫生，以消灭疾病为中心。1966年起，运动以"两管一灭"（管水、管粪、灭蚊蝇）为中心。1966年"文化大革命"开始后，爱国卫生运动活动处于停顿状态。1982年起，爱国卫生运动成为社会主义精神文明建设的重要组成部分。1983年开始，苏州市开展创建"文明卫生镇"活动，加强卫生知识宣传教育；1984—1986年，先后开展两次以灭鼠为主的除"四害"活动。1989年4月起，每年4月被定为"卫生宣传月"。1991年8月，初级卫生保健委员会成立。1994年，开展爱国卫生义务劳动日活动，全民动手，大搞卫生，参加义务劳动爱国卫生百日竞赛。1995年，镇成立创建省卫生镇指挥部，村建立创建领导小组、健康教育领导小组、除"四害"领导小组，加强了对爱国卫生和创建工作的领导，深入持久地开展爱国卫生运动。1995年11月，镇通过了"创建省卫生镇"苏州市检查验收，村开展创建"卫生村"，卫生面貌大为改观。

天平村组织全体村民悬挂宣传横幅，发放村民告知书，开展村庄整治，清理卫生死角，清理乱堆乱放的杂物垃圾，拆除雨棚、户外广告灯箱，拆除老虎灶，取缔废品收购站，全面推进垃圾分类管理工作，发放分类垃圾桶；同上级部门紧密配合，形成合力，建立健全长效管理机制，确保农村人居环境整治效果得到巩固。

六、民间中医

天平社区山里旺7组，有位祖传民间中医师——许林根，他的中医医术在当地民间颇有影响，求医者络绎不绝。许林根的父亲许小白，早年在当地是一位颇有名望的民间中医师。他利用居住在天平、灵岩山区的有利条件，上山采集中药材，自己加工中药材，在治疗慢性病方面更有他独特的治疗方法，成效显著。许林根自幼受父亲中医术的熏陶，随父亲上山采药，帮助父亲加工中药材，观摩学习父亲为应诊病人治病。受家庭医术氛围的影响，他逐渐爱上了中医术。1981年初中毕业后，他就跟随父亲专心学习中医术。1991年父亲亡故后，许林根继承父业，独立开诊，经吴中区卫生局批准、注册，他的诊所被登记为"苏州市吴中区许林根民间中药诊所"。其医术不仅在苏州吴中地区颇有影响，而且通过应诊者口口相传，有四川、河南、河北、安徽、浙江以及江苏其他地区的病人来所应诊。许林根在治疗慢性疾病和肝、肾病方面，不仅继承了他父亲的中医术，而且有独创之地方，受到应诊者的肯定。他坚持自己亲自上山采集主要药材。许林根还考虑把两代人的民间中医术传授给女儿，发扬民间中医的传统。

第三节 文化体育

民国时期，境内村民忙于种田和搞副业（采石、刺绣等），文化娱乐活动极少，

天灵、新华等大队组成的女子莲厢队（1983年）

新华村妇代会组织负重竞走比赛（1994年）

除逢年过节逛庙会、赶节场时观看抬猛将、草台班演戏外，无其他文化娱乐活动。

中华人民共和国成立初，金山乡组织各村村民开展扭秧歌、打莲厢、打腰鼓等文体活动，庆祝新中国的成立和土改胜利。高级社时，社里组织文艺宣传活动，配合当时的中心工作搞演出。20世纪60年代，各村家家户户装上广播喇叭，丰富村民生活，自娱自乐。"文化大革命"时期，1969年新华大队、天灵大队、天平大队成立毛泽东思想文艺宣传队进行宣传演出，文娱活动搞得十分活跃。

新华大队文艺宣传队　演员、乐队共有队员30多名，唱革命歌曲、毛主席语录歌，有说唱、快板、三句半、舞蹈。歌曲、舞蹈节目有《翻身农奴把歌唱》《北京的金山上》《心中的歌儿献给解放军》《白毛女》《红梅赞》等，特别是还排演沪剧《沙家浜》、现代京剧《沙家浜》，参加演出的队员有朱建明、周竹筠、高素珍、蔡兴元、孙国强、资才英、资根娣、陶玉妹、马理明等20多人，还有乐师10多名。其演出水平可比专业剧团。除在全公社巡回演出外，他们还被邀去浒关、胥口等外公社演出，大受欢迎，在吴县举办的汇演中多次获得一等奖。

天平大队文艺宣传队　排演节目较多，有现代京剧《沙家浜》《红灯记》，还自编自演节目《新农村饲养员》《斗私批修》《移风易俗》等，宣传队多次参加全公社巡回演出。宣传队员有何雪珍、何美英、殷双金、殷文男、殷全珍、朱土根、汪文男、朱阿六，还有舞蹈设计、乐师范秋生、朱金男等20多名。

天灵大队文艺宣传队　也排演现代京剧《沙家浜》等剧目，还有说唱、快板，跳"忠字舞"等节目，经常参加全公社巡回演出，受到好评。参加演出的队员有葛家财、许海泉、许美宝等20多名。

80—90年代，境内各村文艺爱好者继续组团搞文艺演出，唱革命歌曲，自编自演发生在身边的故事；同时，公社电影放映队下乡为村民放映电影，各村村民也购买电视机，极大地丰富了村民的文化娱乐生活。

2003年并村后，天平村充分利用镇办的文体设施及文体组织，根据自身的条件和特点，开展群众性的文体活动，包括新农村特色活动、各类知识讲座、文艺汇演等；

天平村老年太极功夫扇交流汇演（2004年）

各片区还自发组成老年舞蹈队、篮球队、门球队等文体队伍，丰富业余生活。村老年文体队多次在市区镇各级赛事中获得好成绩。

村委会办公区内设置职工读书站、农家书屋等，藏有各种图书3000多册，供村民阅读、借阅。

天平村艺术人才辈出，在书法、绘画、摄影等方面涌现出多位有一定成就的人士。

朱三男 1963年生，天平片区范家场人。笔名散南，号天平山人。从小酷爱艺术，对书画、诗词、音乐、篆刻等都有浓厚的兴趣。书法初学颜、柳，后学王羲之、孙过庭、王宠等的行草，几十年临池不辍，作品曾多次参加书法展，2004年其书法"苏州工业园区"标志牌征稿入选刻石。1981年起，兼学中国画。2004年从事石雕、景观等设计，被评为工艺师。曾连任三届苏州市吴中区工艺美术学会、工艺美术行业协会秘书长，吴中区工艺美术初级职称评委。同时兼修书学理论，六年磨一剑，2011年书学论文《平复帖释读新论》入选《全国第九届书学讨论会论文集》，并入编《中国书法名城——杭州·苏州书学论文集》，转载于《姑苏工艺美术》等杂志。现为中国书法家协会会员、苏州市书法家协会学术委员会委员、吴中区书法家协会副秘书长兼学术委员会主任。

沈秋根 1965年生，新华片区塘江上人。自幼喜欢书画，2015年修研于北京画院，师承国画大师李可染之子李小可先生，学习山水画。2017年毕业后入住北京宋庄画家村进行创作写生。2016年作品在"山川乡国情"京津冀三地联展中获优秀奖，2017年作品在徐州李可染艺术馆展览中获优秀奖，2019年作品在李可染艺术基金会邀请展中荣获二等奖，2018年，作品被河北保定市美术馆展出收藏。现为北京李可染艺术基金会会员、北京画院李可染工作室画家。

许云娟 1971年生，天平片区山里旺人。自幼喜欢绘画，师承苏州书画名家张辛稼之女张钟，专攻花鸟画。2016年，作品《冰清玉洁》入选第三届新吴门六月风作品展，同年作品《牡丹》在江苏省花鸟画研究会成立30周年时入选优秀作品；2019年，作品《三友图》入选《江苏省优秀花鸟画册》。现为吴中区美术家协会会员、苏州市美术家协会会员、江苏省花鸟画研究会会员。

钱建宗 1970年生，天灵片区陆家村人。喜欢摄影，认真学习研究摄影技法，利用业余时间，用相机记录家乡的秀美河山、人文故事和新时代发展的历史瞬间。作品《夜色山塘》在2017年《中国摄影报》"走进木渎"影友擂台赛中获一等奖，作品《黄田雪景》在2015年"山水诗乡、多彩宣城"全国摄影大展中评为入展作品，作品《魅影》在2017年"千年木渎 中华古镇"全国摄影大展中评为入展作品。现为苏州市摄影家协会会员、江苏省摄影家协会会员、中国摄影著作权协会会员。

天平村在文化体育方面成绩突出，2013年被苏州市文化局评为"苏州市群众文化活动十佳社区（村）"，2016年度被评为苏州市"书香社区（村）"。

第四节 社会保障

村民收入 解放前,由于物价飞涨,大部分人民群众生活比较困苦,特别是农民,交掉租米,收成所剩无几。为了维持生活,只能出售口粮。商人即乘机削价收进,待青黄不接之时,商人又大幅度提高米价,缺粮户无钱买粮,只好卖青苗,生活十分贫困。1949年解放后,人民积极投入建设,农业生产不断发展,国民收入逐年增长。据有关部门统计,木渎地区农民收入:1949年,人均收入仅数十元。1964年,人均收入不足300元。1978年,人均收入600元左右。1980年,人均收入4783元。2000年后,人均收入稳步增长。2017年,农民人均纯收入3.51万元。

天平村村民2019年的总体收入有以下7个方面:自主创业者,企业效益收入;自谋职业者,工资收入;村集体股金分红收入;私房出租,租金收入;失地农民补贴;社保退休费收入;村集体粮、油、水、电、气补贴。

村民消费 民国时期,村民生活清苦。1950年实行土地改革,村民逐步摆脱贫困。逢年过节可以添置阴丹士林布新衣。20世纪60年代后期,居民开始穿着"的确良"衣裤。70年代,男女结婚的彩礼有手表、缝纫机、自行车"三大件"。镇上居民大都租住公房,出门骑自行车代步。70年代后期,自建住房渐多,泥墙草屋绝迹。80年代,村民大多数翻建楼房,住房为砖木结构,或混凝土灌浇,三楼三底居多。外出以自行车代步,部分骑摩托车。衣着大多以呢绒、毛线为材料。1996年抽样调查结果显示,农村人均住房30平方米。90年代起,建房向别墅型发展,装自来水,配有卫生设备;村民出门坐公交车、出租车,轿车开始逐渐进入居民家庭。2010年后,买汽车的家庭增多,消费多样化。

村民住房 解放前,村落的农户一般以自然村聚居,少数住单户独居农舍,大部分住砖石、木结构的矮平房,少数住茅棚土屋。许多农户家庭分户不分房,分代不分房,素有"三代同住一间屋,五房进出一个门"之说。百姓住房条件较差。

中华人民共和国成立后,社会稳定,人口剧增,为缓解集镇居民住房困难,逐渐建设少量公租房屋。70年代,集中翻建和新建一批公房,出现3—4层的居民住宅楼。1985年起实施房屋开发,居民住房紧张局面逐渐得到缓解。随着镇村企业的兴起,农村经济蓬勃发展,以村为单位逐步对居民点及村道进行规划。1986年6月,白塔村开始试行推广村民建造"矮三层"楼房的做法:建筑为矮三层结构,一般设计为底层堆放农用物资和养猪,还有一个院子;中层为客厅、厨房和起居室,外加大阳台;三层全部都是卧室;楼梯有内楼梯和外楼梯,这种房型在当时较为少见。为鼓励最先响应这一决策的农户,村里决定每户奖励5000元,当时有石长根、朱海金、吴法男 3 户村民得到奖励。建成后，每宅楼房建造、装修的费用约 5—6 万元，村民觉得这种房型在农村非常实用，它占地面积小，建筑面积大，没多久就推广开来，数年后形成了苏南独特的农民新村。

通过农村居民点规划——一般是南北 20 米左右（路 4 米、场面 5 米、住房 8 米、中间院 4 米、附房 4 米），一户三间，宽 11.4—12 米——逐步形成了一批居民新村。80 年代后期，农村住房建设迅猛发展，人均住房面积 30 平方米，住房绝大多数是二、三层的楼房，用材装饰日益高档。

2003 年至 2019 年，根据政府规划，大部分村民动迁后统一入住安置小区。住房逐步城乡一体化。

照明、用电　解放前，农村一般用菜油灯照明，用煤油灯的已属奢华，只有办大事或演剧时才租用汽灯。60 年代中期起，村村通电，家家用上了电灯。80 年代，白塔村还装了路灯。90 年代，电扇、冰箱、洗衣机、电饭锅等家用电器已普及，农户装了空调。

村民福利　村两委坚持把改善民生、增进人民福祉作为推动发展的根本目标，大力推进各项惠民工程，不断优化服务，提高生活质量，持续提升村民获得感和幸福感。

村两委按照"惠民、便民、利民"的要求，积极打造"便捷、协调、高效"的为民服务模式，千方百计为村民谋福利。2014 年，村制定了粮油补贴制度，成立益民劳务专业合作社，建立"三定一线"工作制度。

村粮油发放现场

粮油补贴制度：每月免费为每户发放 15 千克大米、1.8 升食用油，为全村 1358 户家庭送去粮油，全年发放水、电、有线电视、煤气、菜金、米、油等 7 项补贴共计 550 万元，解决了村民的后顾之忧。

村有低保户 2 户（5 人），低保边缘户 16 人，全年临时救助用款 6800 元，重点优抚对象 9 人。对于这些人、这些家庭，村时刻关注好其情况。村还加大对困难户、孤寡老人的帮扶救助，做到一户一档管理，基本做到动态管理。

村为 5 名残疾人办理了爱心乘车卡，为 67 名残疾人办理了意外保险，为 1142 名在校学生及学龄前儿童补贴医保 14.5 万元，为 15 人申请慈善助学金 1.08 万元。

2017 年，"农保"转为"社保"，村民退休后享受市镇居民退休的同等待遇。对 2004 年以来未纳入农保的退休农民每月发放 750 元至 1050 元的镇级农保养老金，提高了农民的保障基数，解决了农民的后顾之忧。参加社保的退休人员符合现行政策规定的（男性交满 30 年，女性交满 25 年，失地农民转城保后交满 15 年），实行与城镇职工医保待遇接轨。村民统一参加区级城乡居民医疗保险，由单位和个人按规定交费后，按比例报销门诊和住院医疗费用，自负医药费比例不断下降。镇、村（社区）两级还对大病住院费用个人自付部分，对肿瘤、尿毒症血透病人以及高血压、糖尿病等慢性病人分别按比例给予相应报销和年终一次性补助，解决农民的因病致贫问题。

2013 年末，农民全部由农保转为社保，全体农民统一参加区级城乡居民医疗保险。全村 893 位 65 周岁以上老人得以免费体检，农保住院二次结报 294 人次。

此外，村日间照料中心推出送餐服务，只要符合条件的都可以参加，为全村范围内符合条件的 13 位老人上门送餐。

2007 年，上级统计部门按照国家发布的"中国全面小康村标准"对天平村的"小康村"进行的调查、测评如下。

表 7-1　　　　　　　2007 年境域对照中国全面小康村标准表

类型	中国全面小康村标准		天平村已实现水平
	项目	指标	数据
经济发展	人均生产总值	达 1.6 万元	超 10 万元
	农民人均年收入	1000 美元	1.6 万元，约 2200 美元
	集体可支配收入	人均 100 元	人均 4429 元
	劳动就业率	90%	98%
社会发展	农村社保率	—	100%
	农村医保率	95%	100%
	贫困人口率	不超 2%	0.5%
	低保率	100%	100%

续表

类型	中国全面小康村标准		天平村已实现水平
	项目	指标	数据
人口素质	计生率	100%	100%
	平均预期寿命	75 岁以上	76 岁以上
	义务教育入学率	100%	100%
	青年技能培训率	90%	95% 以上
生活质量	安全卫生水平普及率	90%	100% 以上
	农户有卫厕	75%	100%
	村内道路硬质化	80%	100%
	人均住房面积	40 平方米	90 平方米
	百户拥有电话	160 只	250 只
	百户拥有电脑	20 台	40 台
民主法制	村组织建设满意度	90%	95%
	村务公开满意度	90%	95%
	社会安定满意度	90%	95% 以上
资源环境	森林或绿化覆盖率	25%	35% 以上
	垃圾集中处理率	100%	100%
	河道疏清率	90%	100%

培训 就业 天平村党委、村委会为解决村民就业问题，走访调研 40—50 岁年龄段中年村民的就业问题，结合村实际情况，设立专业劳务合作社，为村民提供技能培训平台，推进就业，更好地服务城乡一体化建设。

2014 年 4 月 12 日，天平村召开益民劳务专业合作社设立大会，选举产生了合作社理事会、监事会，并通过了《苏州市吴中区木渎镇天平村阳光劳务专业合作社章程》。同年 7 月 18 日，合作社首批专业技能培训班正式开班上课，共有 158 名失业人员报名参加培训，其中参加月嫂班 108 名，参加家政服务班 50 名。经过一个月的专业学习培训，进行职业技能理论和实操鉴定考试，月嫂班 83 名学员参加考试，

天平村益民劳务专业合作社第 1 期劳动技能培训班开学典礼（2014 年）

全部成绩合格；家政服务班42名学员参加考试，40人成绩合格。合格者均获得从业资格证书，届时可凭证上岗就业。

益民专业劳务合作社揭牌（2014年）

至2015年5月，已有248人参加月嫂和家政培训班，200人通过了职业技能鉴定考试并取得合格证书。其中，73人获得由国家人社部颁发的保育员五级证书，56人获得家政服务员五级证书，另有71人获得由苏州市人社部颁发的月嫂合格证书和家政服务员合格证书。经合作社推荐，60多人已持证上岗，有了稳定的收入。

之后，益民劳务专业合作社举办了多种技能培训，培训内容另有插花、烘焙、汽车修理等，以尽量满足村民实现自我价值提升的需求，为建设村强、民富、景美，社会文明程度高的新天平而努力工作。

第五节　慈善事业

随着村级经济持续发展，社会文明不断进步，天平村村民越来越富裕，但是尚有一部分因病、因残而失去劳动能力的弱势群体，他们的生活极其困难，需要得到社会的关注与帮助。至2006年，村里尚有低保户24人，五保户4户，各类残疾人61人。"一方有难，八方支援"，在扶贫济困、救灾救难、助残扶弱，弘扬人道主义社会公德等方面，村领导作出了一定的努力，但要切实解决他们生活的后顾之忧，仅靠政府及村里仍有难度。为此，2006年10月，天平村发出倡议，尽快建立天平村慈善基金会，发动全村共产党员、共青团员、村民和企业业主，自愿为困难户伸出温暖之手，献出一点关爱之情，行善积德、慷慨解囊、捐款赠物，为慈善基金会筹集资金。倡议得到大家一致响应。

2006年11月18日，天平村慈善基金会正式成立，基金会下分新华、天灵、天平3个分会。基金会的性质是天平村内各企业及个人基于自愿原则进行捐款或资助的非营利性组织和社会团体。该基金会依法管理和使用资金，旨在协助政府发展慈善公益事业，推动天平村社会文明和进步。天平村慈善基金会制定了管理办法，并通过大会选举产生第一届慈善基金会组织名单：名誉会长葛惠兴、孙金火，会长俞剑英，副会长吴法男、黄林根、何建清，秘书长黄丽华，副秘书长沈土泉，监事长石根宝。2006年11月，首批捐款人员达320人，其中捐款10000元以上的有吴法男、倪永康、何建青；共收到募捐款31.278万元，其中个人捐款15.278万元，3个股份合作社捐款16万元。

随后，木渎镇实施的农村大病风险医疗制度及其医疗基金会得到了完善与发展。根据该制度，大病患者的医药费用可按标准获得60%至70%的补助。因此，村里不再使用慈善基金来支付医药费补助。

第八章 传统技艺与「非遗」

传统技艺是中华民族历史文化遗产的重要组成部分，是在当地悠久的历史文化背景下，由人民群众发挥聪明才智而形成的技艺，并在传承与创新中不断发展，成为一个地区历史与文化的表现。

明清以来，境内刺绣、金山石开采及雕刻业发达，从业者众多，名师巧匠辈出。天平村有石雕、碑刻2个非物质文化遗产项目。

第一节　石雕工艺

金山石雕以金山及其附近出产的金山花岗石为材料，以金山细石匠为主的艺人，将金山花岗石雕凿成工艺作品。金山石雕是具有悠久历史、地方特色的传统雕刻工艺。

金山花岗石俗称金山石，是苏州西部金山及其周围山区所产花岗石的统称。据《吴县志》载，金山在天平东南，初为茶坞山，晋宋年间，凿石得金易今名，山高五十余丈（1 丈 ≈ 3.33 米），多美石……金山石抗压强度达 1979 千克 / 平方厘米。石断面色调以灰色为主，略呈青灰，质地细腻，黑色云母斑和白色石英闪光斑分布均匀，纹理纵向。金山石加工业可分为粗加工和精加工，粗加工料石主要用于建筑工程，也可用于建材工业和化工业。金山石的精加工很有特色，就是根据料石的形状、规格加工成建筑雕塑工艺品。

金山地区历代名匠辈出，精湛的石雕技艺因自成一格而闻名于世。

光绪三十二年（1906），吴锦山、王仁山、顾福昌等艺人发起成立了苏州石业公所，建立金山能工巧匠联合作坊。1926—1932 年，汤根宝和陈根土率金山细石匠二百余人赴南京建造中山陵，并因巧接石牌坊断柱而技压群雄，金山巧匠声名远播。

金山石雕绝技如下。

劈　石　劈石是指将大料石取出后按要求再分割成若干块（现以机械切割替代）。劈石技艺直接关系到出材率和制作成本。如切断一块八仙桌大小的大料石时，只需选择一个平面，在平面上列作几个"库子"，放上"胀镔"，石匠高举 24 磅（1 磅 ≈ 0.454 千克）大锤，一锤下去，石料就齐刷刷一断为二。

左右开弓　传统的石狮雕刻中，最难的是制作形貌相同的石狮，并且要雌雄成对。这在还没引进石膏模具、点线仪等先进技术手段的时期却是难题。著名金山石匠盛水大开创了"左右开弓"的绝技，即左右手分别握锤，右手雕凿雄狮，左手雕凿雌狮，达到雌雄狮一模一样的艺术效果，一时传为佳话。

"冰梅纹"石墙砌筑　这是石匠加工砌筑的高难度技术活。"冰梅纹"是指石块拼缝似碎冰状，有的呈梅花状，酷似天然，以不留拼接加工痕迹为最，非顶尖高手不敢问津。灵岩山后花园西侧围墙目前尚保留有较完好的"冰梅纹"石墙若干段。这是晚清、民国时期金山石匠留下的杰作。

断柱接柱　民国时期，建造南京中山陵"博爱"牌坊时，金山石匠巧妙地将断柱接上，成为石料建筑工程史上的一大奇迹。

建石拱桥　石拱桥建造时一般均要搭建脚手架或木支架，以便于拱顶合龙时防止坍塌。技艺高超的金山石匠不用任何支架，拱形石材拼接严合，所筑桥梁美观又

灵岩山冰梅纹石墙

坚固，如横塘彩云桥、宝带桥。

摩崖石刻和碑刻 摩崖石刻、碑刻分文字和图像两类，其中文字凿刻需要石匠有较深的书法功底，凿刻时以钢凿代笔，接刀处不留斧凿痕，刻凿深浅恰到好处，酷似书法运笔轻重，游丝枯笔均能反映原作风貌。

金山石的精加工是一门石雕工艺，集雕、刻、塑3种方法于一体。金山石匠的后代在继承传统的金山石刻技艺的基础上，对雕刻工艺进行了大胆的革新，丰富和发展了雕刻产品，不仅能雕大到八九吨重的蟠龙盘踞的石碑、烈士纪念塔等，还能雕制龙、凤、马、狮子、麒麟、仕女、佛像、灯笼等。其以雕刻精细、构图典雅巧妙、线条流畅闻名于世。

金山石雕的传统工序：选料、出坯、粗做定型，做细（錾细、做线条等），20世纪20年代后增加了石膏制模和磨光2道工序。金山石雕主要有画、塑、凿、刻、雕、磨、钻、镂、削、切、接等加工工艺和技巧。

金山石狮是金山石雕工艺的传统典范。中国石狮有四大流派：北方的"京式"、南方的"粤式"、中原一带的"中原狮"和江浙沪一带的"苏式"。苏式石狮以金山石狮为代表，苏式石狮创作一般要经过选料、出坯、定型、细雕、錾光、做精等6道工序，采用画、塑、凿、刻、雕、磨、钻、镂、削、切、接等传统技法。苏式石狮的狮头占整狮的比例达三分之一。雌雄成对，雌者前足抱幼狮，雄狮前足捧彩球。苏式石狮制作时，石匠将狮子的舌头雕刻成一只球，球可以在狮子口中滚动，但无法从狮子口中取出来，成为一绝。苏式石狮造型古朴，姿态优美，活泼灵动，温和可爱。

金山石雕技艺于2007年被列入江苏省非物质文化遗产保护名录。

名匠及传承人 金山石匠分采石匠、做细匠2种，历史上曾涌现众多能工巧匠。明代金山名匠陆祥参与北京宫殿建造，技艺精湛，与香山蒯祥齐名。民国以来，金山石匠曾参与南京中山陵、首都"十大建筑"、毛主席纪念堂等重大工程，声名远播，名匠辈出。天平村内现有江苏省级传承人何根金，苏州市级传承人何建青，吴中区级传承人何建红、何惠林。

何根金　1939年4月生，天平片区河上村人。13岁学做细匠，拜香山帮做细匠高手钱金男为师。16岁便能独立作业，18岁成为细石熟练工。1957年，何根金被选派进京，先后参加了首都北京中国人民革命军事博物馆、国防部大楼、京西宾馆等石料建筑工程，广泛接触各地石雕艺术高手

何根金正在雕刻作品

匠师，技艺日进，还跟王书高师傅学会了看图绘图。1962年，何根金下放返乡，到苏州地区采石厂工作达8年。1970年，何根金再度进京，在北京建筑雕塑厂工作，参与国家礼品工程——几内亚纪念碑石雕的加工；在京期间，拜8级石雕技师刘大伟为师，学习人物雕塑。

何根金作品《范仲淹与滕子京》

何根金返乡后，于 1979 年在金山石料厂担任技术总监，并创建石雕工艺车间。他对传统生产工具进行改良，提高石雕工作效率，并始创仿古石雕产品生产。产品有壁景、挂屏、飞龙、凤凰、灯笼、石狮、盆景、立体人像、佛像等几十种，销往全国各地，并外销东南亚、欧美地区。何根金雕刻的汉白玉普贤菩萨像、花岗石敦煌人物头像和仕女站像三件作品有较高的艺术观赏价值，被《人民画报》刊登。1988 年，何根金创建天平石料装饰工艺厂，创作雕刻青石仿古响器等创新作品。

1997 年 5 月，何根金创办苏州市金山石雕艺术有限公司，经营石雕建筑工程。木渎明清街石牌坊和灵岩山南麓的两座金山石牌坊都是何根金自行设计并领衔制作的力作。他所制作的单件石雕艺术品遍布大江南北，还远销英国、美国、荷兰、日本等国家和地区，在苏州地区的石料工程和石雕品更是随处可见。较著名的有苏州人民路中国银行、苏州工业园区海关大楼和苏州市会议中心的建筑石饰、苏州市第二人民医院（现为苏州市立医院本部）的《小天使群像》、上方山的石雕《观音像》、泰州市水利局的大型石雕《大禹像》、泰州市亲水广场的《治水者》城市雕像，还有上海美术馆、常州文物商店、苏州光大银行的石狮等。2003 年，何根金承接了泰州市凤凰河景观带凤桥、凤亭及长廊等石料工程。其中长廊内以《水浒传》《西厢记》《西游记》《三国演义》《红楼梦》等古典名著为题材的戏文故事石雕达 999 件之多，受到业内人士的广泛好评。

1990 年 3 月，国家轻工业部特向何根金颁发荣誉证书，表彰他从事工艺美术行业工作 30 多年，为我国工艺美术事业发展作出的贡献。何根金现为中国工艺美术协会会员，江苏省工艺美术行业协会理事，苏州市工艺美术行业协会理事长，国家级、省级工艺美术大师、高级工艺美术师，江苏省非物质文化遗产项目代表性传承人、

金山石雕企业（2020 年）

普贤菩萨像

观音像

苏州市首届雕塑艺术研究会会长、苏州市吴中区工艺美术行业协会会长（任期16年）。

何建青　1963年生，何根金之子。初中毕业后随父学艺，子承父业，全心投身于石雕事业，掌握了画、塑、凿、刻、雕、磨、钻、镂、削、切、接等金山石雕技艺，并能融合古今，贯通中外，先后设计雕凿多项特色石雕作品，有范仲淹雕像、灵岩山佛雕座像、徐光启胸像、九龙壁、苏州桥、上海中共一大旗台和南京新街口

何建青工作照

孙中山雕塑基座等。作品涉及建筑装饰、桥梁石艺、景观工艺、人物雕塑、传统佛像、牌坊壁雕等。他在继承苏狮传统雕塑技艺的同时，独创造型威武灵动的金山狮。他还拜雕塑艺术家为师，创作具有现代气息的石雕作品，有《一路清廉》《旭日东升》《日月增辉》等作品，曾获国家级、省级奖。汉白玉石雕《踏雪探梅》于2011年获江苏省工艺美术精品博览会优秀奖。特别是由他主持雕塑复原的宜兴明代会元状元牌坊（"相国牌坊"），被宜兴市博物馆收藏。此外，新疆拜城县刘平国将军石雕像、新疆阿克苏地区博物馆收藏《刘平国治关亭诵刻碑》，皆为其石雕精品佳作。

何建青为继承金山石雕技艺并使之发扬光大，2002年在苏州度假区舟山村征地100亩，招聘石雕细匠120余人，创办苏州市金恒古建景观工程有限公司，建立苏州园林式金山石雕工艺馆。2009年，公司成为"中华老字号"会员单位。何建青现为江苏省高级工艺美术师、苏州市级非物质文化遗产（石雕）代表性传承人、苏州市老专家协会古代石刻石雕修复专业委员会主任、吴文化研究员等。

何惠林　1964年9月生，天平片区河上村人，从事金山石雕业近40年。16岁跟随叔父何根金学艺，逐步掌握金山石雕技法，并不断创新，在设计制作上有一定的功力，尤以汉白玉《麒麟》《仿古唐石头像》等作品在刀法上突破创新，作品形神逼真，深受中外客户好评。从1980年起，先后在金山建筑工艺雕刻厂、天平石料装饰工艺厂、苏州市金山石雕艺术有限公司工作，其作品《三大仕》《胸像》入选2007年第二届苏州民间工艺家参评作品展；2011年9月，汉白玉石雕《文殊菩萨像》获江苏省工艺美术精品博览会金奖。2006年被聘为苏州市吴中区工艺美术行业协会第二届理事会理事。2013年12月被评选为吴中区非物质文化遗产金山石雕代表性传承人。

何建红　1963年8月生，天平片区河上村人。1980年高中毕业后跟随叔父何根金学艺，由于刻苦钻研，逐步掌握金山石雕技艺并有创新。先后在金山建筑工艺雕塑厂、天平石料装饰工艺厂、苏州市金山石雕艺术有限公司工作，代表作品有南京夫子庙《双龙直面》、甪直镇《甪端》等。参与上海美术馆新馆外墙石材装饰、泰州凤凰河《百凤桥》浮雕、苏州工业园区海关大楼外墙石材装饰、灵岩山寺《吉祥石桥》等工程项目的设计制作。2013年12月评为苏州市吴中区非物质文化遗产代表性传承人。

第二节　碑刻技艺

木渎地区是苏派碑刻的主要发源地和生产地之一。2014年12月，木渎弘戈堂碑刻艺术工作室的苏州碑刻技艺被列入吴中区非物质文化遗产名录。

戈春男弘戈堂碑刻艺术工作室

在印刷技术产生之前，碑刻是传播文化、传承文化的重要载体，是最早的印刷术模板。经历战争、自然灾害、动乱等劫难，能较好传承文化的载体还要数碑刻。碑刻主要指利用天然的石材资源，将文字和图画信息记录于石材上的过程。其技艺至今仍在人类文化、艺术传播中发挥作用。

苏派碑刻源远流长，技艺精湛，至今苏州碑刻博物馆内保存有《天文图碑》《地理图碑》《帝王绍运图碑》《平江图碑》等"四大宋碑"。灵岩山下保存至今的宋韩世忠墓巨碑，碑文万余字，雕刻精美。清末民初，苏州碑刻业鼎盛，以吴昌硕弟子周梅谷最为出色，曾刻孙中山《建国纲领》。

碑刻与石雕工艺不完全相同，要求碑刻者具有较高的文化素养，尤其是书画素养。1991年，木渎天平村戈春男创办弘戈堂碑刻艺术工作室，成为专门从事艺术碑刻设计、制作的生产场所。2009年，弘戈堂碑刻艺术工作室被苏州碑刻博物馆确定为非物质文化遗产碑刻技艺传承基地。

材料　工具　碑材石料主要有青石、金山石、大理石，工具有锤子、锤板、刻刀。

技艺流程　有选材（挑选天然石材）、做坯（切割造型）、磨石（将石材磨平）、成材（按不同规格要求做成碑材）、上样（将书法文字或图画复制到碑材上）、雕刻、上色、安装等。

谱系　传承人　碑刻技艺的传承方式主要是师父带徒弟。苏派碑刻传承人有吴昌硕、周梅谷、钱荣初、时忠德、戈春男、戈红伟、张弘、戈春伟、郁求林、戈继伟、王义德等，其中天平村戈春男为该项目吴中区非物质文化遗产碑刻代表性传承人。

戈春男　1956年9月生，天平片区范家场人。戈春男年轻时当过教师，业余时间为附近公墓写墓碑，有一定的书法功底，平时经常看细匠刻字，产生兴趣。1984年，因公墓管理员疏忽，未能按时交付上海客户的墓碑，他毛遂自荐，在较短的时间内连写带刻完成一块隶书端丽的墓碑，得到客户好评，自此走上了碑刻艺术之路，并不断探索，多次观摩名家碑刻、摩崖石刻，碑刻技艺日进。翌年，他担起为许世友将军墓碑上样镌刻的重任，并如期完成。1991年，戈春男创办弘戈堂碑刻艺术工作室，从事各类艺术碑刻的设计制作，秉承"笃实耕耘、精雕细琢"的工匠精神，坚持纯手工刻制，追求品质第一，以诚信待人、道义律己。他在承接各类重要文化景观项目的过程中，结识许多文化界人士，凭借其高超技艺，被碑刻圣手钱荣初的得意门生、誉为"江南第一刀"的时忠德收为徒弟，成为苏州碑刻技艺自吴昌硕起，至周梅谷、钱荣初、时忠德一脉相承的传人。

2002年8月，寒山寺秋爽大和尚委托戈春男负责该寺诗碑选石、镌刻任务，他六上山东嘉祥进行采石。根据设计，正面镌刻俞樾书写的张继《枫桥夜泊》诗，背面镌刻乾隆手书《心经》，全文5000余字。碑为青石材质，高10.26米、宽5.3米、厚1.3米、总高16.9米（包括碑帽、碑座），2008年刻成，被上海大世界基尼斯总部确认为"世界第一大诗碑"。戈春男现为吴中区非物质文化遗产碑刻代表性传承人。

第三节 刺 绣

苏州刺绣，简称苏绣，历史悠久。清代，苏绣已形成家庭手工业，苏州也被称为绣市。木渎金山天平村及周边乡村几乎是"家家有绣绷，户户有绣娘"。

刺绣是当地妇女必须掌握的活计，母女、婆媳、妯娌，互为影响，世代相传。中华人民共和国成立后，刺绣业成为当地农村主要的传统副业。乡（镇）成立刺绣发放站、刺绣生产供销合作社、刺绣厂。2006年5月，苏绣被列入首批国家级非物质文化遗产名录。

生产形式 刺绣生产形式主要以家庭、妇女生产为主。绣工去刺绣发放站（旧时称绣庄）承接绸缎面子与丝线（俗称花线），拿回家中刺绣；有时刺绣发放站为了招揽生意，会主动派人到农村挨家挨户推销。绣完成品后，送交刺绣发放站，发放站工作人员当场检验绣品质量，评定等第，然后按质付给工钱。

工 具 刺绣生产工具有绷架、绷凳、绣针、搁手板、面料、绷布、绷嵌条、丝线等。

流 程 刺绣工艺流程包括设计绣稿、勾稿、染线、上绷、钉稿、配线、刺绣、下绷、装裱等。

针 法 苏绣针法总的分为乱针绣与平绣两大类，主要有铺绒、直绣、盘绣、套绣、擞和针、抢针（也称戗针）、平针、散错针、编绣、绕绣、施针、辅助针、

民间刺绣（2020年）

变体绣等40多种；绣法有单面绣、双面绣、双面三异（异稿、异针、异色）绣等。

品　种　苏绣按用途分可分为日用品（亦称绣什品）、刺绣服装和艺术精品（亦称欣赏品），品种有被面、垫子、鞋面、手帕、荷包、屏风、靠垫、枕套、发禄袋、床沿、桌帔、椅垫、床罩、肖像、戏服等数百种，其中以双面绣作品最为精美。绣品出口捷克、印度、美国、日本以及东南亚等国家和地区。

特　色　苏绣具有图案秀丽、构思巧妙、绣工细致、针法活泼、色彩清雅、地方特色浓郁的风格特点，明代就以"精、细、雅、洁"著称。绣品要求平（绣面平整、熨帖如画）、齐（针脚齐整、轮廓清晰）、和（色彩调和、浓淡合度）、光（光彩炫目、色泽鲜明）、顺（丝缕合理、圆转自如）、细（用针纤细、绣线精细）、密（排列紧凑、不露针迹）、匀（皮头均匀、疏密一致），从而达到神形兼备、画绣合璧的艺术境地。

旧时，天平村的农户中，有90%左右的妇女劳动力是家庭绣娘。20世纪五六十年代，家庭刺绣成为农民家庭经济收入的重要来源。随着中日、中韩建交，绣娘们还承接了国家外贸产品——和服刺绣、韩服刺绣的任务，涌现出一批刺绣能工巧匠。原天灵村绣娘倪福英在农村能工巧匠大比武中，代表苏州地区赴京参加比赛，受到中央领导的接见，这也是苏州绣娘的光荣。原天灵村绣娘顾雪英在实践中创造了双针绣的特种技艺，受到绣娘的共同关注和学习。

第九章 人物

木渎镇天平村地处太湖流域，西部近倚吴中名山天平山、灵岩山，山清水秀，钟灵毓秀；民风淳朴，崇文重教。历史人物中既有生于斯长于斯的专家学者、革命志士，弃官来此隐逸、讲学、著书立说的外来高士贤哲，又有慕名而至天平、灵岩访古览胜的众多文人雅士，他们有感而作的诗词文章数以千计，为后人留下了宝贵的文化遗产。

第一节 人物传略

陆玩 （278—341），东晋大臣，书法家，字士瑶，家住木渎灵岩山，出身世家士族，器量宽厚，儒雅宏远，弱冠便有美名，后被丞相司马睿召为掾属，被王敦强聘为长史。王敦之乱平定后，晋元帝引其为丞相参军，累拜侍中，迁吏部尚书，转尚书左仆射，领本州大中正。东晋咸和二年（327），历阳内史苏峻联结镇西将军祖约以讨庾亮为名起兵进攻建康（史称"苏峻之乱"），朝廷派陆玩与兄陆晔把守宫城，陆玩成功劝说叛将匡术归顺义军，致使局势发生转变，因功封为兴平伯。咸和六年（331），转升尚书令，加散骑常侍。王导、郗鉴、庾亮等重臣相继逝世后，陆玩因有德望升任侍中、司空。陆玩为人谦让，性格通雅，不以名位格物，善纳后进。东晋咸康七年（341）逝世，赠太尉，谥号康，故称"陆太尉"。陆玩善书法，尤其擅长行书。

相传，陆玩生前曾舍宅为灵岩山寺。卒后，墓葬在木渎鸡笼山。木渎南有陆家场，灵岩山下有陆家村，都与他有关。

范仲淹 （989—1052），字希文，北宋著名政治家、思想家、军事家、文学家、教育家，世称"范文正公"。祖先本是邠州（今陕西彬州）人，后迁居吴县（今属江苏苏州），宋太宗端拱二年（989）八月初二范仲淹出生在徐州。两岁时丧父，家道逐渐中落。母亲谢氏贫无所依，改嫁山东淄州长山朱氏。范仲淹自幼刻苦好学，大中祥符八年（1015）考中进士，始还姓更名，从此踏上忧国忧民的仕途。宋仁宗时官至参知政事（副宰相），庆历三年（1043）范仲淹针对当时的朝政弊病上奏"十事疏"，提出"明黜陟、抑侥幸、精贡举、择官长、均公田、厚农桑、修武备、减徭役、推恩信、重命令"等

范仲淹像

十项主张，以谋革新。但因遭保守派反对，这些主张实施仅一年就被终止，史称"庆历新政"。后范仲淹被贬为地方官，辗转于邓州、杭州、青州。皇祐四年（1052）范仲淹自青州调往颍州途中病逝于徐州。死后被追赠兵部尚书，谥文正。著有《范文正公文集》《易义》《丹阳编》等。在天平山南麓有唐代白云庵旧址，宋时范仲淹奏请改为功德香火院。至明万历年间，范仲淹十七世孙、进士、书画家范允临从福建弃官回乡，为追念先祖，傍山筑室。当时称名为天平山庄，时人俗呼"范园"。乾隆南巡时，因赞赏范仲淹云天高义，取唐杜甫"辞第输高义，观图忆古人"诗意

而题"高义园"三字，遂为园名。范仲淹还在木渎设义田、义学。尤以他的名言"先天下之忧而忧，后天下之乐而乐"影响深远。

北宋时，朝廷将天平山赐给范仲淹，他于是把迁吴始祖、曾祖、祖父、父亲的墓迁葬到天平山三让原，人称"范坟山"。因范仲淹显贵，朝廷分别追封曾祖范梦龄为徐国公，赠太保；封祖父范赞时为唐国公，赠太傅；封其父范墉为周国公，赠太师，俗称"三太师坟"。墓前现在尚存"范氏迁吴始祖唐朝柱国丽水府君神道"牌坊。坊下有1995年4月所立江苏省文物保护单位"范坟"碑。墓旁有祭祀范仲淹的忠烈庙。范仲淹有《天平山白云泉》等诗。

杨基（1326—1378），元末明初著名诗人。字孟载，号眉庵，原籍四川嘉州（今四川乐山），祖父到江南为官，从此居家吴中，家住天平山南赤山下上沙村。杨基自幼颖敏绝人，九岁能背诵六经。元末，曾入张士诚幕，为丞相府记室，不久辞职。朱元璋攻克苏州后，杨基迁临濠（今属安徽凤阳），不久迁徙河南。明洪武二年（1369）放归，次年出任荥阳知县，后又谪居钟离，受推荐为江西行省幕官，因得罪官吏落职。洪武六年（1373），奉命出使湖广，授兵部员外郎，出任山西按察副使，晋升为按察使。后被逸罢官，罚服劳役，死于工所。

杨基少有文才，尤工于诗，与高启、张羽、徐贲为诗友，人称"吴中四杰"。写景咏物诗尤佳，描绘如画，情景交融，佳句不绝，有"五言射雕手"之称。兼工书画，尤擅绘山水竹石。

范允临（1558—1641），字长倩，范仲淹十七世孙。明万历乙未（1595）进士，授工部主事，曾任云南提学佥事，官累至福建右参议，故人称"范参议"。万历三十二年（1604），范允临从福建辞官归苏，带回枫香380株，植于天平山前。万历三十八年（1610），他将范仲淹所建的范园扩建为天平山庄别墅。之后，他与

杨基手迹

范允临像

夫人徐媛一起隐居在天平山，时常遨游于山水之间。夫妻俩在山庄吟诗作画，诗文唱和，相敬如宾，伉俪情深，故范允临自号"神仙中人"。徐媛，字小淑，为徐泰时（曾任太仆寺少卿）之女，是大家闺秀，擅吟诗填词，经常与隐居在寒山的赵宧光夫人陆卿子互相唱和，两人被称为"吴门两大才女"。范允临工于书法，与华亭董其昌齐名，作品传世不少。

现天平山庄内的"窹言堂"匾额，为范允临亲笔书写。

徐枋（1622—1694），字昭法，号俟斋，自称孤哀子，吴县木渎人，明代崇祯十五年（1642）举人，书画家。其父徐汧，为崇祯元年（1628）进士，南明时官少詹事，素以忠直砥行闻名，苏州被清军攻占后，自投虎丘新塘桥下殉节。在殉节前对徐枋说："我不可以不死，你活着去做农夫吧，不要做清朝的官。"徐枋遵其父嘱，重名节，笃友情，秉性豪宕，具有民族气节。

徐枋像

《涧上草堂图》（徐枋绘）

早年徐枋一意向学,欲获取进士功名,然而明清易帜的现实粉碎了他的梦想。遂与旧友密谋抗清,惜两遭败绩,自知乏力再举。隐姓埋名,先后避居分湖、金墅,往来于邓尉、穹窿、支硎间。后终居灵岩山与天平山之间山麓,于上沙自建茅房数十间,名曰"涧上草堂"。

徐枋性情耿介,不为名利所动。清朝初年理学名臣汤斌,素重徐氏父子之名节。他出任江苏巡抚时,曾两次徒步拜访,徐枋均避而不见。

徐枋隐居40年,其间笔耕不辍,著述宏富,尤于史事见长,著有《通鉴纪事类聚》《廿一史文汇》《建元同文录》《读书杂钞》《管见》《居易堂集》等,将一腔爱憎之情寄诸笔端。当时,徐枋和昆山朱用纯、吴县杨无咎并称"吴中三高士"。

毕沅(1730—1797),字湘蘅、秋帆,小字潮生,自号灵岩山人,镇洋县(今属江苏太仓)人。

毕沅曾祖毕籍由安徽休宁迁居太仓。父亲毕镛,少羸弱,久谢举业,早逝。母亲张藻,卓有才识,与武林闺秀林以宁、顾姒齐名。乾隆帝赐"经训克家"额。毕沅从小颖悟,六岁时母亲"手示毛诗,过目成诵",母教以《诗经》《离骚》。他聪明笃学,十岁通晓声韵,能作诗。后师从著名诗人沈德潜和著名经学大师惠栋。

毕沅像

乾隆十八年(1753),毕沅考中举人。乾隆二十二年(1757),授内阁中书、军机处行走。乾隆二十五年(1760)殿试,高宗拔为一甲一名进士,状元及第,授翰林院修撰。历任甘肃巩秦阶道,陕西按察使、布政使。乾隆三十八年(1773),升陕西巡抚,赏一品顶戴。乾隆五十年(1785)二月,毕沅调任河南巡抚,尽心民事,深识大体,奉谕奖励。乾隆五十三年(1788),授湖广总督。

毕沅平生著述浩繁,著有《山海经新校正》《经典文字辨证书》《关中胜迹图志》《晋书地理志新补正》《关中金石记》《中州金石记》等。历时二十年,纂成《续资治通鉴》。

毕沅少时从沈德潜读书于木渎,号灵岩山人。乾隆四十八年(1783)间,他在灵岩山南麓购地,营筑灵岩山馆,占地四五十亩,乾隆五十四年(1789)三月筑成起用,花费银子十

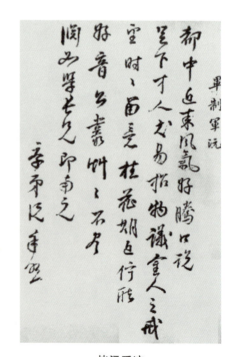

毕沅手迹

余万两（一说四十万两）。

毕沅生前在灵岩山后上沙村购得水木明瑟园旧址（今天平祥里村），营造生圹，自题"栖托好佳"额。死后，钱大昕撰写墓志铭。其墓面对焦山白鹤顶，石坊题"宫保毕公墓"五字，20世纪60年代初，被列为省级文物保护单位。

印光 （1862—1940），近代高僧、佛教净土宗第十三代祖师。俗姓赵，名丹桂，字绍伊，号子任；法名圣量，法号印光，自称常惭愧僧。陕西郃阳（今陕西合阳）人。

印光自幼随兄读儒书。光绪四年（1878），舍家离俗，入西安慈恩寺听经。光绪七年（1881），至陕西终南山莲花洞，拜道纯和尚为师，剃度为僧，法号印光。后闻北京怀柔红螺山资福寺为专修净土宗道场，于光绪十二年（1886）辞师前往，专修净土宗三年；诵经之余，潜心研读《大乘经典》等三藏经。

印光像

1930年，印光来到苏州，于穿心街报国寺掩关，并指导创办灵岩净土宗第二念佛道场，将原来的禅宗改为净土宗，灵岩山寺从此中兴。寺院兴建工程即起，由印光法师募化，妙真主持。大殿于1933年开工，三年建成，并塑全堂佛像。1947年，天王殿竣工，又添配套寮房、走廊计百余间。山寺宏伟，规模宏大，四方僧侣，闻风云集。印光法师曾撰有《灵岩寺永作十方专修净土道场及此次建筑功德碑记》等。佛课余暇，修辑完成普陀、清凉、峨眉、九华四大名山志书。1937年，日军侵占苏州，古城沦陷，印光在真达、妙真、了然、德森等的请求下避居木渎灵岩山寺，为维护法门，恢复灵岩山寺，保全庙产，不遗余力。

印光对于振兴佛教尤其是净土宗厥功至伟，被尊为佛教净土法门第十三代莲宗世祖，与虚云、太虚、弘一并称为民国"四大高僧"。

印光学识渊博，修道研法，造诣深厚，著有《佛法导论》《学佛浅说》《净土决疑论》《宗教不宜混滥论》等，后合编为《印光法师文钞》。

1940年12月2日，印光坐化圆寂于木渎灵岩山寺。1947年11月1日，印光大师全身舍利石塔建成，范古农撰写塔铭，弟子在灵岩山落红亭东建有印光塔院。

常明、丰廉 生卒年不详，为灵岩山寺僧。两人于1933年农历七月廿四日开始，每天用针刺破舌尖，挤出一碟子血来，用以写经。为避免血凝结不利书写，两人禁盐，尽管因此浑身乏力，手脚发软，但是他们坚持不懈，仍日复一日抄写。直到1934年农历十二月八日，才用血抄写成一部80卷38品60余万字的大乘法宝经书，一说是《大方广佛华严经》，分装23个函套中，制成精致的书卷，由居士季圣一和许止净为之题跋。经书现珍藏在藏经楼内，成为灵岩山寺的镇山之宝。

妙真 （1895—1967），字达悟，湖北枣阳人，俗名万正财。18岁结婚后不久，到随县（今湖北随州）出家。同年往普陀山法雨寺受戒，后至宁波观宗寺，从近代高僧谛闲法师研习天台教观，复从持松阿阇黎受学密法。慈舟法师在常熟兴福寺创办法界学院时，赴任监学之职。1928年，卓锡灵岩，任监院。1940年11月初升方丈。中华人民共和国成立后，任中国佛教协会理事、江苏省佛教协会筹备会副主任、苏州市佛教协会名誉会长、省政协佛教界学习委员会副主任、苏州市政协委员。

清咸丰年间，灵岩山寺惨遭兵燹，沦为废墟。妙真法师卓锡灵岩后，即着手清理山场，植树造林，修建庙宇，保护古迹。他升任方丈后，秉承印光法师、真达和尚的教导，兴办十方专修净土道场，所创灵岩山寺西有研究社，于1948年扩充为灵岩山寺净宗佛学院。他还筹办后山农场，组织寺僧参加生产劳动，提倡"一日不作，一日不食"，使粮食蔬菜自给有余。他很注意搜集、保护佛教文物，寺内所藏及各界人士捐赠的书画、法器、佛经、佛像等1千余件，1952年特辟佛教文物陈列室。

范坚 （1921—1985），木渎天平村人，曾用名范懋韶，系范仲淹第廿九世孙。青年时当过学徒。于1939年4月参加新四军，在丹阳入伍，加入战地服务团宣传大队，在句容城外做地方民运和建党工作，1939年9月加入中国共产党。历任宝华区区委书记、区长，江宁县委军事科长等职，在负责南北交通线的安全工作时，常住山上一年余，曾护送江渭清北上（过江）参加华中地区会议。1945年，部队北撤与党组织失去联系，在家教书。

范坚像

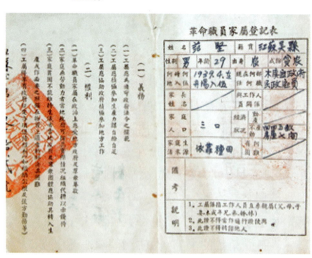

范坚证件

1949年4月，江南解放，重新找到组织。1950年任木渎区民政区员。1950年3月至1951年7月，任木渎镇镇长。1953年10月，任唯亭区副区长。1957年后调吴县工业系统工作，先后在木渎镇筹建创办吴县钢铁厂、吴县动力厂、吴县农药厂等县属企业，并分别历任各新建厂的领导职务，于1983年离休。

范敬宜 （1931—2010），曾任人民日报社总编辑。吴县（今属江苏苏州市）人，宋朝名臣范仲淹第廿八世孙。

范敬宜的祖父范端信为范氏义庄和文正书院的主奉。父亲范承达（1898—1937）为上海交通大学毕业生，与邹韬奋是同班同学。母亲蔡佩秋出身书香门第，曾师从章太炎、吴梅，工诗词，擅音律，品格高洁。外祖父蔡晋镛是晚清举人，曾赴日本考察教育，是苏州草桥中学（今苏州一中）首任校长。

范敬宜像

1938年，范敬宜随祖母、母亲与姐姐一起迁往上海，与留美归来、终生未嫁的两位姑母住在一起。范敬宜因被查出患有肺结核、心脏病和肾病而休学在家，母亲向他传授中国传统文化，留学美国的姑母则教他英文、西方文化。母亲又请来吴门画派传人樊伯炎教他国画。1946年，范敬宜考入国学大师唐文治先生创办的无锡国学专科学校，当时任教的有周谷城、周予同、钱穆、唐兰、朱东润、王佩诤、朱大可、顾佛影等名师。经过严格训练，范敬宜奠定了深厚的国学修养，能写作古体、近体诗和长短句，还写散曲。

1949年，范敬宜以优异的成绩考入上海著名教会学校——圣约翰大学中文系，鉴于他的实际水平，学校特准直入三年级。圣约翰大学文学院院长、新闻系主任黄嘉德成为他的启蒙老师。1951年毕业后，他前往东北辽宁，进入东北日报社从事新闻工作。1958年，范敬宜被打成"右派"。1966年"文化大革命"开始后不久，他被下放到辽宁西部建昌县的一个山村。当地一位县委书记发现了他，把他借到县里农业办公室，发挥他的长处。其间，他跑遍了全县所有的公社和大队，县委许多重要的报告、文件都出自他之手。县委鉴于范敬宜的实际表现，冒着风险，吸收他入党。

1980年，范敬宜回到热爱的新闻行业，在辽宁日报社先后担任编辑，农业农村部副主任、主任、编委等职务；1983年，任辽宁日报社副总编辑；1984年，调京担任国家文化部外文局局长；1986年，任经济日报社总编辑；1993年，任人民日报社总编辑；1998年起，担任全国人民代表大会常务委员会委员、人大教科文卫委员会副主任委员。

2002年至2010年，范敬宜任清华大学新闻与传播学院院长，兼任中国新闻摄影学会会长、中国新闻文化促进会会长、中国人民大学新闻学院和武汉大学新闻学院兼职教授、中国社会科学院研究生院新闻系博士生导师。

范敬宜平易近人，与人为善，颇有君子之风，诗、书、画俱佳，著有《总编辑手记》《敬宜笔记》《敬宜笔记续编》《马克思主义新闻观十五讲》《范敬宜文集》《范敬宜诗书画》等。2010年11月13日，范敬宜因病在北京医院逝世，享年79岁。骨灰归葬在木渎天平公墓。

朱根福　（1925—1952），天平村沈家弄人。1951年参加革命，为中国人民志愿军第六十八军炮兵团二营四连（高射机枪连）战士。1952年7月牺牲在朝鲜。

张小男 （1927—1952），天平村祥里村人。1951年参加革命，为中国人民志愿军第六十八军运输队战士。1952年7月牺牲在朝鲜。

附：悼念先烈　继承遗愿

在纪念中国人民志愿军抗美援朝出国作战70周年的日子里，我们缅怀父亲朱根福。他参加中国人民志愿军，入朝作战，光荣牺牲。想起他我们思潮万千。

1951年春天，抗美援朝战争爆发，我的父亲，作为天平村的村干部，率先报名参军，光荣地加入了中国人民志愿军的行列。在送别父亲的时刻，他身着军装，满怀深情地对家人和亲友们说："抗美援朝，保家卫国。待我们击败美帝国主义归来，我们将共同建设崭新的家乡。"

一个多月后，父亲来信告知我们，他所在的团是第六十八军炮兵团。不久，父亲所在的志愿军部队雄壮地跨过鸭绿江，奔赴朝鲜战场。在那里，父亲英勇作战，屡次立下战功。1952年7月，父亲在朝鲜三八线的反击战中不幸英勇牺牲。据后来胜利归国的战友所述，父亲所在的连队在弹尽粮绝、多人负伤的艰难情况下，依然与战友们并肩作战，消灭了超过100名敌人。

1956年，民政部给我家颁发了父亲的革命烈士证书，并送来了抚恤金。父亲牺牲后，党和政府对我家关怀备至，确保我们兄弟俩能够安心学习，健康成长。到了20世纪60年代，我和弟弟从木渎中学毕业后，也相继加入了中国人民解放军。巧合的是，朱云根参军的部队同样是第六十八军。

今天，我们缅怀在抗美援朝及革命战争中牺牲的烈士们，是为了铭记历史，更是为了开创更加美好的未来。我们守望英魂，是为了继承他们的革命遗志，实践科学发展观，建设美好的新家园，确保人民的安康与幸福，珍惜革命先烈用生命换来的和平盛世。

如今，父亲长眠于吴中区光福烈士陵园，他的墓地宁静地坐落在苍松翠柏之间。四周的山坡上，盛开着红色、黄色、白色的山菊花。

安息吧，父亲！安息吧，所有在抗美援朝及革命战争中牺牲的先烈们！我们将永远铭记你们的遗愿，代代相传，继续推进你们未竟的事业。

朱云根、朱土根
2020年

朱根福像

第二节　名人与天平

白居易题诗白云泉　唐宝历元年（825），白居易到苏州担任刺史。他以民为本，省政宽刑，使得百姓获得轻徭薄赋、休养生息的机会，深受爱戴。离任时，苏州百姓"一时临水拜，十里随舟行"，热情相送，悲啼惜别。

白居易在苏州时，喜欢到天平山游览、读书。相传有一天他登上半山腰，听得淙淙水声，寻声拨开草丛，发现有一股清泉从石缝中流出，顺着陡峭石崖，流向山下。他心想：如果用这泉水沏茶，味道一定很好。第二天，白居易带了一只瓷钵盂，用竹管将泉水引入盂内，用此泉水来沏茶，果然水清味甜，特别爽口。更稀奇的是，在满满的茶杯内投入铜钿，水会渐渐向上隆起，而不会溢出杯口。他于是叫人在半山腰凿石为池，拦住泉水。池内泉水，清澈见底，天空、白云映入池内，飘逸多姿。

白居易见此情景，诗兴大发，欣然命笔题写"白云泉"三个大字，并赋诗："天平山上白云泉，云自无心水自闲。何必奔冲山下去，更添波浪向人间。"白云泉从此出名。为了纪念白居易，后人在白云泉旁崖壁上刻凿其像，称为"仙人影"，称他下榻读书的楼为"乐天楼"。白居易还在木渎吟有《灵岩山》《观音山》等诗。

邵居士血书佛经　邵育为北

白居易像

白云泉诗摩崖石刻

宋时居士，他所写的血书佛经由费承禄供养于灵岩山寺。经书原有邵居士题云："大宋国苏州吴江县范隅乡县市居住，清信奉三宝弟子邵育。伏见本邑宁境教院邑人姚君员外，重建释迦宝塔之上，特发诚心，将左手中指刺血书此经三卷（《阿弥陀经》《大悲经》《普门品经》）入塔天宫内，永充供养，人天瞻仰。……时皇宋崇宁（1104）三月三日谨题。"

韩世忠情系灵岩山　韩世忠是南宋著名将领，陕西人，与岳飞、张俊、刘光世并称南宋"中兴四将"。南宋建炎年间，韩世忠曾居住在苏州沧浪亭。南宋绍兴元年（1131），韩世忠提兵路过苏州，将章氏献园改为家园，俗称"韩家园"。宋高宗赐予他木渎灵岩山寺，并更名显亲崇报禅院。绍兴十二年（1142），其部将随他到吴中，在穹窿山宁邦坞剃发隐居，创建寺院，宋高宗赐额"宁邦禅院"（今宁邦寺）。韩世忠在宁邦寺旁垒建石台，取名"玩月台"。次年，韩世忠在灵岩山下修盖道观，建屋50余间，宋高宗赐额"希夷观"。绍兴二十一年（1151），韩世忠卒于临安（今杭州）。宋孝宗继位后，追封其为蕲王，谥忠武。同年十月，敕葬灵岩山西麓，墓前立有巨碑，宋孝宗御题"中兴佐命定国元勋之碑"额，并建太师蕲国韩忠武王庙，俗称韩蕲王庙（祠）。

马之骏捐资赎灵岩山禁采石　灵岩山是苏州著名风景名胜地，明万历二十八年（1600）夏，灵岩山寺毁于雷电火灾，众僧离去，留下的和尚无以为生，把山地卖给当地百姓，而山麓居民与石户为奸，据为己有，日夜锥凿，山上古迹被划削过半，灵芝石、石马等奇石毁于一旦。寓居吴中的江都人王醇曾作《采石谣》

韩世忠像

灵岩山禁采摩崖石刻

讽喻。木渎黄习远见奇峰异石被毁,独心哀之,欲禁而无力。

万历四十一年(1613),马之骏(河南新野人)受朝廷选派到苏州担任浒墅关榷使。马氏出身书香门第,上任后到灵岩山访古寻幽。黄习远陪他游览灵岩山,请他出面禁止开采,马之骏于是出高价赎此山为官物,立碑刻文,永不许斧凿,并撰写赎山记,摩崖镌刻"户部马捐俸赎山永禁采石",此石刻至今犹存。苏州杨廷枢亦撰写《赎山疏》。

弘储重振灵岩山寺 弘储是一位清初高僧,清顺治六年(1649)应吴门巨公名绅邀请,到灵岩山寺担任方丈。当时寺院久废,弘储到寺后禅衲景从,檀施云涌,广建诸殿阁,大启法筵。殿堂寮舍,焕然一新。他刻经弘法,宗风大振,使灵岩山寺成为丛林。后弘储游南岳衡山福严寺,弘道广法。顺治十二年(1655),他回到苏州,卓锡尧峰山寿圣寺,兴建单传殿、大宗堂、湘云馆、争光塔院;不久,又重返灵岩山寺。弘储十坐道场,说法满天下,历住名蓝十六刹,以灵岩山寺最久。海内称圣恩寺法藏和尚、灵隐寺弘礼和尚、灵岩山寺弘储和尚为"佛、法、僧三宝"。灵岩山寺因此为海内宗仰,禅子口碑有"天下灵岩"之语。

弘储为临济宗第三十二世,始终以明朝人自居,以忠孝作佛事。每年农历三月十九崇祯帝忌日,他必素服焚香,面北挥涕遥祭,二十八年如一日。

弘储能诗善文,曾为灵岩山寺写下诗文多首(篇),为灵岩山落红亭、迎笑亭题词作跋。清康熙十一年(1672)农历九月二十七,弘储圆寂于灵岩山寺大鉴堂,

灵岩志略

勘履天平山采石记碑

勘履天平山采石记

自来贪欲之念炽则盗贼之心生惟夫精纯廉洁之士毅然有以绝其萌使奸宄䜛谄
是则豪暴桀黠凌夺之徒兴而益恣为奸利略无所忌惮于是厚龙鲍起陆天地攇履而人相戒矣
吾常举是以观北宋之世而有鉴焉万夫其以采石著者武独范父正以笃人业之才坐镇而陲使
不敢犯曰小范老子胸中自有数甲兵此其故何则精纯廉洁无所偽私用能以清宁畏人而恒使
君辱关隗进劄奏石纲以起民庶人业而卒蒙靖康之耻名一念胄以致之者武欤品会敬者恒人
凡西防止奸人之贪欲使不得逞非其下者也而宿引以为己任者乃以清宁畏思鎮人而吾宿点敛者
天平山父正先宅穿之所记山七十女清明上家秋未吾吴此地有石林之苏梁列莫不滚叹大夫
黑膝仰逡而厚兵室非以采之著者武独范父正以笃人业之才坐镇而陲使不敢犯曰小范老子
景仰亿念妄乃骁恣其下加险加以陰往往往陵为阴翼亦何拴倒其阴而此思乃驰马精尔焉为松槁耶即金山者亦吾吴地此又隐贼成夫戎又何異于中可以旧耶此
国虽不发民之灵然得加险而一旦凌翔为也一狐豛耶而亦徒从盗一阜叫伾刻或者乃若彼奸民所特致其戍而先经理秦也
宏建蓋非总力屡功固不在荡其下者也尋蒞既得加险為恶其阴翼亦何拴倒其阴而此思成夫戎又何異於中可以旧耶此
胃不难不屋民功固不在荡其下者也尋蒞既得加险為恶其阴翼亦何拴倒其阴而此思成夫戎又何異於中可以旧耶此
武益茹蓝民图蓀任将守者也旦陵翁乃用其姦何以数一同然而或者乃若彼奸民所特致其戍而先经理秦也
许武蓋蓝民图蓀任將守者也旦陵翁乃用其姦何以数一同然而或者乃若彼奸民所特致其戍而先经理秦也
业日詔能任将守者也尋用兴奸耶計大其雲人念亦以徒彼獨何海景以作奸绝理秦則盪
吴非用白而電神藐 心其中偽哄吴好卓小蠻熒不敢憋今日大公謂蘇州市公
與雪其事谟而為貢任侵務計吳中渴虎綱官比學盖害
女局非事从而為貢任侵務計吳中渴虎綱官比學盖害
中華民國十有七年四月三日大学院古物保管委员会江苏分会主任委员吴江陈去病记

谥静照禅师。塔在尧峰山寿圣寺,徐枋题"大光明藏"碣。

康熙、乾隆巡幸灵岩、天平山 康熙帝多次南巡,康熙二十八年(1689)第二次南巡,二月初四御舟至木渎,舍船登陆,幸邓尉,次日天雨临幸灵岩山览琴台、响屟廊、玩花池诸胜。

乾隆帝也分别于乾隆十六年(1751)、二十二年(1757)、二十七年(1762)、三十年(1765)、四十五年(1780)、四十九年(1784)六次南巡,每次都至苏州灵岩、天平、支硎及穿窿、邓尉,而驻跸灵岩山行宫尤多。

行宫在宝塔旁边,当时负责行宫事务的太仓州知州王镐,在乾隆二十二年还编撰了一本《灵岩志略》,供乾隆游山参考之用,其中有一张《灵岩行宫图》。从图上可看到现在山顶花园中的玩花池、吴王井、智积井、玩月池等,都处于行宫建筑的中轴线上。

康熙第一次南巡时,匠人就曾用砖砌成一条御道,从苏州铺到木渎镇,又从木渎镇铺上灵岩山顶,从灵岩山下再往西直铺筑至光福玄墓山、香雪海等地。与此同时,在木渎东街市梢建有一座"御码头",乾隆则在此上岸,乘大轿由随从簇拥上御道绕镇而过,登灵岩山顶,部分官眷及行李则由水道经木渎市中心到灵岩山下的山前村香花桥畔登陆上山(桥上原有接驾亭)。

传乾隆帝第四次南巡的上一年(1764)秋,当地农民在灵岩山南麓田野分畦播种蚕豆、小麦、红花草(紫云英)、油菜等。翌年二月,乾隆登灵岩山向南望去,只见山南田野红黄绿一片锦绣,正好组成"天下太平"四个大字。看到如此美丽的江南春色,皇帝大为赞叹,一时欣喜,于是降旨:江浙两省之钱粮(当时的农业税)减免一半,对当地农田的赋税格外予以减免。

曾国藩盛赞莼羹美 莼菜是太湖特产,昔日灵岩山顶之池里产莼菜,它夏能祛热,秋则祛寒,曾作为贡品。陆机、张翰盛称莼羹,后遂传为佳话。清同治十年(1871)五月,曾国藩曾到吴地视察太湖形势,道经木渎,下榻于许缘仲寓所葛园,遍游灵岩、天平两山。在晚餐时,曾国藩品尝了莼羹后,十分高兴地说:"此江东第一美品,不可不一尝风味也!"

陈去病禁止天平山采石 陈去病是近代革命文学团体南社的发起人,著名诗人,吴江人。他对天平山情有独钟,常与柳亚子、金松岑等好友到此游览。

天平山因范坟受历朝政府保护,被要求"永禁开采"。1926年1月开工的南京中山陵第一期工程,选择在天平山附近的仙人宕开采石料。第二期工程用石量大,工期紧,石号、宕户于是准备到天平山采石,将意见提交总理陵墓工程处,函请吴县政府准予开采。范氏后裔非常着急,由第廿六世孙范恒牵头召集族人,联络吴中士绅张一麐等人商量对策,联系到家族旧交、时任大学院古物保管委员会主任委员的陈去病。负责总理陵墓工程的民国政府政务委员张继正好到苏州督办采石工程,由陈去病陪同前往天平山调查。张一麐、张一鹏、吴健庵等人研讨法律,达成共识,转呈陈去病。1928年4月3日,陈去病执笔写下《履勘天平山采石记》,明确指出:"因

灵岩山寺僧动手种田

建造陵墓而导致文物古迹破坏，为总理在天之灵所不能容许；号召吴地有识之士'作不平之鸣'。"在陈去病等人的极力呼吁下，吴县县政府于当年5月、8月发出布告，对天平山实施禁采。警察局派出10余人组成的骑巡队常驻天平山，监督宕户执行。天平山胜迹得以受到保护，安然无恙。范氏后裔将《履勘天平山采石记》等勒石刻碑。如今，此碑和《吴县县政府布告》等4块碑保存在天平山高义园里。

邓拓与友人游灵岩作画吟诗 1962年，邓拓与北京名画家周怀民、上海画院副院长唐云等到灵岩山游览。当时灵岩山寺方丈妙真和尚用香茗招待，并按照苏州民间习俗，把苏州的一些土产，如熏青豆、"春不老"萝卜干等作为茶点待客。时值春节假期，山寺自制的"春不老"又甜又脆，色泽鹅黄，别有风味。邓拓等在这种清雅的气氛中兴致勃勃地观赏了众多珍贵字画和雕刻精品等文物，其中有朱耷的山水花鸟、唐伯虎的落花诗、石谿的泼笔山水和虚谷的山水花卉等。还有唐代楠木雕刻观音像，其雕刻艺术、文物价值之高，堪称一绝。这尊观音像是叶恭绰收藏，后赠送给灵岩山寺的。邓拓一行观赏后，连连称赞不已，其时邓拓诗情画意大作，与周怀民合作，欣然挥毫绘成一幅《梅石》中堂，并赋诗："石破天惊骨相奇，冰霜历尽挺雄姿。灵岩月照罗浮影，更喜东风着意吹。""年年占得百花先，红满枝头态自妍。最是江南春不老，岚光香雾绕山前。"字里行间洋溢着对生活的热爱。

周怀民画师的《灵岩山景》有"盘山石级上灵岩，夜深挥毫结墨缘"句，指的就是当年与邓拓吟诗作画于灵岩山的旧事。现今，邓拓、周怀民的《梅石》、唐云、孔小瑜的《灵岩三老》长寿卷完好地保存在山寺内，成为珍贵的历史文物。

田汉诗赞灵岩山寺农禅家风 1964年1月的一天,田汉来游览灵岩山,见到山寺还本着"一日不作,一日不食"的精神,发扬百丈祖师的农禅家风,开办一个农场,凡有劳动力的寺僧都参加各项农业劳动,自己动手种田100多亩,使得当时寺内180名僧人所需的粮食、柴草、蔬菜都自给自足。田汉对此极为赞赏,并即兴赋诗,写了2首绝句赠予净持法师(时任灵岩山寺监院)。

其一:江南一叶伤心落,勇士峨嵋作法师。
　　　十载灵岩心更热,再从劳动夺红旗。
其二:开出山边百亩粮,道场端的在农村。
　　　艰难岁月辛苦过,何止精神学梵王?

赵丹游木渎 1979年2月的一天,赵丹与上海几位电影艺术家结伴来吴,漫游了木渎灵岩山等名胜。

车到木渎,时正近午,赵老先生提议上石家饭店。一进店,五人要了六样菜、一盆汤,其中清炖鳊鱼、油煎豆腐、干烧肉和南乳肉最受欢迎。韩非一向是京剧马(连良)派的票友,他吃罢走出店门,便以戏腔即兴唱道:"最难忘石家饭店这一餐,南乳肉吃得老朽满口鲜。"

少顷,众人舍车登山奔灵岩山寺,游览途中有人央求赵老先生作诗,以留作纪念。他不假思索地放声吟道:"且借《江南好》牌调来一首《木渎好》,'木渎好,生产节节高,石家饭店饮食美,下塘街弄倩女娇,麻饼呱呱叫。'"吟罢,他要随从小封:"快取一枚来尝一尝。"于是大家又乐得笑起来。

接着赵丹要韩非和他一首,韩非又用戏腔冲口而吟道:"灵岩好,吴宫在此间,响屧廊前遗钗钿,一箭河上断魂船,往事已如烟。"这是吟西施的,小封不懂韵,就问:"这'船'字和'烟'字声音不同,怎押韵?"同行的王染野就回答他:"韵田相同,同在'潭''寒'韵部中,可以押韵,没有错。"这时,大家一齐要王染野来一首,王染野说:"我才疏学浅,但也好舍命陪君子。"直到夕阳西下时,他才来一首《山亭吟》:"酣漫东南泻。茫茫对、楚天浑小,酒杯浑大。美人英雄何处,有都人、渔樵闲话。吴门风采今人画,好江册、不作刀俎架。新岁月,多潇洒。劳人公余到此,醉卧古藤荫下。醒时日已西,倩疏柳、且把斜辉挂。留照湖山胜迹,与众生、解疲乏。"吟罢,大家鼓掌叫好一番。这一天赵丹还画了两棵青松。

第三节　人物名录

一、劳动模范名录

孙金火　1943年10月生,赵巷上人。1987年度、1989年度苏州市劳动模范;

1987年度、1989年度江苏省劳动模范。

倪永康　1944年9月生，新村人。1988年度吴县劳动模范。

严林娣　1966年3月生，塘岸上人。1997年度吴县劳动模范。

葛惠兴　1953年10月生，徐山嘴人。2000—2002年度吴中区劳动模范；2009年度、2010年度苏州市劳动模范；2011年度江苏省劳动模范。

俞剑英　1970年1月生，邓家场人。2010年度吴中区劳动模范，2010年度苏州市劳动模范。

钱建华　1978年8月生，陆家村人。2014—2016年度吴中区劳动模范。

徐盘根　1972年3月生，祥里村人。2016年度"五一"劳动奖章获得者。

沈云水　1961年2月生，新华塘江村人。2015年度苏州市劳动模范。

二、先进个人名录

孙金火　1988年被评为江苏省乡镇企业家。

葛惠兴　1990年被评为吴县人口普查先进个人；2001年被评为吴县计划生育先进个人；2001年被评为吴中区优秀共产党员，2008年、2010年被评为苏州市优秀共产党员；2003—2004年度被评为苏州市爱国卫生先进工作者；2009年被评为苏州市"建设社会主义新农村带头人"；2011年被评为苏州市城乡一体化改革发展先进个人；2014年度被评为吴中区劳动模范协会积极分子。

徐先林　1991年度、1993年度、1994年度被评为吴县先进科技助理；1992—1993年度被评为苏州市科协系统先进工作者；1995年度、1996年度、1998年度、1999年度、2000年度被评为吴县科技先进工作者；1995年被评为全国农村科普先进工作者。

孙海根　2001年被吴中区见义勇为基金会评为首期110志愿者先进个人；2011年度被评为环境保护工作先进个人；2013年度被评为吴中区人民调解员先进个人。

姚世源　1983年被司法部颁发司法行政二级金星荣誉章；1987年被评为省劳改、劳教系统优秀共产党员。

俞剑英　2013年被评为吴中区十佳党务工作者。

时金兴　2015年度、2018年度被评为吴中区人民调解工作先进个人；2019年度被评为履职优秀的吴中区人大代表。

何根金　1990年被轻工业部评为"为我国工艺美术事业的发展作出了贡献"者。

李海根　2005年度被评为吴中区基层人民调解工作先进个人；2007年被评为先进民兵营长；2009—2010年度被评为吴中区爱国卫生工作先进工作者。

孙丹萍　1995年在中国数学会普及工作委员会举办的数学奥林匹克竞赛中获三等奖；1999年在江苏省教委、科委、科协举办的"科普征文"中获征文奖；2000年在吴县市中小学"科普与创新"活动中获征文一等奖；2001年在江苏省教育厅举办的征文比赛中获一等奖；2001年被评为苏州市优秀学生干部；2011年被评为苏州市人口普查工作先进个人；2018年评为吴中区十佳党务工作者。

金玉明　2010年9月被评为苏州市优秀教育工作者；2010年12月被中国民主促进会江苏省委员会授于"优秀会员"称号；2017年12月荣获民进"全省机关工作先进个人"称号。

朱　敏　2012年、2014年、2017年被苏州市公安局授予个人三等功；2007年、2012年、2013年分别获苏州市公安局年度个人嘉奖。

许云珍　2015年被评为"巾帼立新功，共建新吴中"吴中区"好勤嫂"。

李乾一　2015年度评为吴中区全民参保登记工作先进个人。

李华珍　2015年10月，在"巾帼立新功，共建新吴中"吴中区"好勤嫂"家政技能比赛中荣获三等奖；2017年度被评为吴中区"五一巾帼标兵"。

钱建华　2016年被评为苏州市优秀工会工作者；2019年被评为苏州市党员干部现代化远程教育学用标兵。

黄丽华　1987年被评为吴县优秀团干部；1995年被评为吴县乡镇工业先进生产者；1996年被评为吴县市"八五"期间计划生育先进个人；1996—1997年被评为吴县市计划生育先进个人；2001年被评为苏州市十佳"娘家知心人"；2002年度、2003年度被评为苏州市人口与计划生育先进个人；2002年度、2005年度被评为苏州市十佳"双带（双学双比）"标兵；2004年被评为吴中区"十佳妈妈"；2005年、2007年被评为吴中区关心下一代优秀工作者；2006年，在吴中区"一封安全家书"征文中获二等奖；2007年，在吴中区"我最欣赏的官品"征文中获三等奖；2007年，获苏州市"十行百星"优秀女性奖。

邹辰凯　2005年，获江苏省首届未成年人才艺大赛金钥匙科技竞赛三等奖；2009年，获江苏省中学数学应用与创新邀请赛（初中）三等奖。

朱倚杰　被吴中区教育局评为2017—2018学年度区级三好生。

曹月琴　2018年度被评为吴中区十佳社区管理辅警。

戴玲玲　2018年被吴中区社保局评为先进个人。

沈根法　2007年被吴中公安分局评为先进个人。

倪永康　1988年被评为吴县优秀乡镇企业家；1988年被评为吴县先进生产（工作）者；1989年被评为苏州市技术改造先进工作者；1990年度、1994年度被评为吴县优秀共产党员；1990年被评为吴县先进退伍军人。

邬建明　2005年度、2007年度被评为吴中区爱国卫生先进个人；2007年度、2009年度被评为吴中区城管系统先进个人；2009年被评为吴中区森林防火先进工作者；2012年、2013年被评为苏州市城管工作先进个人。

葛惠兴家庭　2008年度被评为吴中区"和谐家庭"标兵户。

刘维韬　2014年、2015年、2018年被苏州市体育局、教育局评为阳光体育联赛中小学自行车比赛优秀教练员；2019年被苏州高新区教育局评为中小学田径运动会优秀教练员。

庄旭军　2007—2010 年被苏州体育局、教育局评为优秀裁判员。

沈土泉　在 2008 年第二次经济普查中被省经济普查领导小组评为先进工作者。

顾玉芳　2012 年被吴中区人社局评为优秀退管协管员。

张梅芳　2012 年 2 月被评为区级第六次全国人口普查先进个人。

管梅琴　2014 年被吴中区教育局评为区首届校园文化艺术周展品活动优秀辅导教师；在 2019 年、2020 年吴中区第十八届、十九届中小学校园文化艺术节中获优秀辅导奖；在 2019 年苏州市第四届中小学艺术节书画比赛中荣获优秀指导奖。

石　燕　2006 年被吴中区教育局评为青年教师"双十佳"；2007 年度被太湖国家旅游度假区工委、管委会评为先进工作者；2008 年被吴中区教育局评为师德先进个人；2008 年被苏州市教育局、人事局评为优秀教育工作者；2010 年被吴中区教育局评为"百佳巾帼标兵"；2011 年被吴中区妇联、人社局评为吴中区"三八"红旗手。

李卫明　2001 年被江苏省公安厅评为"人民满意警察"。

张金芳　2010 年被吴中区教育局、人社局评为优秀教育工作者；2012 年度被评为苏州市优秀教育工作者；2013 年度获光彩事业教育奖励金（奖教金）奖励。

王林根　2002 年被苏州市人事局、教育局评为优秀教育工作者；2005 年被太仓市政府评为三等功；获苏州市 2007 年度"健康教育与健康促进工作优异成绩"表彰；获苏州市 2010 年红十字"博爱之星"先进个人表彰。

李敏芳　被吴中区教育局评为 2005—2006 年度优秀见习教师；被吴中区教育工会评为 2017 年度教育系统读书积极分子；获苏州市教育学会 2017 年度优秀教案二等奖。

时　韵　2018 年在吴中区第十七届中小学校园文化艺术节中获优秀指导教师奖；2019 年获美术学科一等奖。

陈菊芬　被吴中区教育局评为 2007—2008 学年度区优秀班主任；2010—2011 年度被评为吴中区"育苗奖"教师。

钱冬雨　获 2011 年全国中小学艺术教育辅导二等奖；2014 年度被苏州市教育局、关工委评为青少年生肖画信活动优秀辅导老师奖。

倪国良　1995—1996 年度被评为吴县市优秀教育工作者；2001—2002 年度被共青团苏州市委、市人事局评为优秀共青团干部；2010 年被吴中区教育局、人社局评为区优秀教育工作者；2015—2016 年度被吴中区教育局评为区优秀德育工作者。

杨　乐　2018 年度被共青团吴中区委评为区优秀团干部。

丁　仁　2017 年被吴中区司法局评为区先进公益律师。

沈　一　2012 年度、2018 年度被共青团吴中区委评为优秀团干部；被共青团江苏省委评为江苏省中学共青团工作先进个人；2018 年被共青团苏州市委评为市"一心五同"团干部；2019 年被评为苏州市中学中职共青团先进个人。

严金芳　2017 年获中华人民共和国教育部、人力资源和社会保障部颁发的"从事乡村教育三十年，为我国乡村教育发展作出积极贡献"的荣誉证书。

附：天平村2009—2010年度"十大标兵"名单

一、创业标兵

朱建坤、樊小牛、钱建峰、潘震、何建青、戈春男、殷根林、朱小云、倪钰明、周文新、石学明、孙金海、石长根、倪永康、管毅

二、公益标兵

顾小弟、庄全福、李震、梁小平、张水元、何建平、吴法男、沈福元、邬全新、石寿根

三、服务标兵

黄金宝、顾才水、顾玉芳、高二媛、邱斌、顾剑琴、顾菊珍、时金兴、朱玉林、李彩珍

四、道德标兵

邵寿根、周文元、顾炳男、徐阿二、汪建新、金三男、戈龙妹、徐红梅、范伟英、倪云珍

五、学习标兵

朱栋、吕晓华、许文元、殷文贤、柳多妹、吴惠华、孙建明、沈丽娟、黄文龙、朱双寿

六、岗位标兵

周才根、徐金土、许文英、李桢、李付、葛军明、郭媛媛、胡慧青、朱雪芳、王仁元、许云珍、阚永明、沈雪根、陈可兵、赵原圆、胡卫江、赵林芳、王才金、林壮妹、庄根大、陈志梅、汤国芳、沈海元、周雪男、季永军、孙玲利、张栋亮、王梅

天平村2009—2010年度"十大标兵"表彰大会（2011年）

七、夕阳标兵

葛加才、马加根、许文宝、沈毛根、朱吾宝、李根祥、孙国强、查文娣、黄兰英、徐龙妹

八、拥政标兵

夏建民、吴火根、赵林男、石建清、朱盘生、吴金明、朱海男、石学林、朱土英、石土根

九、文明标兵

朱小忠、沈林娣、范黑妹、范耿舵、徐小二、王长根、倪永祥、范才龙、朱建义、沈才水

十、拥军标兵

钱培珍、顾大男、范桂珍、夏向东、朱寿兴

三、天平村籍副科、副高级以上干部与知识分子

历年来,天平村内涌现了大量副科、副高级以上干部与知识分子,如表9-1所示。

表9-1　　　　　天平村副科、副高级以上干部与知识分子表

姓名	性别	出生年月	曾任或现任职务	原籍所在地
姚世源	男	1927年1月	西山劳改队中队长	赵巷上
谢景康	男	1931年2月	金山人民公社党委书记、吴县工业局局长	新村
葛小和	男	1941年12月	中国对外经济贸易部处长、中国驻喀麦隆大使馆经济商务参赞、多哥矿业公司总经理	徐山嘴(2003年已故)
孙金火	男	1943年1月	木渎镇党委副书记	赵巷上
倪文英	女	1944年10月	中国对外经济贸易部处长、中国驻喀麦隆大使馆一等经济商务秘书	叶家桥
朱云根	男	1947年9月	苏州市彩香中学副书记、副校长、高级教师	西路上
王林根	男	1956年9月	苏州市太仓中心血站站长、书记、高级讲师(副主任医师),国家二级心理咨询师	沈店村
戴三男	男	1956年11月	吴中烟草专卖局局长	沈店村
黄敏	男	1960年10月	木渎镇人大主席	山里旺
虞玲玲	女	1962年3月	江苏省木渎高级中学高级教师	叶家桥
朱寿根	男	1962年7月	江苏省木渎高级中学高级教师	叶家桥
马秋生	男	1962年7月	吴中区发改委副主任	惠家场
沈华敏	女	1962年	上海市公安局浦东分局世纪广场治安派出所三级高级警长	殷巷上
严金芳	女	1962年4月	苏州市吴中区木渎实验小学高级教师	西路上
顾金坤	男	1963年2月	木渎镇党委副书记、政协工委主席	西路上
金玉明	男	1963年2月	民进吴中区委副主委	西路上

续表

姓名	性别	出生年月	曾任或现任职务	原籍所在地
倪永明	男	1963年4月	南京凯盛国际工程有限公司高级工程师	叶家桥
惠金芳	男	1963年4月	吴中区财政局木渎财政分局局长	惠家场
葛金坤	男	1963年4月	木渎派出所教导员	大富阁小区
谭月楠	男	1964年	上海浦东新区唐镇党委副书记、政法委书记、二级调研员	殷巷上
龙应萍	女	1965年9月	南京凯盛国际工程有限公司高级工程师	叶家桥
许永良	男	1966年1月	苏州市公安局苏州太湖国家旅游度假区分局副局长	灵岩街
许振华	男	1966年	吴中区政协主席	殷巷上
胡文伟	男	1966年	苏州市中级人民法院审判办主任	塘江上
俞剑英	男	1970年1月	木渎镇农村工作局局长	邓家场
李卫明	男	1970年12月	木渎派出所教导员	殷巷上
时红英	女	1971年5月	吴中区木渎第二高级中学高级教师	陶家村
钱军	男	1971年6月	木渎镇党委委员、人武部部长	彭家村
叶龙	男	1972年5月	胥口镇人大主席	殷巷上
顾伟君	男	1973年8月	吴中区经济开发区实验小学副校长	陆家村
严永芳	男	1974年4月	木渎便民服务中心税务局副局长	陆家村
倪国良	男	1975年1月	东吴外国语高等师范学校后勤处主任、高级教师	叶家桥
刘维韬	男	1975年12月	苏州外国语学校高级教师、国家一级裁判	沈店村
庄旭军	男	1976年2月	吴中区南行中学高级教师	沈店村
沈美华	女	1977年3月	中国科学院上海有机化工研究院博士、美国威斯康星州立大学博士后，常州大学工会主席、副教授	庙前村
戴飞	男	1978年11月	阳澄湖镇党委副书记	沈店村
马云	男	1980年1月	渭塘镇副镇长、苏州高铁新城规划建设局副局长	惠家场
许建荣	男	1982年2月	姑苏区纪委副书记、监委副主任	灵岩街
吕晓华	男	1983年5月	苏州市人大常委会办公室秘书处处长	陆家村
顾佳炜	男	1986年1月	吴中区政府办公室副主任	西路上
李刚	男	1987年11月	加拿大某公司人工智能数据科学家、工程师、博士	新华新村
石鸿志	男	1989年11月	美国哥伦比亚大学硕士、美国谷歌公司高级工程师	沈店村

注：此表难作全面调查核实，如有疏漏与不妥之处，敬请谅解。此表不作任何经济补偿之凭证。

第十章 风景名胜

天平村境域西部、西北部群山绵延，风景秀丽，名胜众多，有吴中名山灵岩山、天平山。天平山、灵岩山是木渎地区主要的风景名胜区，集苏州园林和太湖山水于一体，揽自然景观与人文景观于一地，享有"山近灵岩地最幽，香溪名胜足千秋""灵岩秀绝冠江南""山游穷日返，绝胜数天平"之美誉。

　　灵岩山以吴宫遗址、佛教圣地而著名；天平山凭怪石、清泉、红枫"三绝"而闻名。两大景区以林茂山奇见长，山绿泉清取胜，具有古、奇、清、幽的特色。历史上众多文人骚客、名贤高士乃至清朝康、乾两代帝王皆慕名而至，探幽览胜抒情，留下了无数佳诗美文，为名山增辉添彩。

第一节 灵岩山景区

灵岩山位于天平村西部，海拔182米，山势奇秀挺拔，古塔耸立，殿宇雄伟，又多吴宫胜迹。灵岩山有"十八奇石"之说，怪石嶙峋，物象宛然，其中一块灵芝石最为著名，"灵岩"之名即由此而来。山西麓连巏村，山石颜色深紫，可以制砚，故也称砚石山；山南峭壁如城，相传吴王曾在山上筑石头城，故又名石城山；远望山势右旋似巨象回顾，亦称象山。

灵岩山旧有落红夕照、塔院松风、醉僧待渡、越女遗踪、太湖在望、箭泾采香、秀峰古刹、灵岩塔影、萧寺钟声、万家灯火、山馆拥翠、吴宫遗址、山顶花园、修廊响屧、琴台浴晖、蕲岳同辉、一径穿亭、苍翠迎人"灵岩十八景"，以奇形怪石、春秋吴王遗址、千年古刹著称吴中。

一、山道景观

灵岩山文化积淀深厚，山道沿途有道中三亭和西施洞等许多景观。

道中三亭　山道中建有3座亭子，一径穿亭，自下而上分别为继庐亭、迎笑亭、落红亭。

继庐亭，原为头山门，故建成山门式，建于1943年秋。据史载，灵岩山寺是印

灵岩山寺

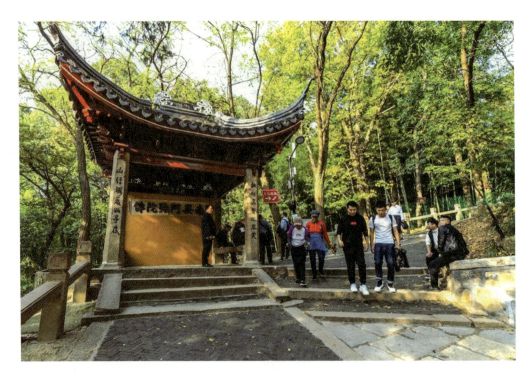

迎笑亭

光法师继庐山之后开辟的又一净土道场。印公又号继庐行者，佛教界为纪念印公，故命名该亭为继庐亭。此亭为长方形，上山道路穿亭而过，亭内两旁有石凳供人休憩，地面铺人字形青砖。亭刻有遐庵居士叶恭绰楷书对联和湘潭人彭飞健隶书对联。亭内悬有明旸僧书题"继庐亭"匾额。

迎笑亭，此亭有四根方形石柱，两旁有石栏可坐人。亭盖飞檐翘角，极为优雅，富有民族建筑色彩。亭尖有宝葫芦一只。此亭初建于宋代，历代虽经整修，至解放初期已倒坍，后经人民政府修复。据传宋代时，迎笑亭建成，尚未题名，正好大文学家苏东坡上灵岩山访友，山寺方丈率众僧在亭旁笑脸相迎。苏东坡上山后，方丈请他为亭题名，苏东坡一挥而就"迎笑亭"三字。此亭清初重建，乾隆帝南巡，登灵岩山在迎笑亭驻息，见满山苍松翠柏，耳闻山风呼啸，松涛阵阵，当即将此亭改名为松啸亭。当地百姓因此亭建于半山腰，又习惯称半山亭。亭前石柱上刻有对联。

落红亭，因灵岩山雅称象山，其势右旋似象王回顾，有"象王回顾落花红"的说法，故名落红。原亭已毁，1937年重建。清乾隆十五年（1750）曾改名为迎晖亭。亭柱上刻有吴济时的联句。赵朴初诗"欣随谢公屐，重上吴王台。湖山观意态，林木感兴衰。梵呗断还续，慈乌散复来。柳条见春色，画境逐云开"也刻于此亭墙上，诗中的谢公是指苏州书画家谢孝思。清代倪炜《落红亭观夕照》诗"小春天气静无风，身客遥看落照红。亭上盘桓时已晚，炊烟明灭乱山中"是落红亭景色的绝妙写照。

南山门牌楼 在山坡下，临山前村，为花岗石牌楼，于2004年建。前面正中上

落红亭

南山门牌楼

额"灵岩山寺",右边题"净土道场",左边题"佛教圣地";背面中正书"弘扬佛法",右边题"庄严国土",左边题"利乐有情"。这是上山的古道,凡从正山门上灵岩山,必须由此拾级而上。

古御道 自南山门牌坊至灵岩山顶,为古御道,路也平坦,山路一侧是竹林,另一侧是石砌的挡土墙,由于年久踩蹈,砖块侧面已擦平光滑,行走易滑倒。20世纪末始,用花岗石小块续段铺面,改为平行道,古御道今尚存在继庐亭至迎笑亭之间的上山道上,有五处以小青砖筑成"人"字形,约长500米。

西施洞(观音洞) 在落红亭西,形似石屋。传说西施常和吴王在洞中同坐小憩,故名西施洞。相传吴王夫差囚勾践、范蠡于该石屋,故又名勾践洞。洞口高9米多,宽3米多,深度约3米许。明顾炎武《西施洞》诗:"馆娃遗迹草迷离,古洞千秋尚姓施。大可功成隐岩穴,又何一舸逐鸱夷?"洞壁上刻有"观音洞"三字。

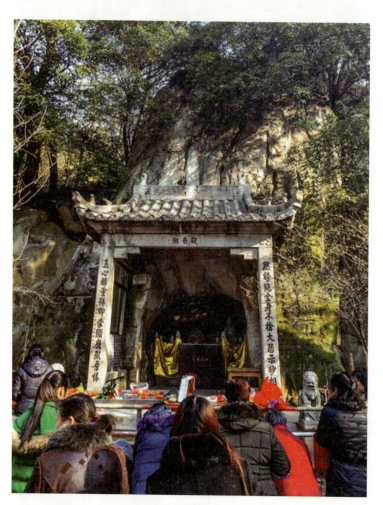

西施洞(观音洞)

东山门牌楼 为花岗石牌楼,是从东侧上山的必经之门,至继庐亭道路会合,上山道路增设了路灯。2011年始,为适应当地群众、游客在中秋、除夕等重大节庆日万人进山烧香的活动,于古道右侧新修了下山走道,实行上下山人分流,以确保游客和香客的安全。而东山门牌楼对于指引游客也有着重要的作用。

望月台 在披云台左侧,有摩崖石刻。

佛日岩 在琴台南下,今四众普同塔后,石壁峭拔,镌有"佛日岩"三字,岩下有石泉。

披云台 在琴台南佛日岩下,有苏轼题字。

由姑岭 又名娄姑岭、擂鼓岭,相传吴王在此擂鼓登山得名。由姑岭在灵岩山南,与灵岩山间形成山隘,是吴王由姑苏台登灵岩山的必经之路,故名。

二、灵岩山寺

灵岩山寺又称灵岩禅寺,位于灵岩山顶,为春秋时馆娃宫遗址。相传,晋司徒陆玩舍宅为寺。梁天监二年(503)重建,命名秀峰寺,并创宝塔。天监十五年(516),西域梵僧智积来山阐扬宗风,传因有智积菩萨化形画相之迹,寺名益显,赐额"智积菩萨显化道场",俗称智积道场。唐宰相陆象先建智积殿、涵空阁。北宋太平兴国二年(977)节度使孙承祐为其姊吴越国王妃重建九层砖塔。北宋元丰间,郡守晏知止辟为禅院,赐名秀峰禅院。南宋绍兴年间,宋孝宗将其赐予名将韩世忠,更名显亲崇报禅院。明洪武年间,赐额灵岩禅寺。明永乐十年(1412)重修,明弘治年间毁于火灾。清顺治六年(1649),僧继起重修,称为崇报禅院。清康熙十四年(1675),布政使慕天颜重建大殿,知府高晫建弥勒殿,时有善法堂、五至堂、大鉴堂、圆照堂、慈受阁、天山阁、映光楼、镜清楼等10余处。清咸丰十年(1860)毁于战火,殿宇全成灰烬。清同治十一年(1872),僧念诚盖小屋十余间,以期逐渐兴复。清宣统三年(1911),僧道明因失衣妄打可疑人,犯众怒而逃离。寺既无主,所有什物四散,屋仅剩六间。木渎富商严良灿请来真达和尚住持,真达出资渐行修建,事由妙真上人一身荷担。不久,殿堂楼宇次第兴修,气象一新,迥非昔比,并命名为崇报寺。1926年,印光和尚开十方专修净土道场,题额"灵岩山寺",沿用至今。现有殿宇为1919—1932年修建,有智积殿、弥勒殿、宝王殿、说法堂、天山阁、五至堂、慈受阁、映光楼、大悲阁、镜清楼、圆照堂、大鉴堂、华严堂、坚好堂、

灵岩山寺

中国佛学院灵岩山分院

头山门

涵空阁、灵岩塔、金沙塔、法华钟殿等。

1966年"文化大革命"开始后,寺内佛像遭破坏,殿堂一度改为泥塑《收租院》展厅。1980年起,灵岩山寺全面修葺,宗教活动恢复;同年,创办中国佛学院灵岩山分院。1983年,灵岩山寺被国务院列为汉族地区全国重点寺院。2017年,灵岩山寺有头山门、天王殿、大雄宝殿、念佛堂、藏经阁、智积殿、灵岩塔以及僧寮等庙屋256间,占地面积2.3万平方米,建筑面积1.1万平方米,僧人170余人。

头山门(天王殿) 山门为歇山造,大门上方砖雕门楼上镌"灵岩山寺",由中国佛教协会会长赵朴初题书,左右两侧有对联一副:

净土法门，普被三根，都如来成始成终之妙道；
　　弥陀誓愿，全收九界，示众生心作心是之洪猷。

　　大殿前为一近百平方米的广场，供香客和游客停登和休憩，往西可至灵天线御道。广场上有百年香樟三棵和银杏一棵。拾级而上，进山门便是天王殿，亦称弥勒阁。殿中央供奉天冠弥勒，背后供韦驮菩萨，两侧奉列着彩塑四大天王像。

　　前院跨过石门槛，往下为长方形前院。院内中间有跨度为4米的连接山门与大殿的拱形花岗石桥，上有石桥栏，西侧刻有"香花桥"，东侧刻有"砚池"；桥两侧有用砖砌的与桥栏平行的池，名为砚池或上方池，放养着金鱼，池内溪水终年不断，池中清澈见底。大雨后，桥东之水清，桥西之水浊，为灵岩山寺内的特有景色。

　　大雄宝殿　面朝南，雄伟庄严，为三间二披歇山造，高24.5米，深20米，宽23米，殿基440平方米。大殿正中上额"大雄殿"三个金色行书大字，有四扇落地长窗，两边为固定长窗，殿中奉释迦牟尼佛，佛像高为6米，两旁侍立迦叶和阿难两尊像。这组塑像创作于光绪二十三年（1897），均以香樟木雕刻而成，神态端庄慈祥。大殿两侧是根据《阿弥陀经》所列十六尊者名而塑造的十六罗汉像，造型典雅，形象逼真。后壁左右供奉文殊、普贤两大菩萨，坐骑青狮、白象。大壁后是海岛观音塑像，善财、龙女侍立两侧。观音群塑和文殊、普贤像均造于1981年，全部泥塑，罩漆装金。全堂圣像皆脱沙敬造。主佛万年台系磨细洁白矾石造成（印光大师《启建大殿碑记》），四周墙中柱头，均为花岗岩石料，平面均刻有著名书法家撰写的联文。殿前有花岗石地平场，贡放敬点香烛器具。大殿前清净整洁，平台下有两棵百年古罗汉松，主干直径达70厘米。大殿于1933年开工，1936年建成。又添配套寮房、走廊计100多间。

砚池

中轴线两侧，企归轩、净念轩、方丈室、尊客寮、库房等分列左右。

念佛堂 在大雄宝殿后，为楼层建筑，共5间，于1932年建造，是僧人念佛修持和灵位寄存的场所。正门悬挂着印光法师手书"净土道场"四字。堂内供奉弥陀、观音、势至西方三圣像，周围是僧人打坐念佛的禅凳，上面是藏经楼。

藏经楼 在念佛堂之上，共5间，1932年重建，歇山式。向南全是玻璃窗，光线充足，中间三大间，奉西方三圣立像，以香樟木刻成。前有现代脱纱释迦牟尼卧像，楼内珍藏历代藏经版本的藏经共4.7万余册。楼内属国家文物善本的藏经有2万多册，其中，元《普宁藏》1703册，为海内外仅有的孤本，极为珍贵。

南宋旧灵岩塔塔刹

灵岩塔 位于大殿东侧，又名多宝佛、永祚塔，为七级八面砖木结构，高33.4米，挺拔耸立，是灵岩山的标志和最有特色的古建筑。塔基600余平方米，四周围花岗石栏杆。该塔初建于梁代天监二年（503），历代屡遭火毁。南宋绍兴十七年（1147）重建，塔内空心，塔身全用砖砌，每层窗口各有石佛。明万历二十八年（1600）塔被雷电击中起火，烧了三昼夜，扶梯腰檐、回廊全部烧光，而塔身依旧巍然屹立。清乾隆十五年（1750）重建。1989年，灵岩山寺筹集了80多万元资金，参照宋代营造法则，恢复了塔刹、塔基、平台和塔檐，对宝塔进行了全面修复，1990年竣工。重修后的宝塔恢复了宋塔原貌，使灵岩山寺更为壮观。拾级登临，可眺望太湖风光，观赏苏州风貌。

2016年再次修饰，更新塔尖金色光环。

智积殿 在佛塔前，于1984年重建，为纪念智积法师而名。智积是西域梵僧，南朝时来灵岩山弘传佛教，被尊为开山祖师，梁武帝赐额"智积菩萨显化道场"。智积殿正中供奉智积菩萨画像，两旁陈列着佛教文物。

钟　楼 建于1919年，高15.13米，楼上悬挂着清康熙六年（1667）铸造的大

印光塔院门楼

铜钟。"灵岩晚钟"曾被列为苏州十景之一。楼下为千佛殿。

印光塔院 在落红亭上,石鼓东南,万松护翠,一径穿云,前挹湖光,左迎晓日,堪称佳景。门头上额叶恭绰题"印公塔院塔"。进院为印公纪念堂数间,堂内陈列印光大师遗物159件。南边有一便门,进入便是庭院。院内有台阶式通道,左右是两棵蓬径5米左右的桂花树。印光殿前铺花岗石,有罗汉松两棵,正中有小石灵塔一尊,大殿正门上方题额"莲池海会"。大殿三间,中建印光大师全身舍利石塔,正上方题额"泽溥群荫"。印光灵塔左右有两座小灵塔。大殿后为半圆形院子,墙壁挂存众多印光诗文的石刻。

馆娃宫 春秋时期的山顶皇家园林,在灵岩山之巅。据《吴越春秋》载:越王勾践知吴王夫差淫而好色,不领政事,便寻得诸暨苎萝山鬻薪女西施和郑旦,饰以罗縠,教以容步,习于土城,临于都巷,三年学服而献于吴。西施到吴国后深得夫差宠幸。夫差为了讨取她的欢心,便在灵岩山顶建造了规模宏大的馆娃宫。相传现在灵岩山寺大殿即是建在当年馆娃宫的殿堂上。唐刘禹锡有诗云:"宫馆贮娇娃,当时意大夸。艳倾吴国尽,笑入楚王家。月殿移椒壁,天花化舜华。惟余采香泾,一带绕山斜。"

附:中国佛学院灵岩山分院

1943年,灵岩山寺开始兴办佛学教育。1945年成立西有研究社,学僧30人。1948年改建为灵岩山寺净宗佛学院,招收学僧48人。1958年停办。1980年成立中国佛学院灵岩山分院,设有专科班和研究生班。专科班学制2年。研究生班从专科班毕业学僧中选拔入学,学制4年。专科班毕业8届,毕业学僧315人。研究生学僧18人。毕业学僧遍布全国，其中55人在全国32座开放寺庙担任方丈、监寺或地方佛教协会会长、兄弟佛学院负责人和教师。有10多人去北美洲、大洋洲、东南亚等地从事佛教工作。于英国伦敦大学亚非学院攻读哲学博士学位的园慈法师，即该院首届毕业学生。20世纪末分院停办。

三、山顶花园

山顶花园位于灵岩山寺西侧的高处，为灵岩山最佳观景处和众多吴王遗迹处，下瞰太湖及洞庭西山，滴翠丛碧，如在白银世界中。此处风景秀丽，可供游人驻足。石上刻有"琴台"二字，并有明代大学士王鏊手书"吴中胜迹"。

玩花池　又名浣花池，在山顶花园南，正方形，池中有一石幢，高2米，传说吴王夫差专为西施赏荷而凿。当时池内有四种莲花，荷花盛开之时，清香四溢，夫差陪西施荡舟采莲，避暑取乐。前人诗云："山上清池水一洼，画桥芙蕖槛欹斜。春来别有游鱼乐，不见宫人便玩花。"

吴王井与智积井　在玩花池北有两口井，圆形的为吴王井，又叫日池井；八角形的为"智积井"，也叫月池井，井口直径均为2米左右，井边有围栏，两井相距6米。井水醇甘清洌，不竭不溢。相传西施常在此对井梳洗，以水为镜，夫差即为之插花理妆。明代高启《吴王井》诗："曾开鉴影照宫娃，玉手牵丝带露华。今日空山僧自汲，一瓶寒供佛前花。"

玩月池　在吴王井和智积井的北面，是假山环绕而成的一个圆形人工池塘。传说西施曾临池照影，懒于仰首望月，吴王便开挖了玩月池，让月亮倒映池中，西施

智积井

玩月池

常在月明之夜与吴王并肩赏月。兴致浓时,竟伸出纤纤素手,遮住半爿月影,戏言为"水中捞月"。

长寿亭 在吴王井和智积井的北面,亭为六角形,建在假山上。亭前有小桥,连接另一座假山,人们可从桥下穿越至亭上。

金叶墙 在山顶花园西围墙上,几处50米长的墙壁石块,犹如一张张秋霜后的树叶,呈现灰红色。最奇妙的是石块之间缝隙细致,显示出古代建筑技艺之高超。

琴 台 在山西绝顶,相传为吴王令西施鼓琴处,石上镌"琴台"二字,清乾隆十五年(1750)建亭其上,今废。

四、奇形怪石

灵岩山上多奇石,巨岩嵯峨,怪石嶙峋,物象宛然,旧有"十二奇石""十八奇石"之说。有思乡、猫儿、鸳鸯、和合、献花、石楼、望月、佛日、石关门、袈裟、槎头、石髻(俗呼馒头石)、石马、石牛等奇石。

石 城 位于西施洞上,连绵30余米,如半壁芙蓉城。清潘之恒《三吴杂志》云:"灵岩最奇处,在西施洞上,半壁如芙蓉城,亘可十余丈。"气势雄浑,相传是吴王阖闾所筑石城残壁。

石 龟 亦名石鼋、望佛来、望湖归,位于百步阶南侧,正对采香泾,形似乌龟,昂首面向太湖,故俗称"乌龟望太湖"。石背镌有"望佛来"字样,石上有脚印,传说西施常站在此石上眺望故乡。

醉僧石 位于灵岩山东冈,又名罗汉石、醉罗汉、和尚石、寿星石、望夫石等。

琴台摩崖石刻

琴台下出土的旧瓦当

奇石突起千数尺,遥望之若人立。又如人静坐山上,呈企盼等待状,俗称"痴汉等老婆"。

灵芝石 位于百步阶北,巧似三秀,为山中石之最奇者。明万历初被凿毁,僧天际闻之,长夜哭泣。寺塔四周也有石环列如芝形者,亦称灵芝石。

升罗石 位于灵岩山东麓醉僧石下,四方形,置在石坡上,亦称石鼓。

草鞋石 位于百步阶上端北侧,状似蒲鞋翻转弃于道旁,故俗称"翻转蒲鞋"。

石　鼓 位于百步阶旁,有大小两石。大者百围,小者半之,履之有声,俗呼地鼓。相传石鼓鸣声,就会有兵事。

石射堋 位于石鼓旁,形如张侯,与石马、石罋、石幢等诸石并在山路曲处。

石　牛 为两块大石,一在石鼓下北麓,形似双牛饮水,俗呼饮水牛;一在观音洞,半埋沙土中,又称牛眠石。

石　马 在石髻北稍下,似人骑,俗呼上山马。

石　髻 在石鼓旁,俗呼馒头石。

槎头石 在百步阶左,长15米左右,如浮槎。

猫儿石 在石室下。

第二节　天平山景区

天平山位于天平村西北,南连灵岩山,北接支硎山,东为金山。海拔201.6米。因其山顶平正,故名天平山;又因其山高入云,常有白云缭绕,唐代开始亦被称作白云山。唐宝历二年(826),僧永安在天平山南麓建白云庵,亦名天平寺,山半有白云泉,泉水清甘,白居易为此赋《白云泉》诗。

北宋景祐元年（1034），范仲淹出任苏州知州。庆历四年（1044），范仲淹因高祖唐柱国丽水县丞范隋安葬于天平山左麓，及曾祖范梦龄、祖范赞时、父范墉安葬于天平山右麓，按例得置功德寺，奏请将白云庵改功德香火院，邀名僧法远住持。法远还在白云泉边筑云泉庵。仁宗赐其寺额"白云禅寺"，并以山赐范仲淹，天平山乃归范氏家族所有，由范仲淹创设于皇祐元年（1049）的范氏义庄负责管理。自此范氏称之为"赐山"，俗称范坟山，因其曾

天平山风景区

祖、祖、父三世都被追赠为国公衔，三处墓葬在民间又被呼为太师坟。范仲淹去世后，被谥为"文正"，他的后代又在白云寺南建文正公祠，以奉祭祀。

　　1954年初，苏州园林管理处接管天平山。历来天平山就是江南著名旅游胜地，天平山自下而上有十八景：曲桥荷风、桃涧春汛、幽谷松啸、高义叠翠、岁寒罗汉、燕来鱼乐、白云古刹、御碑楠亭、万丈红霞、山留鹦鹉、云泉晶舍、云天一线、奇石来飞、龙首望枫、万笏朝天、卓峰观日、极目澄怀、山祠映辉；又以怪石、清泉、红枫，享有"天平三绝"之誉。

　　天平山景区布局根据山体环境，分为山上部分和山麓部分。自山底至山巅分为三段：下白云区，从山下登天平路，至一线天；中白云区，从一线天至石屋；上白云区，从石屋至山顶。山麓部分有范仲淹纪念馆、忠烈庙、天平山庄、范坟以及童梓门区域。

一、景观建筑

高义园石牌坊　位于景区门口，是一座庄重的牌坊，亦称三牌坊。牌坊位于接

接驾亭

驾亭南,为三间四柱云头冲天式,汉白玉结构,制作精美,坊额"高义园",为乾隆十六年(1751)乾隆帝第一次南巡游天平山时手书。2002年初,高义园石牌坊出现严重倾斜,进行了抢救性保护,对西侧一根柱子上部的云头矫正维修。

接驾亭 始建于清乾隆年间。此亭为进入天平山庄的主入口,为歇山卷棚式,面宽三间10米,进深7米。南对高义园石牌坊,亭前两侧铺设石台,围以石栏,亭分内外两层,东、西屋角上塑有精致的图案。

宛转桥 架于十景塘上,为联结东、北两岸的桥梁,原是连接天平山庄与外界的主通道,共四折,长约40米,花石条铺设,两旁围以木栏。明末范允临始建该桥,清范瑶曾重修,1982年又经整修。

先忧后乐坊 位于忠烈庙前,正对门厅,面朝南,为三间四柱五楼式,花岗岩构筑,系1989年纪念范仲淹一千周年诞辰之际建造。牌坊面宽7.45米,高7.72米,两面正中横额刻范仲淹《岳阳楼记》的名言"先天下之忧而忧,后天下之乐而乐",由著名书法家顾廷龙书。

忠烈庙 位于先忧后乐坊北,东南朝向,共有门厅、享堂、三太师祠三进建筑。

门厅共三间,进深五架,为硬山式,将军门式样,上设门簪,大门左右各附一碑亭,置有历代碑石。

南宋绍兴年间,宋室南渡后,为沿袭甘肃庆阳范仲淹祠堂,范氏后人将范仲淹所建祖祠重修一新,将宋徽宗赵佶题赐的"忠烈"二字匾额榜于门前,故称忠烈庙,全称范文正公忠烈庙,又称范公祠。1989年,大门前新立石碑刻"江苏省文物保护

范仲淹纪念馆

单位 范文正公忠烈庙"。

范仲淹纪念馆 在忠烈庙西侧。为弘扬范仲淹"先忧后乐"精神，1994年11月，在天平山庄岁寒堂辟范仲淹在苏史料馆并对外开放，1995年被苏州市委、市政府定为市爱国主义教育基地。2005年7月，投入500万元新建范仲淹纪念馆。2006年10月28日，纪念馆竣工并启用。该馆为宋代建筑风格，总面积600平方米，陈列面积为400平方米，由4个展厅和长廊组成。北厅为第一馆，主要展示范仲淹的一生概况；中厅为第二馆，重点介绍范仲淹一生的功绩；南厅为第三馆，展示范仲淹在文学上的成就；西侧为第四馆，展示《万笏朝天图》漆雕长卷和《高义园世宝》四册古籍。西侧长廊墙面配置了16幅图文并茂的瓷板画，以连环画的形式展现范仲淹的一生。

御碑亭 又称御书亭，始建于乾隆年

御碑局部

间，位于白云古刹之南的枫林中小土丘上，西北与忠烈庙相望。亭面八角，重檐攒尖。亭正中直立着一块由碑座、碑身、碑帽三部分组成的高大御碑。碑帽正反面均雕刻有二龙抢珠图，线条流畅，龙须龙鳞刻画细腻。御碑连碑额、底座高逾3米，碑身正反面和两侧镌刻乾隆四次游天平五言诗各一首。

碑额篆书"宸翰"，碑座两面雕双狮滚球，鹿鹤同春。石台基南有踏步五级，正中丹墀雕双龙戏珠，四周环绕着片片祥云，构成一个正圆形的图案。建筑风格古朴庄重，为天平山的镇园之宝之一。

白云寺 在天平山南、天平山庄西，坐北朝南，面对古枫林。西有"登天平路"的砖雕门坊，阴刻"万笏朝天"，为上山主道。

白云寺始建于唐宝历二年（826），相传为僧永安所建，旧称白云庵，亦称天平寺。宋仁宗赵祯赐额"白云禅寺"。旧寺屋宇轩敞，并供有神位及佛座等。明洪武、正统，清康熙、乾隆年间几经重修。据《范氏家乘》记载，白云古刹有山门、无量寿佛阁、大殿、观音殿四进，现存山门及大殿为晚清时重建，东侧附属建筑称"白云深处"。

山门为石库门，木板门配饰铜铺首。顶部墙脊高达5.4米，门上方寺额题"白云古刹"。进门天井北墙处有《天平山白云禅寺重兴碑》。大殿三间面宽12米，进深九架11.5米，为硬山式水龙正脊，脊中部正面为团龙，背面为凤穿牡丹。明间后隔墙正面为赵孟頫作《范仲淹理政》图文石刻，下有石台。大殿两侧各有附房一间，面宽4米，前后皆有长窗6扇。大殿后为院落及院墙。

天平山白云禅寺重兴碑

天平山庄

2001年,白云寺进行全面维修。2003年,范氏后裔捐赠范仲淹铜像一座,立于白云古刹前枫林。2005年,北院建白居易纪念室,立白居易像。

天平山庄 位于白云古刹东、天平山南。天平山庄由范允临于万历四十三年(1615)为纪念先祖而建,依山为榭,带以修廊,引泉为沼,架以石梁,馆阁亭榭,随山势层叠而上,鳞次栉比,有鱼乐园、听莺阁、芝房、小兰亭诸景,总称天平山庄,俗称范园。整个建筑群占地面积约5300平方米,由咒钵庵、来燕榭、范参议祠、高义园等部分组成,还包含高义园石牌坊、接驾亭、御碑亭以及其间的十景塘、宛转桥、古枫林、桃花涧。

高义园 为天平山庄西路建筑,位于白云古刹东,是天平山庄的主要建筑,依山而建,南低北高,前后五进,纵深70米。

头门为将军门,面宽三间,硬山顶。分隔成前后两厅,上有门簪,下置汉白玉轮回纹抱鼓石一对。大门两侧各附房一间,门上悬"天平山庄"匾额。

大门前对放生池,东西以院墙围成庭院,两侧辟圆洞门相对,额题"智乐""仁寿",外题"泽被山林"。

第二进为仪门,硬山式,有方形础石一对,仪门前部有廊相连。

第三进是乐天楼,面宽五间15米,进深10米,高9.5米,为重檐歇山两层楼阁,四面环廊,水龙正脊。脊中正面塑团龙,背面泥塑文王请贤。一楼面宽14米,室内悬匾额"乐天楼"。乐天楼又名藏书楼、御书楼,旧称宸翰楼。乐天楼的两侧各有小院,聚泉成池,东曰"轻清",西曰"重浊"。池南各有一小室,东院较大,山石曲水,旧称山园,有卷棚歇山顶亭立于池石中,名恩纶亭,旧亦名御书亭。园

恩纶亭

逍遥亭

南有门,门额"恩纶亭",内额"扬休"。

第四进为逍遥亭,因地势抬高,凌空架于登山石阶之上,与乐天楼二层水平高度相当。亭为歇山顶,东西为墙,左右出两翼小阁,额题"中宪公祠"。

自亭下石库门拾级而登，即为第五进后院，院后部为单檐歇山顶的高义园正厅。此厅曾是乾隆帝南巡时设御座之所在。正厅面阔三间，三面环廊，总宽12米，进深八架6米。左右山墙各辟二窗。厅内悬乾隆帝初游天平山时（1751）手书的"高义园"金字蓝底盘龙金匾，壁嵌乾隆帝《题高义园》《游天平山十六韵》两方诗碑。

庭院两边厢房相对。院内有古桂花一棵，明代罗汉松一棵。

范参议祠 位于高义园东。大门为将军门式，硬山式七架，过大门登级而上为仪门，后额"丕承先烈"。

范参议祠

仪门后为享堂，三间硬山式，为祠内主厅。正中匾为"岁寒堂"。两侧小门有额"承先启后"。出东小门为曲廊，左右前出两厢房，后有两附房。因芝房门外正对十景塘上的石板木栏曲桥——宛转桥，俗称对桥书屋。岁寒堂为范仲淹在苏史料馆中的第一馆。2005年，大部分史料移至新馆。

寤言堂 位于岁寒堂东，五间面宽13.3米，中三间为堂，两梢间为夹室，四面环廊。堂中悬范允临行楷旧额"寤言堂"。1994年辟范仲淹在苏史料馆时，寤言堂为第二馆，陈有蜡像。堂前居中有一卷棚歇山小亭与前廊相连，称来燕榭（旧称听莺阁）。

咒钵庵 在寤言堂东，共三进。大门为石制门框板，门额楷体"咒钵庵"。进门有廊，西与寤言堂相通，东面接西附房。

第二进为硬山式平房，门上方有砖刻"佛在者里"。东次间后墙上嵌正楷"水石间"。东山墙有窗，窗外为桃花涧。

第三进也是三间硬山式平房，为佛堂。后隔墙悬仕女图。1994年辟范仲淹在苏史料馆时，第二进为第三馆，第三进为第四馆，皆陈有蜡像。

听莺阁

听莺阁　原为天平山庄明代旧构,位于十景塘宛转桥东,两层楼阁,早已毁,2006年复建于原址。东为两层卷棚歇山顶,建筑面积84.5平方米,有"听莺阁"匾悬于内。

青峰亭　在龙门下,依峭壁而建。亭东云泉精舍入口处原有白云亭,又名半山亭,传为白居易所建,早已毁,乾隆年间重建,后又毁。1954年重建,取名青峰亭,为平面六角,形如梭子,俗称梭子亭。1980年重修时,刻有"青峰亭"字样。

中白云亭　在石屋附近,亭址曾有三开间观音殿,建造年代无考。殿额题"慈云无尽"。"文化大革命"中毁。1980年后重建,现为四角砖木结构,高5.8米,作游客休憩之用。

叶天士纪念馆　位于天平山东侧山肩北坡,始建于20世纪80年代,为纪念名医叶天士而建。2001至2006年,依山而扩建,殿堂建筑面积335平方米,另建附房24间。

更衣亭　在上山路起始段东侧,为六角亭,石柱木顶,四周有砖细坐槛,青砖铺地。相传因乾隆帝曾在此更衣而名,旁有篆体"更衣亭"石刻。现亭中央存有青石碑帽,残存碑座。亭东侧草丛中原有断裂的诗碑,为乾隆御碑碑身,后移立于高义园厅堂内。

云中塔　在云泉精舍西面山路旁,旧白云亭遗址下方,为清代范瑶建,石质,瓜棱形,高5.3米,自下而上由六角基座、八角柱、盘盖、八角短柱、顶盖五段组合而成。塔下石壁上刻有篆体"云中塔"三字。

观音塔 在龙门（一线天）北侧"护山奇石"后的峭壁上，为四层方形砖塔，由塔基、塔座、塔刹构成，通高 3.38 米，塔基边长 0.9 米。塔身中空，各层四面均辟壸门。塔内每层曾供有观音像，旧称东坡塔。塔下峭壁刻有一个一米见方的佛字，署"东坡"二字，相传为苏东坡所书。

云泉精舍 位于白云泉（钵盂泉）南岸，由一组单层建筑群联结而成。云泉精舍初名云泉庵，亦称远公庵，为北宋庆历四年（1044）应范仲淹之邀，名僧法远所建。元末毁，后续建续毁。1990 年重建，为仿古建筑形式，今称之为白云泉茶室，入口面西，隔出小室依山而建。云泉主建筑宽 14 米，进深七架 9 米，屋顶为硬山卷棚顶。

云中塔

二、奇峰怪石

天平山的怪石、清泉、红枫享有"天平三绝"之誉。

山石是天平三绝中的主要景观之一，可分为峰石、峭崖、洞穴、平台四类。历代文人常加以品题，从而形成众多有趣的故事传说，给天平山增添了隽永的人文蕴涵。

（一）峰石

万笏朝天 此说大约始于明代，是指遥望天平山的奇峰怪石好像无数古代大臣上朝时所执的笏，即记事用的手板，俗称朝板。由于群石林立的天平山怪石分布广、数量多、体量大、形态奇，满山遍野怪石嶙峋，突兀挺秀，遂形成"万笏朝天"景观。自清乾隆南巡游历天平山后，"万笏朝天"遂蜚声南北，天平山也就有了"万笏林"的别称。

馒头石 在高义园石牌坊南有一组天然的散点石，叫馒头石，因其形似馒头而名，立于山边平地之上。

印 石 天平山庄东桃花涧有一大石，状如古代官印，因此得名，上写"印石"

鹦鹉石

护山奇石

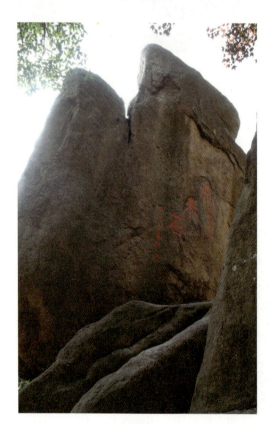

飞来石

两字。

  石　钟　在下白云区云泉精舍西下，因其形似钟而名。

  鹦鹉石　在下白云区云泉精舍西，由两块翅石及一块嘴石组成一欲展翅欲飞的鹦鹉形状，上题有"青春鹦鹉"字样。

  玉　笋　在青春峰东侧，形似雨后春笋，上刻"玉笋"。

  护山奇石　在龙门一线天下，有一青枫破石而出，上刻"护山奇石"。

  五丈石　在龙门外侧，高五丈左右，故称五丈石。

  撑腰石（炮台石）　在中白云景区，此石因呈45度斜角支撑住山腰，故名撑腰石。

  飞来石　又称飞来峰。在龙门之上，高近9米，重50余吨，上窄下宽，附于崖石边沿，下临深谷，势如天外飞来，暂时停留于此。阳面刻有"飞来石"三字。

龙头石 在飞来石内侧有一大石,形如龙头而得名。主要由三条石块构成,两石形成一个夹角,形如张嘴的龙头。龙嘴天造地设,还附有状如龙舌的小石,而龙头垂下的藤蔓又栩栩如生地形成了龙须,石上刻有行草"卧龙"二字。

元宝石 在撑腰石之上,因形似元宝而得名。

鲸鱼石 在望枫台边,紧邻悬崖,横卧着一条状如鲸鱼的条石,因而得名。

骆驼石 由一组山石组合成一匹骆驼的形状,头部与身体由一块巨石组成,而驼峰则由另一块石头横在前面搭配而成。此石又称牛头石。

笔架峰 在莲花洞附近,因两块相连的巨石高高耸起,形如古时文人写字作画用的架子,故名笔架峰。又因似剪刀,此石也称剪刀峰。

卓笔峰 在上白云莲花洞旁,通高约13米,由三块巨石构成,双石似基座,一石通体浑圆,下粗上尖,耸立其上,像一支巨笔,直指青天白云。石上刻"卓笔峰"三字,此峰乃天平山主景之一。

石 桌 在望枫台附近,因其形似桌子而名,刻有"石桌"二字。

卧龙石 在中白云,该石头形状极似一条困龙,龙头往上翘,微微张口,惟妙惟肖,上刻行草"卧龙"二字。

石 象 在中白云亭下,因其形似象而得名,石刻"石象"二字。

(二)峭崖

龙 门 又名一线天,位于白云泉西南,是由两侧险峻的峭壁夹崎而成的天然石隙,左壁为下临悬崖的五丈石,右壁为体量硕大的护山奇石,缝中有前人所凿29级石磴,狭窄处容一人侧身而过。仰望蓝天一线,恍若云中。石上刻有"龙门在望""一线天"等字。

二线天 在两堵石缝之间,劈出一条天然石缝,仅容一人侧身而过,台阶有11级之多。

三线天 在莲花洞上方,由三块巨石组成,其中两块巨石呈"V"字形竖起,另一块巨石盖在上方,形似倒三角形,中间有台阶十余级,只能容一人穿行。

头陀崖 在一叶舟附近,山岩有石如盖,斜敲其顶,状如头陀,又名

二线天

莲华洞

"石罗汉",俗称"和尚爬山,回头望观音"。

（三）洞穴

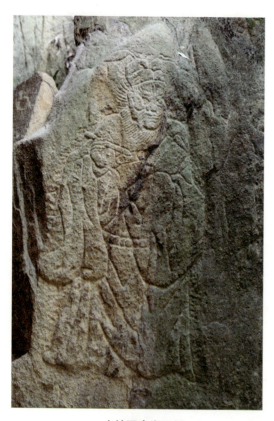

山神洞摩崖石刻

小石屋 在中白云,旧刻正楷"石屋"两字,屋为石穴空洞,可容六七人,由大石覆盖。进得洞来,好像山将要塌下,使人有凛凛然之感。

大石屋 在上白云,又名白云洞。三面壁立,上有两大石覆盖,可容数十人,旁有石罗汉,覆以石亭、小屋数间,有香火案台,中华人民共和国成立前夕仍有和尚居住。

莲华洞 洞形似石屋,而比之为小。旁有佛堂三间,昔有僧生居此梵修,筑文昌、达摩二阁,今已倾圮。四面诸峰,攒立如莲花,故名之。因古代"华"与"花"相通,故该石刻有"莲华洞"三字。

山神洞 在山南坡正中,属中白云区,岩壑宏整,中间矗立一石,乾隆五年（1740）范瑶题"为天平山之神",山神石有文曲星、武曲星两浮雕相伴。

穿云洞　在云泉精舍上方50米处，山洞一侧的石峰高约5米，洞外的石壁上刻有"穿云洞"三个篆体大字，旁边题字为"云中守范瑶题石"，下方还刻有"洞天"两字。

（四）平台

望枫台　俗称中白云，旧有亭，名半山亭。秋末冬初在此踏霜俯瞰，山下红枫万丈，一片赤艳，是观枫树的佳绝处，有"望枫台"石刻。

照湖台与照湖镜　天平山顶平坦如砥，可容百人驻足遥望太湖风光，故名望湖台，即远公庙遗址。望湖台上有一圆形巨石，面向太湖，名为照湖镜。

三、井泉

天平山有井三口，即范公井、白云井、无名井，以范公井最为实用，在范公祠西南角，井直径0.75米，水质优良。

天平山因名人而显，因清泉而兴。景区内有泉五眼：白云泉、一线泉、一砚泉、卓锡泉、洗心泉。

白云泉　亦称钵盂泉，最为有名，称为吴中第一泉。泉水醇厚甘冽，呈乳白色，从岩石间流出，下聚为一池，久旱不干。后来，为取水方便，用竹管将泉水导入一钵盂，故称"钵盂泉"。

一线泉　在白云泉，石壁中另有一泉，称一线泉。

一砚泉　在中白云，也是裂隙泉，其旁悬崖镌有篆书"一砚泉"三字。此泉清澈透明，久干不涸，因形如一石砚故名。

卓锡泉　在中白云石屋附近，是昔日和尚用水的主要水源，今已干涸，仅存泉旁石刻。

洗心泉　在龙池的东北面由两山山麓形成的一条山沟中，水中因有块石状如心脏，俗称洗心泉。

四、池涧

天平山景区现有池塘面积2万

一砚泉

宛转桥

余平方米，有十景塘、印石池、饮马池、游乐塘、荷花池、摄影池等大小16处水面。

十景塘 位于接驾亭北，由荷花池和放生池组成。东侧大者为荷花池，面积4000平方米，现种植睡莲；西侧小的为放生池，面积2500多平方米。两池中间由长堤相隔。池水清澈见底，池旁古树参差，微风吹来，花香四溢。荷花池西架有贴水平桥，名宛转桥，沟通池的东、北岸，共四折，约40米，花石条铺设，两旁围以红栏木柱，为园区大门口西侧的天然景观。穿过长堤，即为御碑亭等景观。

印石池 在天平山庄之东，由周边小溪集聚汇成的池塘，面积约1000平方米。池中有一巨石卧在当中，石上刻"印石"两字。

饮马池 在御道东侧。相传乾隆游玩天平时将马放在该池塘边饮水休息，故名。

游乐塘 在香枫林南岸，面积800平方米，现配置有各类水上娱乐器材。

荷花池 在先忧后乐坊南面，面积超过600平方米，为一荷花池。夏日，满池荷花盛开，煞是清凉；秋冬，满池荷叶枯萎，又是另一种意境。

摄影池 在枫林东侧，池中数条曲尺形石板条浮出水面，为广大摄影爱好者选景拍摄之地。

桃花涧 在范墓之东，为一泉源头，因这一带种植桃花而名，也是春天观赏桃花的绝佳之地。

五、古树名木

古枫香 天平山古枫香林分布于忠烈庙以西，范隋墓东，以白云古刹周围最为集中。其中范公祠内的一棵古枫香，树干高 27 米，3 人合抱。天平山红枫与湖南岳麓山、南京栖霞山和北京香山并称为我国四大观枫胜地。明万历年间，范允临从福建泉州带回 380 余棵枫香种植，历经 400 多年风雨，至 2007 年尚存活 136 棵，胸径一般在 0.5 米至 1 米之间，高度约 20 米，枝叶茂盛。深秋季节，枫叶经风吹霜染，颜色由青转黄，然后变橙、变红、变紫，再变一片金黄。清代以来金秋观枫，已成为天平山一大胜景。

古　柏　古柏也为天平山一景。位于三太师祠前的一棵圆柏，树龄 930 余年，高约 18 米，树干现已中空。忠烈庙西现有古柏 12 棵，高义园前后有青柏 6 棵。

古罗汉松　位于高义园大殿东院西隔壁，相传该松为唐伯虎亲手所植，胸径 2 米余，树龄 400 余年。

桃花涧花木　明代万历时，桃花涧周围遍种花木，以桃树、梅树和毛竹为主，近年又补植了桃树，桃花涧景色得以重现。

第三节　古　迹

分布于灵岩、天平两山沿线的历史遗迹中，最为有名的要数涧上草堂、无隐庵、毕沅祠墓这几处。

涧上草堂　位于上沙古村，为明末清初吴中高士徐枋的故居。徐枋生于明天启二年（1622），卒于清康熙三十三年（1694）。顺治二年（1645）夏，苏州城被南下的清军攻破，徐枋之父徐汧以死报国。遵照父亲的遗命，徐枋决心终生隐居山林，不与清廷合作。康熙二年（1663），他在老朋友弘储法师的帮助下，在上沙村建起一座涧上草堂作为自己的隐居之所。自草堂建成，徐枋就一直在那里生活，直到去世。到康熙三十九年（1700），徐枋草堂被徐氏弟子潘耒等改建成供奉他的祠堂。在之后的漫漫岁月里，到此凭吊先贤的人数不胜数。其中不乏像林则徐、潘奕隽、石韫玉这样的知名人物。直至 1921 年前后，当时的吴县县立第六高等小学等本地学校还经常在春秋季节组织学生步行到祠堂参加纪念活动，瞻仰"涧上高风"。

无隐庵　距离涧上草堂不远处，还有一座规模不大却颇受文人青睐的禅院——无隐庵。无隐庵是灵岩、天平两山之间的一处文化小品，格局虽小却富有文化意蕴，地处幽僻却景色宜人，以至于引得历史上很多文化名人都到此游历，留下许多诗文名篇。《浮生六记》作者、清代苏州布衣文人沈复就特别喜爱无隐庵一带的风景，在《浮生六记》卷三《浪游记快》中，沈复对于无隐庵一带的景致有数百字的精彩描述，至今依然令无数读者心生向往。

据张郁文《木渎小志》等文献记载，无隐庵于明代崇祯年间由履中和尚开辟兴

无隐庵遗址

无隐庵遗址摩崖石刻：钱泳题"空山无人水流花开"（左）、石韫玉题"无隐"（右）

建，清乾隆年间唯然和尚主持无隐庵的重修工作，苏州名士彭绍升（号尺木居士，苏州状元彭启丰第四子）也欣然出资相助。到了嘉庆初年，当时的吴县知县又邀请天台山高僧古风和尚（字澄谷）前来住持无隐庵。古风当时正在别的庵堂当住持，

无隐庵石屋遗址

不便前往，于是就让他的得意弟子涵虚代为掌管无隐庵。涵虚是一位文化底蕴深厚的高僧，在无隐庵原址至今保留着由他题写的摩崖石刻。咸丰十年（1860），无隐庵在太平天国运动中毁于一旦，同治初年又由鹿苑禅师发起重建。重建后的无隐庵中种有很多牡丹、芍药。每当春季花开时，许多游览天平、灵岩两山的游客都会顺道前来观赏。

1932年，精通琴棋书画的一代奇僧大休上人退居无隐庵，直到他圆寂也未曾离开。大休上人圆寂后，他的好友、弟子将他安葬于无隐庵附近的天马山中，其墓至今尚存。可惜的是，在"文革"期间，无隐庵屋宇悉数被毁，只留下了一些建筑遗址与摩崖石刻。

无隐庵水晶宫摩崖石刻

毕沅祠墓　　清代苏州状元、著名学者、官宦毕沅的长眠之地也在上沙古村中，墓址原是明末清初吴江高士徐白的潭上书屋，后为郡人陆穆的别业水木明瑟园，最后才被改作墓园。1926年，民国元老、吴县保墓会重要发起者李根源先生前来考察毕沅的祠堂和墓冢。根据他的记述，毕沅祠堂正门前挂着"弇山宫太保毕公祠堂"匾额，堂内挂着乾隆五十四年（1789）御书"福"字匾额。毕沅的牌位放在祠堂正中间，旁边附有毕沅正妻汪德及4名妾室的牌位。祠堂右侧是毕沅墓，墓冢朝向西面，正对着白鹤顶山峰，墓碑上镌刻有"宫保毕公墓"5个大字。墓前有方池，墓道两侧摆放着石狮、翁仲、石羊、石虎、石马以及神道碑等石刻。

　　1970年10月，南京博物院考古组的工作人员与吴县金山人民公社天平大队的村民一起对毕沅墓进行了发掘。出土的各类文物有111件之多，其中翡翠朝珠、金凤冠、莲瓣绾髻白玉冠、三孔古石刀等都堪称稀世珍宝，还有为数众多的金银器、玉器、文玩，折射出毕沅风雅之外豪奢的另一面。可惜的是，由于当时正值"文革"期间，毕沅墓的发掘过程伴随着非理性的破坏，墓中出土的很多纸质、丝质文物都没能保存下来，祠堂的建筑、石刻更是荡然无存，这不能不说是苏州考古史上的巨大遗憾。

表10–1　　　　　　　　　　　天平村境内文物保护单位表

名称	时代	地点	级别	公布时间
范仲淹祖坟及忠烈庙	宋	天平山	省级	1957年
灵岩山寺	宋至民国	灵岩山	市级	1982年
释大休墓	民国	天马山	市级	2012年

第四节　冢　墓

　　江篆墓　　在天平山下上沙村。江篆，晋朝人，江逌子，官给事中。

　　范隋墓　　在天平山左麓。范隋，唐朝怀州河内（今河南沁阳）人，咸通间任处州丽水县丞，遇战乱不能回乡，移居苏州。宋范仲淹高祖。

　　释道鉴塔　　在灵岩山寺。

　　释道遵塔　　在灵岩山寺。

　　范梦龄、范赞时、范墉墓　　在天平山。

　　李璲墓　　在天平山。李璲，宋朝吴县人，官睦州寿昌县知县。

　　朱长文墓　　在灵岩山东麓。

　　朱长文（1039—1098），字伯原，号乐圃、潜溪隐夫，吴县（今苏州）人。北宋嘉祐四年（1059）进士，曾任太学博士、秘书省正字兼枢密院编修等职，为北宋

朱长文墓摩崖石刻

著名文学家、书学理论家。

圆照塔 在灵岩山寺。

钱藻墓 在天平山龙冈村。钱藻,字醇老,吴越王镠五世孙,官枢密直学士。初,钱藻葬其母永嘉郡太君丁氏于此,遂家苏州。曾巩撰墓铭。

范师道墓 在天平山,赵抃铭。

林濬墓 在天平山西南,弟林屿祔。林濬,字禹川,林旦侄,官两浙帐勾。

范正国墓 在天平山仰天坞南。范正国,范纯仁子,官中奉大夫。

范直方墓 在天平水口。范直方,范正国子,官司农卿。

范正已墓 在天平山右枫木坞。孙范公铎祔。范正已,范仲淹孙、范纯礼子。任观察使,赠通议大夫。

范周墓 在天平山馒头石下。范周,字无外,范仲淹侄孙,范纯古之子。负才不羁,工诗词,无意荣达,安贫自乐,未尝屈折于人。

范成大墓 在天平山仰天坞。

范成大(1126—1193),字至能,号此山居士,晚号石湖居士,平江府吴县(今属江苏苏州)人。南宋绍兴二十四年(1154)进士,官至礼部尚书、参知政事(副宰相),资政殿大学士。南宋著名诗人。

莫子文墓 在灵岩乡晏宫里。莫子文,吴县(今属江苏苏州)人,任广德军知军。

范士贵墓 在天平山左翁家山。范士贵,范仲淹后裔,官庆元教授。

祝碧山墓 在天平山南赤山。祝碧山,官平江路总管。子孙墓皆祔。

陈杰墓 在灵岩山由姑岭东南。陈杰,字子豪,吴县(今属江苏苏州)人,永乐三年(1405)举人,曾任平凉知府。

刘昌墓 在天平山仰天坞。刘昌,字钦谟,吴县(今属江苏苏州)人。正统九年(1444)解元,次年会试第二,进士,官南京工部主事、广东参政。子刘嘉衬。杨循吉作铭。

沈鲁墓 在天平山南麓,归有光作志。沈鲁,字诚学,昆山人。工古文词,闳博豪壮。郡守况钟赠之金,立辞不受。孙惠州知府、兵部郎中沈应明衬。

刘缨墓 在天平山东南羊肠岭,陈鎏志,文徵明撰状。刘缨,字与清,新淦(今江西新干)人,以籍隶苏州卫登成化进士,巡抚四川、湖广,官至南京刑部尚书。

徐缙墓 在灵岩山由姑岭东。徐缙,字子容,洞庭西山人,王鏊女婿。弘治进士,历官礼部侍郎、经筵讲官,改吏部侍郎,赠礼部尚书。

范惟一墓 在天平山阳涧西。

袁年墓 在天平山,邹元标作志。袁年,字子寿,吴县(今属江苏苏州)人。万历八年(1580)进士,官云南右参政、陕西按察使,著有《观槿斋集》《金碧等集》。

沈修墓 在天平山憩龙原,申时行作志。沈修,字来之,吴江人。监生,官至鸿胪寺卿。

蒋圻墓 在灵岩山。蒋圻,籍贯、生平不详,任奉天府治中。

沈元纶墓 在木渎上沙沈家弄。沈元纶,号大樵山人,籍贯、生平不详。

徐与乔墓 在天平山,陆大业作志。徐与乔,字扬贡,昆山人。顺治进士,以

范惟一墓石构件

蒋圻墓石虎

奏销案误,杜门著述,为艺林推重。卒年七十二岁。

范必英墓 在天平山东麓。

韩暻墓 在灵岩山麓秀野园旧址。韩暻,号栖碧山人,籍贯、生平不详。

毕沅墓 在木渎上沙水木明瑟园旧址。

顾承烈墓 在木渎上沙吴家弄。顾承烈,字念杨,华亭(今上海)籍。康熙进士,充《古今图书集成》馆副总裁。致仕后,隐居上沙因树亭。

沈志祖、沈慰祖墓 在天平山南怀敬山麓。沈志祖,字学基,吴县(今属江苏苏州)人。乾隆进士,官翰林院编修。精八法,探讨碑版,名重于时。弟沈慰祖,字学周,雍正进士,提督云南学政。兄弟并以文章名世。

程荫桂墓 在灵岩山后。程荫桂,字燕山,元和(今属江苏苏州)人。乾隆二十四年(1759),以仁和(今属浙江杭州)籍中举,任四川大竹知县,解饷遭遇意外而死,赠兵备道。

蔡来信墓 在灵岩山下陆家村。蔡来信,洞庭西山人。孝子。

潘曾莹墓 在木渎万安桥白塔浜,俞樾作志。潘曾莹,字星斋,吴县(今属江苏苏州)人。状元宰相潘世恩之子。道光进士,历任内阁学士,工部、吏部侍郎。

刘廷枚墓 在天平山南敕山坞。刘廷枚,字叔涛,吴县(今属江苏苏州)人。同治进士,累迁至国子监祭酒。浙江学政任间于光绪十一年(1885)卒于武林(今浙江杭州)官舍。

附一 天平山麓范氏冢墓

范隋是宋朝范仲淹的四世祖。据富弼《范文正公墓志铭》载，范仲淹是唐朝武则天时宰相范履冰（？—690）的后裔。范履冰早年以文章称，武则天垂拱间，历任鸾台、天官二府侍郎，后迁春官尚书；永昌元年（689），任同凤阁鸾台平章事（副宰相），兼修国史；天授元年（690），因曾荐举犯逆者而牵连被杀。四世祖范隋，唐咸通二年（861），任幽州良乡县主簿，加柱国；咸通十一年迁丽水县丞；后因中原离乱，于是留家吴中，家居在苏州城里灵芝坊，今称范庄前。

范仲淹曾祖范梦龄为吴越中吴军节度使钱文奉幕僚，以才德雄江右，曾任苏州粮料判官。范梦龄儿子范赞时，幼聪惊，尝举神童，任秘书监，集《春秋》，泊历朝史，为《资谈录》六十卷行于时。范赞时儿子范墉，博学，善属文，累佐诸王幕府；北宋端拱初（988），随钱俶纳国，任武宁军节度掌书记。范墉第三子即范仲淹。

北宋时，朝廷曾将木渎天平山赐给范仲淹。范仲淹将迁吴始祖、曾祖、祖父、父亲之墓迁葬到天平山三让原，人称范坟山。因范仲淹显贵，朝廷分别追封曾祖范梦龄为徐国公，赠太保；封祖父范赞时为唐国公，赠太傅；封父亲为周国公，赠太师。天平山在民间俗称三太师坟。此后，范氏许多后裔都葬在天平山。

范琪，字希世，范仲淹从兄。时人蒋堂曾记述，范琪之高祖隋，自唐末作丽水丞属，离乱遂家于苏。曾祖范钧、祖范从谊并在钱忠懿王幕下。父范昌言，归宋朝，赠国子博士，皆葬吴县三让乡之天平山。范琪之子范师道，墓在天平山白云寺西，赵抃撰墓志铭。

范正国，范仲淹之孙、范纯仁之子，官中奉大夫。墓在天平山仰天坞南。子司农卿范直方墓在天平水口。

范正已，范仲淹之孙、范纯礼之子，官观察使，赠通议大夫。墓在天平山右枫木坞，孙范公铎祔。

范周，字无外，号无外居士，范仲淹侄孙，赞善范纯古之子。负才不羁，工诗词，无意荣达，安贫自乐，未尝屈折于人。所居号范家园。范周于此赋诗甚多，时有名句出。墓在天平山馒头石下。

范世贵，官庆元教授，墓在天平山左翁家山。

范惟一（1510—1584），字于中、允中，号洛川、中方，范仲淹第十六世孙。世居支硎山。祖父范汝信徙家华亭，早卒。父亲范启晔因幼丧父而留在华亭经商的亲戚家，并入籍华亭。嘉靖十九年（1540），范惟一以华亭籍考中举人、进士，后历任钧州知州、济南府同知、工部郎中、湖广佥事等，官至南京太仆寺卿。在任时，他曾平反过多起冤狱，惩办过多位豪强，救济灾民，孝敬父亲，关爱兄弟，有范仲淹遗风。告老还乡后，范惟一居住在天平山，曾有《天平山楼望灵岩塔作》，诗云："倚楼聊骋望，香塔涌诸天。疑雨苍龙起，瞻空绣柱悬。毫光河汉表，紫气斗牛边。为忆宵灯灿，灵山象纬偏。"他喜刻书，刻有范仲淹《范文正公集》、范纯江《范仲宣公集》、徐献忠《吴兴掌故集》、方孝孺《逊志斋集》、张衮《张水南文集》等；

范氏祖茔

著有《振文堂集》《石仆集》等。万历十二年（1584），范惟一去世，与夫人张氏合葬在天平山麓范氏祖茔旁。墓志铭盖刻有"明故中大夫南京太仆寺卿中方范公墓志铭"篆体大字。其墓后移建于天平山西南天平公墓，墓前立"明南京太仆寺卿范公惟一墓"碑。

范惟丕，字于公，范惟一弟，范允临父亲。嘉靖三十八年（1559）进士，官平公云南副使、光禄寺少卿。苏州范义庄文正书院东芝草营桥东埭原有两浙文宗、兄弟进士坊，为范惟一、范惟丕兄弟所立。范惟丕墓在天池山之南白阳山金井坞。

明朝诗人王宾有咏范坟诗云："阴阳家说到坟前，风水真宜子息贤。文正有贤君听取，祖宗积德百余年。"墓前现在尚存丽水府君神道牌坊。山上有范隋墓，墓前有清雍正七年（1729）所立"唐柱国丽水府君之墓"碑，碑右上刻"府君讳隋，豳州人。唐丞相六世孙。任豳州良乡县主簿加柱国，再任处州丽水县丞"，左刻"大清雍正七年岁次己酉八月"。墓外面有祭祀范仲淹的"忠烈庙"。

附二　白云寺西范师道墓

范师道（1005—1063），宋朝著名官员、文学家。字贯之，长洲（今属江苏苏州）人。范仲淹族侄。

范师道曾祖范从，任吴越苏州粮科判官。祖父范昌言，任宋宁国军节度推官，赠国子博士。父亲范琪，字希世，为范仲淹从兄。范琪为宋仁宗天圣五年（1027）进士，历任鄱阳保信军、庐州二从事，得叶清臣举荐充任茶官，授开封府法曹，之后任大理寺丞，鄞县、常熟县等地知县，卒后赠金紫光禄大夫。

范师道从小受到良好的家庭教育，天圣九年（1031）考中第一甲第九名进士。选为抚州判官，后知广德县。此后通判许州，累迁都官员外郎，举为御史。居官厉风操，或独争，或列奏，名噪当时。

范师道能诗，有《天平山》诗云："万物天地间，或有奇胜迹。见赏能几人，不止今与昔。吴门多好山，天平为峻极。旦暮常白云，表里皆珍石。烟岚十里光，松桂四时色。我因一纵游，烦襟为开释。感古怀君子，翻然长太息。乐天赏云泉，诗章何历历！垂今数百年，继者漠然寂。间遇希文来，双旌守乡国。行春三让原，吟哦尽所得。子美天与才，寻幽多采撷。赋百五十言，平地黄金掷。三贤固有名，山亦资辉赫。此去还几年，不逢好事客。"著有《垂拱元龟会要详节》《国朝类要》《贯之文集》《唐诗史》等。

范师道长子范世京，字延祖，皇祐五年（1053）进士，历任和州、历阳知县。次子范世亮，字寅社，熙宁三年（1070）进士。

嘉祐八年（1063），范师道卒于明州知州任上，归葬天平山白云寺西，参知政事赵抃撰写墓志。

附三　无隐庵大休上人墓

大休上人墓，在木渎天平墓区无隐庵旁。

大休（1870—1932），现代诗画僧。俗姓鄢，法号演章，号大休，四川仁寿人。

大休幼年习儒，13岁赴峨眉学道，17岁皈依佛教，遁入空门，27岁起，云游名山大川，游历全国各地的著名寺院。他能诗歌，善鼓琴，兼善绘画治印。他富有幽默精神，嬉笑怒骂皆成文章。他为人处世不走寻常路，人称"活济公"。

清宣统三年（1911），在江苏巡抚程德全与好友周梦坡的力荐之下，时为杭州云居圣水寺的住持大休被延聘来寒山寺任住持。大休苦心修持，勉力鼎新，前后三年，寺务大成。

在苏州期间，大休与李根源、金松岑等名流交往，相与唱和，谈古说今，成为莫逆之交。大休淡泊名利，与世无争。1926年春，他将寒山寺住持一职交给铁涛法师，自己继续云游四方。时隐居小王山的李根源特地到寒山寺，邀请大休下太湖住持包山寺。是年夏秋之际，大休悄然无声离开寒山寺，入住包山寺。

1927年，李根源母亲去世后，李根源邀请精通风水堪舆的大休为其母亲选择墓地，最终相中穹窿小王山东麓山地。李根源在此经营阙茔村，辟建"松海十景"。

1928至1930年，大休完成了驰誉画坛的《百怪图》，所画山石奇诡多致，张一麐、金松岑、吴湖帆、周梦坡等著名人士鉴赏后均留有题跋文字。大休还带着《百怪图》从西山赶到小王山阙茔村，居住旬日。李根源为《百怪图》题书"休师墨妙"四字，大休则画了一幅《阙茔村舍图》，还留下两件墨宝："辛未春，游阙茔村，为绘村图竟题记。蜀僧大休""止矣休哉，辛未春蜀僧大休"。李根源将题词刻在山岩上，以作纪念。

大休上人像

李根源题写的大休墓铭

  1931 年初夏，大休离开包山寺，后幽栖木渎灵岩、天平两座名山之间的无隐庵。次年夏，大休自营生圹于庵后，崖壁书"大休在"三字。自题挽联，有"身世足堪传，学尽三家，幼儒长道终于佛；功行聊自述，游来五岳，饥餐渴饮倦时眠""无大无小无内外，自休自了自安排"等语。圆寂前十日，赴李根源处乞书"止矣休哉"，李并有款识六十余字"大休和尚，前于包山营生圹，特题'大休息处'四字。今和尚爱无隐之胜，移锡来住，重治圹基于寺之右，属余书此。大休，四川仁寿人，披剃峨眉。能诗，善画，工琴。腾冲李根源识"。大休于农历十一月十一日圆寂。

  2012 年 6 月，文化艺术出版社出版了由诸家瑜、戈春男所著的《蜀僧大休》。全书内容翔实，附周庆云《苏州寒山寺前住持大休大师塔志铭》、金天翮《大休僧传》、柯继承《大休上人灵塔重修记》、诸家瑜《大休上人灵骨发现记》等。

第十一章 风土民俗

天平村山水秀丽，风物清嘉，百姓勤劳淳朴，民风平和敦厚，在漫长的岁月中，形成了许多独特的地域民俗文化。岁时节令、婚丧喜庆、民谚、方言、宗教庙会等风土民情相沿已久，内容丰富多彩，成为区域村民喜闻乐见的传统文化现象，从中寄托着村民对生活的美好愿望。随着社会的进步，人们文化水平的提高，科学观念的深入人心，有些落后的封建迷信习俗逐渐被摒弃，敬老爱幼、助人为乐成为社会新风尚。

第一节　风　俗

一、岁时习俗

春　节　农历正月初一日,俗称年初一,是新年第一天。1911年辛亥革命前称其为元旦,民国起称阳历1月1日为元旦,阴历新年则改称春节。春节是中国民间最重要的传统节日,家家争放开门爆仗,象征高升,庆祝新春的到来。天平村俗也不例外,家家在堂屋挂神轴,设香案、供果品等,右边摆放万年粮,中间插柏枝(谓"摇钱树"),有些人家还插根小杆秤,以示"称心如意"。早晨,幼辈向长辈拜年,邻居间互贺新年。早餐吃圆子或糕团汤。境内村民(女性占多)还有到灵岩山寺、天平寺等庙宇争烧头香的习俗。

正月初一不讨账、不借贷、不赊欠、不扫地、不动刀、不汲水、不洗衣,不杀生、不说不吉利的话,更不能骂人。从正月初二起到正月十五日,亲朋之间互相邀饮,叫"吃年酒"。初五清晨接财神,鸣放鞭炮,称"接路头"。如今单位、团体在春节期间进行团拜、联欢活动,以庆佳节。

元　宵　农历正月十五日为元宵节,家家户户要吃圆子(用糯米搓成圆形小团子),还要做荠菜馅团子,并用糯米粉做成十二生肖,蒸熟后连同团子敬神。之后,用线把生肖串起来给小孩玩耍,以讨吉利。元宵节又称上元节,常以十三日试灯,十五日为正日,民间有"上灯圆子落灯糕"之说。

清　明　清明是一年二十四节气之一,又是一个祭祀先人的节日。此时正是春暖花开,家家都插杨柳新枝于门上,故亦称"柳节"。天平一带历来崇敬祖先,时逢清明或前几天,家家户户在家过节祭祀祖先。清明前一天为寒食节。其日祭祖扫墓,又称"浪荡日",百无禁忌,可以清除坟上杂草、修剪树木、打扫清理,用黄泥新土压坟头,俗称"灵冢"。还烧香点烛,供奉荤素供菜、青团子、水果等供品,并进行焚烧纸钱等仪式。清明节祭祖、踏青、吃青团子等风俗沿袭至今。新俗有集体组织干部、学生等去烈士、名人陵园进行祭扫,缅怀先烈先贤,作为革命传统教育活动。

立　夏　立夏也为二十四节气之一,是日历来就有吃酒酿、粽子、青蚕豆、咸鸭蛋的习俗。结彩色丝袋盛咸鸭蛋挂于小孩胸前,期望孩子又长又大不疰夏。立夏日,还有用大秤称人体体重的习俗。

端　午　农历五月初五为端午节,也称端阳节。其间有赛龙舟之习,以纪念屈原(一说是纪念伍子胥)。端午日家家吃粽子,门旁床头挂大蒜头(锤)、菖蒲(剑)、艾条(鞭)、角芒(刀)和粽子,堂屋内点梅烟条或煨灼苍术等解毒驱虫。孩子穿黄布"五毒"衣裤、虎纹衣,脚着老虎头鞋,挂大黄和丝绕小粽子,腕系五色丝线,

大蒜头（锤）、菖蒲（剑）、艾条（鞭）（2019 年）

额上眉心用雄黄酒写"王"字以辟邪。

乞巧节 农历七月初七日夜为七夕，传说牛郎织女是夕在银河鹊桥相会，民间有乞巧之说。此夕，闺中女子焚香礼拜牛郎织女，请求帮助提高刺绣等女红技巧。此日，人们还吃巧果（用面粉做成的油氽食品）。乞巧之俗今已淡化，但最近几年，七夕被称作中国情人节。

中元节 农历七月十五为中元节，俗称七月半，又称鬼节。是日家家祭祀祖先，忌走亲访友。过去农家将粉团、蔬菜等置于田角祀神，称"斋田头"。祭田神习俗今已绝。

点地藏香 农历七月三十日，相传为地藏王菩萨生日。当晚各家各户都点插蜡烛、棒香于门口地上，故称"点地香"，又叫"点九四香"。相传元末张士诚名九四（一说九思），张士诚占据苏州时，对吴中百姓不错，民众为纪念他而烧此香。为防当时官府追查，就说成烧"狗屎香"（方言"九思"与"狗屎"谐音）。

中秋 农历八月十五为中秋节，俗称八月半。中秋之夜，旧时家家月下置供桌，将月饼、菱藕、柿子、栗子等时令食品摆放于桌上，焚香点烛，对月膜拜，称斋月宫。富裕人家斋月时还烧斗香，即点燃用线香编制成的香斗。境内人们（妇女居多）三五成群，盛装出游登灵岩山等地赏月，称"走月亮"。是日，家家团聚，吃月饼、糖芋艿等，以示团圆。晚上有斋灶君等习俗，祝愿四季平安。如今斋灶君、吃月饼、赏月等俗仍盛行，其余旧俗已绝。

重阳 农历九月初九为重阳节，有吃重阳糕、喝菊花酒和登高之习俗。重阳糕用米粉制成，呈红、黄、绿三色，上插三角形纸做的"重阳旗"，象征高升和登高之意。是日，天平人有结伴登灵岩山、天平山之习俗。近年来，重阳节被列为老年节，是日开展各种敬老、助老活动。

冬至 冬至为二十四节气之一，在公历 12 月 21 日至 23 日交节，与清明、立夏一样，是个双重节日。有"冬至大如年"之谚。冬至前一夜为冬至夜，全家团聚吃冬至夜饭、喝冬酿酒、吃冬至团。冬至前几天家家择日祭祖，称"过冬至"。

腊八 农历十二月初八为腊八，因十二月称腊月，故初八称腊八。这一天，人们将青菜、黄豆、花生仁、胡桃仁、赤豆等与香粳米和糯米一起煮成粥食用，名

天平村庆重阳文艺汇演（2023年）

为腊八粥，传说此粥能消灾降福。是日，境内灵岩山等庙宇开灶煮腊八粥，施舍附近信徒。

廿四夜 农历十二月二十三日，村民家家要在室内掸檐尘，有"掸三不掸四"之说。廿四夜里是送灶神之日，旧时人们以新糯米做成谢灶团，再供上年糕、三素等祭祀灶神，称"谢灶"；然后用纸竹扎成轿子，备以冬青、柏枝等，在大门前场焚烧，送灶神上天；到除夕夜又烧香点烛接灶神下凡，有"上天说好话，下界保平安"之谚。如今，境内自然村大多已动迁，村民住进居民小区，农村城市化，烧饭用天然气或液化气，不供灶神，送灶神习俗逐渐被淡化。

除　夕 农历十二月最后一日，谓旧岁至此而除，俗称大年夜。是夕佳肴满桌，红烛高烧敬宅神，举家团聚，共享天伦之乐，一起吃年夜饭。大门贴春联，宅内贴年画，祭神祭祖。近些年，请吃年夜饭大多在除夕前几天举行。旧时，大年夜孩子们提着小灯笼串门玩耍，每家有接灶神、谢地浪（宅神）、斋圈头等仪式。一家人要守岁，甚至通宵达旦。长辈用红纸包钱给孩子称"压岁钿"。如今，除夕夜守岁，人们会在家里观看由中央电视台播放的"春节联欢晚会"，在0时后的爆竹声中迎接新春到来。

二、生活习俗

（一）服饰

服　装 解放前，天平一带村民穿着服饰多淡雅。除少数富者冬穿皮货，夏穿丝绸，大多数普通人穿土布衫、布裤。妇女穿土织的短衫、半长裤，一般外出或逢节日穿新衣，平时多穿补丁旧衣。男子也穿着随便，多为短衫裤褂，冬穿长衫，外束裯裙。中华人民共和国成立后，服装变化较大。中青年流行穿列宁装，老人穿中山装和开襟袄，色以蓝、灰、黑为主，较单调朴素，妇女流行小开褂罩衫加束蓝青御身。20世纪80年代起，盛行西装、牛仔裤、呢制服、滑雪衫、夹克衫等。妇女服装式样不断翻新，颜色鲜艳多彩，美观大方。80年代后，市镇农村服饰已无区别。

鞋　袜　清代时，境内妇女穿扳尖头鞋、猪拱头鞋。扳尖头鞋亦称船形鞋，鞋帮为两爿合成，合缝处用花线锁结、锁梁，鞋跟缝有襻，鞋尖头上翘。猪拱头鞋尖不上翘，鞋帮前端较大，缝合处向前拱出，鞋帮上均绣花。民国时，上述两种鞋渐被淘汰，解放后已绝迹。村民劳动时穿草鞋，平时穿布鞋，秋季部分人穿蒲鞋，冬季穿芦花蒲鞋、布棉鞋，雨天穿木屐。20世纪60年代，人们雨天普遍穿套鞋；80年代起，普遍穿皮鞋、运动鞋、保健鞋、休闲鞋、塑料制品鞋（拖鞋等）。解放前着袜为布袜，白布纳底，袜帮及踝，解放后逐渐淘汰，被棉线袜、丝袜替代。80年代后，流行锦纶袜、尼龙袜，现在还流行绢丝袜、全棉袜等。

发　型　清代男子蓄辫，女子作发髻。辛亥革命后，男子剪辫留短发，剃平顶、圆平顶。解放后，男子发式有平顶、抛顶、西式；女子有盘头、短发、辫子等发式。男童头发有寿桃式、刘海式两种；女童扎一股或两股辫子。鬅鬅头是境内妇女特色发式，呈椭圆形，上插饰品。如今女性留披肩发或削剪成散发式、蘑菇式等，烫发有长波浪式、翻翘式等，个别人还染成金黄、褐色等色彩，一般加发箍、蝴蝶结、发夹等装饰品。

佩　戴　民国至解放初，村域内未成年的孩童佩戴长命锁、项圈、手镯、脚镯等银饰品，也有在手镯上挂金木鱼、石猴，脚镯装响铃等。帽子有和尚帽、狗头帽、乌兜帽等，上有银（铜）制的寿星、罗汉、百吉等帽饰。60年代后，渐被绒线帽、绸布帽替代。女孩有戴耳环之习，个别男孩有戴单耳环保平安之俗。70年代后，很多妇女留短发，有的梳辫子，发饰从简。近年随着生活水平提高，男女流行戴戒指，部分姑娘、妇女戴项链、手镯等。

（二）饮食

村民以大米为主食，麦面为副。一日三餐，大多两粥一饭。习惯形成咸中带甜的苏帮式菜肴。旧时平日素菜多为自制咸菜、腌萝卜干、甜酱、菜干头等；荤菜靠自养禽畜供年节之用，平时依赖家养鸡鸭产蛋，并自捕鱼虾之类以补充。解放后，随着副食品生产的发展，特别是80年代改革开放后，村民生活水平提高，社会商品丰富，饮食改善，民间差距不大。

（三）造房

造房为天平村民人生大事，村民往往以毕生积蓄建造房子。旧时农村建房，首先请风水先生看地脉，定方向，选定黄道吉日破土奠基。房屋一般南向偏西2°—10°，称为太平向，以青灰苏瓦黑灰墙为主；60年代后，为青瓦白墙栗色窗。房屋多为三间正房两夹厢，五柱落地，砖木结构；70年代，五柱改搁梁，称直山墙；90年代后，时兴建楼房，大梁和楼板都为水泥构件。屋前如有河、路、桥、高坟等避不开，从前则用石条刻八卦图或写"山海镇""泰山石敢当"字样竖在路口，或门前筑照墙，或包檐墙上砌磨盘、老虎头、瓦老爷等辟邪压胜。此俗今已罕见。

上梁 抛梁 此是建房过程中最隆重热闹的场面。上梁就是安装屋架顶端中间的一根脊檩（正梁）。上梁吉日，东家主妇的娘家要办重盘，其他亲戚也要办盘或送礼致贺。上梁仪式一般在正午举行，正梁上挂红绿彩绸，中间挂百眼筛、扎三戟（意"平升三级"），插一杆秤、两根甘蔗，挂镜子、发禄袋，系千年蒀（其下放红纸上色的红蛋五个，寓意"五子登科"）等表示镇邪和吉祥。两边庭柱贴喜联："立柱喜逢黄道日，上梁巧遇紫微星"；正梁中间贴横批："吉星高照"。水木作大师傅登梯上屋顶，首先以三牲、糕馒、团粽等祭敬张班、鲁班祖师，放鞭炮，唱赞歌贯穿整个仪式。接下来是接宝仪式，即由木匠师傅把"宝"（一只银如意发插、一个馒头、一块定胜糕）用红纸包好、红头绳系好往下荡；此时房东夫妇双手展开红毡毯接宝，表示大吉大利。然后把其他桁条一根根提升上去，称叉梁；把所有桁条安装到梁架上去，称安梁。木匠还要进行梁头滴酒和撒金钱（米、麦、豆、铜板）等仪式。最后为抛梁仪式，此时鞭炮齐鸣。村民闻声而来，工匠把盘里的糕团、兴隆馒头、粽子等抛向人群，众人纷"抢"，热闹非凡。上梁仪式结束后，房东设宴（竖梁酒）款待亲友、乡邻和全体工匠。

做 脊 民房屋脊有甘蔗脊、雌毛脊、哺鸡脊等，脊中塑三星、聚宝盆等吉祥图案，脊中央种千年蒀或龙头葱，青翠碧绿，寓意"年年发"。做脊后主家要发给匠人喜钿。

圆 屋 新屋建成后要圆屋，屋主人要办圆屋酒（又称进屋酒）。进屋时，新灶头要烧发禄火（烘干灶），有的在新灶上炒蚕豆，由大家抢吃，称"头头利市"。主人丈母家买副猪肠放在新灶上烧煮，称"崛上"。还要办进屋盘，盘里有米粉圆子、馒头、两蒸圆糕、粽子及炮仗等物，还有"节节高"（两根新竹中扎红纸）。敬灶君、宅神和祭祖后，主人放鞭炮，烧煮发禄圆子分送乡邻，然后请亲戚、乡邻吃圆屋酒。

三、礼仪习俗

（一）婚嫁

提 亲 央媒说合，求亲、出帖，是古代婚俗六礼之首，称纳采。旧时男家请媒人到女家求聘说合，若女家答应议婚，即请人写闺女年庚八字，托媒带至男家。有些人家能接到多名姑娘的帖子，男家父母经过摸底打听后，从中挑选一位合意的姑娘。

占 帖 算命卜吉，星家合婚，是古时婚俗六礼之二，又称问名。男家择一吉日把庚帖送到星相者家中，排八字是否相符，合者称为占应；若占不应，则将年庚退还女家，叫还帖子。

纳 吉 帖子占应者可传红定亲,是古时婚俗六礼之三。传红有礼帖(媒人帖、传红喜帖),男家备礼通知女家,称纳吉,女家接受后也要以礼帖具谢。

订 婚 择吉行聘,金求玉允,为古时婚俗六礼之四,称纳征,又称纳礼、求吉。传红后男家要向女家下聘,俗称担小盘。男宅要办定亲酒,发订婚糖,要宴请女方新亲和本家亲友。男家备有聘金、首饰和茶叶、胡桃、枣子、云片糕等吉祥物,将"求"字金帖放入礼盘,担到女家;女家父母双双作揖启封,俗称开盘。女家回盘中放描金"允"字帖、发禄袋等吉祥物。发禄袋也是孩子攀亲的标志。

解放后,男女订婚后可互相来往,有的是自由恋爱,那种旧社会奉父母之命、媒妁之言和早婚的封建婚俗已被革除。

请 期 结婚必须择定婚期,选送道日,为古时婚俗六礼之五,俗称拨日脚。经卜吉者排出迎娶新娘日期及发轿娶亲、婚礼时辰,然后托媒人将吉日帖送至坤宅(女家),称为送大道日,同时送衣裳细给女方。

行 聘 在结婚正日前10余天,男家请媒人把允帖送至女家,女家同意后附上回帖,称行聘,俗称担大盘。男家备有首饰、聘金(彩礼)和茶叶、胡桃、枣子、红糖等吉祥物,加和合圆糕送至女家;女家回盘中有千年茛、万年粮(米、麦)、枣子、桂圆等物。

结 婚 花轿迎娶,三请新人,是古时婚俗六礼之尾,称迎亲。这一天,男女两家门挂红绸,贴囍字,一片欢乐气氛。凌晨,新郎娘舅家要送铺床团。上午派村人去女家抬嫁妆,称搬行嫁。女家新娘要行加笄礼,由喜娘帮新娘开面,穿上花衣(凤冠霞帔),举行别祖礼仪。时至傍晚,男家吉时发轿,娶亲队伍与花轿至女家门前,乐工鼓手吹吹打打,俗称吹开门,要给开门细(香烟、红包、喜糖之类)才得开门进屋,喜称开门利市。鼓手奏乐三请新娘,新娘在喜娘的陪伴下哭哭啼啼(谓之哭发),由父亲(一说娘舅)抱上花轿。其兄弟手提灯笼护轿,随娶亲队伍到男家,称送亲。轿至男家门前,其时鞭炮齐鸣,鼓乐大作,喜堂中壁挂着

结婚搬行嫁(2012年)

结婚吉日烟火（2012 年）

结婚新房（1987 年）

和合轴子，张灯结彩，红烛高烧。结婚仪式庄严隆重，乐工双笛高奏美妙的乐曲，三请新郎新娘。按掌礼先生的喝礼口令，一对新人牵着中间扎有"同心结"的红绿绸带拜天地、祖宗等，称拜堂。礼毕，新郎、新娘面对而行，脚踏红毡毯、麻袋（传代），由四名少年前后举照花烛，在悠扬的乐曲声中被送入洞房。新郎、新娘被送入洞房后有坐床（称坐府贵）、挑方巾、撒帐、饮合卺酒等仪式，此后还有在中堂祭祖（称做三朝）、见公婆、当日"双回门"等习俗。

解放后，推行新婚姻法，提倡新式婚礼，旧时的繁文缛礼渐被革除。

暖　床　待新房布置完毕，在结婚前数日，新郎要请亲眷中聪明活泼、标致的小男孩联床同眠，称为暖床，以祈早生贵子。

小孩抢铺床团（2015年）

铺　床　结婚正日下午吉辰，由新郎娘舅、舅母铺床，床前点起红烛，供三荤三素菜肴，斟酒，双作揖，把新被一条向上、一条向下铺起来（绿被在下，红被在上，称和合被），四角层层放几只铺床团和喜糖等。铺床时不能开口，只能以手势示意。铺好床即开门，门外涌进小孩争"抢"铺床团、糖果，在喜气洋洋中完成铺床仪式。

闹新房　闹新房是婚礼的又一高潮。旧时认为，结婚之家有邪神恶煞，闹新房是以旺盛的阳气来驱压邪魔，素有"三朝无老小，大家都好来闹一闹"，认为"闹发、闹发，越闹越发"。但闹新房常有过分之举，使新郎、新娘无所适从。现今演变为让新郎、新娘谈恋爱经过、喝交杯酒、唱歌、跳舞或做咬苹果等游戏。

（二）生育

祈子催生　婚礼中充满祈子色彩。婚后新娘有了身孕，称为有喜，娘家要为孩子准备四季小衣服、尿布等。如果孕期足月尚不分娩，孕妇的母亲要去送催生面，最好走过一座桥再到女儿家；有的还把备好的小孩衣服打成包袱与苦草（益母草）、红糖、桂圆、陈米等一同送去女婿家，称送催生包，祈望女儿快生顺养。

分娩　坐月子　旧时孕妇临产时要请接生婆（俗称老娘）接产。分娩后坐月子，产妇称舍姆（娘）。做舍姆期间不能接触冷水，满月前不能下地，要避免风吹，不能受气，否则旧俗认为易得舍姆病。三朝内，外人不能随便出入，以免婴儿犯风湿病。产妇每天要服苦草、红糖汤，以尽瘀血。分娩后主家要向乡邻亲友赠送邋遢团子，亲戚朋友要备蹄髈、鲜鲫鱼、鸡和云片糕等礼品去看望产妇，称张舍姆。20世纪60年代起，实行新法接生，孕妇送医院，由产科医生接产，科学安全。

开　奶　给婴儿第一次喂奶称为开奶，一般新生儿在五个小时后开奶，而产妇在三朝后有奶，新生儿只能吃别的产妇的奶汁开奶。男婴要请生女婴的产妇开奶，女婴请生男婴的产妇开奶。现今则多用牛奶、奶粉等代替。

满　月　初生儿满一个月要做弥月礼，是婴儿人生第一个庆诞。至亲好友送礼庆贺，主家请吃满月酒，送红蛋五个，表示一窝蛋，喻五子登科。

剃　头　剃头是婴儿第一件大事，一般女孩在一个月内剃头，男孩在两个月左右剃头。现今，婴儿满月与剃头时同做弥月礼。旧俗正月不剃头，因吴语"正"与"蒸"谐音，认为正月剃头要变"蒸笼头"；五月"毒月"不剃头；十二月腊月亦忌，"腊"与吴语"癞"成谐音，怕将来要变"癞痢头"。二月初二剃头最好，因俗谚"二月二龙抬头"。给婴儿剃头不剃光，要剃得长短不一，剃下的胎发要用红绿丝线扎成圆形球状挂在床头，据说可以压邪。剃好后，婴儿由舅舅抱着，怀揣历本，还要到"太平""吉庆""福寿"等讨口彩的桥上走一趟，以期望小孩一生长命富贵。娘舅要办盘，盘中放定胜糕、胡桃和银镯、银项圈、银锁片等。主家要办剃头酒，派送剃头团等答谢亲友。

周　岁　孩子出生十一个月即称周岁，又叫纪岁。超前纪指孩子第一个生日，近亲要送贺礼，外婆家要送纪岁衣，堂屋要供寿星、星官、纸马，燃香烛，谓之斋星官。亲友也有送童衣鞋帽、玩具等。主家要办纪岁酒招待亲友。

（三）寿诞

过生日　旧俗五十岁以下做生日称过生日，五十岁及以上做生日称做寿。年龄整十的生日为大生日，其他生日叫小生日。重视三十岁生日，有"三十勿做，四十勿发"之说。"四十"因与"死日"谐音，故一般不做生日。每到诞辰做生日，人们吃面相贺，祈求长寿安康。现在普遍改为过生日唱生日歌、点蜡烛、吃蛋糕等新俗。

做　寿　人到五十诞辰可做寿，一般"做九不做十"，即提前一年做整寿，取"九"与"久"同音，以讨吉利。旧时寿堂多挂寿对、寿幛，并供奉寿星、王母、星官像，焚香点烛。有的人家还延请堂名或宣卷班到寿堂演出，请名家写寿序。至亲赠送寿桃团、寿糕、寿面，寿桃团数须与做寿者年龄相同。子孙后辈都要依次拜寿，做寿者要一一给小辈发红包。朋友也要祝寿，主家要办寿酒款待亲友。现民间仍有做寿习俗，有的用生日蛋糕代替斋星官，并放鞭炮、吃寿面，有祝愿长寿之意。

（四）丧葬

送终　转出　人之弥留之际，由亲属守护侍奉左右。若子女远在他乡，必须急电召还，求见最后一面。临终时，子女跪送致哀，谓之送终。

人去世后，由子女用水揩净全身，然后由村人帮穿寿衣。死者一般要穿三腰（裤）五领（衣），数必逢单，有的外面再套一件披风。寿衣面襟先由孝子加于己身，成筒衣，然后卸下，带到附近桥头，用秤钩衣。过程中还要一问一答（通过问答确认是谁的衣服），儿媳、女儿等对寿衣边哭边返家后，方为死者穿上。中堂设孝堂，由长子捧头，次子扶脚，将遗体移至堂屋正中门板上，头朝大门，脚踏笆斗；头旁点油盏，昼夜不熄，称幽明灯（七灯）。还设纸钱钵，死者面盖红绸，谓之批书。孝堂外围素幔，置柴札拜毯。有吊唁跪拜者时，儿媳、女儿等要号哭一阵。夜请僧尼或道士礼忏，伴灵追修，称为转殓。亲友、乡邻连夜来吊唁，称陪夜。在办理丧事期间，子媳要披麻戴孝。亲戚亦发白布，臂套黑纱。亲朋吊唁要送冥洋（锡箔）或折箔（现钞）为赙仪，或送奠幛、花圈等。丧家备宴，其中必有豆腐，谓之吃豆腐饭，又俗称吃素菜。

入　殓　旧时行土葬，死者入棺前，子女小辈、亲友要磕拜告别，然后撤去室内灵堂，另设灵台（俗称坐台）。室外备好棺材，由长子捧头，次子捧脚，村人帮扶抬遗体入殓。滴酒入死者口中，塞饭团于口，然后上棺盖，由族长亲自执斧先小击三下，再由孝子孝媳衣角衬在钉头锤击一下（故称子孙钉），然后拷打合口。入殓前，儿媳哭孝堂，女儿等哭唱《梳头经》等，以成套唱词颂死者生平，追忆往事，祝愿逝者一路走好、升入天堂。

出　殡　出殡俗称出棺材，就是把灵柩扛出村庄，直往墓地或祠堂。富户出殡仪仗盛大，普通人家一般前有鼓手乐工，纸幡引路，子捧牌位，亲属一起送殡。由四人双杠抬棺，边撒纸钱（称买路钱），边一路号哭，直达墓地。60年代，推行火葬，骨灰入盒，乐队送灵。

回　丧　出殡回家称回丧，送丧者每人手执一束安息香，门前焚稻草一堆，人人从上面跨过，水盆里洗手，称掸晦气，否则不吉利。每人回到家里要吃圆子、糖汤。儿媳抢前走以求发财。丧家各房家中都设灵台，供牌位、死者遗像。"七"中祭亡灵，到"终七"而止。此习至今仍有。

做　七　丧家门悬麻幡，亲属守孝七七四十九天。子留"七发"（四十九天不理发），禁欲、食素，停止一切娱乐活动。每七天延请僧人或道士灵前礼忏、诵经以超度亡灵，共七次，故称做七。礼忏各有专门法事，如斋十五、传戒、给箓、望乡台、谢十五，女性还有破血污、望高斗等俗。由女儿做"头七"，有的还做"五七"。由僧、道根据死者亡故时辰，排出眚忌道场日，俗称撒清、接眚。传说此日由眚神把亡魂背回，故悬挂眚神轴子，以三牲祀之。与此同时，逝处要放门板，把亡者生前穿的衣裤、帽子、鞋子等依次排好。经忏礼毕，丧家即以供品主菜（鸡、猪头之类）遍请当日陪夜亲友享用，称吃凤凰酒。"做五七"最为重要，丧家要请僧人或道士做道场，亲戚、乡邻都要出席。至"七七"后"收七"，撤坐台，"断七"。死后百日为小祥，二周年为大祥；27个月为禫祭，子孙除服，俗称除孝。

安　葬　选好墓地，择吉日破土，然后将灵柩入穴，做成坟墩。60年代实行火葬后，骨灰盒直接落葬公墓或捧回家供在灵台上待周年时再安葬。坟垛上面种有万年青，墓前立碑。葬后翌日，丧家要再去坟上烧纸钱、清理等，名为复墓。

四、信仰习俗

（一）宗教

佛教自三国赤乌年间传入吴地，东晋成帝咸和九年（334），高僧支遁（字道林）在天平山北支砚山建寺，聚众讲学，从而推动木渎一带兴起佛教信仰。自晋司空陆玩在灵岩山舍宅为寺起，灵岩山渐成佛教圣地，附近兴建了不少寺庙作为传经布道之场所。天平村域内除灵岩山寺外，还先后建有白云寺、无隐庵、下旺庙、下沙庙、上天竺、观音庵和2007年新建的天平寺等。宋绍兴十三年（1143），韩世忠用私钱在灵岩山下修盖希夷道观，从此道教在境内亦兴起。民间有念佛修行的善男信女，妇女和年长者居多。农历每月初一、月半要吃素，时逢正月初一、二月十九、六月十九、九月十九和各处庙宇菩萨生日的节日庙会，信众都要去庙里烧香拜佛念经。

解放后，一些僧尼还俗，好多庙宇的房屋收归公有，有的改建为学校、仓库等，但境内尚保留有灵岩山寺、白云寺等古刹名寺。1966年"文革"中，破"四旧"，包括灵岩山寺等庙宇、佛像被毁，僧人被遣散转业劳动，无佛事活动。1980年起，落实党的宗教政策，灵岩山寺恢复，僧众复聚，山寺佛教事业逐步发展，成为全国三大模范丛林之一。20世纪80年代起，下旺庙、下沙庙等几处庙宇依靠附近香客捐资重建，香火重兴。2007年，在天平山与灵岩山之间的兔子山、白鹤山麓，通过民间集资重建天平寺，把下旺庙、下沙庙、无隐庵、上天竺、吉祥庄庙等庙宇一同并入新建的天平寺。

（二）寺庙

白云寺　白云寺亦名天平寺，位于天平山庄西，唐宝历二年（826）建，取名白云庵。北宋天圣六年（1028），宝谛律僧拓建。北宋庆历四年（1044），范仲淹以祖坟在天平山东麓，奏为功德禅院，仁宗赐额"白云禅寺"。元至正二十六年（1366），毁于兵燹。明洪武七年（1374），复庵禅师重建。民国初期，范弥隆重修。2001年，全面维修。2003年，范氏后裔捐赠范仲淹铜像立于寺前枫林。2005年，北院建白居易纪念室等。门上镌有"白云古刹"额。

忠烈庙　忠烈庙位于先忧后乐坊北，全称范文正公忠烈庙，又称范公祠。东南朝向，有门厅、享堂、三太师祠三进建筑。南宋绍兴年间，范氏后人重新修葺祖祠，将宋徽宗题赐的"忠烈"匾额榜于门前，故称忠烈庙。元至正二十二年（1362）重建。明清两朝都有修葺。1983年，按清乾隆时庙宇旧规重新修复。现为江苏省文物保护单位。

无隐庵　无隐庵在天平山西，鸡笼山南。明崇祯间，履中和尚开山，清僧唯然重建。左右皆山，依山结屋。中为问梅堂，堂前老梅，花时秀雪盈庭。左为飞云阁，阁外古藤、老木翳荟荫森。其旁曰静观室。室外聚石为台，泉出石间，曰瓢丰泉。泉流曲折，行于石间，曰泻雪涧。汇而为池，曰金莲池。旁有小轩，曰涌月轩。乔松百尺，山风时至，飒飒作海潮音。松下有静室，曰清籁寮。修竹一林，回廊绕室，曰倚壁廊。嘉庆初，天台古风公重修，咸丰十年（1860）圮，同治年间僧鹿苑重建。

（三）庙会

位于新华片区的上天竺、观音庵，位于天灵片区庙前村的下沙庙，位于天平片区下旺街的下旺庙等庙宇的详情如今无从考证，根据长者回忆口述，这些庙宇都为历史上的都图庙（都图为明清至民国初地方行政机构名称，"都"相当于乡以下的片区，"图"相当于行政村），有"一图三庙"之说。据民间说法，其中下旺庙与下沙庙的主神姓陈，为兄弟俩，下旺庙的主神为兄长，下沙庙的主神为弟弟，民间有定日祭祀那些有功于乡梓的历史人物。

下旺庙　位于天平村下旺街（自然村），此庙占地面积4.78亩，建筑面积500平方米，坐西朝东。庙门前有从灵岩山至天平山的乾隆御道，从下旺街向北折向西，沿山再往南，有一条长石条铺设的大路，叫下旺街，村名由此而来。古庙交通方便。下旺庙历史悠久，为清代乾隆年间始建，距今已有250多年。

庙内正中有大殿，供奉猛将。进山门两侧有偏殿，供奉四大金刚。大殿后面有一小殿和副房等建筑。年逢农历正月廿三至廿四日菩萨生日举行庙会，木渎、金山、藏书等地的善男信女纷纷去庙里进香拜佛，参与者约有千人次。村民们还抬着猛将神像，敲锣打鼓，鞭炮齐鸣，走村串巷，以祈福禳灾，保佑平安。其日，沿街路旁商摊满野，人头攒动，热闹非凡。

在农历三月十一日，该庙庙会亦非常盛大，人们从四面八方赶去天平山游玩，并赶庙会，参与者约有600至1000人次。参与者自发组织进行文艺说唱、打腰鼓、打莲湘等演出，热闹胜往日。

1955年，解放初期办夜校，此庙被辟为夜校扫盲班的教室。1958年办天平小学，佛像被毁。2008年建天平寺时，辟出地方重建下旺庙有关殿堂。

下沙庙　此庙位于天灵片区庙前村，据《木渎镇志》记载，此庙亦称陈明王土地庙。下沙庙始建于清代乾隆年间，距今有260余年历史。庙附近有下沙塘（河），该河直通金山浜，向东连接京杭大运河，水路交通方便。

下沙庙占地面积3000多平方米，建筑面积2000平方米，庙前场地350平方米；

村民在庙会上演出节目（2001年）

村民在庙会开展民俗风情活动（2001年）

庙西边有池塘一个，水面650平方米，停泊乌轮一艘。香客可在此上船，在池中自由摇船玩耍。庙内殿堂有大王殿、观音殿、猛将殿、小鬼殿、经堂间。庙前正山门内有马夫间，塑白马4匹。大王殿内有大王神像6尊。观音殿正中供莲座观世音菩萨1尊。猛将殿有关公、猛将（大老爷、二老爷）、孟姜女（一说是蚕花娘娘）等神像。小鬼殿供100个"小鬼"塑像。山门前有立势石狮一对，高1.8米，庄严雄威。观音殿前的庙场有"馄饨杨"一棵，直径1.5米，三人尚不能合抱，足见古庙历史之久。

每年正月十五、廿六有庙会，72个半自然村、方圆十余里的百姓纷纷赶去进香拜佛，一时香客云集，香烟缭绕。人们抬着菩萨神像兜村串巷，以祈四季平安、五谷丰登。参与者有2000余人次，可谓盛大。

1958年金山人民公社成立，在下沙庙内办农具厂，神像放置一角。1961年农具厂关停，将庙房分给无房贫农。至"文革"期间，庙内神像被毁。2010年建天平寺，寺内重建下沙庙有关殿堂。

天平寺 以天平山名命名，又名白云庵，旧名天平山白云禅寺。位于天平村灵天路照山嘴赤山坞。天平寺依托原白云庵，是迁移原天平村的下沙庙、下旺庙和太平庵三座小庙，整合到新址所建的寺院。该寺于2007年奠基启动建设，集资1000万元，于2008年底建成，2009年10月25日开光。寺内建有天王殿、大雄宝殿、观音殿、地藏殿、念佛堂、财神殿、钟楼等殿宇及僧舍，设范文正公忠烈庙等，寺院后面有两幢佛殿，供奉的是原下沙庙、下旺庙、太平庵等本地村民信奉的神佛。寺院建筑总面积2500平方米，殿宇宽敞雄伟。庙内有僧人6名。每逢农历正月廿三、廿四日或廿五、廿六日有庙会，和尚要举行法会，届时香客达500余人，场面热闹而隆重。

天平寺前牌坊

新建的天平寺前大道中有石牌楼,正面上方刻有"佛教圣地、净土道场"8个大字,石柱上镌有楹联:"法门广大全彰寂照天平;佛道幽深直入圆通妙境。"牌楼背面上方刻有"弘扬佛法"4个大字,柱上镌刻:"庄严国土;利乐有情。"

(四) 社会新风尚

中华人民共和国成立后,新社会实行男女平等,家庭和睦成为风尚。村境内各村(大队)及企业开展"两个文明"建设活动,取得丰硕成果,创建文明单位蔚然成风。20世纪80年代初,境内开展"五讲四美三热爱"(讲文明、讲礼貌、讲卫生、讲秩序、讲道德;心灵美、语言美、行为美、环境美;热爱祖国、热爱社会主义、热爱中国共产党)活动,学雷锋做好事、助人为乐、敬老爱幼成为社会新风尚。一人有难众人帮、致富不忘回馈社会等动人故事很多,村民的文明道德水平普遍得到提升。

全村村民等 2002年9月,新华村范家(自然)村30岁村民小陆急性肾病发作,邻居邬建明知道后,立即将他送往苏州大学附属第二医院进行抢救治疗。经医生诊断,他患上了尿毒症,必须换肾,否则有生命危险。但小陆家经济困难,之前翻建房子还背了一身债,无力承担昂贵的手术费。邬建明一边安抚其家属,一边与村党支部书记孙金火商量。孙书记了解情况后,立即动员民营企业主和其他村民开展捐款,得到大家的响应。孙金火带头捐款,民营企业主石长根捐助8000元,孙学珍、石佩莉、吴法男、管龙元、周岚、祝家圣各捐5000元,孙明华、孙建平、黄文龙、邬学良、吴金明各捐3000元,连同其他村民共计募集资助款10余万元。

在院方的努力下,寻得肾源并配对成功,小陆顺利进行了肾脏移植手术,不久痊愈康复。这次救死扶伤、助人为乐的动人事迹,在社会上传为佳话。

王巧珍 天灵片区惠家场人。她热衷于花卉园艺，1997年辞去镇办企业的会计工作，开始追逐自己的园艺梦。在她的努力下，外行变内行，她成为一名园艺工程师，被誉为"姑苏十二娘"中的花娘。她创建了苏州馨海园林花木有限公司，在发展自己事业的同时，不忘承担社会责任，带动乡村振兴。为解决周边花农卖花难的问题，王巧珍成立苏州花语吴娘园艺专业合作社。2018—2019年，合作社共组织培训园艺人才2300人。她以菊花、玫瑰花种植项目带动约50户农民就业创业，并提供技术指导。因太湖禁捕，渔民上岸，她更是将高效园艺、园艺科普、花艺培训等有机融合，带动周边40户渔民就业，户年均收入六七万元。

王建林 天平片区河上村人。1988年起，王建林在木渎镇自行车厂负责销售工作；1990年开始销售摩托车；1997年企业转制，他变为私营企业主，经营摩托车销售。2003年，国家推行禁摩令。此时木渎兴建汽车城，他成立天天汽车销售公司，经过20多年的努力，企业不断发展。但他致富不忘回馈社会，不忘家乡父老。木渎镇成立门球协会以来，他赞助活动经费、器具等10余年；还于2018年兼任吴中区门球协会会长，承担起协会各项活动大部分经费，为门球体育事业贡献力量。每逢六一儿童节，王建林坚持为全镇每所小学资助活动经费和物资，一直到政府统一规范小学六一节活动为止。

吴法男 新华片区人，苏州国宇碳纤维科技有限公司创始人。20多年来他的企业不断壮大。在发展自己企业的同时，他时刻关心弱势群体和父老乡亲，热衷于慈善事业，以身作则，回馈社会，受到群众好评。

他为汶川地震救灾捐款2万元；支持教育事业，为木渎中心小学每年资助7万元，多年来累计40余万元；支持宗教事业，历年来资助百万元；帮扶村民发展企业，给村民在资金、设备上予以帮助，使他们的企业走出困境；关心患病职工，保障他们的基本日常生活；为台胞排忧解难，解决其住房、工作等问题，让其感受到大陆同胞情如手足的血肉之情。

第二节　方　言

境内村民的地方语言为吴语系中的苏州方言，即苏州话，细分属苏州原吴县西部方言区。所谓"五里不同音，十里不同调"，方言体现着独特鲜明的风土民情，是一个地方生生不息的灵魂。境内村民口音与西部藏书片区基本相似，但与南边的横泾一带有所差别。如今，随着普通话的普及推广，村民中出现了语言上的新老两派。新派是以讲普通话为主也会讲本地话的中青年，还有是如今一般只会讲普通话的10岁左右的儿童；老派则是满口本地话、讲不好普通话的老年人。其实方言是一方地域的母语，在推广普通话的同时，仍需使用、传承、保护多姿多彩的方言文化。

天平地区部分方言词语（前为普通话词语，后为方言词语）对照如下。

（一）指代

你 — 倷　　　　　　　　　　他 — 俚

我们 — 伲（有时指"我"）　　你们 — 嗯笃

他们 — 俚笃　　　　　　　　这个 — 爱葛

那个 — 归葛　　　　　　　　哪里 — 罗搭

这里 — 盖搭　　　　　　　　那里 — 归搭

（二）称谓

父亲 — 阿爸　　　　　　　　母亲 — 姆妈

祖父 — 阿爹　　　　　　　　祖母 — 好婆、嗯娘

曾祖父、曾祖母 — 太太　　　姑母（父之姐）— 姆姆、嬷嬷

姑母（父之妹）— 娘娘　　　姨母 — 娘姨、阿姨

姑父 — 阿夫　　　　　　　　叔父 — 叔叔、好叔

叔母 — 婶婶　　　　　　　　伯父 — 老伯伯

伯母 — 姆姆　　　　　　　　舅舅 — 娘舅

舅母 — 舅姆　　　　　　　　儿子 — 伲子

女儿 — 囡唔　　　　　　　　哥哥（与他人讲）— 大老倌

弟弟（与他人讲）— 兄弟

（三）物名

缝针 — 引线　　　　　　　　砧板 — 砧墩板

汤匙 — 抄　　　　　　　　　保温瓶 — 热水瓶

筷子 — 筷唔　　　　　　　　铁锅 — 镬子

铜手炉 — 汤婆子　　　　　　锅盖 — 镬干（盖）

（四）自然现象

太阳 — 日头　　　　　　　　月亮 — 厄亮

打雷 — 雷响、霹雳　　　　　闪电 — 霍显

阵雨 — 阵头雨　　　　　　　雷雨 — 雷阵头

雾 — 迷路　　　　　　　　　彩虹 — 鲎

冰凌 — 凌荡　　　　　　　　化雪 — 烊雪

（五）时间

除夕 — 大年夜　　　　　　　去年 — 旧年

上午 — 上半日、上昼　　　　下午 — 下半日、下昼

白天 — 日里（向）　　　　　晚上 — 夜里（向）

今天 — 今朝　　　　　　　　中午 — 中郎

早晨 — 早晨头　　　　　　　昨天 — 昨伲头

后天 — 后伲头　　　　　　时候 — 辰光
刚才 — 刚巧　　　　　　　一会儿 — 一歇歇

（六）动物

公猪 — 猪郎　　　　　　　母猪 — 猪婆
萤火虫 — 油火虫　　　　　臭虫 — 瘪虱
蚯蚓 — 曲蟮　　　　　　　蜈蚣 — 百脚
雁 — 野鸭　　　　　　　　鹅 — 白乌鬼
蜗牛 — 鬼包螺蛳　　　　　蜘蛛 — 结蛛
鸭子 — 鸭连连　　　　　　孑孓 — 水蛆
蝌蚪 — 田鸡乌　　　　　　青蛙 — 田鸡
蝉 — 知了、阳斯它、响斑　羊 — 羊妈妈
老鼠 — 老虫　　　　　　　乌龟 — 乌儿
鳖 — 甲鱼　　　　　　　　癞蛤蟆 — 癞团

（七）蔬菜

马铃薯 — 洋山芋　　　　　花生 — 长生果
豌豆 — 寒豆　　　　　　　紫云英 — 荷花郎
大豆 — 毛豆、黄豆　　　　甜瓜 — 香瓜
空心菜 — 蕹菜

（八）疾病

疟疾 — 半日子、三日子　　疥疮 — 癞痢头
冻疮 — 冻瘃　　　　　　　霍乱 — 瘪罗痧
肺病 — 痨病　　　　　　　发高烧 — 发寒热
麻疹 — 痧子　　　　　　　血吸虫病 — 臌胀病
感冒 — 伤风

（九）生活

回家 — 转去　　　　　　　玩 — 白相
打盹 — 打瞌睏　　　　　　理发 — 剃头
洗衣服 — 汏衣裳　　　　　洗澡 — 潝浴

（十）身体

脚趾 — 脚节头　　　　　　手指 — 手节头
膝盖 — 脚馒头　　　　　　肩膀 — 肩胛
后背 — 背心　　　　　　　胡须 — 苏苏
连腮胡子 — 阿胡子　　　　光头 — 光郎头

（十一）其他词语

不新鲜 — 宿笃　　　　　　厉害 — 结棍
不干净 — 龌龊　　　　　　丢掉 — 特脱
什么地方 — 啥场化　　　　热闹 — 闹猛

藏 — 囥
也许 — 作兴
差 — 推板
河埠台阶 — 踏跺径
遇到突发事情的举动 — 发急蹦

正好 — 齐巧
坚固结实 — 扎制
物体磨损 — 勩
依仗别人的面子或势力 — 戤牌头

第三节 民谚 歌谣

一、民谚

春打六九头,米粮弗用愁。
夏至端午前,坐仔种年田。
三月三晒得沟底白,麻官司草会变麦。
小暑一声雷,四十五日倒黄梅。
头莳弗抢,二莳弗让。
小暑补棵一斗米,大暑补棵一斗牺,立秋补棵补个屁。
稻熟要养,麦熟要抢。
立秋弗动耥,处暑弗耙泥。
重阳吭雨一冬晴,十月东南一日晴。
东鲎日头西鲎雨,日晕风月晕雨。
乌云接日接得高,有雨不过在明朝。
乌云接日接得低,有雨总在今夜里。
日头返照,晒得癞痢头上疤翘。
东风暖来北风寒,东风多雨西风干。
九月东南二日半,十月东南当日转。
干净冬至邋遢年。
种田三个宝:猪灰、河泥、红花草。
冬垩金,春垩银,过了清明弗见情。
人补吃桂圆蜜枣,田补靠河泥水草。
春天不积肥,冬天饿肚皮。
种弗好庄稼一年穷,搞弗好水利一世穷。
修渠如修仓,储水如储粮。
跳虱弗捉满身痒,虫害弗除稻遭殃。
宁除草芽,莫除草叶。

若要麦有收，开通麦田沟。
木渎巡检司，吃粮弗管事。
木渎小猪，提出来算账。
乌龟望太湖，痴汉等老婆。
先有上沙湾，慢有下沙塘。
先有下旺街，慢有木渎镇。
天平有个范家场，苏州有个范前庄。
大水没脱吴江塔，木渎刚刚湿漉漉。
登山如登桥，步步直上白云霄。
天平山轿子人抬（待）人。
冷烟红茶糖点心，乔酒石饭费麻饼。
石匠弗是匠，落雨就白相。
五头六样，弗及螺蛳炖酱。
狗咬吕洞宾，不识好人心。
在家孝顺爷娘，胜过出门烧香。
行得春风有夏雨。
人多好种田，人少好过年。
一年之计在于春，一日之计在于晨。
江南人识天，江西人觅宝。
人争一口气，佛争一炷香。
恶煞自家人，好煞外头人。
聪明面孔笨肚肠，猪八戒肚里做文章。
若要亲眷朋友断，只要三个铜钿缠。
有借有还，再借弗难。
吭痛吭病活仙人，吭不铜钿活死人。
荒年饿弗煞手艺人。
丈姆看女婿，越看越欢喜。
黄毛丫头十八变，临时上轿变三变。
有理吭理，出勒众人嘴里。

二、歌谣

泥孩儿

[宋] 许棐

牧（木）渎一块泥，装塐恣华侈。
所恨肌体微，金珠载不起。

双罩红纱厨,娇立瓶花底。
少妇初尝酸,一玩一心喜。
潜乞大士灵,生子愿如尔。
岂知贫家儿,呱呱瘦于鬼。
弃卧桥巷间,谁或顾生死。
人贱不如泥,三叹而已矣!

采石谣

[明]王醇

朝采山,暮采山,谁知鬼斧出人间。
山灵夜哭向风雨,奇峰悔不先飞去。
石芝昔含元气生,兹山始有灵岩名。
石马之形绘不出,四蹄宛踏空中行。
海水不枯石不烂,可怜神物反成幻。
九茎破作冷尘飞,五花分作愁云散。
香溪水浅沙砾淤,昔悲禾黍兮今复为墟,司空不问将何如。
圣朝开矿恩已宣,下民反窃官家权。
累累古墓亦何罪,伐来白骨横荒田。
山人坐视花宫废,野人畏触公府忌。
宛上使君何时来,黄金重赎归初地。
吁嗟乎!但愿千秋得良吏。

田里山歌闹盈盈

黄秧落水转了青,
田里山歌闹盈盈。
远听好似鹦哥叫,
近听好像凤凰鸣。

耘稻要唱耘稻歌

耘稻要唱耘稻歌,
两腿弯弯泥里拖。
眼看六棵棵里白,
玉手弯弯耘六棵。

背仔一身粒半头

借债买叶上山头,
结仔茧子呒人收。
一家辛苦呒着落,
背仔一身粒半头。

锄头柄浪挂灯笼

日落西山一点红,
锄头柄浪挂灯笼。
只要主人家中有蜡烛,
哪怕做到东方日头红。

六月太阳像火烘

六月太阳像火烘,
过午没有一丝风。
堂前老板摇凉扇,
田岸浪热杀小长工。

十二个月半

正月半,猫猫小狗蒸笼蟠。
二月半,锄头铁搭加田岸。
三月半,咚咚打鼓开香船。
四月半,掮车扛轴田头转。
五月半,黄秧落水大一半。
六月半,夏天六月摇蒲扇。
七月半,耘稻头里要合伴。
八月半,糖酿麦饼镬里煤。
九月半,叫花子冷得团团转。
十月半,牵砻舂米出身汗。
十一月半,小囡小女吃得像个胖罗汉。
十二月半,前门讨债后门畔(躲)。

摇 摇 摇

摇,摇,摇,
摇到外婆桥。
外婆对我眯眯笑。
买条鱼烧烧。

头弗熟，尾巴焦，
盛勒碗里蹦蹦跳。
猫吃仔，眯眯笑，
狗吃仔，豁虎跳。

小明小华弗要哭

小明小华弗要哭，
肚皮饿么吃冷粥。
吃仔冷粥还要哭，
俚笃姆妈拿起棒柱来，
吓得小明小华跳起来。

萤火虫，夜夜红

萤火虫，夜夜红。
亲娘接綵买灯笼。
阿爹挑水浇胡葱，
娘舅背包做郎中，
舅母兜村捉牙虫。

摇 摇 摇

摇摇摇，摇摇好宝宝，
弗要哆嘈了！
奶奶已吃饱，
可以困觉了。
停歇末，
抱倷镇浪去买糖元宝，
包倷宝宝吃得眯眯笑。

十稀奇

一稀奇，红鹦小姐着地飞。
二稀奇，麻雀踏杀老母鸡。
三稀奇，三岁弟弟出牙齐。
四稀奇，尼姑庵里招女婿。
五稀奇，烧火婆娘跌勒烟囱里。
六稀奇，七十岁公公困勒摇篮里。
七稀奇，七石缸炖勒酒杯里。

八稀奇，八仙桌放勒袋袋里。
九稀奇，黄牛沉杀脚盆里。
十稀奇，瞎子双双去看戏。

白鼻头格白猫

伲养一只白鼻头格白猫，
隔壁白伯伯笃也养一只白鼻头格白猫。
伲只白鼻头格白猫，
搭隔壁白伯伯笃只白鼻头格白猫相咬。
看弗出是伲只白鼻头格白猫，
咬仔隔壁白伯伯笃只白鼻头格白猫，
还是隔壁白伯伯笃只白鼻头格白猫，
咬仔伲只白鼻头格白猫。
结果是伲只白鼻头格白猫，
咬仔隔壁白伯伯笃只白鼻头格白猫。
隔壁白伯伯笃只白鼻头格白猫，
拨伲只白鼻头格白猫咬脱一口白毛。

八仙歌

铁拐李先生道行高，
汉钟离盘石把手摇。
吕洞宾肩背青锋剑，
张果老骑驴过仙桥。
曹国舅手执阴阳板，
韩湘子云中吹玉箫。
何仙姑手执金莲蓬，
蓝采和花篮献蟠桃。

十只台子

第一只台子四角方，岳飞枪挑小梁王。
武松手托千斤石，姜太公八十遇文王。
第二只台子凑成双，辕门斩子杨六郎。
诸葛亮巧把东风借，三气周瑜芦花塘。
第三只台子桃花红，百万军中赵子龙。
文武全才关云长，连环巧计是庞统。
第四只台子四角平，吕蒙正落难破窑蹲。

朱买臣上山樵柴卖,何文秀落难唱道情。
第五只台子五端阳,莺莺小姐烧夜香。
红娘月下搬梯子,引动张生跳粉墙。
第六只台子荷花放,阎婆惜活捉张三郎。
宋公明杀奔梁山上,沙滩救驾小秦王。
第七只台子是七巧,蔡状元起造洛阳桥。
南海观音来做法,四海龙王来免潮。
第八只台子只只好,狄青英雄世间少。
阴阳判断包文正,张飞喝断当阳桥。
第九只台子菊花黄,王婆照应武大郎。
潘金莲结识西门庆,药杀亲夫见阎王。
十只台子唱完成,唐僧西天去取经。
孙行者领路前头走,杀尽牛魔妖怪精。

伲乡有了共产党

有了共产党,土地平均分。
有了共产党,互助把田耕。
不分老和少,翻身各有份。
户户有田种,大家齐欢欣。
吮吵又吮争,家家笑开心。

第四节 轶闻传说

灵岩山的传说

木渎镇天平村西部的灵岩山,传说古时候这里是座荒山。山脚下住着一户人家,姓张,只有老夫妻俩,没有子女。

张老头懂点医道,山上又有草药,四乡八邻有人生了病,都来找他。他替别人看病抓药,从来不计较报酬,有就收一些,碰着穷人,一个铜钿也不要。张老头活到六十多岁,不知看好了多少病人,救活了多少人的性命。大家都称他为"活神仙"。

有一天,众乡亲一起要来给张老头送匾,替活神仙扬扬名气,报答他对乡亲们的一片好心。他们一路上吹吹打打,向张老头家走来。

说也凑巧,这天正好遇上八洞神仙赴过王母娘娘的蟠桃会回洞府。路过这里时,听见下面锣鼓声声蛮热闹，都低头朝下望去。只见一座荒山脚下，一户人家门前聚着不少人，领头的一个老年人正在和几个年轻人把一块红底金字的匾挂上屋檐下，匾上清清楚楚地写着三个字："活神仙"。

有七位神仙看了，倒也不曾说什么，唯独铁拐李肚量小，脾气躁，跳起来了："啥！一个凡夫俗子，也配叫活神仙，他是活神仙，我们岂不成了死神仙？"吕纯阳笑笑说："神仙本是凡人做，人家活几十年，救活了不知多少人性命，还不能称神仙？"铁拐李还是不服气："我就不相信，倒要试试他这个活神仙的本事！"众神仙以为他在蟠桃会上酒喝多了，发酒疯，都来阻止，就是劝不住。铁拐李"扑通"朝下一跳，到了人间。

铁拐李落在山脚下，变成一个讨饭的乞丐，躺在路旁喊"救命"，只等张老头前来。

说来也巧，张老头刚送走众乡亲，收拾停当，打算上山去采药。出门才走几步，就隐约听见山路旁有人喊"救命"。连忙赶过去一看，原来是个乞丐被毒蛇咬了，只见他一身破烂，腰系草绳，草绳上还挂只大葫芦，躺在路边，一条腿已肿得提桶粗。张老心想，跑回去拿药来不及了，蛇毒攻心，神仙也难救，只好拼命驮着乞丐往家奔去。铁拐李故意把身体变得像块石板重，压得张老头气也透不过来。好不容易驮到家门口的池塘边，张老头再也驮不动了，脚一软，"扑通"一跤，连乞丐一起跌在池塘旁边。乞丐系的那只葫芦在地上重重一碰，塞头弹了出来。只见从葫芦口里跳出一只三脚癞蛤蟆，"扑通"一声跳进了池塘里。张老头见乞丐神色很不好，顾不得去捉癞蛤蟆，一边喊张婆婆赶紧拿解蛇毒的草药来，一边凑到乞丐的腿上去，用嘴吸伤口里的毒汁。吸一口，就朝池塘里吐一口，如此好几下，吸到差不多了，才把草药敷在伤口上。这下铁拐李心服口服，心想，人家这么一大把年纪，不顾丢掉老命来救别人，连乞丐都救，确实是个活神仙啊！铁拐李一骨碌爬起来，对张老双手作揖道："活神仙，多谢您救了我。"拾起地上的葫芦，转身就走。一转眼，乞丐已不见了。

再说铁拐李离开人间，踏着云头正要回洞府，迎面撞见了大仙刘海。刘海一见铁拐李，开口便讨债："铁拐李，你把我的金蟾偷走，藏到哪里去了？"铁拐李一听，笑笑说："谁叫你在王母面前显宝的，一只癞蛤蟆有啥稀奇，又是多嘴的吕纯阳告诉你的吧！还你，还你！"从腰间解下葫芦一看，塞子不见了，把葫芦倒过来抖抖，哪里还有金蟾？这个玩笑开大了，把人家的看家宝贝弄丢了，人家肯罢休吗？铁拐李拍拍脑袋一想，喔唷，弄不好它逃到凡间去了。两仙朝下一望，一点不错，那只三脚的金蟾，正蹲在张老头家门口池塘里的一片荷叶上晒太阳哩！铁拐李对刘海拱手："道兄，对不起，你自己去捉吧，失陪了！"转身就溜。

刘海哭笑不得，只好下凡自己去捉金蟾。刘海刚一露面，那金蟾便跳到水底下去了，不肯出来。捉不到金蟾，刘海摇身一变，变成一个逃荒要饭的苦孩子，到张老头家去讨饭吃。张老头没儿没女，看这孩子孤苦伶仃，无家可归，就把他收养了下来，起名叫大水。大水在张老头家里蛮勤快，只是有个怪脾气，每到月半夜里，喜欢坐在池塘旁边钓鱼。有一次，被张老头发现了，就问："大水啊！人家钓鱼都在日里钓，哪有在月光底下钓的？"

大水笑笑说："我不是钓鱼。"

"那你钓什么？"

"我钓三脚癞蛤蟆！"

张老头笑起来了："老话讲，三只脚的癞蛤蟆难觅，那是刘海戏金蟾的金蟾，你也想钓？"

大水把钓竿一提说："金蟾最喜欢金钱，我也是用铜钿钓的。"

张老头一看，线头上果然系着一个铜钱，摇摇头说："你呀，困扁你个头，不要胡思乱想，快回去睡觉吧！"

这一次不曾钓着，大水不死心，逢到月半夜里还是坐在池塘旁边钓。钓呀钓呀，这年八月中秋，月亮分外明，躲在池塘底下的金蟾也要出来赏月。抬头看见一枚铜钱落下来，它见钱眼开，再也忍不住了，大嘴巴一张，"嚓嗒"一口，就把铜钱吞进嘴里。今朝月色好，大水在上面看得清清楚楚，竹竿一甩，金蟾被钓上来了。大水高兴啊，就想回洞府。

第二天，大水就来向张老头告辞，说要回家乡去探听爷娘的下落。张老头心里舍不得，又不好阻拦，只好打点送行。临走前，大水说："承蒙两位老人家收留三年，没有别的可报答，只有一幅祖传古画留给你们作个纪念吧！"说着，拿出一个纸卷，等大水一走，老夫妻俩打开一看，黑黑的一幅画，也不知道画的啥名堂，顺手将画朝灶头左边墙上一贴，没当回事。

大水一走，家里显得冷冷清清。腊月除夕，家家户户过年忙，小孩子三五成群玩起花炮，老夫妻俩早早关门在家守岁。谁知有个花炮落到张老头家茅屋顶上，顿时烧了起来。两老未曾觉察，等到小孩子叫喊，乡亲们赶来救火时，火已烧穿了屋顶，众人见老夫妻还在屋里，正要冲进去救人，忽听屋顶上"哗啦"一声，蹿出一条乌漆墨黑的龙来，对着大火，张口喷水，眼睛一眨的工夫，大火就被浇灭了。

众乡亲一个个看得目瞪口呆，一起进门问张老头："活神仙，你家里养着条活龙吗？"

"不曾啊，刚才只看见灶间下有个黑影蹿出去。"

众人走进灶间一看，只见墙上贴着一幅画，上面画着一条墨龙，浑身还水淋淋的。大家都明白了，一定是画上的墨龙下来救的火，都来问张老头："这幅画一定是幅神画吧，是啥人画的？"经众人这么一提，张老头想起来了，那大水一定不是凡人，说不定就是那戏金蟾的刘海。张老头就把事情的来龙去脉一讲，乡亲明白那大水一定是刘海变的，不是神仙画的画，那墨龙不会下来救火的。

于是这消息一传十，十传百，很快就传到县官的耳朵里，那县官是个瘟官，只想升官发财，听说张老头家有件稀世之宝，想抢来进贡给皇帝，图个加官晋爵。

这一天，县官带着一大帮衙役、捕快赶到张老头家，说是张老头私藏怪画，妖言惑众，逼张老头把那幅画交出来。

张老头见县官蛮不讲理，死活不交。县官心想，这画上的墨龙究竟能不能救火，我还没目睹过，何不试一试！就对张老头说："你说是神画，我就把你们老两口关起来放火，看那画上的墨龙会不会救你们！"说完，走出门来，叫差役把张老头夫妻锁在屋里，随即命人点火烧屋。那茅屋一点就着，噼噼啪啪便烧得火光冲天。四邻八舍一看，又是活神仙家失火，一个个都来救火，但都被差人赶走。眼看火势越来越大，众乡亲正替张老头担心。忽然，"哗啦"一声响，那条墨龙又从屋顶上蹿了出来，大家抬头一看，只见墨龙身上，一前一后骑着张家老夫妻俩。只见那墨龙在屋子四周转了一圈，也不喷水救火，飞到县官跟前尾巴一扫，把县官扫进了火场，有几个拍马屁的衙役还想去救县官，也被龙尾巴扫了进去。不多一会儿，县官就活活烧死了，张老头夫妻俩骑着神龙飞向远方。只有茅屋那堵后山墙，因为是块天然岩石还留着。后来，乡亲们怀念张老头的好处，就在这块岩石上凿了张老头的像，碰到有人生病，到那块岩石前求张老头，就能消灾祛病。之后，越传越神，说是那块岩石有灵气，说是后来刘海、铁拐李二仙把这块大石头移到山上以永久纪念。若干年后，演化成形如灵芝的岩石。后来，人们就把这座山叫灵岩山。

（根据韩德珠《岩山有灵》，略有改编）

望佛来

在灵岩山半山腰的石幢之南，矗立着一只巨大的石龟，它伸长头颈，凝视着远方的太湖，被当地人亲切地称为"乌龟望太湖"。石龟的背部刻有"望佛来"三个大字，格外引人注目。为何这只石龟要望向佛祖？这背后隐藏着怎样的故事呢？这里有一个古老的神话传说。

很久以前，在太湖中生活着一只大乌龟，它曾是东海龙王的丞相。由于触怒了龙王，乌龟被贬至太湖，成为管理小鱼小虾的小头目。乌龟感到生活无趣，便想：与其当这无足轻重的小头目，不如潜心修炼，将来或许能得道成仙，那岂不是更美妙？

乌龟下定决心后，便每日爬至太湖畔，清晨仰望太阳，夜晚凝视月亮，汲取日月精华，涵养天地灵气。乌龟极具耐心，坚持修炼了三千余年，自认为已具备一定的仙气和道行。然而，它总觉得太湖边地势低洼，离日月太远，于是它爬上了灵岩山，藏身于一个山洞中，继续修炼。又过了三千多年，到了这个阶段，乌龟已能洞察过去与未来，尤其是关于仙界的事，它能预知其动向。

那一年，唐僧即将启程前往西天取经的消息传开，乌龟得知后，心中无比激动。它心想：这真是个千载难逢的机会，若能随唐僧一同取经，并拜他为师，取经归来，自己不就能成仙了吗？于是，乌龟爬至山顶，虔诚地等待唐僧经过。一天，唐僧师徒路过灵岩山，孙悟空眼力过人，一眼便看到了这只向他们致敬的大乌龟。孙悟空立即向师父报告了这一情况。唐僧听后，感慨地说："善哉，这只乌龟也渴望成佛，真是件好事。我们去看看它，顺便休息一下。"乌龟见到唐僧，满心欢喜，表示愿

望佛来（乌龟望太湖）

意拜他为师，随他们一同前往西天取经。唐僧见乌龟如此虔诚，本想带它同行，但考虑到乌龟仅修炼了六千年，尚未成仙，一路艰险，难以随他们一起走。乌龟感到失望，唐僧也感到惋惜，便对乌龟说："你在这里等我们回来吧，待我们归来时，我定会收你为徒。"乌龟无奈，只得点头同意。

唐僧师徒离开后，乌龟便一直在山上等待。由于唐僧取经历经九九八十一难，耽搁了许久。乌龟等啊等，始终不见唐僧归来，最终化作了一块石头。它依旧两眼直视天空，仿佛还在期盼唐僧的归来。后来，有人了解了乌龟的心愿，便在它的背上刻下了"望佛来"三个字，以纪念它对成仙的渴望和对唐僧的等待。

（潘君明）

吴宫西施两笑半

当越国的绝世美女西施踏入吴宫，吴王夫差的喜悦难以言表。这位君主曾大败越国，俘虏了越王勾践，却在后来放松了警惕，允许勾践返回会稽。夫差沉溺于游山玩水，自满至极，几乎忘却了治国的重任。见到西施后，他更是将政事抛诸脑后，在木渎灵岩山上为她建造了华美的馆娃宫。宫中亭台楼阁，装饰得珠光宝气，长廊如彩虹般绚烂，洞门似满月般圆润，彩灯与绿翡翠交相辉映，丝竹管弦与歌舞交织，宛如天宫仙境。

夫差知道西施来自越地，酷爱荷花，便不惜代价在山上开凿池塘，运来河泥，种植莲藕；还打造了精美的画舫，供西施在荷花池中泛舟采莲。耗费了大量人力物力，夫差原以为能赢得西施的欢心，却未料到西施总是面无表情，鲜少展露笑容。

当然，西施并非不会笑，只是她的笑容极为难得。据传，在吴宫的那些年，她总共只笑了两笑半，连三次都未能笑成。

一日，太宰伯嚭陪同夫差来到馆娃宫，西施依旧面无表情。伯嚭关切地询问："西施娘娘是否有什么不满？"西施缓缓答道："人们都说我美，但馆娃宫连一口好井都没有，怎能与我那山村老家相比呢？"

伯嚭听后，心想这并不难办，便对夫差提议："在山顶开凿一口吴王井，娘娘的笑容定会更加灿烂！"夫差连连点头，称赞伯嚭提出了一个好主意。

于是，经过三季九个月的辛勤劳作，山顶上挖出了一口巨大的井，井上架设了石梁。西施站在石梁上，俯瞰井中自己的倒影，想起了临别时范蠡的嘱托——要她迷惑吴王。如今吴王果然中计，她心中暗自得意，不禁露出了灿烂的笑容。

这便是西施的第一笑。她的笑容让吴王神魂颠倒，竟有三个月未曾理朝政。

在炎夏的一个傍晚，西施与夫差在馆娃宫下散步纳凉，行至灵岩山西麓的一个石洞旁。夫差向西施介绍："这个石洞，就是你们越王勾践当年赤脚为我当马夫时的栖身之所，人们称之为勾践洞。爱妃，你也来看看吧。"

西施想到会稽之耻，心中一阵酸楚，但她仍装作若无其事，在洞边驻足片刻，随即又装出一副愉悦的模样说："大王，这里真是个好地方。凉风习习，六月无夏、七月无暑，我仿佛回到了故乡苎萝山下的浣纱石旁。"

西施的高兴让夫差心花怒放。她趁机提议："大王，既然这石洞如此像妾身的故乡，何不将洞名改为西施洞呢？这样全国上下都会知道我西施已将吴国视为故乡，不再思念越国了。"夫差立刻下令，将勾践洞更名为西施洞。西施心想，此举可抹去越国的耻辱，不禁又嫣然一笑。

玩花池

这便是西施的第二笑。她的笑容再次让吴王神魂颠倒，又三个月未曾过问朝政。

尽管西施为吴王井和西施洞的建成而笑了两次，但她平日里依旧郁郁寡欢。夫差不解其意，便问："爱妃，你享用着山珍海味，穿着绫罗绸缎，只要是你想要的，除了天上的月亮，我都能给你办到，只求一睹你的笑容，为何你总是不快乐呢？"

西施听他提起月亮，心生一计，说："大王，天上的月亮我还不屑一顾呢！若能将月亮握在手中玩耍，我才会真正高兴。"夫差问："这怎么可能做到？"西施说："其实并不难，只要为我造一个玩月池，就能实现。"

于是，吴王又征调民工，在吴王井前的岩石间开凿了一口水池，池边填土种竹。在一个明月高悬的夜晚，西施与吴王一同观赏水池中的月影。清风轻拂，月影摇曳，西施用纤纤玉手捧起一捧池水，靠近吴王说："大王请看，月亮不是落在我手中了吗？"吴王一看，西施手中果然映着一轮明月，便称赞道："爱妃果真是聪明绝顶！"西施心想，范蠡曾言，越国十年生聚，十年教训，为的就是报仇雪耻。眼前的吴王竟如此糊涂，全然不觉，真是天下第一大笨蛋，于是轻蔑地笑了半笑。

这便是西施的半笑，尽管只是半笑，吴王却同样被迷得神魂颠倒，足足一个半月未曾关心朝政。

西施的两笑半，一笑在吴王井，一笑在西施洞，半笑在玩月池。这三处古迹连同馆娃宫遗址，至今仍坐落在灵岩山上。

（钟伟今）

响屧廊

西施抵达吴国后，迅速赢得了夫差的宠爱。尤其是在灵岩山上的馆娃宫落成之后，夫差与西施便迁入其中，日夜相伴，乐此不疲。为了博取西施的欢心，夫差费尽心思，不断创造新奇事物，只为看到她的笑容。他挖池塘让西施水中赏月，又凿深井供她临水自照。西施深知自己已用美人计俘获了夫差的心，她虽内心得意，却依旧不动声色，偶尔展露的笑容足以让夫差神魂颠倒，为之痴狂。

在一个月圆之夜，夫差携西施纤手，一同前往灵岩山的最高点——琴台赏月。他们从西施的寝宫苎萝殿出发，经过玩花池，向南转西，一条宽阔的长廊映入眼帘。这条长廊宽二丈，长约五百步，两侧是沉香木栏杆，上面雕刻着生动的山水花鸟图案。西施心中疑惑，这里的变化如此之大，而夫差脸上则挂着神秘的微笑。

西施轻盈地走向长廊，伯嚭已在那儿等候，他大声宣告："大王和西施娘娘驾到！"殿内随即响起钟磬之声和悦耳的音乐。夫差对西施说："爱妃，你先走一步，我与太宰说几句话。"

西施缓缓踏上光滑的长廊地板，突然耳边传来隆隆声，仿佛远处天边的闷雷。她抬头望向满天星斗，感到惊讶，加快脚步，那声音再次响起，像是千军万马在远方交战。西施大惊失色，急忙转身跑向夫差。此时，那声音变得清脆而幽深，似从碧霄或地底深处传来。

夫差见状大笑，指向伯嚭："去问他。"伯嚭笑容满面地解释："娘娘无须惊慌，这是大王对您的深情。宫殿虽巧，却无新意，大王特意从鲁国请来巧匠，建造了这个响屧廊。"

"响屧廊？这些奇异的声音都是从这里产生的？""娘娘聪明，一语中的。廊下先挖深石壁通道，置缸甏，铺榆梓木板，板下是弯曲的铜片。人行其上，地板震动，铜片弹跳，击缸甏发出清脆之音。缸甏又吸纳、鼓荡空气，产生浑厚之声，脚步快慢变化，便能奏出各种音乐。"

西施听完伯嚭的解释，豁然开朗。看来夫差对自己的爱意确实深厚，她不禁莞尔一笑，对夫差说："多谢大王。"

夫差因博得西施一笑而心花怒放，挥手道："这不算什么，只要爱妃喜欢，我愿将整个吴国赠予你。"又对伯嚭说："太宰，开始歌舞吧！"

伯嚭取出预先准备的木屐，让西施和宫女们穿上。西施穿上特制的木屐，轻盈地舞于长廊之上。她自幼在苎萝山边长大，拥有一双天足。在吴宫，她总是穿着长裙，裙摆上绣有铃铛环佩，这些环佩与木屐踏地的回响相得益彰，奏出一曲别致的交响乐。夫差在一旁欣赏她的舞姿，聆听这音乐，如闻仙乐，沉醉其中。

这条由吴王夫差异想天开建造的响屧长廊，最终被越王勾践的夫人焚毁。她担心勾践听了这种音乐会重蹈夫差的覆辙，认为响屧之声是亡国之音，不可听闻。

（周菊坤）

痴汉等老婆

在古老的秦朝，灵岩山脚下住着一对恩爱的夫妻，丈夫名叫阿夯，力大无穷；妻子名为阿巧，容貌秀丽。他们的生活和谐美满。

然而，秦始皇下令在全国范围内选拔力士担任卫士，消息传至木渎镇。当地的朝廷官员龚龙，人称龚扁头，他在得知此事后，便心生歹念，想要将阿夯献给秦始皇，以求升官发财，并打算将阿巧占为己有。一天，阿夯挑着柴火到市集售卖，龚扁头假意购买，并邀请他将柴火送至衙门厨房，还请他坐下饮茶。阿夯饮下一杯茶后，感到头晕目眩，不久便昏厥过去。当他醒来时，发现自己已被戴上手铐、脚镣，如同囚犯一般，被士兵押送着日夜兼程向北行进。

阿巧发现丈夫迟迟未归，便前往镇上打听消息。有人告诉她，阿夯曾挑柴进入衙门。她急忙赶到衙门询问，龚扁头早已等候多时。他谎称阿夯正在运送柴火至县衙，明天便会归来，并邀请阿巧在衙门留宿一夜。龚扁头边说边不怀好意地接近。阿巧明白不能硬来，便巧妙地拖延时间，要求打水洗脚。龚扁头亲自端来水，阿巧趁机抓起桌上的铜花瓶，猛击龚扁头的后脑勺，使他昏厥。她迅速熄灭灯火，逃离了衙门。回家后，她发现自己的家已被焚成灰烬。无家可归的阿巧，心中挂念着丈夫，哭泣着连夜进城寻找。

痴汉等老婆

阿夯被押送至咸阳后，秦始皇留他做了卫士。阿夯思念阿巧，设法逃离咸阳，一路乞讨返回。但回到家中，只见家园被毁，妻子不见踪影。经过打听，他得知这一切都是龚扁头所为，心中怒火中烧，誓言要报仇。

至于被阿巧击昏的龚扁头，直到次日清晨才苏醒，随后大病一场，半年卧床不起。当他得知阿夯逃回，便派人追捕。但阿夯手持铁扁担，率先闯入龚家，一扁担击中龚扁头。随后，他放火烧了衙门，大火熊熊燃烧之际，他突然痛哭失声，精神失常。他奔向灵岩山，日夜站立，望向东方，不断呼唤："阿巧，我在这里等你，你快回来吧……"他不停地呼喊，直到生命终结，最终化作一块石头。后来，人们将这块山石称为"痴汉等老婆"。

（根据李洲芳同名故事，略有改编）

天平山下住佳偶

在东汉建初年间的一个传说中，木渎天平山脚下的上沙村迎来了一对陌生的男女，他们衣着朴素，显得十分疲惫，显然是跋涉了很远的路程。上沙村的居民们见状，心生怜悯，纷纷拿出食物接济他们。这对夫妇感激地跪地作揖，表达谢意。夜晚，他们被允许在一位大户人家的廊下小屋中寄宿。这两位神秘的旅人究竟是谁？他们为何匆匆来到江南的这个小山村？要解答这些疑问，故事还得从头说起。

原来，这位男子名叫梁鸿，女子则是他的妻子孟光。梁鸿，字伯鸾，来自扶风平陵（今陕西咸阳市西北），出身于一个曾经显赫的官宦家庭。他的父亲梁让曾在王莽新朝担任京官，但随着新朝的崩溃，天下大乱，为了避祸，梁家举家逃亡。不幸的是，梁让在途中病逝，留下年幼的梁鸿和母亲相依为命。不久后，梁鸿的母亲也离他而去，使得他陷入了孤独无助的境地。

然而，命运似乎并未完全抛弃梁鸿。他偶然遇到了父亲的旧友，得到了这位世伯的资助，得以进入京城的太学深造。梁鸿勤奋好学，广泛涉猎群书，学识日益精进。

后来，梁鸿娶了同县一位虽貌不惊人却贤惠的女子孟光为妻，并带着她隐居于霸陵山中。不久，他们离开家乡，穿越潼关，途经洛阳。目睹洛阳城中那些统治者和公子哥们奢侈的生活，梁鸿不禁想起了沿途所见百姓的辛勤劳作和艰难生活，对当时朝廷感到失望，遂创作了《五噫歌》以抒发自己的情

陈康侯《举案齐眉图》（近代）

感："陟彼北芒兮，噫！顾览帝京兮，噫！宫室崔嵬兮，噫！民之劬劳兮，噫！辽辽未央兮，噫！"

梁鸿本意只是想抒发个人情感，却未料到这首诗迅速传开，甚至传到了皇帝耳中。汉章帝认为诗中暗含对朝廷的讽刺，勃然大怒，下令追捕梁鸿。梁鸿不得不隐姓埋名，连夜逃离是非之地，与孟光急匆匆前往齐鲁（今山东）避难。不久，他们的行踪再次暴露，夫妇俩又急忙南下，经过千里跋涉，最终来到了吴地（今苏州）木渎上沙村，正是故事开头的那一幕。

为了生计，梁鸿替人舂米赚取微薄的工钱，而孟光则在家料理家务，缝补浆洗，尽管生活清贫，但夫妻俩相敬如宾，生活和谐美满。

在上沙村，有一户大户人家，主人名叫皋伯通，是一位学识渊博的退休官员，隐居山林，家中藏书丰富。一日，皋伯通偶然看到孟光给梁鸿送饭的情景，见她恭敬地走到丈夫面前，低头不敢仰视，将装饭菜的盘子高举至眉间，请夫君用餐。皋伯通大为惊讶，心想一个普通雇工的妻子竟能如此守礼，这说明她的丈夫必定是一位隐逸的高人。于是，皋伯通立即邀请梁鸿夫妇搬入他的宅邸，提供衣食。这为梁鸿夫妇提供了一个良好的生活和学习环境，梁鸿得以专心研读藏书，潜心著述，留下了十余篇作品，但流传至今的仅有《五噫歌》《适吴诗》《思友诗》三首诗。

梁鸿与孟光的故事在上沙村及周边乡村广为流传，影响深远。他们夫妻间的和睦、相互尊重，成为社会和谐的典范。"举案齐眉"的故事代代相传，成为中华文

化中的一个成语。据说，上沙村曾一度被称为"梁巷"，以纪念梁鸿。

正是：天平山下住佳偶，举案齐眉情意投。相敬如宾美名留，四乡和谐多匹俦。

（周土龙）

断齑画粥

宋朝的范仲淹，以清廉正直著称，不惧权贵，深得百姓信赖。范仲淹幼年丧父，其母谢氏因生活所迫改嫁他人。因此，范仲淹直到十几岁才得以入学，寄宿于长山醴泉寺中，勤奋苦读。家境贫寒，衣食不足，他长年累月以两顿稀粥度日，砍柴后煮粥，粥凝固后切块，中午食用两块，佐以少许咸菜。这种生活被称作"断齑画粥"。

范仲淹天资聪颖，智慧超群，尽管生活困苦，他却从不贪图饱食或安逸，而是刻苦学习。时间一长，一些闲言碎语开始在背后流传。一次，当范仲淹的母亲正在用餐时，听到议论："范家的儿子虽然贫穷，但志向远大，终日手不释卷，将来必成大器。"谢氏听后，心中悲痛，泪流满面，她发誓："如果我儿有朝一日能在朝为官，我将长斋念佛，带发修行。"

二十六岁那年，范仲淹凭借其卓越的才华和出众的诗赋，高中进士，步入仕途。某日，母亲谢氏将范仲淹唤至身边，殷切叮嘱："我儿，你两岁丧父，我含辛茹苦将你抚养成人，所为何来？你必须心系国家，关心百姓，绝不可贪图享乐，更不能贪赃枉法，欺压百姓。你若能不辜负我的期望，我即便身故，也能含笑九泉。如今我年事已高，身体衰弱，无法再随你四处奔波，我打算回乡修行，颐养天年。"

谢氏后来在天平山范氏祖坟旁的庵堂定居，诵经吃素，实践自己的誓言。由于她发愿时口对着碗，而僧侣所用的碗称为"钵"，因此她将庵堂命名为"咒钵庵"。这个庵堂至今仍保存着。

（马祖铭）

买"义"

范仲淹有三位杰出的同学：欧阳修、司马光和石梅卿。在赶考之前，石梅卿自信满满地宣称："论及上京赶考，我们的才华不凡，必定能够金榜题名！"范仲淹则带着微笑回应："未必如此，毕竟他人也在勤奋学习。"当时，石梅卿慷慨地资助了范仲淹一笔路费，两人结伴同行前往京城应试。考试结束后，由于石梅卿的自负和疏忽，他未能及第，而范仲淹凭借平日的勤奋学习、谦虚和诚恳，成功考取了进士。

石梅卿未能及第，回到家中无所事事。他家中有妻子和两个儿子：石青与石宝，一家四口生活困顿。石梅卿打算带着家人前往襄阳探亲，寻找新的出路。他的妻子提议："范仲淹在外为官，过去你曾资助他上京赶考，现在我们生活困难，为何不去投靠他呢？"石梅卿却说："范仲淹为官清廉，不贪不义之财，因此收入有限，我怎能去给他添麻烦？"于是，石梅卿在襄阳以占卜和教书为生。

范纯仁像　　　　　　　范纯礼像

范仲淹在河南为官时，身边带着两个儿子：范纯仁和范纯礼。有一次，他们兄弟俩带着小麦前往襄阳贩卖，途中经过一户人家，看到两个小孩在门口哭泣。他们上前询问："小弟弟为何如此伤心？"孩子们回答说："父亲病逝，我们没有钱办理丧事。"他们又问："你们的父亲叫什么名字？"孩子们回答："姓石，名叫石梅卿。"兄弟俩觉得这个名字十分熟悉，经过一番思索，终于想起这是父亲的好友。于是，他们拿出自己的本钱，为石梅卿购置了棺木并料理了后事，还留下一些银两，帮助石家母子三人维持生计。

范纯仁和范纯礼兄弟俩用尽了银两，空手而归。范仲淹问他们："这趟去襄阳的生意做得如何？"兄弟俩笑嘻嘻地回答："非常好！"又问："带回了些什么？"他们回答："父亲一定会很高兴的！"范仲淹听到他们的话，却看到他们两手空空，心中疑惑不解。经过再次询问，兄弟俩才将襄阳之行的经过详细道来。范仲淹听后连声称赞："好！好！好！你们购买的是'义'，作为父亲，我确实应该感到高兴。"

（袁震）

踏茄子

范仲淹前往乡间游玩，归途中夜幕已降临。突然，脚下传来"叽咕"一声，感觉滑腻而柔软。他心想，或许是踩到了癞蛤蟆或者是青蛙。夜晚，他梦见一只癞蛤蟆前来索命。惊醒后，他愈发难以入眠，心中疑惑，难道真有如此巧合之事？虽然自己并不太相信，但他决定要弄个明白。

次日清晨，范仲淹再次前往乡间，发现路上躺着一只被踩烂的茄子。这件事让他领悟到一个道理：不应疑神疑鬼。因此，范仲淹为官之后，既不迷信梦境的预兆，也不信仰鬼神。

（华士明）

吃馒头

范仲淹在审案时，总是力求公正，从不冤枉无辜之人。这背后有一件关于馒头的轶事。某次，范仲淹命人在家中制作了一百个馒头，他先行食用了一个，随后吩咐侍女保管好剩余的馒头，并告诉她自己将外出，待归来时再行取用。

不久，范仲淹返回家中。侍女清点馒头时发现数目不对，仅剩九十九个。范仲淹便质问她："是你偷吃了馒头吗？若你坦白，我将不予追究；但若你否认，我将依家法惩处。"侍女思量后，认为不值得因一个馒头而受罚，于是承认了偷吃的行为。

范仲淹听后感慨道："真是冤枉了好人！实际上是我自己吃掉的，仅仅因为我的恐吓，她便承认了。如果我以这种方式审案，定会误伤无辜。"因此，在后来的审案过程中，范仲淹总是细致入微、认真负责、小心翼翼，避免使用严刑逼供，以防错判冤案。

（华士明）

三贬三光

范仲淹，这位我们耳熟能详的历史人物，曾留下"先天下之忧而忧，后天下之乐而乐"的名言。他的一生致力于国家事务，因"为人忠直，极言敢谏"，屡遭贬谪。然而，这些贬谪并未削弱他的声望，反而使他在士林中声名鹊起，朝野上下都赞誉他。天圣七年（1029）冬至，垂帘听政的刘太后要求仁宗皇帝和百官在前殿为她庆寿。范仲淹认为，皇帝向太后行礼是家事，应在后宫进行；前殿是处理朝政之地，行此家礼有损君主尊严。他严正指出此行为"不可为后世法"，并上疏请求刘太后撤帘归政于仁宗皇帝。

这道奏疏在朝堂上引起了巨大震动，连曾举荐他的宰相晏殊也感到紧张，埋怨道："没想到你如此狂妄！你自作自受也就罢了，还要牵连我。"范仲淹辩解道："正因感激您的提携，我才时刻警醒，以免失职而让您蒙羞。"他再次上疏，请求太后还政。

范仲淹因两次直言进谏，被逐出汴京，贬为河中府通判。同僚士大夫们为他饯行时，称赞这次受贬外迁是"此行极光"，意即极为光彩的事情。

明道二年（1033），刘太后去世后，范仲淹被召回京师，任右司谏。有了言官的身份，他上书言事更加无所畏惧。同年冬，郭皇后误伤仁宗，宰相吕夷简因与皇后有隙，便联合内侍阎文应、范讽等人进言，称"后立已有九年，尚无子，义当废"。皇帝本有此意，很快便下诏废后。

消息传出，群臣议论纷纷，官员集体进谏。范仲淹作为右司谏，岂能坐视不理，遂率中丞孔道辅、侍御史蒋堂、段少连等十余人跪伏垂拱殿外，请求召见。仁宗不见，派吕夷简出来解释。范仲淹等人与之辩论，吕夷简理屈词穷，无以为对。次日凌晨，范仲淹又去上朝，还想据理力争，但最终未能见到宋仁宗，等来的是一道命他远赴睦州任知州的诏书。

范仲淹第二次遭贬，仍有人到城外设宴为他饯行，称赞"此行愈光"，意即这次受贬外迁是更为光彩的事情。

景祐元年（1034）深秋，范仲淹转调苏州，"疏五河，导太湖注之海"，使太湖地区免除了水涝灾害，为百姓办了不少好事。良好的政声上达朝廷，范仲淹第三次被调回，任判国子监事，不久又转升为吏部员外郎、权知开封府。

景祐三年（1036），范仲淹看到宰相吕夷简肆无忌惮地安插亲信、结党营私，便根据详细调查，绘制了一张"百官图"呈给仁宗。他指着图中开列的众官调升情况，对宰相用人制度提出尖锐批评。吕夷简不甘示弱，反讥范仲淹迂腐。范仲淹连上四章，论斥吕夷简狡诈。吕夷简反而诬蔑范仲淹"离间陛下君臣"，进而还把范仲淹的支持者公布为"朋党"。

范仲淹又一次被赶出朝廷，贬为饶州知州。这次送别，尽管受到吕夷简的威胁，但还是有人载酒前来，为之饯行，并称赞"此行尤光"，意即这次受贬外迁是尤其光彩的事情。历经坎坷的范仲淹听后大笑，自嘲道："仲淹前后已是'三光'了。"

经历"三贬三光"之后，在饶州附近做县令的诗友梅尧臣寄了一首《灵乌赋》给范仲淹，告诫他说，君在朝中屡次直言，都被当作乌鸦不祥的叫声，愿君此后缄默不语，少管闲事。范仲淹立即回复了一首同名的《灵乌赋》，铿锵作答道："不管人们怎样厌恶乌鸦的哑哑之声，我却'宁鸣而死，不默而生'。"

这就是范仲淹，他那种"既仕，每慷慨论天下事，奋不顾身"的个性至死不渝，并影响了当时的社会风气。

（崔洁、黄海涛）

万笏朝天

天平山奇石嶙峋，四周被金山、前山、秦台山、鸡笼山所环绕。相传，曾有人计划在此地建造坟墓，便请来风水先生进行堪舆。风水先生审视后指出："此地山石错落无序，大多向下生长，宛如乱箭穿心，乃是一处'五虎扑羊'的凶地。若在此安葬祖先，后代将永无出仕之日，甚至可能断绝香火。"听闻此言，那人便放弃了在此建坟的念头。

然而，范仲淹不信风水先生之言，毅然购买了这块地皮，将其作为范氏家族的墓地，并将高祖范隋的墓迁葬于此。就在迁葬当晚，天空突然狂风大作，雷电交加，地震山摇，整夜未息。到了次日清晨，村民们惊讶地发现，山上的所有石头似乎一

万笏朝天摩崖石刻

夜之间翻转,许多石头直立朝天,宛如古代百官上朝时手持的笏板。形成了"一峰复一峰,峰峰作笏立"的奇观,被誉为"万笏朝天"。传说中,是范仲淹的高尚品德感动了上天,使得山石纷纷翻转,以示敬仰。

（董谋,有改编）

金山石匠的传说

据史料记载,金山采石始于晋宋年间,但这仅标志着该行业的起源,而真正意义上的规模性开采则始于明朝初期。在明朝之前,金山地区的居民主要以农业和蚕桑为生,与山石并无太多交集。那么,是什么原因促使他们后来转向山石开采,并最终发展成为世代相传、以采石为主要经济来源呢?在金山地区,流传着一个与明朝开国皇帝朱元璋相关的传说,让我们慢慢道来。

元末时期,朱元璋在南京起义成功并登基为帝。常言道:"打江山易,坐江山难。"这位曾是乞丐和和尚的朱皇帝,在治理国家方面费尽心思。幸运的是,他身边有几位他最为信任的助手,其中最著名的便是军师刘伯温,此人深谙兵法,为朱元璋的江山立下了汗马功劳;还有他的皇后马氏,她与朱元璋共度艰难,助力他成就大业。朱元璋的整个事业中,都凝聚着马娘娘的心血。即便朱元璋成为皇帝后,后宫佳丽众多,但他对马氏始终情深义重,不忘与她共度的艰苦岁月。马娘娘是朱元璋平定天下的得力助手,功不可没。朱元璋封她为皇后,让她管理后宫,成为天下之母。尽管后宫不得干预政事,但马娘娘的建议往往被朱元璋采纳。

朱元璋对星相和风水等迷信之事颇为看重,于是派遣军师刘伯温四处勘察风水。

刘伯温精通阴阳之术，他巡视了苏州西郊的范坟山（今天平山）、金山、观音山等，认为范坟山至金山的地形宛如一条卧龙，范坟山是龙头，金山是龙尾，因此得出结论：金山一带是藏龙卧虎之地，未来必有真龙天子诞生。朱元璋听后，担心自己的皇位不稳，勃然大怒，下令将金山周围的居民全部斩首。刘伯温急忙进言，认为新皇登基不宜滥杀无辜，建议另寻他法。然而，朱元璋并未采纳。此时，刘伯温灵机一动，想到了马娘娘，他立刻向皇后报告了整个事件，并恳求她劝谏皇上。马娘娘一向主张仁孝，经常为朱元璋出谋划策，她向皇上进言："得天下在于得人心，人心乃天下之本。不宜轻易大开杀戒。"她建议将此事交由军师处理，并对百姓施以恩惠。朱元璋听后恍然大悟，采纳了皇后的建议，命令军师去办理。

于是，刘伯温回到苏州后，在范坟山与支家山之间的"龙头"处，以及金山与颜家山之间的"龙尾"处，各修建了一道关卡，并由童子军驻守（后来成为东西童梓门），以此镇住龙脉；同时，摧毁了金山一带所有的学堂和书籍，使乡民不识字，与世无争，并分发了五百把铁锤和钢凿给乡民，让他们以开山凿石为生，不参与天下之争，同时通过开山破坏"龙形"风水，防止真龙天子的出现。

就这样，大量金山地区的百姓开始与山石打交道，成了石匠，世代相传，并逐渐掌握了开山凿石及雕刻的精湛技艺，名扬四海。

（周土龙）

第十二章 艺文著述

木渎古镇历史悠久，地理环境优越，历史文化底蕴深厚，名人辈出。佳山妙水遍及区域，天平村域西部的天平山、灵岩山尤为著名，引来历代多少文人骚客、名贤高士在此隐居，或著书立说，或相聚谈经论道，或访古探幽览胜，有唐代的李白、白居易、李商隐、陆龟蒙等，宋代的范仲淹、苏轼等，明代的祝允明、文徵明、高启、沈周等，清代的毕沅、冯桂芬等，共数百人。他们文思涌动，诗兴大发，留下了无数诗词美文，赞美天灵美景与先贤业绩。本章选录部分诗词文章、著述（目录）等，以飨读者。

第一节　诗　歌

登琴台

［梁］萧纲

芜阶践昔径，复想鸣琴游。
音容万春罢，高名千载留。
弱枝生古树，旧石染新流。
由来递相叹，逝川终不收。

——《汉魏六朝一百三家集》

苏台览古

［唐］李白

旧苑荒台杨柳新，菱歌清唱不胜春。
只今惟有西江月，曾照吴王宫里人。

——《全唐诗》

游灵岩寺

［唐］韦应物

始入松路永，独忻山寺幽。
不知临绝槛，乃见西江流。
吴岫分烟景，楚甸散林丘。
方悟关塞眇，重轸故园愁。
闻钟戒归骑，憩涧惜良游。
地疏泉谷狭，春深草木稠。
兹焉赏未极，清景期杪秋。

——《全唐诗》

题灵岩寺

［唐］白居易

娃宫屧廊寻已倾，砚池香径又欲平。
二三月时但草绿，几百年来空月明。
使君虽老颇多思，携觞领妓处处行。

今愁古恨入丝竹，一曲凉州无限情。
直自当时到今日，中间歌吹更无声。

——《全唐诗》

馆娃宫怀古

[唐]皮日休

艳骨已成兰麝土，宫墙依旧压层崖。
弩台雨壤逢金镞，香径泥销露玉钗。
砚沼只留溪鸟浴，屧廊空信野花埋。
姑苏麋鹿真闲事，须为当时一怆怀。

——《全唐诗》

游灵岩寺

[唐]李商隐

碧烟秋寺泛湖来，水打城根古堞摧。
尽日伤心人不见，石榴花满旧琴台。

吴宫怀古

[唐]陆龟蒙

香径长洲尽棘丛，奢云艳雨只悲风。
吴王事事须亡国，未必西施胜六宫。

——《全唐诗》

天平山白云泉（节选）

[宋]范仲淹

灵泉在天半，狂波不能侵。
神蛟穴其中，渴虎不敢临。
隐照涵秋碧，泓然一勺深。
游润腾云飞，散作三日霖。
天造岂无意，神化安可寻？
挹之如醍醐，尽得清凉心。
闻之异丝竹，不含哀乐音。
月好群籁息，涓涓度前林。
子晋罢云笙，伯牙收玉琴。
徘徊不拟去，复发沧浪吟。

——《范文正公集》

天 平 山

[明] 文徵明

雨过天平翠作堆,净无尘土有苍苔。
云根离立千峰瘦,松籁崩腾万壑哀。
鸟道逶迤悬木末,龙门险绝自天开。
溪山无尽情无厌,一岁看花一度来。

——吴江博物馆《文徵明行书手卷》

吴 王 井

[明] 高启

曾开鉴影照宫娃,玉手牵丝带露华。
今日空山僧自汲,一瓶寒供佛前花。

——《明诗钞》

响 屟 廊

[明] 高启

君王厌丝竹,鸣屟时清耳。
独步六宫春,香尘不曾起。
那知未旋踵,麋鹿游遗址。
响沉明月中,迹泯荒苔里。
此夕竟谁过,空廊有僧履。

——《列朝诗集》

次韵郡守胡公阅城登姑苏台

[明] 祝允明

六门车马簇飞埃,小垒依稀说旧台。
暇日暂迂羊傅驾,他年便是岘山隈。
勾吴于越千秋梦,范蠡西施一种才。
麋鹿绮罗都不见,紫烟终古锁荒苔。

——《怀星堂集》

天 平 山

[明] 唐寅

天平之山何其高,岩岩突兀凌青霄。
风回松壑烟涛绿,飞泉漱石穿平桥。

千峰万峰如秉笏，崚崚嶒嶒相壁立。
范公祠前映夕晖，盘空翠黛寒云湿。

——《唐伯虎先生集》

登灵岩

[明] 沈周

天平合在名山志，山下祠堂更有名。
何地定藏司马史，此胸谁负范公兵？
高屏落日云霞乱，集树交花鸟雀争。
要上龙门发长啸，世人无耳着莺声。

——《石田诗选》

灵岩怀古

[明] 王鏊

夫差霸业今何在，香径琴台鹿自游。
天际青山还故国，夜深明月有荒丘。
涛声不尽英雄恨，草色犹含粉黛羞。
莫为吴宫多怅望，今来古往总悠悠。

——《震泽集》

灵岩歌

[明末清初] 董说

泰伯南游踏海水，身画龙文混龙子。
灵岩开山第一人，高风冠冕灵岩史。
敕山坞冷松衫香，千古吴王歌舞场。
秋塘猎火闪旗影，蛾眉结队齐军装。
海灵宴散玉笙歇，麋鹿满山开野棠。
采香波定塔空挂，响屧尘销月转廊。
一朝徒变青山格，旋转乾坤老黄檗。
挽得匡庐瀑布来，寒流倒挂三千尺。
莲社高贤海外心，洗尽吴宫绮罗迹。
列传人人首伯夷，世家次序先吴伯。
龙门奥府人不知，史纲正眼谁开辟。
山房云断梧桐秋，一窠香篆江天碧。

——《木渎镇志》

西 施 洞

[明末清初] 顾炎武

馆娃遗迹草迷离，古洞千秋尚姓施。
大可功成隐岩穴，又何一舸逐鸱夷？

——《灵岩山志》

登 灵 岩

[清] 爱新觉罗·玄烨

霏微灵雨散春烟，按辔逍遥陟翠巅。
香水通流明若鉴，琴台列石势如拳。
诸峰尽在青萝外，万井全依彩仗前。
闻是吴宫花草地，空余钟磬梵王筵。

——《（同治）苏州府志》

高 义 园

[清] 爱新觉罗·弘历

七百余年地，天平尚范家。
林泉宁彼爱，景概致予嘉。
树即交让树，花为能忍花。
舜之徒是矣，循路喜无差。

——《钦定南巡盛典》

题高义园

[清] 爱新觉罗·弘历

纡磴下灵岩，天平秀迎目。
即夷度溪町，菜黄春麦绿。
入松复里许，山庄清且淑。
林泉迥明净，兰茝纷芳馥。
葱蒨入窗户，云烟润琴牍。
午桥义何取，涞水乐非独。
经临望祠宇，徘徊慕高躅。
文正之子孙，家风尔最勖。

——《（同治）苏州府志》

万笏朝天

[清] 爱新觉罗·弘历

入山思水秀，涉水忆山青。
吴门两兼更双绝，致我清跸为延停。
朝来天平翠色在窗牖，复得经营惨淡传神手。
二八冠景旧标名，两三具法新结构。
望中峰姿峦态无不有，岂必一一穷林薮？
巍巍万笏朝天阊，仿佛万方玉帛咸来王。

——《（同治）苏州府志》

驻跸灵岩

[清] 爱新觉罗·弘历

塔影遥瞻碧汉中，梵王宫侧旧离宫。
观民展义因时切，石栈云林有路通。
竹籁萧萧喧处静，梅花漠漠白边红。
太湖万顷轩窗下，坐辨洞庭西与东。

——《（同治）苏州府志》

驻跸灵岩再叠旧作韵

[清] 爱新觉罗·弘历

窣堵高标云表中，其旁了识有行宫。
松阴羃谷盘桓上，磴道梯岩曲折通。
卫士暂休仙跸护，山僧应笑禁门红。
夜深底是前缘续，清磬一声隔院东。

——《（同治）苏州府志》

驻跸灵岩三叠旧作韵

[清] 爱新觉罗·弘历

三载流阴瞬息中，灵岩重礼梵王宫。
高标穹塔依空住，右转行庐有径通。
虚室还生今日白，春花又吐昔年红。
凭栏最喜晴明望，绿蔚平畴吴苑东。

——《（同治）苏州府志》

范文正祠

[清]爱新觉罗·弘历

文正本苏人,故山祠宇新。
千秋传树业,一节美敦伦。
魏国真知己,夷维转后尘。
天平森翠筅,正色立朝身。

——《(同治)苏州府志》

天 平 山

[清]顾图河

山游穷日返,绝胜数天平。
伟石皆人立,欹崖忽鸟惊。
僧龛云共住,樵路鹿兼行。
耳畔犹虚响,淙淙落涧声。

——《清诗别裁集》

天平山谒范文正公祠

[清]朱彝尊

范公祠屋此山中,石笋抽萌万笏同。
遗像依然穷塞主,义田不改旧家风。
归来散绢三千匹,没后题碑四五通。
近睹天书银榜在,年年秋色照丹枫。

——《曝书亭集》

题灵岩山馆

[清]毕沅

梧宫故苑,砚山名山。石城巉巉,香水潺潺。
我有板屋,十间五间。竹帘不卷,木榻常闲。
梅花压磴,古苔斓斑。白云数片,无心往还。
一琴一拂,不隐不官。长卿慢世,参军闭关。

——《灵岩山人诗集》

朱葆元天平揽胜图

[清]冯桂芬

罗绮春游地,高秋君始来。

山灵亦解事，真面为君开。
径涩积红叶，峰寒凝绿苔。
沧浪好风月，一例入诗材。

——《显志堂集》

访涧上草堂

[清] 石韫玉

笠泽山山雪，灵岩树树云。
昔闻高士躅，今见草堂存。
曲径通芳草，闲门闭夕曛。
旧家零落尽，无地奠兰荪。

——《独学庐初稿》

怀灵岩

[清] 徐 灿

支硎山畔是侬家，佛刹灵岩路不赊。
尚有琴台紫藓石，几看宝井放桃花。
留仙洞迥云长护，采药人回月半斜。
共说吴宫遗屟在，夜深依约度香车。

——《拙政园诗集》

第二节 文 章

范氏义塾记

[宋] 牟 巘

古者二十五家为闾，闾左右各设塾，乡先生为之师，褒衣博带，晨坐闾门，教其民之出入田亩者。有教有养，诚为良法。自井田废，闾左右古制荡除。汉以来，或为讲堂，为精舍，而养则未之闻也。范文正公尝建义宅，置义田、义庄，以收其宗族。又设义学以教，教养咸备，意最近古。夷考厥宋时，天下有四书院，应天府书院为首。先是，郡人戚同文聚徒讲授，士亦不远千里而至，文正公亦依之以学。同文为人质直，尚信义，宗族贫乏则赒给之，丧则赈恤之，不积财，不营居室。或勉之，辄曰人生以行义为贵，安用是？义之一字，实与公意合。暨公登第立朝，为守为帅，以至大用，名位日盛，禄赐日厚，遂成义庄、义学。为其宗族者，宅于斯，学于斯，所耕者义田，所由者义路，何适不宜？嘉遗后人，可谓笃至，继继承承，亦惟成规是守。粤乙亥，兵戈俶扰，未遑兹事。至元丁丑，主祭邦瑞、提管士贵共议兴学，卜地于吴县三让里，距祖茔二里所，涓日庀工，为屋三十楹，祀文正公于其中。会讲之堂扁曰清白，东斋曰知本，西斋曰敬身，外辟堂为教谕偃息之所，庖湢廪廥蔬茹之圃咸在，外为周垣，扁其大门曰义学。清溪松竹之间，昉闻弦诵声。是役也，义庄掌计之劳为多，提管又捪节助济浮用，增田山仅百亩，备师资束脩之礼，子弟笔札之费，一有以劝。大德戊戌，朝旨以义庄义学有补世教，申饬攸司，禁治烦扰，常加优恤，无复干吾藩者，可肆志于学矣。至大戊申，提管驰书来雪，俾为之记。昔钱公辅尝记义田，巁也何敢与斯文？窃闻文正公早岁就学应天时，夜以继旦，冬月惫甚，以水沃面，食糜度日，人不堪其忧，其苦心劳形者如此。博通六经，尤长于易学，从之叩质，乐与往复，无微弗究，其难疑答问者又如此。用力何啻十倍今人耶？咨尔来学，书尔佩衿，盍亦追思先志，勉焉孜孜，毋以寒暑而为作辍，庶几他日业精行成，式克有立，得名为儒，以应选用，以副二范君惓惓兴学之意。其年七月旦日。

——《（同治）苏州府志》

范文正公真赞

[金] 元好问

文正范公，在布衣为名士，在州县为能吏，在边境为名将，在朝廷则又孔子之所谓大臣者。求之千百年之间，盖不一二见，非但为一代宗臣而已。丁酉四月，获拜公像于其七世孙道士圆曦，乃为之赞云："以将则视管、乐为不怵，以相则方韩、富为有余。其忠可以支倾朝而寄末命，其量可以际圆盖而蟠方舆。朱衣玄冠，珮玉舒徐，见于丹青，英风凛如。古之所谓垂绅正笏，不动声气，而措天下于泰山之安者，其表固如是欤？"

——《遗山先生文集》

游灵岩天平山记

[元] 朱德润

吴郡之西为湖，东为江，独灵岩、天平为山之胜境。予昔陪宋尚书诚夫来游，其山峦林麓陂池之美，盖尝粗记而未览其详也。至正己丑春，莫判簿顾君定之约予为山行，买舟携具于枫桥，入过雁港，先抵吴安山下。即乘肩舆行二三里，至观音山，有寒泉二字镌于卧石，字皆方丈余。又行抵北山，抚蟠松，还宿衍福精舍。明日，复繇吴安山左度天平岭，瞻文正范公故祠，乔木森茂，异石林立。转过野桥村店，山回涧曲，樵歌牧唱，相与应答于翠微空旷之间。里人所谓鸡经山、虎子谷者，突然乎其左；琴台巁、羊肠岭者，兀然乎其右。迤值上坡，陂经荦确，曰观音峰，曰猿愁岭，皆陡险攀缘而上，直抵灵岩山永祚塔寺后。回望诸山，皆在其下，菜畦麦陇，苍黄相间。入寺，观八角井，步响屟廊，陟香径，登琴台，回抚偃松，倚盘石，坐涵空阁。南望三山环抱，即太湖之洞庭。山色苍茫，湖光镜净，瞰飞鸢于木杪，睇云帆于天际。于是临前轩，濯浣花池，寺僧揖予于小亭而憩焉。询昔游之记，则已刻于五至堂矣。众客举酒相属，徜徉久之，皆步出前三门，有亭翼然，则陆象先之所曾游息也，故刻象先二字于扁。即繇山径寻所谓西施洞，则古佛石象在焉。遂缘山而下，路两旁松杉阴翳，苍藤如虬蜿，鸟声关关，游人交瞩，真一时之佳致也。乃环山而归，复抵天平之白云寺，入拜范公祠下。出则日色已晡，烟光黯淡，诸峰如人立，如戟插，如笔卓，如拱如揖，如迎如送，皆天造之巧也。德润谓定之曰：人生聚散之踪，来不可期，去不可追，矧岁月奔驰，一俯一仰，悉为陈迹，物是而人非者有矣。今则天和日晴，川朗山秀，心开而目明，意适而情畅，有朋侪足以倡和，酒肴足以献酬，讵知非他日之观美乎？则斯游也，不可以不记。至正九年三月廿二日。

——《（崇祯）吴县志》

游天平山记

[明] 高 启

至正二十二年九月九日，积霖既霁，灏气澄肃。予与同志之友，以登高之盟，不可寒也，乃治馔载醪，相与指天平山而游焉。山距城西南，水行三十里。至则舍舟就舆，经平林浅坞间，道傍竹石蒙翳，有泉伏不见，作泠泠琴筑声。予欣然停舆，

石屋

听久之而去。至白云寺，谒魏公祠，憩远公庵，然后緜其麓循徂栈以上。山多怪石，若卧若立，若搏若噬，蟠拿撑挂，不可名状。复有泉出乱石间，曰白云泉，线脉萦络，下坠于沼，举瓢酌尝，味极甘冷。泉上有亭，名与泉同，草木秀润，可荫可息。过此则峰回登盘，十步一折，委曲而上，至于龙门。两岸并峙，若合而通，窄险深黑，过者侧足。又其上有石屋二间，大可坐十人，小可坐六七人，皆石穴空洞，广石覆之如屋。既入，则栗然若将压者，遂相引以去，至此盖始及山之半矣。乃复离朋散伍，竞逐幽胜，登者止者，哦者啸者，备而喘者，恐而眺者，怡然若有乐者，怅然俯仰感慨若有悲者。予居前益上，觉石益怪，径益狭，山之景益奇，而人之力亦益以备矣。顾后者不予继，乃独褰裳奋武，穷山之高而止焉。其上始平旷，坦石为地，拂石以坐，则见山之云浮浮，天之风飕飕，太湖之水渺乎其悠悠。予超乎若举，泊乎若休，然后知山之不负于兹游也。既而欲下，失其故路，树隐在蔽，愈索愈迷，遂困于荒茅丛篠之间。时日欲暮，大风忽来，洞谷呤呀，鸟兽鸣吼。予心恐，俯下疾呼。有樵者闻之，遂相导以出。至白云亭，复与同游者会。众莫不尤予好奇之过，而予亦笑其惟怯颓败，不能得兹山之绝胜也。于是采菊泛酒，乐饮将半，予起言于众曰：今天下板荡，十年之间，诸侯不能保其国，大夫士不能保其家，奔走离散于四方者多矣。而我与诸君蒙在上者之力，得安于田地，抚佳节之来临，登名山以眺望，举觞一醉，岂易得哉？然恐盛衰之不尝，离合之难保也，请书之于石，明年将复来，使得有所考焉。众曰：诺。遂书以为记。

——《（崇祯）吴县志》

吴山十二图记（节选）

[明] 徐 枋

灵岩、邓尉两山，固吴山之殊胜。两山法席，亦吴中之巨丽也。每谓邓尉以湖山取胜，灵岩以泉石争奇。而一登涵空之阁，陟琴台之巅，以香泾为襟带，以具区诸山为屏案，则湖山之胜，灵岩固兼有之矣。而自山麓以至绝顶，多奇石，多古迹，骚人凭吊，资其风雅，亦一无尽藏也。（右灵岩）

天平泉石之胜，甲于吴山。自陟山麓，迤逦而上龙门，两石夹立，其高几丈，中通一径，登山者必从中而过。白云泉则巨石如扆，崚嶒磅礴，石有罅如线，涓涓成池，而最胜者则莲华洞也。其蹊径之屈曲，梯磴之魁奇，峰峦之峥嵘，竹树之葱蔚，诚有所谓善画者莫能图也。（右莲华洞）

上沙在天平、灵岩之间，其地最胜。大樵、仰天界其右，笏林、岢岬峙其左。中为村落，多乔林古藤，苍松翠竹，与山家村店相掩映，真画图也。一涧从灵岩、大樵逾重岭而来，涧声潺潺，水周屋下，予草堂在焉。轩窗四启，群峦如拱，空翠扑人，朝霞夕霭，可卧而游，又不假少文图画矣。（右上沙）

——《（道光）苏州府志》

天平山看枫叶记

[清] 李 果

天平山，予旧所游也。乾隆七年十月朔之二日，马生寿安要予与徐北山游。泛舟从木渎下沙，可四里，小溪萦纡，至水尽处登岸。穿田塍行，茅舍鸡犬，遥带村落。纵目鸡笼诸山，枫叶远近，红叶杂松际。西山皆松栝杉榆，此独多枫树，冒霜则叶尽赤。今天气微暖，霜未着树，红叶参差，颜色明丽可爱也。历咒钵庵，过高平范氏墓，岩壑溢秀，楼阁涨彩。折而北，经白云寺，憩泉上。升阁以望，则天平山色崚嶒，疏松出檐楣，凉风过之，如奏琴筑，或如海涛响。马生出酒馔，主客酬酢。客有吹笛度曲者，其声流于林籁。境之所涉，情与俱适，不自知其乐之何以生也。方今淮、徐十四州县被水，舟从城上过，济宁河堤继决，枣林诸处数十里，多牵马船载以渡。而沛县复水涌流，民载路上。廑天子宵旰出帑金赈恤，谋毋失所，而吾郡获邀苍昊太和之气。秋禾茂登，民物安阜。初冬佳日，吾党得以嬉游田野，顾瞻山泽之明秀。云磴石壁，巉削类断；深林红叶，掩映若画。酌芳醴，对良友，陶陶衎衎，舒我襟抱，觉天地之浩浩，景物之熙熙，而忘我生之须臾也。其乐又宁有涯与？始约游者六人，马退山、张秉衡、王在林，皆以事阻，而予儿子师稷适来。马生之父南村，闻予游辄喜，携其孙以从。适得六人游。之后四日，北山补图以纪其胜，而予为之记。

——《（同治）苏州府志》

登灵岩山琴台记

[清] 姚 燮

灵岩山之椒曰琴台，相传为吴王弦歌之地。台下之径，即所云响屧廊者，然眇无所征，存其说可也。山之势，句者锐，洼者欹，坦者庳下而阴，穹者磅礴而磊，千推百拥，脉束络结，荦乎成一台，遂踞兹山之胜。是日也，秋风正高，万象森逼，凛若颠陨，虚若振飞，爰拭藓跣坐以憩焉。兰丛蕤蕤，结其幽怨；松气勃勃，郁之满衿。流精四昒，群纲一提。青天上横，而片云不滓；午日下照，而六幕皆洁。穹窿左屏，明螺两髻；洞庭斜迤，菌苔九葩。隔林烟横，城郭十万之灶；吹空帆乱，具区千顷之波。因之揽斗南之山川，怆姑胥之伯业。铜沟玉槛，美人尽于椒华；地户天门，军阵雄于东武。海灵仙逝，春宵梦回，鸥夷之魂待招，属镂之芒旋蚀。荒陵凄雨，不复笙歌；幽径夕阳，已无花草。荡羁愁之浩莽，不知吾涕泗之何从也。塔铃乍喧，山鸟皆舞，扪萝下厂，晚气已乘，群从促归，一僧相送。

——《复庄骈俪文榷二编》

灵岩山赋

[清] 纳兰性德

神仙堂奥，阊阖屏藩。万峰环拱，百渎横奔。问吴宫之故址，伤越国之兵屯。楼台非昔，川谷犹存。惟南斗之星分，实咸池之禀气。山势天平，湖光日沸。路羊肠以南趋，水龙池而东溉。倚孤塔之凌霄，俯姑苏之丛卉。北枕支硎，西瞻邓尉。接穹窿以为宗，镇岞崿以为纬。东带横山五坞，前瞰胥溪一市。万顷苍茫，四时叆叇。既采掇乎芳菲，亦顾盼以雄毅。思夫三让之高风，使荆蛮之俗同。及两国之仇始，乃吴都之更雄。凭高论守，隔水谋攻。石室羁人，因栋梁之策士；苎萝娇女，备洒扫于后宫。既开四域，渐薄侯封。酒已倾而连醉，歌益妙而未终。山川际盛，草木向荣。既安逸乐，遂广游踪。春泾采香，溪花如倩。扁舟驾风，锦帆似箭。泛越女于溪中，馆吴娃于天半。步廊响屧，离宫酣晏。妆台秋镜，万六千顷之波；黛点春螺，七十二峰之变。坐峨石以鸣琴，临平池而洗砚。浓淡俱鲜，阴晴各善。亦有豨巷鸡陂，鹿洲鸭苑，洞庭消夏之湾，浮玉可盘之甸。岂若云岫参差，林岚隐见，台阁玲珑，烟霞舒卷，雪积磷磷，晴开面面。东吴胜游，兹实其选也。夫何阊阖晨开，不废长洲之猎；舻艒夕至，遂径酿酒之城。有目空悬，无心效颦。虎丘谁踞，

张宗苍《灵岩朝翠图》（清）

鹤市多惊。惟兹岩石，巍然不倾，乃至辘轳断绠，双井犹清；罗绮烟销，百花常发。松杉古路，反为竹杖盘桓；兰桂深坞，惟是棋枰暂歇。彼老人之枯坐，石不点头；乃艳女之经游，迹余深窟。无生国里，高阁涵空；有色天中，讲堂喻筏。亦人事之更新，非天道之若阙。龟望水而能化兮，鱼听讲而不没。信斯岩之有灵兮，亦何异乎林屋之终塞。

——《通志堂集》

无隐庵记

[清] 石韫玉

吴城迤西多名山，方外士每择其山水佳处，以为安禅之地。由灵岩至支硎，十里而近，中间平冈峻岭，迤逦相接。昔履中禅师筑精舍于其间，曰无隐庵。其后庵主迭更，有不肖者废其业，结讼在官。嘉庆初，吴令吴公之诚斥去故僧，别选梵行清高者，于是庵归天台澄谷风公。而风公先为尺木彭居士延主吾与庵，因令其徒涵虚上人分主其地。其庵左右皆山，依岩结屋。中为问梅堂，堂之前有老梅，花时香雪盈庭。左为飞云阁，阁外古藤老木，翳荟阴森。其旁曰静观室，中奉观世音菩萨。室外聚石为台，泉出石间，曰瓢丰泉。泉流曲折行石涧，曰泻雪涧。汇而为池，曰金莲池。旁有小轩，曰涌月轩。乔松百尺，山风时至，飒飒作海潮音。松下有静室，曰清籁寮。修竹一林，回廊绕室，曰倚碧廊。庵之大略如此。此皆为诸檀越为涵虚上人所修筑者也。吾闻如来在世，不肯在桑下三宿，恐其生依恋心，将大地山河皆空虚无有，而何有于一庵？然舍卫有城，给孤有园，虽在绝塞万里之外，而中国之人津津能道之，盖因佛而重也。此庵自履中开山以来，不知凡易几主，昔之人无闻知。而自归风公后，其地遂为吴中名胜之区。士大夫游西山，必过而访焉，以想见风公之高致，几与支硎林公同此不朽，岂非地以人重耶？后来者清修梵行，毋忘旧德，庶几长为山灵所呵护也。

——《（同治）苏州府志》

水木明瑟园赋并序

[清] 朱彝尊

仆生平不耐作赋，虽以赋通籍，非称意之作不存也。康熙甲申八月，陆上舍贻书相要，过上沙别业，遂泛舟木渎，取道灵岩以往。抵其间，则吴趋数子在焉。爱其水木明瑟，取以名园。上舍延宾治具，饮馔丰洁，主客醉饱，留七日乃还。念胜引之难再也，成赋一篇。先民有言，人各有能有不能，赋非仆之所能也。辞曰：度十亩之地，葺宅一区。沚有阡而可越，潭分沙而不淤。翦六枳而樾藩，因双树而辟间。嘉水木之明瑟，爱径畛之盘纡。山有穴而成岫，土戴石而名岨。礐两判而得路，尊四照兮盈株。园之主人，则陆生槇也。匪声利是趋，惟古训是茹。鼓枻而吟，带经以锄。不隐不仕，无碍无拘。良辰既撰，爰遣庄奴，笔疏告吾。商飙乍肃，赫暑早祛。葵倾芳步，柰秀华芙。桂英粟绽，皂荚条粗。苔缚厥寻，镰刈其芜。井级瓶绠，床转辘轳。靡尘不涤，靡秽不除。可以谭燕，可以歌歔。夫子惠顾，跂属无虞。于是竹垞一叟，诞发僧庐。遵彼横塘，津逮岑隅。风搨伞竹，日漏衣袽。亦有同调数子，素心相于。水抽其帆，陆枊其车。不速而集，语笑轩渠。离坐贯坐，或跏或趺。生也敕中厨，刲两羭。诚食馔之次第，传方法于腰腴。乃羹乃瀹，间以膹脵。薤则有蒲，鲊则有苴。擘翠房之薜苈，剥紫茨之圆珠。旋棋改令，覆斗倾盂。倒季路之十楗,慕宣尼之百瓺。生起避席,颜色敷愉。称园虽小,聊可以娱。夫子赋之,可欤否欤?叟曰可哉!吾思鲁钝,毋疾而徐。于焉闭关纳屦,自晨及晡。拂几案,屏甒瓺。把勺水,注蟾蜍。默耸羸肩,潜捋短须。虽有千虑,终成一愚。譬诸奏事四足而非马,书券三纸而无驴。尔乃舍左思之席涠,投锺繇之笔桮。循兰陔,践椒涂。蹴听雨之楼梯,登升月之窗庭。浏览帷林,荡漾方壶。心倾意写,志豁神摅。留宿宿兮信信,忽便便兮诸诸。而曰猗兹园之怡旷兮,经夫差之故都。驻我马于高冈兮,想越来之师沼。吴伤西子之不作兮,徒凭吊于交衢。聆宝屟而声销兮,剩红心之草铺。嗟宫墙流水之入兮,验妖梦之非诬。既上山而下山兮,复自田而之湖。回瞻岩椒之夕阳兮,挂霄汉之浮图。逼茶坞之葱青兮,占稻田之丰腴。耘虽资乎强以兮,获免发彼租符。眺松皋之明秀兮,步衡薄而踟蹰。辞入门与七堰兮,远肥腻之姑苏。望之丛丛蓊郁,即之罗罗清疏。既外隈而内隩,亦前渚而后汩。磴希逼侧,邱不崎岖。涧无饮虎,穴少潜狙。石梁缓度,坦坦舒舒。春则桃殷李缟,夏则笋白樱朱。蕡一丈兮烂漫,香五木兮纷敷。架层阑之曲录,刺不虑夫牵挐。又有同心宿蕙,并蒂新葇。未八月而剥枣,先九日已囊萸。野芳断兮复续,湛露晞兮更濡。讶鸡鹜之扑鹿,纵乌鸟之毕逋。喈喈楚雀,汎汎江凫。雀则有觳,凫则有雏。翠羽定巢而不去,文鳞在藻而忽徂。非无牛宫豚栅,麋罦兔罝,羝藩鹿砦,雉艾鸡筊,螃蟹设簎,鳣鲔施罦。宁宽便了之僮约,而免责其辛劬。彼玉山之仲瑛,暨光福之良夫。连峰列岫,夹涧通潴。岂若斯之一邱一壑,不见其隘,而只见其有余。且客独不闻兹园经理之初耶?曩有高士,芷遁山隅。履穿东郭,面垢左徒。垂芦帘于纸阁,燃箬叶于瓦炉。朋慵迎兮勿送,户罢阖而不逾。柏虽生兮上槁,桐已副而无肤。斯人去兮猿鹤散,幸茅亭之尚在。对鱼床之咫尺,而转学其空虚。生乃取介白之遗字,悬擘窠之大书。志先民之轨躅,作后学之范模。岂非仁心仁术,视富贵利达买宅者攸殊。今吾与诸子,饮食宴乐于此,倡子和汝。安知后之游者,观题壁之作,不旷世而相感,诵清风之穆如。重为告曰,四坐莫喧,吾言不渝。诸君卜筑,近在郊郛。吾独寥寥,栖小长芦。目极百里,何山可居。相生之宅,其乐只且。兄分布被,母御板舆。妇采苹而采蘩,子耕菑而耕畬。烹泉则京挺都蓝并载,入市则修琴卖药非迂。郊关一舍而近,津渡扁舟可呼。行不苦于赵趄,策不藉乎翼扶。我舟弗劳,我仆免痡。访翠墨而椎拓,拓黄卷而流输。凡灵威所守,唐述之储,莫不签题置笥,装界开图。《尔雅》释寓醠之属,《离骚》笺草木之疏。仆虽耄矣,耽与道俱。奇文疑义,犹冀相须。友直友谅,为德不孤。思载家具,旁生层栌。卜邻晨夕,我与尔夫。

——《(同治)苏州府志》

题潭上书屋

[清]何焯

石城峙前,天平倚后。平田缭左,溪流带右。其中老屋五楹,规制朴野。广庭盈亩,植以丛桂,名曰潭上,志地也。

皂荚庭，即书堂之后庭。鸡栖一树，直攫清霄。曲干横枝，连青接黛。每曦晨伏昼，不受日影。下有蔀屋，偃憩者莫不忘返矣。

曲盝阑，由园门折而东，又折而北，又再折而东北。左并广池，右迫桂屏。接木连架，旁植木香。蔷薇诸卉，引蔓覆盖其上。花时追赏，烂然错绣。

坦坦猗石梁，在介白亭之前。广八尺，长倍之。平坦可以置酒，追凉坐月，致为佳胜。

介白亭，三面临水，轩爽绝伦。左则修竹万竿，俨然屏障。前则海棠一本，映若疏帘。旁有古梅，蜿蟉屈曲，最供抚玩。旧为隐士吴江徐白介白所筑，故表目焉。

升月轩，临水面东，月从隔岸修篁间夤缘而上，故以名轩。

听雨楼，桐响松鸣，时时闻雨。霜枯木落，往往见山。

帷林，草堂三间，北望茶坞山，如对半壁。其前嘉木列侍，若帷若幕。中有古桐一株，横卧池上。霜皮香骨，尤为奇绝。庭后蔬苻药畦，夏花秋蒎，未尝去目。

暖翠浮岚阁，即帷林后之右偏。叠石为山，构楹为阁。四山嶙峋，环列如屏障。烟云蓊郁，晨夕万状。昔贤拄笏，恐未尽斯致。

冰荷壑，帷林之前，广池两岸。梅木交映，水光沉碧。临流孤坐，寒沁心脾。

桐桂山房，丛桂交其前，孤桐峙其后。焚香把卷，秋夏为佳。益者三友之蹊，细筱蒙密。桐桂交错，中有微行。沿流诘曲，为捐为益，求友者当自辨之。

小波塘，介白亭后之方池。细浪文漪，涵清漾碧。游鳞翔羽，自相映带。

摘箬冈，枕池之东，土冈蜿蜒。其上修篁林立，扫箨剧萌，颇供幽事。

木芙蓉，淑土冈之下，池岸连延。暑退凉生，芙蓉散开。折芳骞秀，宛然图画。

鱼幢，池深广处，立石幢一。游鱼环绕，有邈然千里之意。

蛰窝，狭室北向，窅如深冬。庭有古梅，幽幽蛰龙。君子居之，经学是攻。

饭牛宫，东皋之涘，翠羽黄云，三时弥望。草亭低覆，过者以为牛宫尔。

东汧桥，横跨流水，前后澄潭映空，月夜沦涟泛滟。行其上者，如濯冰壶砚。

北村，修竹之内，茅舍数间。外接平畴，居然村落。一窗受明，墨香团几。视友仁之在阛阓，但有过之也。

——《（同治）苏州府志》

重修涧上草堂碑记

[清] 洪亮吉

余每诣水木明瑟之园，必过涧上草堂，礼先生木主。见其窗牖零落，俎豆不虔，辄为慨叹久之。今岁得徐待诏达源书，与其徒上舍赵筼复新先生之祠，并捐田若干以备祭扫。夫待诏于嘉庆建元已重修先生之祠矣，今越十二年，待诏家已中落，复能与其徒为此义举。《传》所云"乐善不勌，见义必为"者，待诏及上舍皆有焉。今试观万物向荣之时，凡培植百果，料量众卉，人人皆能之矣。及夫岁序欲尽，冰霰载途，山不髡而若髡，水不涸而欲涸，谁复能滋宿莽之草，护松柏之根者？是则趋盛背衰,乐荣恶悴,物物之性尽然。天亦不能使雨露之泽盛于冬时,日月之华偏于枯木,则亦天人之理然也。今二君独能勃勃于胜国之遗民、国初之耆旧若此,吾知二君处文靖之时,必能为文靖所欲为;处俟斋之时,亦必能尽俟斋所欲尽。易地皆然,有不谋而合者矣。吾故乐为记之,并系以歌曰:"岁历耄耋,心忘干支。草堂阴阴,此焉栖迟。青碧障天,红无一丝。疑有精卫,巢于北枝。先生之生,海水四飞。先生之卒,澄泓一溪。所天既殁,其谁与依?噫吁嘻!鲜民之生,不如死之久兮。父主东林,明之荩臣。儿居西涧,世之遗民。是父是子,求仁得仁。乌乎!下为河岳兮,上为星辰,夫岂沾沾于涧水之滨?"

上书房旧史氏阳湖洪亮吉记,国子监祭酒钱唐吴锡麒书。

——《涧上草堂纪略》

天平山赋

佚　名

危乎奇哉,山之有天平也。粤自上升下凝,余滓中停,遂成厥形,邈不知其几千万龄也。但有土殷而石苍,倚空而撑汉。渟冲和之萃气,作句吴之伟观。其势脉则戢凑而盘维,其位置则负艮而面离。椅借乎支硎,盆盥乎天池。曤灵岩于前郊,朋穷窿于右陲。荐福之岭九叠,疑甲屏之列;具区之波万顷,讶冰鉴之施。芙蓉浸兮弹润,簪笏拱兮参差。浮紫金之沉潗兮,掀狞飙以簸荡;绾青螺之髻鬟兮,沐膏雨而淋漓。语其崒崣兮,逼东鲁之父凫绎;诧其挺拔兮,俦西蜀之峨眉。居兮邃奥,造兮逶迤。讵容凡俗之所闯,岂许瞽蒙之所知。撰地志

张宗苍《万笏朝天图》(清)

者阙载，修山经者罔遗。非养高肥遁绝粒茹芝者，乌能幽复以宅之；微遐览冥搜违世通真者，何肯逍遥以游之？蒙以素怀宿想，旦望宵兴，买彼轻航，拉我友生。时春光以明媚，矧鸟鸣兮嘤嘤。指兹山以为遨，爰团辞兮以叙其所经。抵岸命仆，驾舆挈艉。始逗樵子之途，遂投化人之城。岑楼杰阁，碧甍朱甍。象犀迓乎隐现，钟鼓訇而交鸣。老衲出迓，茗瓯式陈。逸兴孰御，跞然偕登。陟其麓，盼古松百尺，偃若华盖。凌其冈，睹飞流一派，萦若线带。石耸龟兮蟾蜍之傍，峰卓笔兮飞来之外。援樛木之藤蘁，冲经堂之烟霭。半山有亭，白云其名。泉出其上，名同乎亭。憩之烦虑可祛，酌之尘缘可清。古人多于是兮驻行迹，吾侪益于是兮扬心声。去此则有蜿蜒之局，巃嵷巉崿。夸娥之力莫举，巨灵之斧曾斫。湛青天之半痕，擘孤云之两角。鲸涛濆洞，使人心愕。去此则自大小石屋，创由鬼工。广砀覆宇，贞珉启窗。蚀壁落之苔藓，填图帧之青红。于焉荫息，移时从容。出则境益险诞，步渐陟峭。群峦层巘，斗奇献巧。如虬如龙，如虎如豹。或纵或却，或卧或矫。伏者若拜，突者若走。纤者剑芒，洼者瓦臼。欹者醉弁，呀者噱口。偃若曝鳖，翼若搏鹫。恣眸子之了然，得出无而入有。动乎动，静乎静，诡乎诡，正乎正。拥头陀于猊床，迸莲花于玉井。千态万状，靡可言罄。上则摄衣齐于丹梯，纡履齿于飞磴。琪树发兮葱蒨，涧葩敷兮娟靓。乃载跻兮载扳，务欲殚兮兹辰之兴。惊鸿翔而脱兔奔，共直抵于照湖之镜。至此则去天一握，而为山之绝顶。脊脱巾兮坦腹，肆箕踞兮坐讯。回鸾雕雕兮垂唱，骏鸟翩翩兮弄影。呼长风兮倏来，挹飞霞兮何迥。羡六合兮无疵，贺万众兮齐奋。坤舆绵兮夷旷，干旋健兮斡运。顾吾生之渺然，立两间之末命。肯免汗简之捐，徒被蕴崇之哂。陋牛山之沾衣，亦微悄之耿耿。有蒙告曰：其趾西被，翼祠岿然，是宋之范。老而忧乐，为天下先。扶仁植义，延四百年。实吾乡之先正，为盖世之大贤。厥神栖于此，恍容与而留连。惟相距仅伊迩，当会领而勉旃。率客肃容，凝望而往拜焉。噫！醯鸡弗足以言海，夏虫莫可以语冰。苟察识之匪枉，通抑郁之累情。瞻公遗像兮，已信抱负之忠贞。慕公往烈兮，当服德量之恢弘。若说之筑岩兮，山固由公而致誉。若嵩之诞甫兮，公亦由山而孕灵。彼有旷百世而相感者，虽顽懦兮廉立。苟不能彷佛其万一，宁不愧邦之后生。奚必仍羽人于丹丘，睎不死之福庭。舍瑶草，腾璇冥，脱屣委蜕，为不践实，而取踬彼荆榛之鄙。抑未布忱，而冀醉宴乎蓬瀛之荣者哉。咸洗盏起寿，而哀乐交并。退而要各考其所就，庶几无负于斯行。

——《吴都文粹续集》

清帝临幸

[现代] 释妙真

历代圣君贤相，莫不崇奉三宝，而清代各帝亦多深研经教，拥护大法。所以康熙乾隆二帝，数次临幸灵岩时，敕赐经像，歌咏赞叹也。

康熙二十三年幸苏州，驻虎邱。二十八年二月四日，御舟至木渎，舍舟登陆，

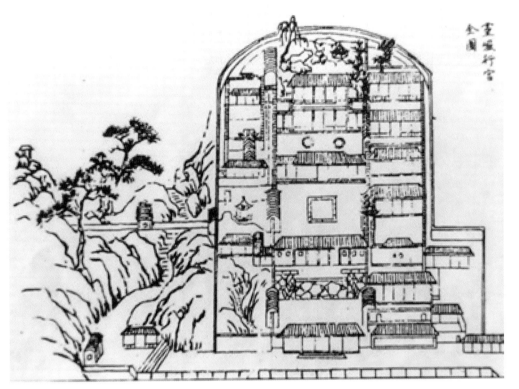

灵岩行宫图（绘于乾隆年间）

幸邓尉。次日天雨，幸灵岩，览琴台等胜。十九日，自浙江回銮，御书匾一面云"岚翠"，御制《登灵岩》诗一首。三十二年，御制《弥勒偈》一首云："弥勒真弥勒，分身千百亿。时时示时人，时人自不识。"三十五年，御书《金刚经》一卷、《心经》一卷，敕赐灵岩山寺。

乾隆十六年、二十二年、二十七年、三十年、四十五年、四十九年，凡六次南巡至苏州，遍幸灵岩、天平、支硎及穹窿、邓尉，而驻跸灵岩行宫。尤多御制灵岩杂咏，至今尚有三诗流传。

十六年二月二十四日，南巡幸灵岩，驻跸行宫。三月十七日，自浙江回銮，重幸驻跸两日。本年八月，御制对一联云："空际两山青玉削，望中一界白银铺。"御制匾额二面云"晴湖远碧""云峰罨翠"，敕颁灵岩行宫。御制驻跸诗一首，御书"灵岩"二字，敕勒石。御制对一联云："云去云来，池边留塔影；烟凝烟泮，林外泛湖光。"御制匾一面云"吴苑香林"，御书《心经塔》一卷，《心经》一卷，御制《三希堂法帖》二部，敕赐灵岩山寺。二十二年二月初三日，敕供释迦牟尼文佛于灵岩行宫。御写梅花一枝于氍屏，题云"西梵庄严释迦牟尼文佛"，供于灵岩行宫。香雪一枝，写为氍屏，本地风光，如是如是。御书对联云："金轮影映牟尼净；宝塔光含舍利圆。"御制佛座铭云："法王调御天人尊，转法轮持大千界。紫金光聚成相好，来自西竺葱岭外。具大威德大利益，导诸众生大欢喜。无量福遍恒河沙，吉祥云护大宝地。清净庄严众瞻仰，于诸供养为最上。"三十年南巡，将驻跸灵岩，小民喁喁望幸。好事者，先期谕乡农，就山阳田亩，隔岁植豆麦、云台、紫云英，各种，且示分畦布种法，遵令者蠲租。是年二月，帝莅止，自山岭遥望陇亩间，红黄青绿，一片锦绣，凑"天下太平"四大字，帝大喜。

——《灵岩小志》

第三节　著述　金石

著　述　天平村域内，历代相关地方文献多有记载，甚至留下了不少专志。

表12-1　　　　　　　　　　天平村域相关著述表

时期	姓名	文献书目
宋朝	朱长文	《琴台志》
明朝	释宗彀	《天平志》
明朝	赵宧光	《寒山志》
明朝	佚　名	《寒山记》
明朝	黄习远	《吴中灵岩山志》
明朝	释弘储	《灵岩纪略》
清朝	徐达源	《涧上草堂纪略》
清朝	沈　钊	《灵岩新书》
清朝	王　镐	《灵岩志略》
清朝	明　煦	《灵岩崇报禅寺小志》
清朝	章日照	《灵岩三家诗选》
清朝	汪　正	《灵岩诗》《木渎文征》《木渎诗存》
清朝	范瑞信、范宏金	《天平范氏家谱》
现代	佚　名	《灵岩志略》
现代	张一留	《灵岩山志》

金　石　天平村域内历代金石甚多，由于岁月悠久，有些散失、湮没，今据史籍资料所载，列诸于表，以备查考。

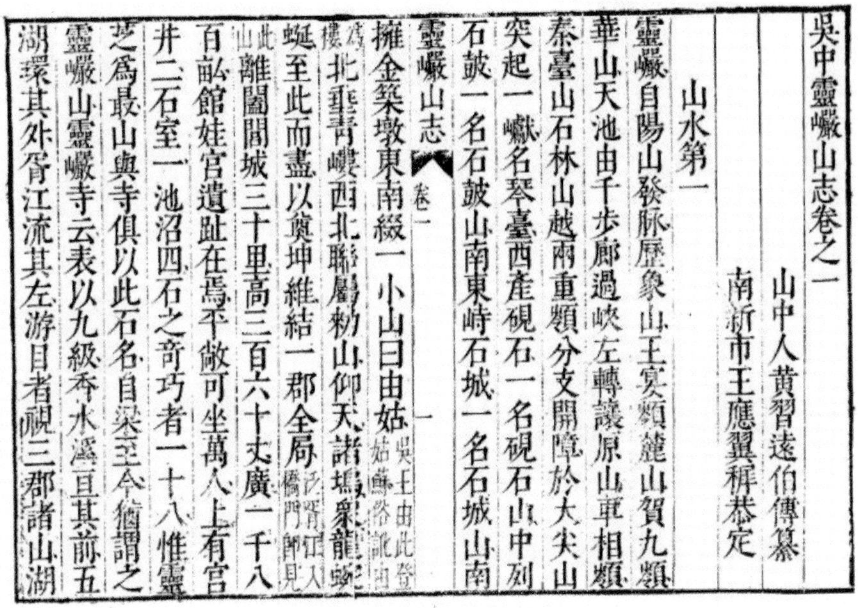

吳中靈巖山志卷之一

山中人黃習遠伯傳纂

南新市王應翼稱恭定

山水第一

靈巖自陽山發脉歷象山王宴頮麓山賀九嶺華山天池由千步廊過峽左轉讓原山車相嶺秦臺山石林山越兩重嶺分支開嶂於大尖山突起一巘名琴臺西產硯石一名硯石山中列石鼓一名石鼓山南東峙石城一名石城山南擁金築墩東南綴一小山曰由姑（吳王由此登姑蘇遊讌由）北垂青巘西北聯屬勑山仰天諸塢象龍蜿蜒至此而盡以巽坤維結一郡全局（伍子胥作入橋門郡見）此山離闔閭城三十里高三百六十丈廣一千八百畝館娃宮遺趾在焉平敞可坐萬人上有宮井二石室一池沼四石之奇巧者一十八惟靈芝爲最山與寺俱以此石名自梁至今猶謂之靈巖山靈巖寺云表以九級夆木溪亘其前五湖環其外胥江流其左游目者覩三郡諸山湖

靈巖山志 卷一 一

明万历《吴中灵岩山志》

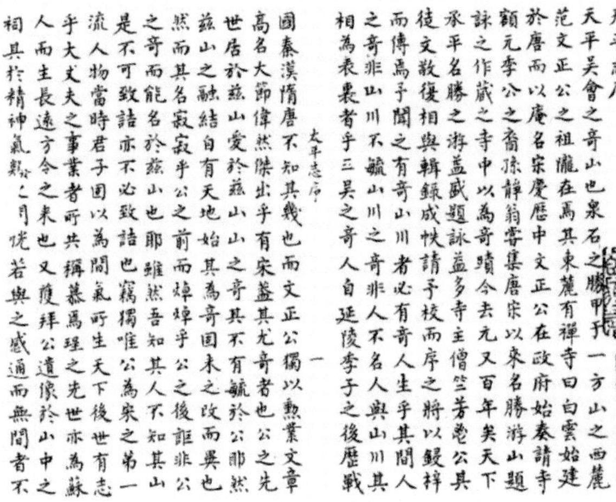

天平志序

天平吳會之奇山也泉石之勝甲于一方山之西麓范文正公之祖隴在焉其東麓有禪寺曰白雲始建於唐而以庵名宋慶歷中文正公在政府始奏請寺額元李公之裔孫靜翁嘗集唐宋以來名勝游山題詠之作藏之寺中以為奇蹟今去元又百年矣天下承平名勝之游益盛題詠益多寺主僧竺芳卷公具徒文數復相與輯錄成帙請予校而序之將以鋟梓而傳焉予聞之有奇山川者必有奇人生乎其間人之奇非山川不顯山川之奇非人不名人與山川其相為表裏者乎三吳之奇人自延陵季子之後歷戰

天平志序 一

國秦漢隋唐不知其幾也而文正公獨以勲業文章高名大節偉然傑出乎有宋蓋其尤奇者也公之先世居於蘇山愛於蘇山山之奇其不有毓於公耶然蘇山之融結自有天地始其為奇固未之改而異也然而其名寂寂乎公之前而焯焯乎公之後詎非公之奇而能名於蘇山也耶雖然吾知其人不知其山是不可致詰亦不必致詰也竊獨唯公為宋之第一流人物當時君子固以為間氣所生天下後世有志乎大丈夫之事業者所共稱慕焉理之先世亦為蘇人而生長遠方今之來也又獲拜公遺像於山中之祠具於精神氣貌之間恍若與之感通而無間者不

明《天平志》

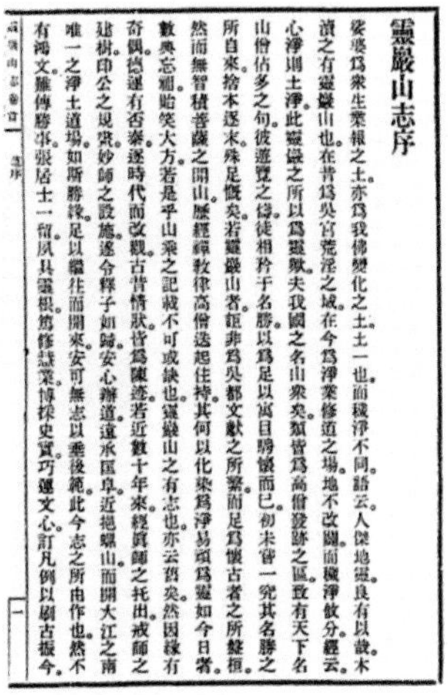

靈巖山志序

娑婆爲衆生業報之土。亦爲我佛變化之土。土一也。而穢淨不同。語云。人傑地靈。良有以哉。木瀆之有靈巖山也。在昔爲吳宮荒淫之域。在今爲淨業修道之場。地不改闢。而穢淨攸分。經云。心淨則土淨。此靈巖之所以爲靈歟。夫我國之名山衆矣。類皆爲高僧發跡之區。致有天下名山僧佔多之句。彼遊覽之儔。徒相矜于名勝。以爲足以寓目騁懷而已。初未嘗一究其名勝之所自來。捨本逐末。殊足慨矣。若靈巖山者。詎非爲吳郡文獻之所繫。而足爲懷古者之所盤桓。然而無智積菩薩之開山。歷經禪教律高僧遞起住持。其何以化染爲淨。易頑爲靈。如今日者。數典忘祖。貽笑大方。若是乎山乘之記載不可或缺也。靈巖山之有志也。亦云舊矣。然因緣有奇偶。尚遲有否泰。逐時代而改觀。古昔情狀。皆爲陳迹。若近數十年來。經眞師之托出。戒師之建樹。印公之現與妙師之設施。遂令釋子如歸。安心辦道。遠承匡阜。近挹螺山。而開大江之南唯一之淨土道場。如斯勝跡。足以繼往而開來。安可無志以垂後範。此今志之所由作也。然不有鴻文。難傳勝事。張居士一留。夙具靈根。篤修淨業。博採史實。巧運文心。訂凡例以刷古振今。

靈巖山志卷首 志序 一

1947 年《灵岩山志》

表 12-2 天平村域历代金石表

时期	名称	字体	相关人物	时间	所在地
晋	铁袈裟赞监司赞（晋支遁遗物）	—	—	—	灵岩山
南朝梁	给事中江纂基碑	—	—	—	天平山
宋	灵岩山新建砖塔记	—	孙承祐撰	太平兴国二年（977）	灵岩山
	灵岩山多宝塔寺状帖碑，又作灵岩封禁侵占盗斫帖	—	孙承祐撰、儒永熹状帖	景德四年（1007）	灵岩山

续表

时期	名称	字体	相关人物	时间	所在地
宋	朱乐圃先生墓表	行书	米芾书	元符元年（1098）	灵岩山北麓
	天粹等提名	行书，后行正书	—	政和元年（1111）四月	灵岩山多宝塔寺帖之后面
	披云台颂	行书	释慈受撰	宣和元年（1119）五月	灵岩山下
	入定观音赞石刻	隶书	—	—	—
	释慈受撰法慎刻	—	灵岩山	—	—
	秀峰禅院舍庄田记	行书	—	宣和壬寅（1122）正月	灵岩山
	王景仁等题名	行书	寺僧玄	宣和壬寅（1122）端午日	灵岩山大殿外东壁
	朱隆舍庄田记	—	法泉立	宣和壬寅（1122）	灵岩山
	杨宅舍田拨米状判	—	法泉立	宣和五年（1123）	灵岩山
	秀峰寺公据	正书	—	宣和五年（1123）二月	灵岩山
	白玉相好观音记	正书	—	绍兴五年（1135）五月	灵岩山秀峰寺
	智积菩萨殿记	正书	—	绍兴五年（1135）五月	灵岩山
	敕韩少保残石	—	—	绍兴六年（1136）	灵岩山
	显学尚书残石	—	—	绍兴六年（1136）	灵岩山
	灵岩山石幢题字	行书	—	乾道元年（1165）十一月	灵岩山
	广照和尚忌辰追荐公据	正书	佛慧立	乾道三年（1167）十二月	灵岩山
	天平山题名	—	—	庆元三年（1197）	天平山白云泉左右壁上
	题名残石	—	—	淳祐七年（1247）七月	灵岩山
	范成大偃松诗石刻	—	僧就武跋	淳熙丁未（1187）腊日	灵岩山
	唯余松残石	—	知白立	嘉祐七年（1062）	灵岩山
	灵岩寺残碑	—	—	—	灵岩山寺
	僧讷庵千字文石刻	草书	—	—	灵岩山寺
	白乐天苏子美王君玉蒋希曾诗刻	—	—	—	天平山范公祠
元	砚石里重建香花桥石刻	正书	—	至元二十六年（1289）	灵岩山左近

续表

时期	名称	字体	相关人物	时间	所在地
元	忠烈庙记碑	—	牟巘撰重刻碑末署"砚山史德原镌"	至大元年（1308）九月	天平山忠烈庙
	处士陈谦墓志铭	—	陈基撰	—	天平山
明	天平山白云禅寺重兴碑	—	姚广孝撰	洪武七年（1374）	天平山
	天平山白云禅寺重兴碑	—	沙门道衍撰，滕用亨书并篆额	洪武二十五年（1392）壬寅二月	天平山
	重修范文正公忠烈庙记	正书	黄养书、程南云篆额，何渊刻	—	天平山忠烈庙
	忠烈庙题壁诗	—	王恕撰，季铁书	成化二十年（1484）甲辰一月	天平山忠烈庙
	韩蕲王墓记	—	张习撰，严丞益书丹并篆额	弘治辛酉（1501）春暮 道光十年（1830）	灵岩山
	都穆题名	—	—	—	灵岩山琴台顶
	"琴台"二大字	八分书	王鏊书	—	灵岩山琴台顶
	灵岩诗石刻	草书	谢琛书，许太仆初书诗后，附文嘉书《心经》，当是后人合刻	正德辛未（1511）万历戊寅（1578）	灵岩山
	"吴中胜迹"四大字	—	王鏊书	—	灵岩山
	吴县十一都五图里社碑	—	吴县知县杨权器立	嘉靖五年（1526）	天平山范家场吉祥寺
	重建忠烈庙碑亭记	—	丰道生撰并集王羲之书	嘉靖二十二年（1543）	天平山忠烈庙内
	泰伯墓碑	—	马之骏立，范允临书，赵宧光撰	万历四十二年（1614）	灵岩山敕山坞
	灵岩山赎山记	—	马之骏撰	万历四十二年（1614）	灵岩山
	灵岩山诗	—	朱尚文书	嘉靖间（1522—1566）	灵岩山
	灵岩怀古诗	—	朱襄书	正德间（1506—1521）	灵岩山
清	御赐游天平山十六韵游高义园作	—	乾隆御书	乾隆二十二年（1757）	天平山

续表

时期	名称	字体	相关人物	时间	所在地
清	御赐白云泉再叠香山韵	—	乾隆御书	乾隆二十二年（1757）	天平山
	御赐千尺雪杂咏四首	—	乾隆御书	乾隆二十二年（1757）	天平山
	御赐听阁旧韵	—	乾隆御书	乾隆二十二年（1757）	天平山
	"御碑亭""飞来峰""龙门在望""一线天"	—	—	—	天平山
	"白云泉""仙人影"	—	—	—	天平山
	"一峰复一峰，峰峰作笏立，石兴人穸然，万古并业发"诗题刻	—	—	—	天平山钵盂泉崖上
	"云上""我来上白云，身在白云上"摩崖石刻	—	—	—	天平山上白云绝顶
	"登山如登桥，步步走上白云霄，抬头四望落日外，此去四方一直到，乘兴游人到此间，也须快念弥陀好"	—	—	—	天平山上白云
	御赐高义园诗	—	乾隆御书	乾隆二十七年（1762）	天平山
	御赐白云泉三叠白乐天韵	—	乾隆御书	—	天平山
	御赐文正公手书伯夷颂	—	乾隆御书	乾隆三十年（1765）	天平山
	御赐白云泉四叠白乐天韵	—	乾隆御书	乾隆三十年（1765）	天平山
	吴县禁碑	—	—	乾隆七年（1742）乾隆三十年（1765）	天平山忠烈庙
	重建忠烈庙牌坊记	—	范仪昞撰，陈松龄书	乾隆四十四年（1779）	天平山忠烈庙
	范弥隆移寿金修佛殿启	—	—	—	天平山白云禅寺
	御赐文正云手书伯夷颂	—	乾隆御书	乾隆四十五年（1780）	天平山
	御赐白云泉六叠泉白乐天韵	—	乾隆御书	乾隆四十五年（1780）	天平山
	御赐天平山诗	—	乾隆御书	乾隆四十五年（1780）	天平山

续表

时期	名称	字体	相关人物	时间	所在地
清	御赐游高义园诗	—	乾隆御书	乾隆四十五年（1780）	天平山
	御赐支硎山五叠丁丑旧作韵	—	乾隆御书	乾隆四十五年（1780）	天平山
	御赐高义园诗	—	乾隆御书	乾隆四十五年（1780）	天平山
	重修韩蕲王墓并建飨堂记	—	韩崶撰、顾翔云书	道光十三年（1833）四月	灵岩山
	重修韩蕲王墓并建飨堂记	—	袁缙撰	道光十三年（1833）十一月	灵岩山
	始谒蕲王墓又题蕲王墓图诗刻	—	韩崶撰书	—	灵岩山
	潘遵祁等题名并有"祖父孙来此看红叶"字	—	—	—	天平山龙门
	释慈受等题名	篆书	—	—	灵岩山
	驻跸灵岩诗再叠韵、三叠韵	—	乾隆御书	—	灵岩山
	永年佛七缘起序	—	印光撰	—	灵岩山
	大殿功德碑记	—	妙真识	—	灵岩山
	四众普同塔碑记	—	印光撰书	—	灵岩山
	重修净土道场启建大殿记	—	印光撰书	—	灵岩山
	弥勒楼阁碑记	—	印光撰书	—	灵岩山
	十方净土道场功德碑记	—	印光撰书	—	灵岩山
	楞严念佛圆通章	—	印光撰书	—	灵岩山
	阿弥陀经塔赞	—	印光撰书	—	灵岩山
	咏净土道场	—	韩忠杰书	—	灵岩山
	灵岩山寺题壁	—	张一留诗，蒋忠杰书	—	灵岩山
	灵岩修净诗	—	蒋忠杰书	—	灵岩山
	灵岩弘净记	—	张一留撰，朱润芝书	—	灵岩山
	八大人觉经	—	蒋吟秋书	—	灵岩山
	落红亭记	—	费师洪书	—	灵岩山
	继庐亭记	—	妙真识	—	灵岩山

续表

时期	名称	字体	相关人物	时间	所在地
清	《金刚经》残石及零星残石，皆无款识年月	—	—	—	砌在灵岩山寺大殿两旁廊壁
	崇报寺住持念诚铸钟碑	—	—	—	灵岩山
	灵岩山百步阶石刻，"妙音观世音，梵音海潮音，胜彼世间音，是故须常念"	—	—	—	百步阶
近现代	重修白云寺记	—	周容刻	1919年	白云古刹内
	重修天平山范参议公祠堂记碑	—	汪凤瀛书，周容刻	1921年	天平山范参议祠堂
	履勘天平山采石记	—	陈去病书，杨文卿刻	1928年	天平山
当代	中日友好纪念碑	—	—	1994年9月30日立	百步阶下，馒头石东侧，立义亭旁（日本八女市立）

第十三章 志余

木渎镇天平村，地处苏州市西郊10千米的灵岩山、天平山麓，紧邻苏、锡、沪等大中城市，村区位于木渎镇第三产业开发区腹地，公路如网，苏州轨道交通一号线、五号线通过境内，交通便捷，地理位置十分优越，土地膏腴、物产丰富，自然资源得天独厚；村区内有灵岩山、天平山等风景名胜，风光旖旎，环境秀丽。村级经济持续增长，社会事业不断进步，人民生活日益改善。20世纪70年代起，村域内新华（白塔）、天灵、天平村（大队）的领导班子在改革开放中勇立潮头，敢想、敢干，带领勤劳、智慧的村民大办工业，村（大队）办工业异军突起，迅猛发展。其中新华（白塔）村（大队）尤为突出，新华电工厂生产的微细漆包线填补省内空白，1991年村办工业总产值超1亿元，进入吴县村级经济前十名行列。

　　各级媒体记者等纷纷报道介绍上述成绩，有通讯报道、报告文学、调查报告等，本章选录几篇存志，另附"春秋古城考古"一节。

第一节　文章选录

技术进步后劲足

——访吴县电工厂

朱澄潜

11月23日，一辆满载微细拉丝机的平板车在细雨中驶入了灵岩山东麓的吴县电工厂。这套先进的设备，耗资40多万元从西欧引进，将用于生产直径仅为0.2微米的微细漆包线。党支部书记孙金火和厂长倪永祥向我介绍，16根这样的微细漆包线并排的总直径才相当于一根头发的粗细。

该厂位于苏福公路旁。厂主回忆起创业初期，仅有一台机器和20名员工。5年来，通过不断更新技术和设备，实施严格的标准化管理，他们不仅提升了产品质量，也增强了企业的信誉。如今，吴县电工厂已成长为一家拥有8条生产流水线、能够生产40多种规格、年产量达到1300吨的专业漆包线制造厂。其产品远销至10多个省、自治区、直辖市，包括"骆驼"和"长城"电扇在内的众多知名机电产品均采用该厂生产的爱华牌漆包线。截至10月底，企业产值已成功突破千万元大关。

在厂内的计量质检科，我参观了新建的计量室，那里仪器设备一应俱全。我了解到，从原料到成品，全厂共设有11个质检点，确保每一步骤都经过严格的质量控制。在3名质检人员中，吴金明等2人已经获得了全国测试培训的结业证书。

倪厂长表示，尽管目前的订货量已经超过了明年的生产能力，但市场上的普通产品终将面临激烈的竞争。因此，他们正在加快微细漆包线项目的启动，以确保在未来的市场竞争中保持不败之地。

《苏州日报》1985年11月29日，有改动

水乡新星

——访江苏吴县木渎镇新华村

史　东

7月底，我们冒着酷暑访问了太湖之滨的吴县木渎镇新华村。

走进新华村，一片3万多平方米的厂房矗立眼前，仿佛是水乡绿原上突然冒出了一座小小的城市。现在，村上有500多人在这座小小的"城市"——村办的吴县电工厂做工。

给我们介绍情况的是这家村办厂的厂长倪永祥。这位厂长刚从奥地利考察、学习归来。据倪厂长介绍，这个生产漆包线的工厂，在1979年创办时只有5万元资金。

今年上半年已完成产值777万元，年终可望达到1800万元，即比1980年增加20倍，利润和产值同步增长。

七年三变

倪厂长介绍情况后，陪我们参观了工厂。这里有新老3个厂区。在老厂区，倪厂长没有停留。那是开创时期"土法上马"建造的，也许因为设备陈旧落后，羞于见客了。进入新厂区，只见工人专心致志生产，机械化程度已相当高，中细漆包线上漆的6道工序已能在一部机器上一次完成。主要产品聚酯漆包线被评为苏州市的优质产品，为生产骆驼牌电扇、长城电扇等名牌产品的工厂以及一些生产仪器仪表的大厂所采用。

但倪厂长现在的注意力已不在这个厂区了。中细漆包线在市场上已呈饱和状态，他们是凭产品质量好、大厂信用，才保持稳定的市场需求的。要开拓新的市场就得有新的技术、新的产品。他带领我们走出厂门，来到一块开阔的空地。那里一座三层的新厂房已经建成，只见底层躺着5个大木箱，里面装着刚从奥地利引进的整套流水线设备。设备是用电脑控制的，生产用于电脑、电视机、收录机等电器产品的微细漆包线。倪厂长说，他这次就是为这条流水线去奥地利的。

谁是它的"魔术师"？

谁是促成这一巨变的"魔术师"呢？也许站在我面前的倪厂长便是。倪厂长向我们介绍厂里情况时，谈了许多关于商品经济的学问以及参与市场竞争的体会。他说，上海的许多企业各种条件都好，就是缺少点参与市场竞争的意识。

倪厂长说，现在企业的管理大致有4种情况，即作坊式管理、凭经验管理、科学管理、现代化管理。"我们厂正处在从凭经验管理向科学管理转变的过程中。"他这次在奥地利特地考察了同类型工厂的经营管理。

我问倪厂长今年多大年纪？办这个厂是"干"出来的，还是"学"出来的？他笑道，年方三十九。"文革"初期毕业于木渎中学。十年动乱，除了扛锄头不能干别的。党的十一届三中全会以后，思想解放了，村里办工业，他才转到工业上来。这几年是既干又学、边干边学的。他报了一批关于企业管理的书目。这些书他都读过了。

原来，这个工厂的成长同这位厂长的成长也是"同步"的。

生活最能说服人

从厂区走出来，倪厂长又带我们随意走访了几户人家。主人都去做工或下地了，家里只有老人、孩子。一个突出的印象是，在那些江南水乡的式样古老却凉爽宽敞的瓦屋里，家庭陈设都在向现代的城市化转变。我们参观了青年司机张国良的新房，他住在西屋。屋顶贴了天花板，地面铺着化纤地毯，四壁是化纤墙布、护墙板。室内书桌、沙发、电视机、电风扇、壁灯，一应俱全，同城里年轻人的新房陈设相比，毫不逊色。客堂里，往年农家常见的祈求"年年有余"之类的年画不见了，换上了古色古香的字画，书卷气颇浓。

倪厂长说，现在全村年人均收入900多元，每个劳动力年平均收入1700多元。

人们都盼望更富裕的生活，有了这样的生活水平，不仅可以留住本村的人才，还可以引进外地的人才。

听村里的干部说，这几年这里先后流行过两句顺口溜。前几年，农村开始改革时，不少干部和老农说，"辛辛苦苦三十年，一夜退到解放前"，一脸愁云；今天的话变了，"艰苦奋斗三十年，不如现在三五年"，满面春风。

生活是最能说服人的！

《解放日报》1986年8月21日，有改动

硬挺不如调头

周菊坤

由于受国家宏观控制和治理整顿的影响，一些乡镇企业面临艰难的选择，缺乏原材料被迫停工；产品滞销，资金"搁死"；煤电和原辅材料涨价，生产一天亏损一天；有的本来就是靠借债办的厂，更是难以支持……种种困难使一些劣势企业越挺越糟，日子很不好过。

出路何在？江苏省吴县电工厂的做法是掉过头来，从苦练"内功"着手。他们从本厂实际出发，自觉服从宏观调控。一方面，积极优化产品结构，增产适销对路的优质漆包线产品，与大工业名优产品配套。今年以来，生产的漆包线有80%是与著名的长城、骆驼电扇配套，该厂成为苏州地区漆包线行业中销售形势较好的企业。另一方面，他们坚持眼睛向内，挖掘内涵潜力，对包漆拉丝设备分期分批进行脱胎换骨的技术改造。从改造完毕的7台设备来看，台车产量平均提高25%，节约成本费用10%，取得了较为明显的经济效益。另外，这家厂还把目光瞄向国际市场，他们与香港某公司合资40万美元兴办的旭华线缆有限公司年底将正式投产，年创汇可达1000多万元。

由此我们可以看到，乡镇企业只要把握时机，前景是广阔的。困难与希望同在，挑战与机遇并存。吴县电工厂就是牢牢把握住了这个机遇，努力创造企业内部"小气候"，以适应国家"大气候"的变化，才使企业在"青山缭绕疑无路"的情况下，依靠自身力量，寻到了一条新的出路。当然，劣势企业造成亏损的原因是多种多样的，出路也不可能千篇一律，企业的决策者们应根据自己的实际情况，选择适合自己的路。乡镇企业不正是有"船小掉头快"的特点吗？在作出正确的抉择以后，切记要尽快适应调整，而硬挺于国家、集体都不会有益。

《中国合作经济日报》1988年11月29日，有改动

闯出"迷魂阵"

——记吴县电工厂厂长孙金火

俞明、徐国源

当你四顾茫茫分不清天地，神思恍惚、忧心忡忡辨不明道路，虽奋力前进，但

到头来还是在原地踏步，一个人处于这样的境地，当地人叫作陷入了"迷魂阵"。

现代心理学则从另一角度告诉你：那是可怕的迷惘心绪扰乱了人的心智。要摆脱那境地，需要强有力的理性和战胜自我的内在力量。

这使我想起了乡村企业家孙金火创业中的风风雨雨⋯⋯

新华（白塔）村（大队），坐落在古老的木渎镇旁。它依傍灵岩山麓，可谓"风景这边独好"。

但在七八年前，这里虽年年粮食丰收，但年人均收入不足100元。男人们买一包烟，要捆紧腰带，多干上几个小时的活；女人买一段布料，不知要洒落多少汗水。

支部书记是大队的当家人。他不能眼看着社员辛辛苦苦干上一年，只能拿到100只"羊"！

1979年，孙金火看到，家用电器和电子产品的迅速发展，必将促进漆包线行业的发展。他从搜集到的许多资料分析，得出乐观的结论：办电工厂，准赚钱！他把这个设想在会议上摊开后，支委会一致通过。

创业是艰难的。大队筹集到的全部资金仅有4万元，而造厂房就要10万。孙金火向乡政府伸手，也只拿到4万元。他拍板了：电工厂就这8万元起家。

快要上马了，孙金火和老伙伴倪永祥彻夜难眠，电工厂的技术人员从何处来？他们不约而同地想起来了中学时的老同学朱建毅。此人因成分不好，在大队里抬不起头，长期在南京雨花台烈士陵园雕刻烈士群像，是一位能工巧匠，大队办厂少不了他。孙金火接连写了三封信去，都似石沉大海。他又写了第四封信，信上写道："看在乡亲们份上，看在老同学的情谊上，你尽快回家吧。"

朱建毅回乡了。孙金火派他带12名大队里的初高中生，去上海中国电工厂学习技术，从基础学起。

上海中国电工厂是我国漆包线生产的老企业，技术力量雄厚。为了向他们学习经验技术，朱建毅和上海中国电工厂的师傅们交上了朋友。上海中国电工厂的一位洪师傅工作认真，对人热情，他特地从上海赶到木渎，义务帮助电工厂安装漆包机。当夜他要返回上海，那时木渎至苏州的公共汽车已经没有了，大队就用队里的拖拉机送他到火车站。

厂长孙金火，对那些前来援助的技术工人热诚招待，把家里几十斤鸡蛋都用来款待客人。他的妻子责怪他不应如此慷慨，他说："我是大队的领导，只要大队里富裕了，我还在乎几个鸡蛋？"他爱人望着他那双熬红的眼睛，心痛极了，再也不忍心责怪他了。

1979年初，电工厂在一片荒野里建起来了，简陋的房子，面积虽仅仅100平方米，它却是大队的希望。

元旦那天，电工厂的牌子正式竖起来了。孙金火邀请当时的乡党委副书记及主管工业的副乡长参加剪彩仪式，可是两人一个都没来，据说是工作太忙，走不开；实际上呢，他们不相信电工厂竞争得过大企业，只怕有始无终。

孙金火急了。他用自行车把另外一位领导接来剪了彩。电工厂开办第一天，就演了这幕小闹剧。

孙金火与管理厂长倪永祥提出：电工厂一定要瞄准先进，从高标准起步。他们下了三着棋。

第一着棋：在全厂进行质量是企业生命的教育，牢固确立瞄准先进、奋力赶超的竞争意识。孙金火能言善解，由他亲自负责贯彻办厂精神。

第二着棋：花本钱配备先进齐全的产品质量检测设备。他们投资20多万元，配置了按漆包线国家标准规定的27个项目的全性能试验仪，从而使工厂对自己的产品质量做到心中有数。具体由技术厂长朱建毅负责。

第三着棋：推行经济责任制，确保产品质量。从产品设计、工艺包装、生产制造到销售服务，层层把关。由管理厂长倪永祥专门负责。

用了这三着棋，吴县电工厂在同行业中崭露头角，他们的产品与省内一家国家定点厂的产品同时被送到某科研单位，顺利通过了所有项目的严格测试。不仅质量达到国家标准，还比专业老厂略胜一筹。于是，吴县电工厂这个电磁线生产的后起之秀终于跻身强手之列，声誉骤增，成为江苏省电磁线生产企业的"三强"之一。

吴县电工厂的名声大了，孙金火反倒出奇地冷静。他总觉得，在兴旺的背后，似乎潜藏着某种危机。

虽然是个有2000多人的大村，但"文革"前村里只有4人高中毕业，6人拿到初中文凭。"文革"期间毕业的学生，更是几乎没有学到什么知识。现代企业要在竞争中立于不败之地，一个很重要的方面取决于职工掌握先进技术的本领。这么低的文化素质，怎能在竞争中立于不败之地？孙金火请来了上海中国电工厂的工程师来厂授课，创办造漆、拉丝、机修等4个技术研修班。接着又选送一批勤奋好学、有培养前途的青年，到哈尔滨电工学院、电视大学和苏州机械院校深造。这些办法提高了队伍的技术素质，使一些原来只识几个字的"大老粗"也能在拉丝机器上操作自如了。用孙金火的话说，使新华人在现代企业的熔炉里脱胎换骨。

电话铃响了。电工厂的采购员小周从北京打来长途电话：内蒙古某地有一批优质铜，可以洽谈购买。

孙金火一听火了："你人在北京，不会直接乘飞机去买下来吗？"小周犹豫地说："内蒙古人生地疏，加之数目较大，不敢拍板。"

孙金火只得亲自出马。他由上海乘飞机到达内蒙古。一个星期后，一批优质铜摆在职工的面前了。孙金火的雷厉风行，让小周羞愧不已。

这件事使孙金火意识到，要创办上乘的现代企业，需要的是高效能、高速度，岂能容忍懒懒散散、慢慢吞吞的作风？

一次供销员会议上，孙金火郑重宣布："为了企业的发展，要敢于闯新路子、结交新朋友，即使跑不成生意，也要受到鼓励和奖励。"得到这样的鼓励，电工厂的供销员们几年来几乎跑遍了大西北、大西南，甚至跑到国外。急生产所急，想生产所想，成为一支战无不胜的后勤军。

孙金火和他的同伴们在实践中看到电磁线生产具有广大的市场，是个大有可为的事业。可是，就目前国内的技术水平而言，生产潜能远未充分发挥出来。于是，他们把目光盯向国外。根据大量信息作了分析研究，他们毅然决定向联邦德国和奥地利引进拉丝、包漆生产线。然而，1985年，国务院已明文规定：严格控制外汇贷款。村办企业更要靠边站了。

但他不气馁，要在"迷魂阵"中寻找希望。

当听说省外经委负责人正在吴江参加会议，三位厂长便轮流往吴江跑。前两次去，都被挡驾。第三次去，乘会议的间隙，孙金火终于见到了这位负责人。他阐述了村办厂的困难，以及这套生产线可能发挥的巨大潜能。他们诚恳的态度、干事业的决心、对生产线的科学分析、对电工厂前景的描述，让省外经委负责同志很受感动，于是批准给电工厂外汇贷款50万美元。这次"迷魂阵"又被孙金火闯过去了。

1986年6月2日，村里的3位企业家登上机舱。一朵朵白云轻轻掠过，飞机穿行在茫茫碧空之中。孙金火累了，仿佛有不知向何处去的感觉。不过飞机总会安稳地降落在一个地方。他们不是去寻找更大的希望吗？

今天，他们是应尼霍夫公司之邀，去维也纳考察、取经的。

尼霍夫公司是世界一流的电磁线生产专业公司。当初，老尼霍夫创办这个生产基地时，设备简陋、资金短缺。公司只供应吃饭，工人不拿工资。老尼霍夫是一厂之主，要管理、经营工厂，同时，他把更多的精力扑在生产技术改造上，技术设备代代更新。经历了四五十年的经营，尼霍夫公司目前已跨入电磁线生产的第八代了。

令孙金火他们感到惊奇的是，尼霍夫公司的新一代仍然保持着老尼霍夫奋发创业的精神。

孙金火观看了尼霍夫公司的历史陈列后，决心把尼霍夫公司的精神带回电工厂去。

村里已富裕起来了。吴县电工厂——这个村（大队）办企业，虽然已发展成为具有400多职工、年产值突破2000万元的省"明星"企业，跻身于全国同行业的前几名，但是孙金火觉得距离成功还很遥远呢。目前，吴县电工厂的厂房面积已超过1万平方米，分成三个群落，他还想发展第四、第五个群落；他还用目光关注着国际电磁线行业，要把自己的产品打入国际市场……

在企业发展的征途中，或许还会有"迷魂阵"向他袭来。但他相信只要发奋图强，是能够越过去的。

《吴县文艺》1989年8月第二期，有改动

天平村及新华社区富民强村路径探索和启示

张三林

天平村，西依风光秀丽的灵岩山、天平山，坐落于全国历史文化名镇、吴中区

第一强镇——木渎镇的新镇区，在乡镇企业"异军突起"时期，新华片区（村）即进入全省"亿元村"行列。2003年底由新华、天平、天灵三村合并为天平村后，村里建立了村党委，现有户籍人口1394户，4978人，租住的外来人口近2.5万人。这个村在党中央"一个中心、两个基本点"的基本路线指引下，近30年来始终坚持"富民"这条主线，不断探索发展经济、富裕农民的新路径；20世纪70年代末，领先兴办村（大队）办工业企业，通过亦工亦农增加农民收入；90年代初，领先改革村办企业产权制度，通过集体搭台服务，个人兴办企业增加农民收入；进入本世纪的这几年，又领先改革村级集体经济旧有体制和运行机制。2003年起，组建了以将村级集体经营性净资产量化折股到人、享受按股分红为主要特征的独立运作、自负盈亏的新华、天灵、天平片区股份合作社。2006年起，组建了以村民现金入股为主、集体参股为主要特征的三个片区物业股份合作社，从而开辟了农民资产性收入的新领域。2007年，该村农民人均纯收入达1.6万元（不计近百户私营企业业主收入），比上年增长14%，为村办企业产权制度改革完成前（1995年）的3.6倍；人均住房建筑面积85平方米，住楼房的占98.2%，其中8%住进统一规划建设的农民新村别墅房；村级集体稳定性可支配收入2200万元，比上年增长25%；村级集体经营性总资产1.7亿元，比上年增长12%，为1995年的5倍。自2006年初中央提出推进社会主义新农村建设的两年间，村级用于主要道路三线入地改造、河港疏浚驳岸整修，增建农民休闲广场、老年活动中心和社区卫生服务站等的投资达1000多万元，现在村里自来水入户率、通户道路硬化率、村民基本养老保险率、大病合作医疗保险率以及最低生活保障覆盖率等实现了6个100%，还对考上大专、二本、一本和出国留学的学生分别给予1000元、3000元、5000元、10000元奖励，对中学生建立了学校、家庭、社区"三合一"的跟踪管理评优奖励制度，每年评优一次，每次奖励资金达3万元。2007年，村级集体投入大病补助、学生奖励、困难户补贴等公益事业数百万元，充分显示了村级集体经济为本村村民造福的本质特性。

总结天平村富民强村路径的探索，从20世纪90年代初以来的10多年间，大体上经历了三大步。

第一大步，改革单一集体经济体制，从发展农村经济单靠集体"一条腿"转变为集体、个人"两条腿"走路。

这项改革开始于1993年的新华村（现天平村新华片区），当时因单一集体经营体制上的缺陷，村办企业每年亏损达200多万元，债务高达1400万元。村领导经反复商议后，决定对所有村办厂资产、债权债务等逐一清理、登记造册，然后制订了动产拍卖（包括机器设备、应收应付款等）、土地和厂房及公用设施租赁、注册商标租用、集团公司正常运作的产权制度改革方案。在取得上级领导支持后，在厂内进行公开招标，结果有16人中标，转制为16个私营企业进行自主经营。1994年运转一年，各厂盈利达200万元，村集体也扭亏为盈，收入达140万元，后来把这种从"公"转"私"的转制办法概括为"动产拍卖，土地、厂房、配套设施、注册商标四不卖"模式,村厂关系从此就从原来的领导关系转换成了租赁服务关系。与此同时,村级利用1万多平方米的闲置厂房和非农建设土地,先后改建和建造私营工业小区、农贸市场和沿街商业用房,吸收村民、社会人士租赁办厂、开店设摊,进驻企业很快从原来的16家增加到38家。经过几年滚动发展,到1998年,新华村集体新投入标准厂房、打工楼、商业用房和配套设施800多万元,拥有产权的厂房等的建筑面积增加到4.5万平方米,而且全部租赁一空;村集体拥有的净资产从转制后的800多万元增加到3500万元,增加3.3倍;村级年可支配收入达到350万元,而且还清了村级所欠全部债务,达到"零负债"。私营企业安排劳力从原来的460人增加到2200人,村民通过充分就业收入大幅度增加。又由于外来民工的大量涌入,村民的"房东经济"应运而生,使农民的收入结构开始发生重大变化。新华村因村级集体经济陷入困境而催生的产权制度改革取得成功,成为全区兄弟村仿效的榜样,相邻的天灵、天平村更是捷足先登,通过村办企业产权制改革,与新华村保持了同步发展,面貌都发生了巨大变化。在当时农村集体经济"一统天下,视为神圣"的社会背景下,新华村率先跨出"转制"这一步是要承担风险的,是非常不易的一步,而更不易做到的是转制中坚守住厂房、土地和配套设施"几不卖"这条底线,并在转制后建立起了"私人办企业、集体搞服务"双层经营体制。村既鼓励发展私人企业,又在为私人企业搞好租赁服务、提高产品质量服务,协助外贸服务、法律服务、融通资金服务、业务洽谈服务,在治安、卫生服务中不断提升集体的经济实力和服务能力。许多厂商看好这里的投资环境,纷纷入驻,为农村经济进一步发展奠定了良好基础。

第二大步,将村级经营性净资产折股量化到人到户,组建社区股份合作社,既使村级集体经济组织增强了自我保护能力和自我发展动力,又使农民在成为"股民"后,每年从股份合作社经营收益中得到一笔股红分配收入。

早在20世纪90年代初,对广州、深圳等地对集体经济体制按社区股份合作制模式进行改革取得显著成效的实例,木渎镇的许多村书记都亲眼所见,早有响应的表示。在2001年初农村进行"三个代表"重要思想学教活动中,与天平村紧邻的金星村支部书记张国荣正式向在此蹲点的苏州市委书记陈德铭提出组建社区股份合作社的申请,得到镇、区、市领导支持,然后在市、区两级农村工作办公室具体指导下,按照"适情、稳妥、规范、民主"八字方针,经过4个月时间紧张工作,在完成清产核资、村民确认享受对象、折股量化到人归户、发给股权证书、推举股东代表、民主制定章程的基础上,于当年(2011年)8月26日召开股东代表大会,正式成立了苏州市第一家社区股份合作社,使金星村农民每股享有分红权的集体资产达8万多元,每股分红起点达800元,一般每户有2—3股,每年可以增加收入2000元以上,这在新华、天平、天灵三个村农民中引起了强烈震动,纷纷要求也要跟进,在做好过细准备的基础上,2003年初开始,这三个村相继成立了三个片区股份合作社。在2003年底并村后依然保持各自的片区股份合作社体制,独立核算,自主经营。

三个合作社折股量化到人到户的集体经营性净资产共1.1亿元。四五年来年年兑现分红，2007年三个片区社员分红总额340万元，平均每户达2511元，比上年增长19%，其中经济实力较强的新华股份合作社，每户分红平均达3900多元，比上年增长21%，在该村农民增收中的份额稳步上升。加上股份合作社用提留的公积金、公益金投资发展人人有份的资产性项目和改善社员福利事业，使股份合作社股本金盘子越滚越大，使社员享受到的集体福利越来越多，也使村集体与村民的利益纽带越拧越紧。不仅有效地克服了过去农村集体资产管理和运作中普遍存在的产权主体缺位、民主监督失效等体制性缺陷，也从根本上防止了集体财产隐性流失、遭受平调情况的发生。据镇级有关部门审计的报表反映，目前该村三个片区股份合作社拥有的总资产达2.66亿元，比实施并村后的第一年（2004年）增长32%，近几年投资量显著增加，但资产负债率保持在20%左右的较低水平上，说明经济运行稳健而又顺畅。

第三大步，在片区股份合作社的基础上，依托片区股份合作社组建不承担社会功能、纯经济性的片区物业股份合作社，组织引导本片区农民进行资本联合，以投资市场需求旺盛的第三产业服务业，以房产出租为主，从事低风险、零风险资本运作，为扩大合作领域和促进农民增收开辟了新的途径。

从2005年起，天平村党委在考察昆山等地由部分农民自发组建和受益的物业股份合作社（昆山称富民合作社）的成功经验和不足之处后，根据本地实际情况和农民共享愿望，决定以所辖三个片区股份合作社为依托，组建新华、天平、天灵三个各自独立运作的、由愿意现金入股的本片区村民组成的片区物业股份合作社，分别于2006年3月到2007年2月先后宣告成立。章程规定，凡片区股份合作社社员，加上土生土长、户口已迁出的学生、土地工、顶替户口人员以及新迁入、新出生人口等非社员，每人可认购10股，每股1000元，困难户可先交部分（不足的可与集体签订借款协议，暂由集体向银行贷款解决）；股东代表可多入股1倍；董事会、监事会成员必须多入股1倍以上，不得超过2倍；董事长、监事长必入股2倍以上，不得超过3倍。现有入股股民占全村总人口的95%以上，其中个人股占80%，片区股份合作社集体股（建设项目占用集体非农建设用地和动迁厂房折价数）占20%。第一期三个项目进展顺利，通过招商，都已落实了交付定金的承租人，并签订租赁合同。进度最快的新华物业股份合作社所开发的占地16亩、建筑面积达3.8万平方米的7层大楼新华物业广场（承租人定名为奥玛尔国际时代广场），总投资达6600多万元。在大会发动后短短5天内，就收到村民现金入股3500多万元。2007年底，工程项目已交付承租人安排装修，第一年1100万元租金也已到账。天灵物业股份合作社第一期项目在灵岩山脚下、古镇和新镇交接处，利用村办工业厂房"退二进三"，投资5800万元建造的香港街商业广场，建筑面积3.8万平方米，现已结顶，与承租人签订的租赁合同确定，第一年租金900万元。地处天平山脚下的天平山物业股份合作社，西有天平山旅游景点和新建的江苏省木渎高级中学，东是开工建设

天平村人居环境整治

中的苏州市轨道交通1号线起点站。总投资2300万元的第一期工程范家场商业广场，建筑面积达1.96万平方米，即将结顶，协议年租金500万元。3个物业股份合作社预计2008年租金收入可达2500万元。第二期工程3个项目已完成初步规划并进入上报审批阶段，在第二期三个项目完成后，预计该村2010年村级集体可支配收入达到5000万元，入股村民年股金收入户均达到1万元。为保证农民投资收益，该村坚持"稳字当头"的工作方针，实行低风险资本运作模式，其要点是：（1）"退二进三"，对现有集体所有的低产出非农建设用地实行高效利用，节约建设成本；（2）先招商后开工，承租人不落实不开工；（3）严格选择承租人，并办理资产风险抵押，按规定预交定金，装修由承租人承担；（4）采用分批实施办法，建到哪里拆到哪里，以减少因动迁旧厂房和低档三产用房影响村集体当年租金收入，妥善处理好当年与长远关系。

天平村改革和发展的业绩得到了村民和社会的高度评价。近几年来，天平村先后获得江苏省省级文明村、生态村，苏州市级先锋村、新农村建设示范村、一星健康村，吴中区十佳党建工作示范点、村级收入前十名以及团中央"百乡千村"团建创新优秀单位等荣誉称号。总结这个村富民强村的生动实践，给我们留下了如下几点启示。

第一，天平村集体经济实力和村民收入持续增长的强劲势头表明，经过市场经济洗礼和适应性改革所形成的村级新型集体经济组织具有不可低估的内生活力和自组织能力，从而将成为社会主义新农村建设这一"民心工程"的重要支撑和无法替代的组织层次。对于村一级要不要发展经济、如何发展村级集体经济，在乡镇企业产权制度改革以后直至今日一直或显或隐地存在不同看法。在乡镇企业改革过程中及以后的几年内，曾有"以集体经济为主的'苏南模式'已走到尽头，这个包袱甩得愈彻底愈好"的主张，后来又有"发展村级集体经济要慎之又慎，不能又去闯祸背包袱"的警告，直到这几年村级集体经济在"静悄悄中重又崛起"。在苏州市委明确提出"强村"要求的情况下，仍然有"经济发展靠老板，再提发展集体经济已不合时宜"等等说法。天平村党委一班人出于对村民持续增收、居住环境显著改善的渴望，近两年从村级集体收入中拿出1000多万元投入新农村环境整治建设，又千辛万苦规划建设促进农民增收的项目，三年后使农民从集体取得的股红收入户均达到1万元以上。这些钱政府包不了，老板也不会给，仅以这点就足以证明，村级集体经济是农村的"草根经济"、农民的"贴肉布衫"，是与农民最贴肉的经济，具有"野火烧不尽，春风吹又生"的强大生命力。村级集体经济发展壮大，才能以其强大的实力协调农村各方面的经济利益关系，带领农民增强农村发展的内生活力。

第二，天平村发展村级集体经济的成功实践告诉我们，增加农民财产性收入是在农民充分就业以后，农村党组织必须全力以赴促进农民持续增收的主攻方向，而像天平村那样组建

天灵社区商业广场

天灵社区商业广场

片区股份合作社、片区物业股份合作社可能是具有长远性、战略性的具体组织形式。党的十七大报告明确提出创造条件让更多群众拥有财产性收入的号召，为做好促进农民持续增收工作指明了方向。实际上天平村的干部、群众早就在这样做，而且逐步地从自在状态转为自为状态，业已取得显著效果。回过头来总结天平村的做法，可取之处有以下几点：鼓励村民发展"房东经济"，通过出租住房取得租金收入。据测算，2007年新华片区村民租房收入人均已达1万元，约占人均纯收入的50%，超过工资性收入而跃居首位。进行村办企业产权制度改革和村集体利用积累资金加快建造标准厂房等创业平台，以及鼓励村民自主创业，发展个私经济，是农民增加财产性收入的带有可行性的路径。将村集体经营性净资产折股量化到人到户，组织片区股份合作社，使村民直接分享改革和发展的成果，获得稳定的、不断增加的红利收入。将村民的闲散资金集中起来，组建片区物业股份合作社，采取"退二进三"的方法发展市场需求旺盛的第三产业，增加村民财产性收入。天平村的这些做法反映了这个村的区位优势、集体经济基础以及农民家底较厚实等特点，虽有一定的代表性，但也有相当的局限性。不具备这些条件的地方不能盲目仿效，应根据本地的经济基础和资源优势，探索适合本地特点的有利于增加农民财产性收入的具体项目和组织形式。

第三，天平村提出的"稳字当头，发展低风险、零风险资本经营"方针可以成

关于天平村的报道

为发展农村经济,特别是发展农民入股性经济的基本指导方针。天平村党委领导班子都是土生土长的农民干部,深深知道农民的钱来之不易,他们也从长期从事农村经济工作的实践中认识到,资本经营赚钱快但风险大,因此,他们选择了资产经营这种风险较小的资本经营方式,并严格采取了一系列防范性措施,这种理念、态度和做法值得肯定,具有普遍的借鉴意义。

播 火 者

苗 影 朱菊珍

如果说被人们美誉为"吴中第一峰"的木渎灵岩山以其清新秀丽的风光令无数游客心驰神往的话,那么坐落在灵岩山脚下的新华村则以她在改革开放大潮中崛起的社会主义富裕村的新形象使秀丽的山水又染上了一层蓬勃向上的彩色。

1991年4月,春风徐徐,垂柳依依,几辆黑色的轿车疾驶在苏木公路上,全国人大常委会副委员长雷洁琼和孙起孟来到吴县木渎新华村(当时名为白塔村,本文以今名"新华村",指代此前的新华大队、白塔大队、白塔村)视察。

一片片良田丰产方绿浪滚滚,一行行花木果树郁郁葱葱,一排排现代化厂房机声隆隆,一幢幢新颖别致的农民别墅鳞次栉比……它们充分展示了改革开放中新华人独具一格的新风貌。

村党支部书记孙金火向两位领导汇报了新华村党支部"一班人"在党的改革开放的政策指引下,在经济建设的主战场上,带领1900名新华人,开创一条脱贫致富之路,使新华村从一个年人均分配不足百元的贫困落后村,一跃发展为有固定资产970万元,流动资金850万元,1990年工业产值7500万元,人均分配1715元,农副工三业并举,集体经济兴旺发达,人民群众安居乐业的社会主义富裕村所走过的艰难曲折的路程。

新华村改革开放十年所发生的巨大变化使两位副委员长感动不已。孙起孟同志当场挥笔题词:"经济建设,异军突起。"雷洁琼同志满怀着长者对晚辈的厚爱,拉着孙金火的手,深情地说:"小伙子,你干得好啊!你叫孙金火,你本身就是一盆火,点燃了支部一班人,照亮了新华一个村。"

此时此刻的孙金火,眼睛湿润了,他无法用语言来表达自己激动的心情,而是更紧地握住两位副委员长的手,以表达他向新的高峰攀登的雄心。

火,从这里点燃

1973年,孙金火接过新华村党支部书记这副担子时,新华村是全镇有名的"田多、产低、收入少"的贫穷村。俗话说"靠山吃山,靠水吃水",新华村的祖祖辈辈就在这块古老的土地上成年累月地"三铁搭六稻管",辛辛苦苦"修地球",纵然洒下成吨的汗水,付出无数的艰辛,还是"一年忙到头,手空两拳头",无法掌握自己的命运。

那时的党支部说话没有号召力,为民办事没有实力,党群关系没有向心力。

老支部书记吴根生在卸印交班时,十分愧疚地说:"金火啊,我和前任几位支部书记,辛辛苦苦地干了二十几年,费了九牛二虎之力,然而,咱们村仍然无法甩掉这顶贫穷帽。把这副担子交给你,我很不安,如果新华人跟着我们过不上好日子,总是受穷,还要我们共产党员干什么?"

老支书一席话使孙金火同志深深地陷入了沉思。

深秋的夜晚,万籁俱寂,晚月蒙着湿漉漉的雾,带着从灵岩山麓透出的寒气,静卧在深远的天空上。孙金火按捺不住内心的激动,久久地独自徘徊在乡间的田埂上。

荒凉的村舍、破旧的房屋、稀疏的灯光……这些贫穷的现实深深地刺痛了从小在这块泥土里滚爬过来的庄稼汉——孙金火的心啊。他思忖着:为官一任,致富一方。当年老一辈流血牺牲干革命,难道就是为了换取这样一副山河吗?

他觉得很压抑,压得透不过气来。腿,像灌了铅一样的沉重。

他忍受不住,更无法沉默,他有一种历史的责任感和紧迫感。他决心豁出命来也要为新华村找出一条致富之路。

翌日,新华村立即召开了支委会。会议的主题:新华村的出路何在?

"我们是党的基层干部,我们的奋斗目标就是为群众谋福利,富而言福,贫穷不是福。我们是共产党员,要为人民服务。检验我们服务得好否的标准是人民生活有无得到改善，日子过得富裕不富裕。我们只有尽快地发展经济，致富新华，分配水平不是现在的 100 元，而是 1000 元、2000 元、几千元……这样才算是真正做到了为人民服务，才对得起新华的祖祖辈辈和子孙后代，才对得起用乳汁哺育我们长大的这块古老而美丽的土地。"

孙金火的声音高亢而激越，他的话像一把熊熊燃烧的火，把许久埋藏在支委们心中的干柴一下子点燃了，他们一个个心里热乎乎的。村民们也沸腾了，相互热烈地争论着，策划着。

时间在不知不觉中流逝，经大家磋商，最后一致明确如下三条：一是经济工作是党支部的中心，没有别的第二、第三个中心；二是农副业一起上，多方开拓是我们新华的致富之路；三是带头抓经济，生产第一线是全村每个共产党员的战斗岗位。

一把致富新华之火，从这里点燃了。

火靠风力　风助火威

点燃的火，可能会烧起来，也可能很快就熄灭。

常言道：火靠风力，风助火威。新华村这把火，是依靠了三股风的力量，才越烧越旺。

一靠党的政策的春风。党的十一届三中全会确定的以经济建设为中心的基本路线和改革开放的方针，犹如春风化雨，给新华村的经济发展注入了巨大的原动力。而农村经济的改革，首先就在于乡镇工业的崛起。

1977 年，孙金火了解到，家用电器和电子行业的迅速发展必将带动漆包线行业的兴起。如果办一个生产漆包线的工厂，定能获得较高的效益。

他把想法在支委会上提了出来，得到了大家一致赞同，立即拍板定案。

穷村办厂，谈何容易！一无资金，二无设备，三无技术，困难重重。

然而，孙金火想，党中央给了我们富民政策，如果在困难面前畏缩不前，缺乏闯劲，就要坐失良机，新华村将永远改变不了贫穷落后的面貌。

于是他们迅速招兵买马，安营扎寨，拉开了一场新战斗的序幕。

没有资金，便向群众集资。社会各级部门也纷纷伸出了热情的手，一共筹措资金 8 万元。就这样基建厂房、采购设备便紧锣密鼓地搞起来了。同时，他们派出了 12 名初中以上毕业生，到上海中国电工厂进行专业培训，学习生产同类产品的专业技术。

党支部提出："大干 80 天，3 个月出成果。" 10 月 7 日破土动工，到 1980 年元旦，电工厂的牌子，赫然地高挂在苏木公路旁。

漆包线在简陋的厂房里正式投产了。当年产值 84 万元、利润 21 万元，人均生活水平达到 217 元，比上年增长 41 元。现在看来，这 41 元或许是微不足道的。然而，它对于 20 世纪 80 年代初生活水平仍然十分低的农民来说，是一个很可观的数字。更何况，它对于新华村的群众来说，好像是黎明前的曙光，使他们看到了希望，尝到了党的改革开放政策的甜果。于是全村干群信心倍增，决心百尺竿头，更进一步。

他们厂小志气大,把瞄准先进、从高标准起步作为治厂之本。在全厂树立赶超的竞争意识;花大本钱配齐先进的产品质量检验设备;建立多项经济责任制。依靠这些措施,生产飞速发展。他们的产品与省内一家国家定点的专业老厂的产品同时被送到科研单位进行所有项目的质量测试,结果,不仅产品达到了国家标准,而且比专业老厂略胜一筹。于是,吴县电工厂这个电磁线生产的后起之秀,终于跻身于强手之林,成为江苏省电磁线生产企业的三强之一。

然而,他们并不就此满足,1986年,孙金火赴联邦德国考察,回来后又投入49万元,从联邦德国、奥地利引进了具有国际先进水平的拉丝包漆生产线,生产出了0.02微米细漆包线,填补了国内空白。

二靠人才技术的东风。电工厂创立之初,曾一度缺乏专业人才,急得孙金火和他的伙伴倪永祥辗转难眠。

后来,他们突然想起了中学时期的同学朱建毅,这是一个聪明好学、肯钻研、懂技术的好青年。"文革"时期,因家庭出身不好,流落他乡,现在在南京雨花台烈士陵园工作。

如果能把他请回来的话,那么他对电工厂的发展无疑会发挥重要作用。他们求贤若渴,但是一连去了三封信都如石沉大海,他们又去了第四封信。精诚所至,金石为开,朱建毅终于辞别他乡,返回新华,并随即带领12名初中毕业生,直赴上海学习生产漆包线的电工技术。有了朱建毅的辅佐,孙金火如虎添翼。这12名同志不仅成了电工厂的"元勋",同时,也为以后新华村整个工业的发展立下了汗马功劳。这件事通俗地说明了"科学技术是生产力"的道理。它使新华村的干部认识到在激烈的市场竞争中,要使自己立于不败之地,求得生存和发展,必须依靠科学技术,重视人才,搞好智力开发。

1982年,他们办起了第一所职工业余学校,接着,又陆续投资10万元,相继办起了初中、高中、造漆、拉丝、包漆等8个文化技术培训班,培训学员246名,同时,又选送了60名技术骨干去北京、上海、福州等地进行专业培训。党支部还决定,每一个读高中的学生,每年可以享受助学金300元,以鼓励新华村的学生好好上进。

科技之花迅速结出了丰硕的经济之果。电工厂的产品由几种增加到80多种,畅销全国10多个省份的60多家大中型电器生产企业,并为"长城""骆驼"等名牌电扇和一些名优产品提供定点服务。产品质量经国家检验部门测试分析,达到了国家IEC317-3的标准。有一个时期生产漆包线的漆包机市场紧缺,而且价格昂贵,为了不影响扩大生产,他们抽调一批技术骨干组成试制小组,自制了5台漆包机,经仪器测试和实际生产检验,质量完全达到标准,为工厂节省了30多万元开支。漆包线生产工艺要求很高。粗的0.21—0.31毫米,细得像头发丝一样,生产中极易拉断,拉断的铜丝经过焊接要和原来的一模一样,没有一点痕迹,难度可想而知。他们经过反复试验,技术达到可以焊接0.08毫米的铜丝,超过了国家规定的标准。

他们的先进技术水平令全国同行刮目相看，上海、西安的电工厂，广州万宝漆包线厂都先后派出专人来吴县电工厂学习、培训。上海中国电工厂的领导风趣地说："昔日的徒弟，如今反而成了我们的老师了，真是青出于蓝胜于蓝。"

三靠勤政务实、廉洁奉公的清风。俗话说："不怕烂摊子，就怕没有一个好班子。"新华村党支部是一个团结战斗的堡垒和坚强的领导核心。

改革开放之初，党中央就告诫我们：要两手抓，一手抓改革开放，一手抓政治思想工作。

抓政治思想从哪里入手？孙金火想：要想把燃起的致富之火烧得更旺，要想使新华村的经济迈上新台阶，关键要从党支部"一班人"的建设入手，把新华村党支部建设成为高举社会主义旗帜、发展集体经济的坚强领导核心。于是他们为支部建设提出了三条标准：一做政治上的清醒者，坚定不移地贯彻党的路线、方针、政策，并与本村的实际相结合，不为"潮流""风向"所动；二做工作上的务实者，每个支部成员都要在生产第一线担任实职，真抓实干；三做作风上的廉清者，清正廉洁，不谋私利，带头走集体致富的道路。

为保证这三条标准的落实，他们开展了"党员群众评议领导干部"的活动，利用厂长例会、职工群众座谈会以及个别谈心等，征求群众对支部领导的意见，使党支部成员既身处领导岗位，又扎根于群众之中。新华村的经济发展与领导班子的思想作风建设得到了同步前进。1984年以来，新华村党支部连续7年被县评为"先进党支部"。

当你来到新华村，随便找哪个群众问一下："你们支部领导怎么样？"你听到的几乎是同一个回答："没说的。"同时，每个人又都能为你讲述许多党员干部的模范事迹。

他们讲得最多的当然是孙金火。他身先垂范，全身心地扑在工作上，他是新华村致富集体的领头雁、清正廉洁的带头人。

电工厂创建时，在基建施工紧张阶段，孙金火发高烧住进了医院，一连几天，他都是上午躺在病床上挂生理盐水，下午回到工地上实施指挥，硬是坚持到施工结束。

1990年，新华村与香港一家公司合资创办旭华漆包线厂，在正式洽谈之前，香港老板表示要送给新华村每个领导干部1万港元作为见面礼。孙金火同志经得住商品经济中的种种考验，不被金钱所诱惑，当即婉言谢绝，使得洽谈会能在公正平等的前提下正常进行，很快地达成了协议。新华村的7名领导成员没有一个离开集体，他们个个都为集体经济的发展出力流汗。浙江有一爿电工厂，多次派人到苏州，高薪聘请孙建平为技术师傅，孙建平同志毫不迟疑地拒绝说："我不去，我的专业技术虽然很高，但，是集体培养我的，如果我走了，我将对不起集体，对不起新华的父老乡亲。"

新华村34名党员，老有模范，新有榜样，个个过得硬，人人敲得响。老党员孙仲基年过花甲，一年到头大部分时间奔波在全国各地，为推销产品挑重担。群众称赞他说："年老志不衰，体弱劲不减，退休不褪色。"青年党员闵文庆，在一次电焊工操作不慎引起的爆炸失火事故中，临危不惧，挺身而出，冲向火海，救出了电焊工，并迅速扑灭了大火。在场的职工无不激动地说："关键时刻，在小闵身上看到了共产党员的光辉形象。"

在这三股劲风的吹拂下，新华村的致富之火越烧越旺。从1979年办电工厂起家，十年来，新华村又先后办起了中外合资旭华电缆有限公司、针棉织厂、造漆厂，形成了生产电缆线、棉纱线和漆包线的"三条线"生产格局。新华村现有固定资产1200万元，累计上缴税金600万元，发放工资900万元，投入农田基建216万元，用于文化、福利事业300万元，1991年农副工三业产值超亿元，它不仅成为木渎镇的先行村，而且在全县各乡镇中也名列前茅。

一个生机勃勃、欣欣向荣的社会主义新农村，已在新华这块土地上屹立起来了。

燎原之势

垦荒者，当第一犁下去的时候，他并没有想到在哪里停止，而是要垦出成片的沃土，使荒野变成良田。

探路者，当迈出第一步的时候，他也不会想到哪里是尽头，而是要用自己的双脚，踏出一条阳关大道。

同样，播火者，当他点燃第一把火的时候，他想到的是星火燎原。

新华村真正地富裕起来了。

作为播火者的孙金火，并没有在第一把火面前自我陶醉。他说："新华的成绩只能说明过去，不能反映现在，更不能代表将来。"

孙金火曾去日本考察，考察使他大开了眼界。回来后，他立即召开了支委会，畅谈了自己的感受："日本才是真正实现了农业现代化。他们做到了种田不弯腰，收割不用刀，农药不用浇，收稻不用挑，上班有小轿车，购物有客货双用车……"

孙书记拉长了语调，沉稳地说："看了日本，总结我们十年所走过的道路，只能说我们刚迈出了艰难的第一步，距小康水平，任重道远。因此，我们要抓住机遇，解放思想，发扬敢试、敢闯、敢冒险、敢为人先的精神，把新华村的致富之火，烧得更大，烧得更旺，烧它个燎原之势。"

东方风来满眼春。时至1992年，你来到新华村，站在村头的时候，扑面而来的正是一阵阵滚滚的建设热浪。

新华村党支部决定，今年投入1000万元，再兴办三个企业：乳酸菌饮料厂、无机伐木新型材料厂、金粉厂。金粉厂投资300万元，3月筹建，5月已正式投产，他们正是按照县委提出的"超常规工作，大跨度前进，跳跃式发展"的要求，前后100天，创造了全县第一的高速度。

"栽下梧桐树，引得凤凰来。"位于村南区的一幢有20多户的新颖漂亮的"人才楼"，将高高地矗立。新华村计划年内引进各种人才22名，到1995年三业产值突破2亿元，实现"产值、工资、效益"三个翻番，使新华经济来个飞跃。

一个被改革开放之火燃得红彤彤的新华村，在新的形势面前，她正抓住一切有利机遇，迈开更坚实的步伐，朝着更新的目标，大胆地阔步向前！

《太湖潮》，1992年12月版

江苏名村——新华村

马岳平　朱正方

吴县木渎镇新华村，地处苏州市西郊10千米的灵岩山麓，紧邻苏州、无锡、上海等大中城市，村区位于木渎镇第三产业开发区腹地，也是进入苏州国家太湖旅游度假区的必经之地。沪宁铁路、京杭大运河、312国道、张家港港区以及无锡硕放机场、吴县光福机场围绕四周，水、陆、空交通便捷，地理位置十分优越；土地膏腴，物产丰富，自然资源得天独厚；村区凭依灵岩山、天平山等风景名胜，风光旖旎，环境秀丽，堪称"人间天堂"。

全村总面积为2.2平方千米，其中耕地1850亩。有18个村民小组，568户，2082人，其中男997人，女1085人。全村有劳动力1350个，务工劳力占90%以上。近年来，新华村的村办工业异军突起，迅猛发展。1990年，新华村（当时名为白塔村，本文以今名"新华村"指代此前的新华大队、白塔大队、白塔村）成为木渎镇首家农、副、工三业产值突破亿元的村。1992年全村社会总产值达1.1亿元，四项效益（利润、工资、税收、提留）600万元，上交国家税金130万元，全村固定资产总值2000多万元，流动资金1200万元，综合经济实力不仅位居木渎镇榜首，而且进入吴县前十名行列。新华村连续多年被评为苏州市及吴县文明单位，1991年、1992年被吴县县委授予工业明星村光荣称号，村党支部书记孙金火先后被评为江苏省、苏州市劳动模范和乡镇企业家。

白手起家建伟业

70年代之前，新华村单一经营农业，是闻名全县的高产穷村，"一个人工四毛钱、三间粉墙青瓦房"便是新华村农民追求的生活目标。中共十一届三中全会以后，新华村在党支部书记孙金火的带领下，立志改变贫穷落后的面貌，全村振奋精神，大力发展村办工业。十多年来，依靠自我积累、自我武装、自我改革的"滚雪球"方式，逐步发展壮大。1992年，以"爱我中华、兴我中华"特定含义命名的苏州市爱华集团公司如旭日东升，朝气蓬勃地在新华村诞生。集团拥有吴县电工厂、新华针棉织厂、新华漂染厂、吴县金粉厂以及中外合资宁华针织有限公司等企业，并形成了三大支柱性拳头企业。1992年，全村工业产值达1.07亿元，利税350万元。

吴县电工厂是该集团的骨干企业。1979年，该厂靠4万元贷款、16名工人、几间能望得见星星的简陋仓库和一台自制的包漆机起家，兴办电工厂，当年实现产值8万元。从此，新华人尝到了甜头，看到了希望。然而，农民办工厂谈何容易，技术、资金、管理等问题接踵而来，新华人意识到科技的重要。1983年，工厂拉开了向科技要效益的序幕：工厂从高标准、严要求出发，拜国内颇具声望的上海中国电工厂为师，从大专院校、大型企业中聘请了工程师、技师10多人到厂传授专业知识，全厂50名技术骨干成了工厂的顶梁柱。同时，工厂还拿出50万元用于智力投资，组织职工或去大专院校深造，或半工半读，或自学成才，使70%的管理技术人员接受专业培训。1986年，村里瞄准国际市场，对电工厂进行技术改造，投资50万美元，从联邦德国、奥地利引进具有国际技术水平的先进设备，添置和配备计量器具及检测仪器。1989年，在苏州市乡镇企业中，该厂是第一家获得国家计量局颁发的二级计量证书的。工厂生产的0.02毫米微细漆包线填补了江苏省的空白，每年可为国家节省外汇上百万美元。1992年，完成产值6000万元，工厂已发展成为占地3万平方米、拥有40多台拉丝机、19条生产流水线、年产漆包线3500吨的初具规模的专业生产厂，成为国家机械部定点生产厂之一，产品畅销全国28个省区市的60多个大中城市，深受用户欢迎，连续多年被评为江苏省明星企业。党和国家领导人李瑞环、李德生、孙起孟、雷洁琼等先后到厂视察并题词。全国人大常委会副委员长雷洁琼手书"努力发展生产"，予以勉励；全国人大常委会副委员长孙起孟留下了"经济建设，异军突起"的赞词。

1990年起，新华村陆续投资500万元，创办吴县新华针棉织厂、新华漂染厂、中外合资宁华针织有限公司，形成织布—漂染—成衣一条龙生产流水线，占地面积达2万平方米。1992年产值达2600万元，四项效益118万元，固定资产250万元，产品先后出口澳大利亚、美国、独联体和东南亚等10多个国家和地区，出口创汇790万美元。昔日棉织行业的"小弟弟"，仅用三年工夫就成为苏州市棉织行业的创汇大户。

1992年，苏州市爱华集团公司投资300万元与无锡轻工业学院联合创办了又一个90年代高科技产业——苏州市新力神食品有限公司，年产乳酸菌2000吨，产值1400万元，创利350万元。该公司生产的饮料是在一般乳酸菌的基础上，添加双歧杆菌、嗜酸乳杆菌、甘植物提取液制成，具有竞争优势，市场前景广阔。

青年带头创"十佳"

新华村共有350名青年、83名团员。在十多年商品经济的发展中，团员青年们冲锋陷阵，立下赫赫战功。1979年，创办吴县电工厂（初名"新华漆包线厂"，1983年改为"吴县电工厂"）时，12名团员青年肩负着村党支部的重托，离开家乡，奔波上海等大城市学习漆包线技术，成为村里发展村（大队）办工业的先遣队。白天，12人听老师讲课，学理论知识，到车间熟悉包漆机性能，学操作工艺；晚上，12人聚到一起进行消化吸收。4个月培训期满，每个人都独立上岗，熟练操作，并领取了培训合格证书。回到村里，12名青年分工作业，负责拉丝、包漆、调漆、修模等4个主要工艺岗位。第一批1200千克头发般细的漆包线送到用户厂家，产品完全合格。1980年，实现产值86万元，经济效益30万元。

办工业初尝甜头。1984年，村里准备贷款64万元购买8台漆包线设备，扩大

2000年新华村苏州市爱华集团先进表彰大会

生产规模。18名团员青年知道后联名上书，请求自制包漆机设备，并附上了详细的技术资料和工作方案。于是以团支部书记为组长的攻关小组成立了。他们白天照常上班，午休、晚上时间就泡在一起琢磨，画出大大小小零件图纸250张。第一台设备仅用了20天就全部制作完工。经运转、调试、生产，设备性能完全符合漆包线工艺要求，工艺参数日趋稳定。8台包漆机用了4个月，就全部自制完成，每台成本价仅4万元，直接为企业节省资金32万元。

从1985年开始，新华村团支部共轮训青工5000多人次，人均16次，每年人均4次。轮训内容从生产工艺品种到市场动态、企业管理、成本核算、文化补习等，不断强化青工的质量意识和市场竞争观念。

1986年，电工厂从联邦德国、奥地利引进两套具有国际先进水平的微细漆包线设备，如果请外国技术人员安装调试，则要半年时间，花费10万美元。这时，远在福州电线厂接受技术培训的9名团员青年主动请缨。他们用了两个多月的时间，攻克了一道道难关，终于解决了问题。安装竣工时，前来鉴定验收的外国技术人员连连夸奖中国青年了不起。

1990年，新华村团支部被苏州市团委授予"组织建设先进集体"、被团省委授予"先进团支部"的光荣称号。1991年，团中央书记洛桑对新华村的团工作给予了高度评价；9月，新华村团总支书记许振华赴北京出席共青团全国基层工作会议，他在会上的发言引起与会人员的强烈反响，受到一致好评，新华村团支部被团中央授予"红旗团支部"称号，成为"全国十佳"团支部之一。

农副并茂奔"小康"

"民以食为天"，新华村自始至终没有放松农副业生产。1982年，新华村为鼓励农民种粮，专门制订了"积肥奖""农田管理奖""出售粮食奖"等激励措施，并不断完善联产承包责任制，把一定的工业积累反哺于农业基础设施建设，实行以

天平居家养老院

工养农。1980到1992年,全村累计用于农业投资200万元(其中购买农业机械、补农金25万元,农田水利基本建设30万元)。1983年以来,全村粮食生产一直保持稳定增长,1992年,全村粮食总产量达270万斤,其中三麦单产470斤,水稻单产1300斤,年年超额完成上级下达的订购任务。

  1981年,村里因地制宜,利用荒坡地、漏水田、河滩地等发展副业,绿化环境,建成了一个占地138亩的副业基地,种植橘树、梅树等果木,1992年收获水果500担,收入20万元左右。

  新华村经济结构的调整,不仅改变了过去单一经济的局面,而且缩小了城乡"三大"差别,农民逐渐走上了富裕的康庄大道。村里农民的思想观念,生活追求发生了很大转变。全村综合经济实力发生了质的飞跃。1992年,新华村工农业总产值比1980年增长3600倍,四项效益增长16.7倍,固定资产增长800倍,流动资金增长400倍,人均分配水平增长20倍。经济效益显著提高,为改善村民生活奠定了雄厚的物质基础。至1992年,全村80%的农户造了新楼房,人均居住面积60平方米。农户100%用上了自来水,90%用上了液化气,每百户彩电拥有率达90%,冰箱达85%,洗衣机达90%,摩托车达30%,自行车达100%。"吃讲营养、住讲宽敞、穿讲漂亮、用讲高档、行讲方便"的高雅生活成为新华人追求的目标。

  集体经济的壮大也推动了全村社会福利事业的发展和精神文明建设的步伐。1979年起,独生子女全部免费入托,医药费全部报销;1979年,升入高中的学生每月补贴17元助学金;1980年开始,村里对教师每年补贴1万元供外出参观学习。1989年,全村实行了养老金制度,每位退休老人每年可拿到120—150元的生活补助费。在家闲了,退休老人可去村里的老年活动室品茗聊天,弈棋娱乐。截至1992年,全村用于修桥补路、医疗卫生、学校修缮、困难户补贴的费用达200多万元。村里设有图书室、桌球室、乒乓室、放映室等,活动用房达300平方米,配备了彩电、录像机、摄像机、卡拉 OK 机、照相机，总价 5 万多元。村区的主干道路全部浇成了水泥路，安装了路灯，两旁绿树成荫，环境幽雅。良好的物质生活、舒适的工作环境、洁净的村容村貌陶冶了当代新华人的精神风貌，计划生育蔚然成风，社会治安日趋稳定，新人新事层出不穷。1992 年，新华村"新风户"达标率为 95%，在吴县名列前茅。

《江苏名村志》，1993 年 11 月版

第二节　春秋古城考古

　　春秋古城遗址位于木渎镇，又称苏州木渎春秋城址、吴大城。春秋古城遗址呈不规则状，城墙大致沿盆地边缘分布。北城墙位于木渎镇的五峰村一带，残长 1150 米。城墙横截面呈梯形，上宽 12.9—15.35 米，底宽 22.3—22.35 米，现存最高处 3.2 米，用泥土堆筑而成。外侧城壕与城墙的走向一致，宽 15 米，总长 1050 米。其中，木渎春秋古城遗址东西长 6820 米，南北长 6728 米，总面积 24.79 平方千米。城墙外侧均有护城河等水面遗存，古河道穿过城墙上的水门连通城内外。城内有小城 1 座，城内尚存的 235 处土墩包含有东周时期大型建筑基址。结合城址周边分布的大量两周时期聚落、墓葬、严山玉器窖藏等遗存，可以初步认定木渎古城是一座春秋晚期具有都邑性质的城址，规模大，等级高。这是目前中国春秋时期最大的古代城址，2010 年被国家文物局选为全国十大考古新发现之一。

　　根据中国考古学会理事长张照根教授的考古专文《吴都西江考》，现摘录部分内容如下。

　　木渎春秋古城分郭城、大城、小城三部分。

　　郭城，是大城的外围墙，以设置军事要塞为标志，并以山与山连接处为界区别城内城外，部分与大城城墙重合。

　　大城，现考古界称"吴大城"，即有城墙连接的吴国都城。

　　小城，已发现的小城有吴城、越城、长头古城、千年寺古城、社光古城、廖里古城、金山古城（王城）和惠家场古城（宫城）等 8 座，位于大城内的是金山古城、惠家场古城、社光古城、廖里古城 4 座，即吴城、越城。多年前经考古发掘已经认定，连同此次考古发现的长头古城、千年寺古城，都在大城城墙外，除越国所建的越城外，都地处郭城的要害部位。而金山古城，西依灵岩山、天平山而筑，城墙起自灵岩山东南山脚，呈弧线状经木渎高家场、惠家场向东，经新华村的范家村、岗头郎、沈店村（上述 5 个村都位于现天平村境内），向东北至现金枫路附近折向西北经金山村东侧，直线向北至枫桥街道观音街附近，斜向天平山北面观音山的肚皮山。据《越

绝书》记载，吴小城周长12里，合今5961.6米。此次考古对金山古城址所做的测量中，城墙长度约6600米，两者同样近似。此次发现的惠家场古城遗址，就在金山古城之中，实为"王城"，即阖闾、夫差的宫城。具体方位约在现新华村下沙塘边陶家村西、灵岩山脚之东。

编后记

2003年11月，新华、天灵、天平三个村合并组建新的天平村。虽然原有的行政村成为历史，但为了使人们记住历史，记住乡愁，鉴古察今，继往开来，亟须编修一部记述村情村貌、历史沿革、地理自然、人文等诸方面的志乘，留存后世以存史、资政。为此，于2019年11月，中共天平村委员会、天平村村民委员会决定组建《天平村志》编纂委员会，组建由周土龙任主编、万鸣忠为副主编的编写班子，历时四载，二修纲目，数易其稿，终于集腋成裘编纂成书。这是天平村有史以来的首部村志，又是天平村乃至木渎镇在文化建设方面的一件大事。

在编写过程中，正值疫情流行，编写工作未免受其影响。但是编者深知重任在肩，笃行不怠，孜孜以求。在村领导的重视、组织下，编写人员及时走村进户采访老干部与当事人，并多次组织有关人士召开座谈会，以多种形式积极收集资料。同时多次去吴中区档案馆和镇、村档案室查阅资料，又认真查阅很多地方文献。艰苦运作，广搜博采，对所征集的资料几经筛选，精核详考，反复修改，不断充实完善。

2021年12月，《天平村志》完成初稿。苏州市吴中区地方志办公室专家以及村领导审阅后，提出了具体的修改意见与建议。编写人员积极采纳，进行认真修改，于2022年8月形成村志第二稿。同年10月19日，吴中区地方志办公室专家组对志稿进行初评。编者认真听取、吸收专家的意见，调整部分章节，认真加以修改，至2023年3月完成第三稿（评审稿）。同年5月25日，经苏州市吴中区地方志编纂委员会办公室专家评审，志稿通过终评。根据专家意见，编者再进行认真修改，于同年8月18日完成第四稿，通过苏州市吴中区地方志办公室领导、专家验收，准予出版。

在本志编写过程中，始终得到村志编委会领导的关怀和支持，得到苏州市吴中区地方志办公室领导、专家的精心指导、审核匡正，又得到村老干部、社会长者等热心人士的帮助。在此，我们谨向为《天平村志》编纂、出版作出贡献的单位和有关人员一并表示衷心的感谢！

因编写村志时间紧，人手少，资料缺失较多，加上编写者对村里的了解程度及编写水平有限，志书中疏漏错误之处在所难免，敬请各级领导、方志专家以及广大读者批评指正。

《天平村志》编写组

2024 年 3 月

提供资料人员
（排名不分先后）

黄丽华	沈根水	周连珍	沈土泉	王水勤	孙金火	葛惠兴	沈毛狗	殷森林	
俞剑英	王龙根	肖林生	孙 伟	倪永祥	钱福高	石根宝	石长根	钟龙泉	
张水元	管龙元	邵寿生	李寿兴	陈云根	钱忠望	夏全福	陆才根	惠根泉	
徐永泉	吕水福	资才英	季 芳	王龙元	朱海男	李根源	许三男	何永福	
邬建明	陆明珠	李彩珍	李水元	吴月芳	朱正芳	石永根	孙海根	吴佳芸	
吕吴恺	夏 蓉	吴晓萍	李国华	黄金宝	范成贤	周阳阳	资培鸿	沈晓明	
何雅炳	樊一明	沈伟良	林金泉	李永新	王剑荣	李传昌	许 兰	沈志强	
石建珍	李 峰	朱 栋	李 燕	李 斌	许金发	沈建根	张梅芳	许云珍	
王志华	许建峰	赵国兴	朱龙元	李永明	俞常青	周宏生	吕炳元	庄国荣	
徐金土	徐忠华	惠国忠	周 敏	陈雪根	柳福根	应伟明	孙文元	倪建华	
倪 侃	沈建华	沈建伟	石寿男	陈惠明	钱金土	邬丽芳	孙国中	朱玉林	
顾才水	朱土英	孙国强	高素珍	李志佩	张荣珍	魏彩敏	张惠珍	顾京学	
何建青	朱土根	朱云根	张三林	庄根泉	谢月男	许云娟	朱三男	沈秋根	
钱建宗	倪浩文								